Eric Metaxas
Wilberforce
Der Mann, der die Sklaverei abschaffte

ERIC METAXAS

WILBERFORCE

DER MANN, DER DIE SKLAVEREI ABSCHAFFTE

Aus dem Englischen von Christian Rendel

SCM

Stiftung Christliche Medien

SCM Hänssler ist ein Imprint der SCM Verlagsgruppe, die zur Stiftung Christliche Medien gehört, einer gemeinnützigen Stiftung, die sich für die Förderung und Verbreitung christlicher Bücher, Zeitschriften, Filme und Musik einsetzt.

Englische Gedichte wurden, soweit nicht anders angegeben, neu ins Deutsche übersetzt.

Dieser Titel erschien zuletzt unter der ISBN 978-3-7751-5391-1.

1. Auflage als Jubiläumsausgabe 2019 (3. Gesamtauflage)

© der deutschen Ausgabe 2019
SCM Hänssler in der SCM Verlagsgruppe GmbH · Max-Eyth-Straße 41 · 71088 Holzgerlingen
Internet: www.scm-haenssler.de · E-Mail: info@scm-haenssler.de

Originally published in English under the title: Amazing Grace – William Wilberforce and the
Heroic Campaign to End Slavery
© der Originalausgabe 2007 Eric Metaxas
Published by HarperOne, an imprint of HarperCollins Publishers, LLC.
All Rights Reserved. This Licensed Work published by arrangement with HarperOne,
an imprint of HarperCollins Publishers, LLC.

Soweit nicht anders angegeben, sind die Bibelverse folgender Ausgabe entnommen:
Lutherbibel, revidierter Text 1984, durchgesehene Ausgabe in neuer Rechtschreibung,
© 1999 Deutsche Bibelgesellschaft, Stuttgart.
Die Bibelstelle Psalm 119,11, S. 301, ist folgender Übersetzung entnommen:
Einheitsübersetzung der Heiligen Schrift, © 1980 Katholische Bibelanstalt, Stuttgart.

Übersetzung: Christian Rendel
Fachlicher Berater für die deutsche Fassung: Dr. Tim Grass
Umschlaggestaltung: Kathrin Spiegelberg, Weil im Schönbuch
Titelbild: Portrait of William Wilberforce von William Lane (1746–1819) nach John Russell
(1745–1806) © Wilberforce House, Hull City Museums and Art Galleries / Bridgeman
Satz: Satz & Medien Wieser, Stolberg
Druck und Bindung: GGP Media GmbH, Pößneck
Gedruckt in Deutschland
ISBN 978-3-7751-5939-5
Bestell-Nr. 395.939

Stimmen zu Eric Metaxas' »Wilberforce«

»Metaxas' ›Wilberforce‹ ist ein einzigartiges Buch über einen wahren Helden, der durch seinen jahrelangen Kampf gegen die Sklaverei die Welt veränderte und einen Meilenstein in der Geschichte gelegt hat. Die packende Biografie dieser historischen Persönlichkeit ist ein besonderes und gleichzeitig sehr angenehm lesbares Buch.«

Martin Lessenthin, Internationale Gesellschaft für Menschenrechte

»William Wilberforce ist für mich eine der faszinierendsten Persönlichkeiten überhaupt – und ein Rollenbild für den aktuellen Kampf gegen den Menschenhandel. Dass er in Deutschland nach wie vor nur wenig bekannt ist, ändert Eric Metaxas mit seiner opulenten, rasanten und, wie auch bei ›Bonhoeffer‹, geistlich herausfordernden Biographie.«

Markus Spieker, TV-Auslandskorrespondent und Buchautor

»Ein großartiges und wichtiges Buch.«

Chicago Sun-Times

»Endlich gibt es eine gut lesbare, ins Deutsche übertragene Biographie über das spannende Leben des Christen William Wilberforce! Wer in Deutschland weiß schon, dass es Wilberforce und seinen Freunden aus dem Umfeld der großen angelsächsischen Erweckungsbewegung zu verdanken ist, dass die Sklaverei im britischen Empire abgeschafft wurde? Sein Kampf für die gleiche Würde aller Menschen als geliebte Geschöpfe Gottes inspiriert und ermutigt heute noch. Ich wünsche diesem meisterlich erzählten Lebensbild eine weite Verbreitung. Es zeigt überzeugend, wie an der Bibel orientierter Glaube eine Gesellschaft positiv verändern kann.«

Dr. Bernd Brandl, Professor für Kirchen- und Missionsgeschichte an der Internationalen Hochschule Liebenzell

»Ein ausgezeichnetes, gelehrtes Buch – eine Pflichtlektüre.«
Baronin Caroline Cox, britisches Oberhaus

»Dass sich jemand zu einem entschiedenen christlichen Glauben bekehrt und sogleich beschließt, eines der größten sozialen Übel seiner Zeit anzugreifen, mag heute unwahrscheinlich klingen. Und doch kennzeichnet es den Lebensweg von William Wilberforce, dem wichtigsten Vorkämpfer für die Abschaffung der Sklaverei im britischen Weltreich. Metaxas erzählt seine Geschichte spannend und eindringlich und arbeitet besonders die vielfältigen Beziehungen von Wilberforce zur methodistischen Erweckungsbewegung heraus.«
Dr. Walter Klaiber, Bischof i. R. der Ev.-meth. Kirche

»Unwiderstehlich. Metaxas schreibt mit solch scharfer Beobachtungsgabe, wachem Verstand und ethischer Leidenschaft, dass der Leser davon mit Wucht ergriffen und fortgetragen wird.«
John Wilson, Books & Culture

*Für die Claphamer des einundzwanzigsten Jahrhunderts,
deren Leidenschaft für Gott und für ihre Mitmenschen
nicht voneinander zu trennen sind.*

INHALT

Wilberforce und der Clapham-Kreis 11
Vorwort 19
Einführung 23
  1 Der kleine Wilberforce 33
  2 In die weite Welt 52
  3 Einzug ins Parlament 63
  4 Die Große Wandlung 85
  5 Ihr müsset von Neuem geboren werden 114
  6 Das Zweite Große Ziel: die Reformation der Sitten 122
  7 Die *Proclamation Society* 136
  8 Das Erste Große Ziel: die Abschaffung des Sklavenhandels 148
  9 Das Massaker auf der *Zong* 161
10 Keine Kompromisse 175
11 Die erste Runde 190
12 Die zweite Runde 205
13 Der gute Kampf 214
14 Was Wilberforce erduldete 224
15 Zweifache Liebe 239
16 Das Goldene Zeitalter von Clapham 255
17 Häusliches Leben in Clapham 272
18 Sieg! 286
19 Jenseits des Großen Ziels 297
20 Indien 309
21 Neuanfang in Europa 321
22 Friede und Unruhe 336
23 Der letzte Kampf 358
Epilog 379

Anhang 383
    Anmerkungen 383
    Literatur- und Quellenverzeichnis 404
    Zeittafel 406
    Britische Premierminister von 1765 bis 1834 408
    Bildnachweis 409
    Danksagungen 410
    Über den Autor 412

WILBERFORCE UND DER CLAPHAM-KREIS

Aufgeführt werden häufiger erwähnte Personen. Zu denjenigen, die nicht zum Clapham-Kreis gehören, findet der Leser – mit hervorgehobenen Namen versehene – nummerierte Anmerkungen am Ende des Buches.

Thomas Fowell Buxton (1786–1845): Quäker und evangelikaler Anglikaner, Bierbrauer und seit 1818 Mitglied des Parlaments. Von 1823 an wurde er Wilberforce' Nachfolger als parlamentarischer Wortführer der Anti-Sklaverei-Bewegung.
Thomas Clarkson (1760–1846): Anti-Sklaverei-Kämpfer. Er war ordinierter anglikanischer Diakon, wurde aber ungewöhnlicherweise nie Priester.
Thomas Gisborne (1758–1846): Anglikanischer Geistlicher und Verfasser von Schriften zu ethischen Fragen. Sein Landsitz in Yoxall in Staffordshire wurde oft von Claphamern aufgesucht.
Charles Grant (1746–1823): Evangelikales Parlamentsmitglied und Vorsitzender der Ostindien-Kompanie. Gemeinsam mit Wilberforce und anderen setzte er sich sehr für die Christianisierung Indiens ein. Von 1813 an war es Missionaren erlaubt, sich in den britischen Gebieten dort niederzulassen.
Zachary Macaulay (1768–1838): Gouverneur von Sierra Leone von 1793–1799. Er recherchierte unermüdlich Material, das die Abolitionisten in ihrem Kampf unterstützte; ab 1802 Redakteur der einflussreichen evangelikalen Zeitschrift *Christian Observer* (1802–16) und des *Anti-Slavery Reporter* (ab 1825).
Isaac Milner (1750–1820): Hilfslehrer an der *Grammar School* in Hull, als Wilberforce dort zur Schule ging. Er hatte eine erfolgreiche akademische Lauf-

bahn begonnen, als die beiden 1784–85 eine gemeinsame Reise nach Europa unternahmen. Als Chemiker (*Jacksonian Professor* 1782–92) und Mathematiker (*Lucasian Professor* ab 1798) in Cambridge war er der Überzeugung, die christliche Wahrheit werde durch die Newton'sche Wissenschaft gestützt. Gemeinsam mit Charles Simeon leistete er einen großen Beitrag, das evangelikale Anliegen in Cambridge zu stärken.

Hannah More (1745–1833): Evangelikale Schriftstellerin und Propagandistin, Verfasserin des Bestsellers *Thoughts on the Importance of the Manners of the Great to General Society* (1787; »Gedanken über die Bedeutsamkeit der Sitten der Großen [d. h. der Oberschicht] für die allgemeine Gesellschaft«). Gemeinsam mit ihrer Schwester Martha eröffnete sie Bildungsmöglichkeiten für die armen Bewohner der *Mendip Hills* südlich von Bristol.

John Newton (1725–1807): Sklavenschiffskapitän und später evangelikaler anglikanischer Geistlicher in Olney (1764–80) und ab 1780 in London (St. Mary Woolnoth). Er freundete sich mit dem Dichter William Cowper an und verfasste mit ihm gemeinsam die *Olney Hymns* (1779), von denen einige noch heute gesungen werden. Nachdem Wilberforce sich 1785 neu zum christlichen Glauben gewendet hatte, suchte er Newtons Rat, was dies für sein politisches Amt bedeute.

William Pitt der Jüngere (1759–1806): Britischer Premierminister und Schatzkanzler von 1783–1801 und von 1804–06. Obwohl er Wilberforce' engster Freund war und die Abschaffung des Sklavenhandels unterstützte, unterschieden sich die beiden Männer in ihren religiösen Ansichten.

Granville Sharp (1735–1813): Früher juristischer Kämpfer gegen die Sklaverei (in einem viel beachteten Fall 1772 trug er dazu bei, ein Gerichtsurteil herbeizuführen, wonach jeder Sklave in dem Moment frei wurde, indem er englischen Boden betrat); erster Vorsitzender der Gesellschaft für die Abschaffung des Sklavenhandels (1787); einer der Gründer von Sierra Leone (1787).

John Shore, Lord Teignmouth (1751–1834): Generalgouverneur von Indien (1793–98) und Präsident der *British and Foreign Bible Society* (»Britische und Ausländische Bibelgesellschaft«) von 1804 bis zu seinem Tod.

Charles Simeon (1759–1836): Anglikanischer Geistlicher. Als Pfarrer von *Holy Trinity* in Cambridge von 1782 bis zu seinem Tod hatte er enormen Einfluss auf die sich entwickelnde evangelikale Bewegung in der anglikanischen Kirche, unter anderem auch dadurch, dass er an der Universität inoffiziell Kandidaten für den geistlichen Dienst schulte.

James Stephen (1758–1832): Aktiver Abolitionist seit den 1780er-Jahren und evangelikales Parlamentsmitglied (1808–15); seine zweite Frau Sarah (Spitzname Sally) war Wilberforce' Schwester.

Henry Thornton (1760–1815): Sohn von John Thornton, Bankier und Parlamentsmitglied (ab 1782). Der Clapham-Kreis hatte sein Hauptquartier in seinem Haus in *Battersea Rise*; er setzte sich aktiv für die Abschaffung des Sklavenhandels und für die Gründung von Sierra Leone ein und diente als Schatzmeister der *Church Missionary Society* und der *British and Foreign Bible Society*.

John Thornton (1720–90): Erfolgreicher evangelikaler Kaufmann und engagierter Menschenfreund, der unter anderem John Newton unterstützte. Seine Halbschwester Hannah war Wilberforce' Tante. Sowohl John als auch sein Vater Robert waren Direktoren der *Bank of England*.

John Venn (1759–1813): Gemäßigter evangelikaler Geistlicher, ab 1792 Pfarrer von *Holy Trinity* in Clapham. Er war Mitbegründer der *Church Missionary Society* (1799) und des *Christian Observer* (1802) und diente dem Clapham-Kreis als geistlicher Ratgeber.

Barbara Wilberforce (1777–1847), geborene Spooner, aus Elmdon Hall in der Nähe von Birmingham und Bath. Die vier Söhne der Wilberforce' waren William, Robert, Samuel und Henry William; die beiden Töchter Barbara und Elizabeth starben noch vor ihrem Vater. Seltsamerweise ist auf Barbaras Grabstein in East Farleigh in Kent 1771 als das Jahr ihrer Geburt angegeben.

Hannah Wilberforce (1724–88), geborene Thornton: Wilberforce' Tante und Gattin seines Onkels William. Wilberforce wohnte von 1769 bis 1771 in ihrem Haus. Sie stellte ihm ihr Landhaus *Lauriston House* in Wimbledon von 1777 ab zur Verfügung.

ENGLAND 1760

1. Kendal
2. York
3. Hull
4. Pocklington
5. Liverpool
6. Elmdon Hall
7. Olney
8. Cambridge
9. Bristol
10. Cheddar (Mendip Hills)
11. Bath
12. Bramber
13. Godstone
14. London

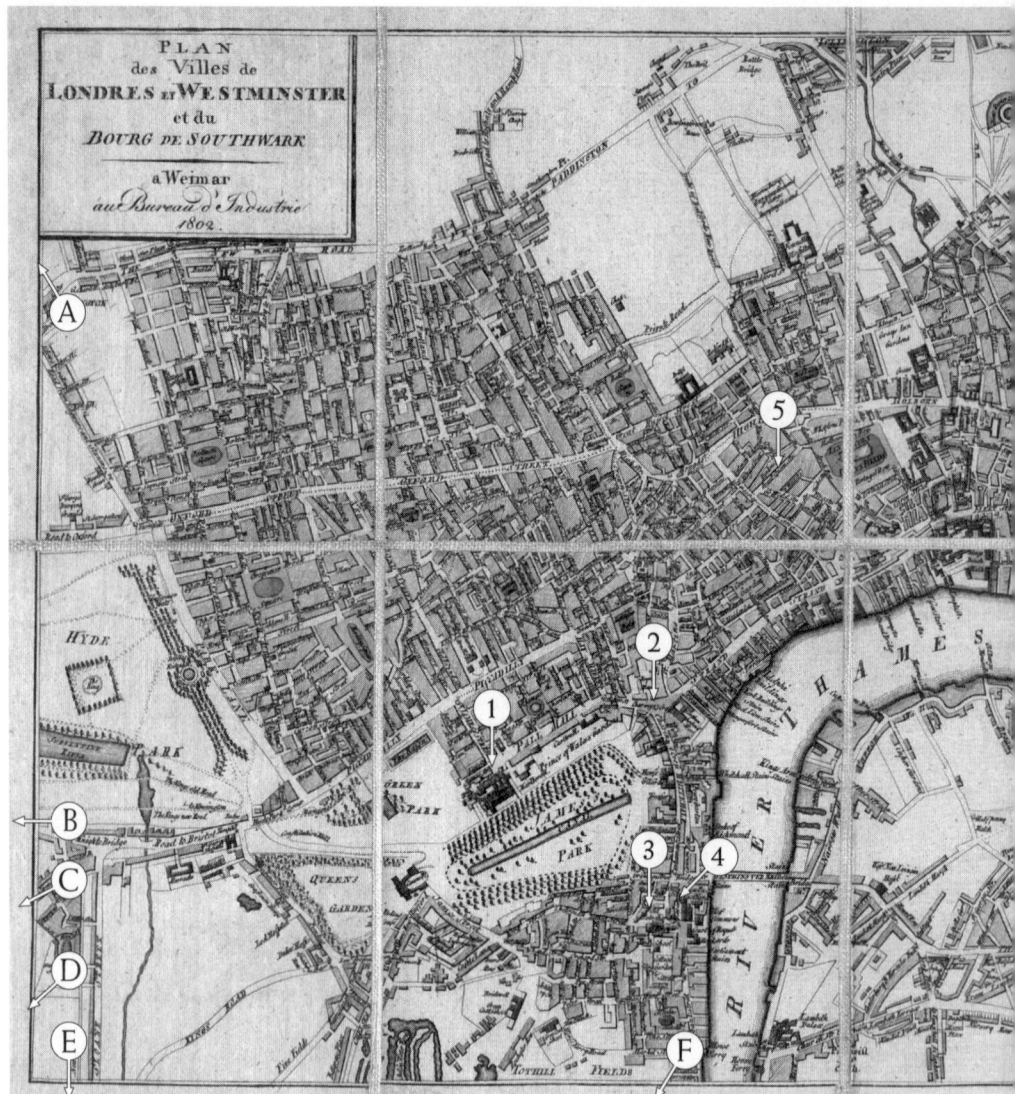

LONDON 1802 (die Kilometerangaben geben die Entfernung zu Orten an, die außerhalb der Karte liegen)

A – Highwood Hill bei Mill Hill – 12 km; Farm, auf der Wilberforce von 1826 bis 1831 wohnte

B – Kensington Gore – 1 km; in dieser Straße bewohnte Wilberforce ein Haus von 1808 bis 1821.

C – Brompton Grove – 0,5 km; Wilberforce' Haus von 1823 bis 1826

D – Wimbledon – 8 km

E – Battersea Rise – 4 km; Wilberforce' Haus in Clapham von 1792 bis 1798

F – Clapham – 4 km

1. St. James's Palace
2. Trafalgar Square
3. **Old Palace Yard**; in Old Palace Yard Nr. 4 hatte Wilberforce von 1786 bis 1808 seinen Londoner Arbeitswohnsitz.
4. House of Commons (**Unterhaus**)
5. Freemasons' Tavern
6. St. Paul's Cathedral
7. **St. Mary Woolnoth**; an dieser Kirche war John Newton von 1780 an als Pfarrer tätig.
8. Tower of London
9. **Charles Square, Hoxton**; hier wohnte John Newton während seiner Londoner Zeit.

VORWORT

Am 1. Januar 2013 jährt sich der Tag der US-amerikanischen Sklavenbefreiung zum 150. Mal. Abraham Lincolns Lesung der Emanzipations-Proklamation schenkte Millionen von schwarzen Sklaven die Freiheit. Dieser historische Befreiungsschlag wäre ohne die Abschaffung der Sklaverei im Britischen Weltreich nicht denkbar gewesen.

Als großer Vorreiter des Kampfes gegen die Sklaverei (»Abolitionismus«) gilt ein kleiner Mann aus Nordengland. Abraham Lincoln schrieb einst, jeder Schuljunge kenne dessen Geschichte. Nun existieren im englischsprachigen Raum tatsächlich mehrere neue Biografien über ihn, während er in Deutschland kaum bekannt ist. Darum freut es mich besonders, dass nun mit dem vorliegenden, von Eric Metaxas geschriebenen Buch diesem Mangel endlich abgeholfen wird.

Mich fasziniert an Wilberforce sein Engagement über Jahrzehnte hinweg für ein großes Ziel. Zwar setzte er sich für verschiedenste soziale Belange ein, doch heute ist er vor allem für die Abschaffung des Sklavenhandels im Jahr 1807 bekannt – eine Entwicklung, die 1833 schließlich zum Verbot der Sklaverei im weltumspannenden *British Empire* führte. Wenn man bedenkt, dass Wilberforce seinen ersten Antrag gegen den Sklavenhandel im Mai 1789 einbrachte, wird deutlich, welch langen Atem er zum Erreichen seines Zieles benötigte. Und mehr als das: So manches Mal setzte er dafür seine Karriere – und sogar sein Leben – aufs Spiel.

Ein Geheimnis von Wilberforce' Erfolg ist sicherlich sein politisches Gespür und diplomatisches Geschick. Er arbeitete partei- und ideologieübergreifend mit unterschiedlichsten Menschen zusammen, die sich dem Kampf gegen die Sklaverei verschrieben hatten. Als enger Freund von William Pitt, der mit 24 Jahren 1783 jüngster britischer Premierminister wurde, besaß er, obwohl ohne Erbadel, wichtige Beziehungen.

Doch vor anderen politischen Genies seiner Zeit zeichnet sich Wilberforce dadurch aus, dass er mit großer Konsequenz nach seiner persönlichen Verantwortung vor Gott und damit nach seinem Dienst am Menschen fragte. »Der allmächtige Gott hat mir zwei große Ziele vor Augen gestellt: die Bekämpfung des Sklavenhandels und die Reformation der Sitten«, notierte er am 28. Oktober 1787 in seinem Tagebuch. Eric Metaxas stellt überzeugend Wilberforce' Aha-Erlebnis dar, dass alle Menschen den gleichen Wert besitzen. Angestoßen wurde es durch seinen Glauben an Jesus Christus, wie er ihn durch seine methodistischen Freunde kennengelernt hatte. Ähnliches lässt sich vom Bürgerrechtler und Baptistenpastor Martin Luther King sagen.

Der Rückblick auf King zeigt ebenfalls: Die Geschichte der Ungleichbehandlung ist mit deren gesetzlichem Verbot noch lange nicht zu Ende. Der Jahresbericht der US-Regierung 2011 über den Menschenhandel spricht von geschätzten bis zu 27 Millionen Menschen weltweit, die Opfer »moderner Sklaverei« geworden sind. Der Bericht definiert Sklaverei als den »Entzug von Freiheit«. Und Sklaverei war und ist nicht an den physischen Entzug von Freiheit allein gebunden, was Millionen von Mädchen und Frauen, die in der Prostitution ausgebeutet werden, buchstäblich am eigenen Leib erdulden müssen.

Sklaverei nimmt heutzutage andere, doch nicht weniger inhumane Formen an als im 18. Jahrhundert. Die seit Jahrtausenden praktizierte Ausbeutung von Menschen als Arbeitssklaven ist heute verbreiteter, als den meisten bewusst ist. Das zeigen Beispiele aus der ganzen Welt. Das größte Zwangsarbeitslagersystem der Welt ist der sogenannte »Laogai«-Komplex der Volksrepublik China, zu dem weit mehr als tausend Haftanstalten gehören. Schätzungsweise vier Millionen Menschen müssen dort Zwangsarbeit leisten, sieben Tage die Woche, bis zu 16 Stunden am Tag. Die Häftlinge sind in diesen Lagern zur »Umerziehung« – vielfach ohne Anklage, ohne Gerichtsverfahren und ohne eine Möglichkeit zur Verteidigung oder Berufung.

Ein anderes Beispiel sind die sogenannten Wanderarbeiter. In China haben diese »flexiblen Arbeitskräfte« z.B. einen maßgeblichen Anteil am wirtschaftlichen Boom des Landes und profitieren doch selbst am wenigsten davon. Für einen Hungerlohn arbeiten beispielsweise die vietnamesischen Arbeiter in einer russischen Textilfabrik bei Moskau im Akkord, können ihre Wohn- und Verpflegungskosten nicht mehr bezahlen und verfallen dadurch in eine gefährliche Abhängigkeit vom Arbeitgeber. Die Beschlagnahmung ihrer Reisepässe ist eine typische Technik für die menschenrechtsverachtenden Methoden moderner Sklaverei.

In Pakistan ist eine große Zahl von Arbeitern durch das System der »Zinsknechtschaft« versklavt. Die Opfer sind durch systematisch herbeigeführte finanzielle Abhängigkeit ihrem Geldgeber völlig ausgeliefert und werden so erbarmungslos ausgebeutet. Da den Kindern eine angemessene Schulbildung verwehrt bleibt, stellen diese die kommende Generation der Zinsknechte dar, und der pakistanische Staat zeigt wenig Interesse daran, den Teufelskreis zu durchbrechen. Die internationale Gemeinschaft ist aufgerufen, Pakistan zur Überwindung der Zinsknechtschaft zu zwingen.

Wilberforce hat in seiner Zeit Großartiges erreicht. Heute ist es an uns, den Staffelstab zu übernehmen und seine Arbeit für die Menschenrechte weiterzuführen – mit Geschick und mit Menschenliebe. In diesem Sinne wünsche ich Ihnen nicht nur eine spannende, sondern vor allem eine aufrüttelnde Lektüre.

Martin Lessenthin,
Vorstandssprecher der »Internationalen Gesellschaft für Menschenrechte«

EINFÜHRUNG

Oft hören wir von Menschen, die »man nicht vorstellen muss«. Dass dies, zumindest heutzutage, auf William Wilberforce nicht zutrifft, ist eine merkwürdige Ironie der Geschichte: Geht es doch um einen Mann, der sprichwörtlich die Welt verändert hat. Müssten sein Name und seine Lebensleistung nicht in aller Munde sein?

Die Erklärung dieser Ironie ist überraschend einfach: Wilberforce war das glückliche Opfer seines eigenen Erfolgs. Als ob ein Forscher allen Widrigkeiten zum Trotz das Heilmittel gegen eine schreckliche, weltweit grassierende Seuche entdeckte, und dieses Heilmittel dann so überwältigend erfolgreich wäre, dass die Krankheit vollständig ausgemerzt würde. Niemand litte mehr daran – und innerhalb von einer oder zwei Generationen erinnerte man sich nicht einmal mehr an sie.

Die Wurzeln des Übels, das Wilberforce auszurotten versuchte, reichen zurück in die Zeit, als die ersten Menschen über die Erde gingen. Wären es buchstäblich Wurzeln, so hätten sie längst den geschmolzenen Erdkern erreicht. Sie wuchsen so tief und weitläufig, dass die meisten Menschen damals annahmen, sie hielten letztlich auch den Planeten zusammen.

Die Widerstände, denen er und seine kleine Schar sich gegenübersahen, waren mit nichts aus unserer heutigen Welt zu vergleichen. Mit einem beispiellosen Akt und scheinbar aus eigener Kraft versuchte ein Mensch, nur von ein wenig Hebelwirkung unterstützt, ein Faktum umzustürzen, das gleich einem großen, massiven und unveränderlichen Gebirge machtvoll gen Himmel ragte.

Aus heutiger Sicht – und eben dank Wilberforce – gibt es, zumindest in der westlichen Welt, keine legalisierte Sklaverei mehr, und wir können nicht anders, als dies weitgehend für selbstverständlich zu halten. Doch gerade darin besteht ja das atemberaubende Wunder seines Erfolgs: Eine Veränderung, die unter den Menschen seiner Zeit als schlicht unmöglich und undenkbar galt, erscheint uns heute unausweichlich.

Es gibt heute wohl kaum einen zivilisierten Menschen, der nicht schon über den bloßen Gedanken menschlicher Sklaverei entsetzt und empört gewesen wäre. Sie treibt uns – aus ethischen Gründen – die Zornesröte ins Gesicht, und wir können nicht begreifen, wie ein Mensch oder eine Kultur sie je hat hinnehmen können. In der Welt jedoch, in die Wilberforce geboren wurde, verhielt es sich genau andersherum. Sklaverei war ebenso akzeptiert wie Geburt und Heirat und Tod, so fest verflochten mit dem Gewebe der Menschheitsgeschichte, dass man ihre Fäden kaum erkennen, geschweige denn herausziehen konnte. Seit fünftausend Jahren war der Gedanke einer menschlichen Zivilisation ohne Sklaverei unvorstellbar – rund um den Globus.

Der Gedanke, der Sklaverei ein Ende zu machen, war zu jener Zeit so vollkommen abwegig, dass Wilberforce und die sogenannten Abolitionisten* nicht einmal öffentlich davon sprechen konnten. Sie konzentrierten sich auf die weniger hoch gegriffene Idee, den Sklavenhandel abzuschaffen – den Kauf und Verkauf von Menschen. Von der Freilassung der Sklaven, also der vollständigen Beendigung der Sklaverei, wagten sie nicht zu sprechen. Insgeheim hegten sie die Hoffnung, sie könnten nach Abschaffung des Sklavenhandels weitere Schritte in Richtung Sklavenbefreiung gehen. Zuerst jedoch mussten sie für die Abschaffung dieses Menschenhandels kämpfen; und dieser Kampf – ein brutaler und erschütternder – sollte zwanzig Jahre dauern.

Der schließlich errungene (Etappen-)Sieg 1807 ist natürlich die große, überragende Leistung, um derentwillen wir uns heute an Wilberforce erinnern sollten. Er liegt nun mehr als zweihundert Jahre zurück, und dieses Jubiläum gab Anlass zu einem Spielfilm, mehreren Dokumentationen und zu dem Buch, das Sie jetzt in den Händen halten. Wenn eine einzelne Begeben-

---

* Als Abolitionismus bezeichnet man die Bewegung, die sich für die Abschaffung des Sklavenhandels in der englischsprachigen Welt einsetzte.

heit als Wahrzeichen für Wilberforce' Leistungen gelten kann, dann ist es jener Sieg von 1807. Er bahnte den Weg für alles, was noch folgte, und inspirierte die anderen Völker der Welt, seinem Beispiel zu folgen und das Tor zur Sklavenbefreiung aufzustoßen. Das Gesetz zur Sklavenbefreiung im britischen Weltreich wurde erstaunlicherweise genau drei Tage vor Wilberforce' Tod 1833 verabschiedet.[1] Er erhielt die herrliche Nachricht, dass sein Lebensziel erreicht war, auf dem Sterbebett.

Wilberforce war einer der intelligentesten, schlagfertigsten, am besten vernetzten und allgemein talentiertesten Männer seiner Zeit. Jemand wie er hätte durchaus Premierminister von Großbritannien werden können, hätte er, wie ein Historiker es ausdrückte, »die Partei der Menschheit vorgezogen«. Doch seine Lebensleistung geht weit über jeden rein politischen Sieg hinaus. Man kann sich Wilberforce wie eine Art Scharnier vorstellen – mitten in der Geschichte: Er zog die Welt um eine Ecke, und wir können nicht einmal mehr zurückblicken, um zu sehen, woher wir gekommen sind.

Wilberforce sah vieles, was der Rest der Welt nicht sehen konnte; so etwa, wie grotesk ungerecht es war, wenn ein Mensch einen anderen als Eigentum behandelte. Wie aus dem Nichts scheint er sich plötzlich zu erheben und seinen Zeitgenossen mit den Stimmen von Milliarden ungeborener Menschen – mit Ihrer und meiner Stimme – regelrecht zuzuschreien: Ihr schlafwandelt durch die Hölle. Ihr müsst aufwachen und sehen, was ich gesehen habe; müsst erkennen, was ich erkannt habe. – Kurz: Die Botschaft, die Ihnen und mir heute sonnenklar ist, dass die verbreitete, institutionalisierte und unvorstellbar grausame Misshandlung von Millionen Menschen ein Gräuel ist und so bald wie irgend möglich gestoppt werden muss – koste es, was es wolle.

Doch kann es sein, dass die Menschheit einen Umstand so lange als gegeben hinnahm, der für uns so offensichtlich nicht hinnehmbar ist? Und wieso erkannten nur wenige, allen voran Wilberforce, den wahren Charakter dieser Ungerechtigkeit? Warum gingen Wilberforce – und einigen wenigen anderen – in einer ethisch erblindeten Welt plötzlich die Augen auf, sodass sie sehen konnten? Die Abolitionisten im späten achtzehnten Jahrhundert ähneln den Figuren in einem Horrorfilm, die »das Monster« gesehen haben und nun versuchen, alle anderen davor zu warnen – und niemand schenkt ihnen Glauben.

Um die Größe von Wilberforce' Leistung zu ermessen, müssen wir uns vor Augen halten: Bei der »Krankheit«, die er für immer besiegt hat, handelt es sich letztlich weder um Sklavenhandel noch um Sklaverei. Sklaverei gibt es immer noch, weltweit, und das in einem Ausmaß, das wir kaum fassen können. Wilberforce bezwang einen Feind, der sogar noch gefährlicher war als die Sklaverei selbst; ein Übel, das viel tiefer lag und von unserem heutigen Standpunkt aus kaum noch zu sehen ist. Er besiegte die Geisteshaltung, welche die Sklaverei überhaupt erst akzeptabel gemacht und über Jahrtausende hinweg ihr Gedeihen und Überleben gesichert hatte. Er zerstörte eine ganze Weltsicht, die seit Anbeginn der Geschichte unumschränkt geherrscht hatte, und ersetzte sie durch eine andere Art und Weise, die Welt zu betrachten. Die alte Sichtweise beinhaltete die Vorstellung, der Missstand der Sklaverei gehöre nun einmal zur akzeptierten Gesellschaftsordnung. Wilberforce merzte jene alte Sichtweise aus, und mit ihr starb auch die Vorstellung, Sklaverei sei etwas Gutes. Obwohl es Sklaverei hier und da immer noch gibt, ist doch die Vorstellung, sie sei gut, ausgelöscht. Der Gedanke, sie sei unauflöslich mit der menschlichen Zivilisation verknüpft; sie entspreche dem Lauf der Dinge, wie sie sein sollten; sie sei ökonomisch notwendig und moralisch zu rechtfertigen: Dieser Gedanke ist verschwunden. Denn die gesamte Geisteshaltung, auf der diese Denkweise beruhte, existiert nicht mehr.

Wilberforce veränderte den Blickwinkel seiner Landsleute um hundertachtzig Grad: nicht nur auf die Sklaverei, sondern auch auf fast alle anderen sozialen Themen. Seine Sichtweise beeinflusste das gesamte britische Weltreich und hinterließ ihre Spuren selbst auf dem europäischen Kontinent. Darum ist es nahezu unmöglich, der gewaltigen Größe seiner Leistung gerecht zu werden: Sie war nichts Geringeres als eine grundlegende und wichtige Veränderung des menschlichen Bewusstseins.

In seiner typischen Bescheidenheit hätte Wilberforce als Erster darauf bestanden, er habe mit alledem wenig zu tun. Tatsache ist, dass in den Jahren

1784/85, im Alter von sechsundzwanzig Jahren und auf dem Höhepunkt seiner politischen Karriere, etwas tief Greifendes und Dramatisches mit ihm geschah. Er schrieb einmal darüber: »Ich wähle wohl kaum zu große Worte, wenn ich sage, dass ich selbst ... aus einem Traum erwachte; dass ich, wie nach einem Wahn, wieder zu Sinnen kam ...« Dabei wurden Wilberforce beinahe gegen seinen Willen die Augen geöffnet: »Gottes gute Vorsehung« war es, »ein Wunder der Gnade«. Wilberforce sah Gottes Wirklichkeit – das, was Jesus das Reich Gottes nannte. Er sah etwas, das er noch nie zuvor gesehen hatte – zumindest nicht in dieser Klarheit und Deutlichkeit; etwas, das wir heute als ganz selbstverständlich hinnehmen, das jedoch seiner Welt ebenso fremd war wie die Sklaverei der unsrigen. Er sah etwas, das in Gottes Wirklichkeit existierte, von dem aber in der menschlichen Wirklichkeit oft nichts zu sehen war. Er erkannte, dass alle Männer und Frauen von Gott gleich und nach seinem Bild erschaffen und deshalb unantastbar sind. Er erkannte, dass alle Menschen Brüder und dass wir alle die Hüter unserer Brüder sind. Er erkannte neu, dass man seinen Nächsten wie sich selbst lieben und die Menschen so behandeln soll, wie man selbst behandelt werden will.

Diese Gedanken gehören zum Kern des christlichen Glaubens, und sie waren seit mindestens achtzehn Jahrhunderten im Umlauf, als Wilberforce ihnen begegnete. Mönche und Missionare kannten sie und lebten sie in ihren begrenzten Lebensbereichen aus. Doch noch nie hatte eine ganze Gesellschaft sich diese Gedanken als Gesellschaft so zu Herzen genommen, wie Großbritannien es tun würde. Diesen Umstand veränderte Wilberforce für immer.

Vom Standpunkt eines Politikers bezog er diese Gedanken auf die Gesellschaft als Ganzes, in der er lebte, und diese war zum ersten Mal in der Geschichte aufnahmebereit. Man könnte von Wilberforce vielleicht sagen, er habe Glaube und Kultur miteinander vermählt. Plötzlich fanden die Menschen sich in einer Welt wieder, in der sie nie wieder die Frage stellen würden, ob es denn unsere gesellschaftliche Verantwortung sei, den Armen und Leidenden zu helfen. Sie würden nur noch über das Wie debattieren, über die Einzelheiten – zum Beispiel darüber, ob es mit öffentlichen oder privaten

Mitteln geschehen solle. Aber sie würden nie wieder infrage stellen, ob es unsere Verantwortung als Gesellschaft sei, den weniger Begünstigten zu helfen. Diese Frage war geklärt. Heute sprechen wir von einem »sozialen Gewissen«, ohne das wir uns eine moderne, zivilisierte Gesellschaft nicht mehr vorstellen können.

Nachdem diese Idee erst einmal in die Welt gesetzt worden war, veränderte sie die Welt. Nicht nur Sklaverei und Sklavenhandel würden schon bald abgeschafft sein, sondern auch eine Vielzahl geringerer sozialer Übel. Zum ersten Mal in der Geschichte bildeten sich Gruppen, die sich für jede erdenkliche soziale Sache einsetzten. Wilberforce' erstes »großes Ziel« war die Abschaffung des Sklavenhandels, doch sein zweites »großes Ziel« war die Reform von Wertvorstellungen allgemein. Die Probleme von Witwen und Waisen, von Gefangenen und Kranken, Kinderarbeit und die Zustände in den Fabriken – sie alle fanden auf einmal Fürsprecher in Menschen, die denjenigen helfen wollten, die nicht so vom Glück begünstigt waren wie sie selbst. Im Zentrum zahlreicher dieser sozialen Aktivitäten stand der Clapham-Kreis, eine informelle, aber einflussreiche Gemeinschaft Gleichgesinnter vor den Toren Londons, die gemeinsam Pläne für gute Taten schmiedeten. Im Zentrum der Claphamer wiederum stand Wilberforce selbst. Zeitweise war er Mitglied von mindestens neunundsechzig verschiedenen Gruppen, die sich für verschiedenste soziale Reformen einsetzten.

In der Gesamtschau kommt man kaum darum herum, William Wilberforce als einen der größten Sozialreformer der Weltgeschichte zu sehen. Die Welt, in die er 1759 hineingeboren wurde, war so verschieden von der Welt, die er 1833 wieder verließ, wie Blei von Gold. Wilberforce war für ein soziales Erdbeben verantwortlich, das den Kontinenten eine neue Anordnung gab und dessen Ausmaß wir erst jetzt ganz zu begreifen beginnen.

Er konnte noch nicht voraussehen, wie das Feuer, das er in England entzündet hatte, den Atlantik überqueren und quer durch Nordamerika fegen würde, um dieses Land tief und unumkehrbar zu verändern. Können wir uns ein Amerika vorstellen ohne seine grenzenlose Zahl von Organisationen, die sich für die Behebung jeglichen sozialen Missstandes einsetzen? Wäre solch ein Amerika noch Amerika? Mag sein, dass wir Wilberforce nicht zuschreiben wollen, er habe Amerika erfunden, aber es lässt sich mit Fug und Recht behaupten, dass es das uns bekannte Amerika ohne Wilberforce nicht gäbe.

Infolge der Bemühungen von Wilberforce und den Claphamern kam die »Verbesserung der Gesellschaft« bis zur viktorianischen Ära so in Mode, dass sowohl Wohltäter als auch ihre Arbeit lohnenswerte Zielscheiben des Spotts wurden – und daran hat sich bis heute nicht viel geändert. Wir haben schlichtweg vergessen, dass die Armen und Leidenden im achtzehnten Jahrhundert – vor Wilberforce und Clapham – fast völlig ohne Fürsprecher in der öffentlichen oder privaten Sphäre dastanden. Wir, die wir manchmal geradezu fixiert sind auf unser soziales Gewissen, können uns eine Welt ohne ein solches nicht mehr vorstellen. Wir können uns kein Bild mehr von einer Gesellschaft machen, die das Leiden der Armen und anderer als den »Willen Gottes« betrachtet. Selbst wenn wir von dieser Ansicht hören, etwa von Gesellschaften und Kulturen, die von einer östlichen Weltsicht und der Lehre vom Karma geprägt sind, weigern wir uns, dies zu glauben. In unserer Arroganz scheinen wir uns einzubilden, jeder auf diesem Planeten denke über die gesellschaftlichen Verpflichtungen gegenüber den weniger Begünstigten genauso wie wir, aber das ist nicht der Fall.

Wenige andere Politiker haben je, motiviert durch ihren Glauben, mehr für die Gesellschaft bewirkt. Deshalb war Wilberforce in seiner Zeit viel eher eine moralische Instanz als ein politischer Held. Persönlichkeiten wie beispielsweise Aleksandr Solschenizyn oder Nelson Mandela kommen in unserer Zeit dem Eindruck am nächsten, den Wilberforce wohl auf die Männer und Frauen des neunzehnten Jahrhunderts machte, für die die Erinnerung an das, was er getan hatte, immer noch lebendig war.

Die US-Präsidenten Thomas Jefferson und Abraham Lincoln lobten ihn als Inspiration und Vorbild. Lincoln sagte, jeder Schuljunge kenne Wilberforce' Namen und seine Errungenschaften. Der amerikanische Vorkämpfer für die Sklavenbefreiung Frederick Douglass[2] schwärmte, Wilberforce' »Glaube, sein beharrlicher und ausdauernder Enthusiasmus« hätten »das Herz der Briten zum Mitleid mit dem Sklaven erweicht und den starken

Arm jenes Staates dazu bewegt, in Barmherzigkeit dieser Knechtschaft ein Ende zu machen«. Die Autorin des Romans »Onkel Toms Hütte«, Harriet Beecher-Stowe[3], sang seinen Ruhm; ebenso George Eliot[4], die als eine der ersten in England psychologisch-soziale Romane schrieb. Henry David Thoreau[5], dessen Werke unter anderem Gandhi und Martin Luther King beeinflussten, und der Dichter John Greenleaf Whittier[6] stimmten in das Lob mit ein. Auch Wilberforce' Kritiker kamen an ihm nicht vorbei. Lord Byron, eine Zeit lang der in Deutschland bekannteste englische Dichter nach William Shakespeare, schreibt, Wilberforce sei »Moral'scher Washington von Afrika«.[7]

Der amerikanische Künstler und Erfinder Samuel Morse sagte, Wilberforce'

> ganze Seele [sei] darauf aus, seinen Mitmenschen Gutes zu tun. Kein Moment seiner Zeit wird vergeudet. Immer ist er dabei, diesen oder jenen wohltätigen Plan zu schmieden, und nicht nur zu schmieden, sondern auch auszuführen. ... Ach, gäbe es doch mehr Männer wie Mr Wilberforce auf dieser Welt. Viel menschliches Blut würde dann nicht mehr vergossen, um die Boshaftigkeit und Rachsucht einiger weniger böser, eigensüchtiger Männer zu befriedigen.

Der amerikanische Abolitionist William Lloyd Garrison ging noch weiter. »Seine Stimme hatte einen silbrigen Klang«, sagte er über Wilberforce,

> sein Gesicht ein freundliches, angenehmes Lächeln und sein Blick einen feinen, scharfsinnigen Ausdruck. Im Gespräch war er gewandt, jedoch bescheiden; bemerkenswert exakt und elegant in seiner Wortwahl; vorsichtig im Ziehen von Schlüssen; forschend in den Fragen, die er stellte; und geschickt im Abwägen von Aussagen. In seiner Manier verband er Würde mit Schlichtheit und kindliche Leutseligkeit mit geziemendem Takt. Was für einen vollkommenen Einklang bilden diese großartigen Elemente des Charakters in ein und der-

selben Person, nämlich – taubengleiche Freundlichkeit und erstaunliche Tatkraft – tiefe Demut und abenteuerlicher Wagemut! ... All diese mischten sich in Wilberforce' Seele.

Der italienische Adlige, Graf Pecchio, der Wilberforce in seinen späteren Jahren begegnete, schrieb:

> Wenn Mr Wilberforce am Tag der Eröffnung des Parlaments durch die Menge schreitet, richten sich aller Augen auf diesen kleinen alten Mann, vom Alter gebeugt und den Kopf tief auf seine Schultern gesunken, wie auf ein heiliges Relikt: auf den Washington der Menschlichkeit.

Solche Lobreden sind uns nicht ganz geheuer, denn in unserer Zeit herrscht ja ein tiefer Argwohn gegenüber jedweder menschlichen Größe. Watergate* scheint sich wie ein Fallkäfig auf uns herabgesenkt und uns für immer von allem abgeschnitten zu haben, was einer solchen Heldenverehrung nahekommen könnte, besonders, wenn es um politische Persönlichkeiten geht. Hinter jedem glücklichen biografischen Detail sehen wir die Gestalt des Parson Weems** lauern, mit seinen frommen Sprüchen über Kirschbäume und – ausgerechnet – Wahrheitsliebe.

Wenn es irgendjemandem gelingen könnte, unsere Fähigkeit, schlichte Güte zu erkennen, wiederherzustellen, dann wohl Wilberforce. Wenn wir einem Mann nicht zujubeln können, der buchstäblich »den Gefangenen die

---

* Als Watergate-Affäre bezeichnet man einen innenpolitischen Skandal in den USA, der 1974 zum Rücktritt von Präsident Richard M. Nixon führte.

** Mason Locke Weems (1759–1825), auch Parson (deutsch: Pastor) Weems genannt, ist vor allem durch seine sehr erfolgreiche Biografie über George Washington bekannt geworden. Etliche darin enthaltene anekdotenhafte Ausschmückungen sind mit ziemlicher Sicherheit erfunden, ohne dass Weems sie jedoch als Legenden kennzeichnete (z. B. wie Washington sich als Sechsjähriger zu dem Versuch bekennt, einen jungen englischen Kirschbaum im Garten seines Vaters zu fällen).

Freiheit« brachte und der Welt jenen unaufhaltsamen Motor der Veränderung hinterließ, den wir das soziale Gewissen nennen, wem können wir dann zujubeln? Besonders, wenn wir wissen, dass er weitgehend in Vergessenheit geraten ist und selbst der Erste wäre, seine Leistungen herunterzuspielen – wie wir aus seinen Tagebüchern und Briefen ersehen können, die uns zeigen, dass er mit dem aufrichtigen und tiefen Bedauern darüber, nicht noch viel mehr getan zu haben, dem Grab entgegenging.

Im wichtigsten Getümmel der Schlacht um den Abolitionismus empörte sich Lord Melbourne[8], einer seiner zahlreichen entschiedenen Gegner, darüber, wie Wilberforce es wagen konnte, der britischen Gesellschaft seine christlichen Wertvorstellungen über Sklaverei und die Gleichheit aller Menschen aufzunötigen. »Das wären ja schöne Zustände«, donnerte er, »wenn einer seine Religion ins öffentliche Leben eindringen ließe.« Das geschichtliche Urteil erweist Melbournes Ausruf natürlich als reinste Ironie. Und mir ist, als hörte ich heute noch die personifizierte Geschichte schallend über diese lapidare Geistlosigkeit lachen.

Aber schließlich sind es ja tatsächlich schöne Zustände. Und wie froh können wir sein, dass wir zu diesen schönen Zuständen geführt wurden, zu jenem goldenen Tor, und dann – wie über steile Bergpässe – in eine neue Welt, von der wir nicht geahnt hatten, dass es sie überhaupt geben könnte.

Eric Metaxas, New York City

1. KAPITEL

DER KLEINE WILBERFORCE

»Du weißt, dass es nicht scheitern kann, wenn es ein Werk der Gnade ist.«
ELISABETH WILBERFORCE

Am 24. August 1759 wurde William Wilberforce als Sohn einer wohlhabenden Kaufmannsfamilie in der Stadt Hull geboren. Das eindrucksvolle, aus roten Ziegelsteinen erbaute Herrenhaus aus der Zeit Jakobs I., in dem er zur Welt kam, befand sich an der High Street, mit Blick auf den Fluss Hull. Der Hull strömt eine halbe Meile flussabwärts in den erheblich breiteren Humber und dann weiter nach Osten in die Nordsee.

Die Familie Wilberforce selbst führte ihre Ahnenreihe in Yorkshire stolz bis ins zwölfte Jahrhundert unter die Herrschaft Heinrichs II. zurück. Das Adelsverzeichnis *Burke's Peerage*[9] nennt sie sogar als eine der wenigen Familien, die sich bis vor 1066 in die angelsächsische Zeit zurückverfolgen lassen.[10] Damals und noch Jahrhunderte danach bis in Wilberforce' eigenes Jahrhundert hinein lautete der Familienname Wilberfoss. Geändert wurde er von Wilberforce' Großvater, offenkundig ein Mann von »starker« (englisch *forceful*) Persönlichkeit, wie sich teilweise an seiner Neigung zeigt, alles zu ändern, was ihm missfiel. Wahrscheinlich nahm er Anstoß an den Wurzeln der Endsilbe *-foss*, die »Vasall« oder im Irischen »Knecht« bedeutet. Das taugte nichts für eine politische Figur mit großen Ambitionen auf Reichtum und Macht. Und so wurde Wilberforce daraus.

Als Junge konnte Wilberforce von den Fenstern seines Hauses aus auf den Fluss sehen und beobachten, wie die großen Segelschiffe russisches Holz und schwedisches Eisenerz entluden. Nachdem sie wieder mit einheimischen Exportgütern beladen worden waren, segelten sie den Hull hinab, weiter auf den Humber und hinaus auf die Ozeane der Welt. Zu Wilberforce' Lebzeiten entwickelte sich Hull zu einem wichtigen Walfanghafen. In der Fangsaison roch man schon von Weitem den Gestank des ausgelassenen Walfettes. Am wichtigsten für unsere Geschichte jedoch ist nicht die Fracht, die im Hafen von Hull be- und entladen wurde, sondern die Fracht, die dort niemals zu finden war. Obwohl Hull die viertgrößte Hafenstadt Englands war, beteiligte sie sich als einzige nicht am Sklavenhandel.[11] Dieser günstige Umstand ermöglichte es Wilberforce in späteren Jahren, sein politisches Amt zu behalten. Ein Mitglied des Parlaments aus Bristol oder Liverpool, deren Wirtschaft vom Sklavenhandel abhängig war, hätte sich nicht lange als Führer der Abolitionisten im Sattel halten können.

Obwohl die Familie Wilberforce seit zwei Jahrhunderten in der Region Hull Handel getrieben hatte, kam sie erst im achtzehnten Jahrhundert zu größerem Reichtum. Der Aufstieg war größtenteils Williams Großvater zu verdanken, der ebenfalls William hieß. (Den Namen Wilberfoss änderte er zwar zu Wilberforce, aber an dem Namen William, »willensstarker Beschützer«, hatte er nichts auszusetzen.) 1690 geboren, hatte Wilberforce' Großvater sehr erfolgreich in den Ostseehandel investiert und zudem beträchtliche Liegenschaften von seiner Mutter geerbt, einer Erbin der Familie Davye. Dieser William Wilberforce, der zweimal zum Bürgermeister von Hull gewählt wurde und von da an als »Ratsherr« Wilberforce bekannt war, genoss als Patriarch hohes Ansehen in der Familie.

Der zweite Sohn des Ratsherrn, Robert, heiratete Elizabeth Bird, Wilberforce' zukünftige Mutter, und trat dem Familiengeschäft in Hull bei, das er 1755 als geschäftsführender Partner übernahm.

Der erste Sohn des Ratsherrn, William, hatte sich aus dem Familiengeschäft verabschiedet – durch die Heirat mit Hannah Thornton und den Umzug nach London, wo Hannahs Vater, Robert, Direktor der Bank von England und Mitglied des Parlaments war. Dieses Paar sollte infolge einer Reihe unerwarteter Ereignisse das Leben des jungen William bald stärker prägen als seine eigenen Eltern.

Allen Schilderungen zufolge war William Wilberforce ein entzückendes kleines Kind, ein wahrer kleiner Engel mit sonnigem Gemüt. Nach seinem Tode 1833 nahmen seine mittleren Söhne Samuel und Robert eine fünfbändige Biografie ihres Vaters in Angriff, die 1838 erschien. Eine »ungewöhnliche Rücksicht auf andere kennzeichnete seine frühe Kindheit«, so berichten sie, die natürlich als Söhne Zugang zu vielen Personen gehabt haben müssen, die ihren Vater schon als Kind kannten. Nur eine Erinnerung seiner Kindheitstage ist aus erster Hand erhalten, von einem Gast der Familie irgendwann in den frühen 1760ern:

> Ich werde nie vergessen, wie er sich in mein Krankenzimmer schlich, seine Schuhe auszog, um mich nicht zu stören, und mit besorgtem Gesicht durch meine Vorhänge schaute, um zu erfahren, ob es mir besser ginge.

In der Tat berichteten alle, die sich an seine frühesten Tage erinnerten, er sei von »ungemein liebevollem Temperament« gewesen.

Was wir aus späteren Jahren über ihn wissen, scheint dieses Bild vollkommen zu bestätigen. Schon als kleines Kind war er von schwacher Konstitution und seine Sehkraft eingeschränkt. So blieb es sein Leben lang. Wilberforce sagte oft, in weniger »modernen« Tagen hätte er keine Chance gehabt, zu überleben. Doch trotz seiner Kränklichkeit und Kurzsichtigkeit scheint er von Anfang an die Herzen aller erobert zu haben, die ihm begegneten. Die meisten von uns kennen Kinder, deren berührende Arglosigkeit und Fröhlichkeit richtiggehend erfrischend auf eine Erwachsenen-Seele wirken. Solch ein Kind scheint auch der kleine Wilberforce gewesen zu sein – ein Junge, der selbst die abgebrühtesten Menschenfeinde zu dem Gedanken verleiten konnte, dass vielleicht doch noch nicht alle Hoffnung verloren war – für diese völlig aus der Bahn geworfene Rasse von Zweibeinern, der sie angehörten.

1766, als William sieben Jahre alt war, wurde er an der Hull Grammar School angemeldet, die im Jahrhundert zuvor der Dichter Andrew Marvell[12] besucht hatte, und in der damals vor allem Griechisch und Latein unterrichtet wurden. Von Wilberforce sagte man, er sei sein ganzes Leben lang sehr kleinwüchsig und zierlich gewesen. Größer als knapp über einen Meter sechzig wurde er nie, und als Erwachsener magerte er während einer seiner vielen Krankheiten bis auf fünfunddreißig Kilo ab. Man kann sich nur vorstellen, wie winzig er mit sieben Jahren gewesen sein muss.

Hin und wieder besuchte er seinen Großvater, der sich in das idyllische Dörfchen North Ferriby am Humber zurückgezogen hatte, das sieben Meilen weit entfernt lag. Doch genau genommen scheinen Männer wie Ratsherr Wilberforce niemals wirklich in den Ruhestand zu gehen. Tatsächlich zog gerade dieser Großvater kräftig die Strippen, um rechtzeitig zum Schulbeginn des kleinen Wilberforce einen gewissen Joseph Milner als den neuen und mit dreiundzwanzig Jahren noch sehr jungen Schulleiter der Hull Grammar School einzusetzen. Dieses Machtspiel wurde gegen die Einwände der anderen Mitglieder der Stadtbehörde von Hull durchgeführt. Doch der gewiefte alte Ratsherr hatte nicht vor, sich durch läppische acht Meilen Entfernung etwas von seiner beträchtlichen und hart erkämpften Macht über die Stadt nehmen zu lassen, in der er schon seit der Regierungszeit des vorletzten Königs Georg das Sagen gehabt hatte.[13] Die Gründe dafür, dass er Milner auf diesem Posten wollte, können wir nicht erraten, doch die Einmischung des Ratsherrn in dieser Sache sollte schon bald unbeabsichtigte und ironische Folgen nach sich ziehen, wie wir sehen werden.

Der neue Schulleiter war der Sohn eines bescheidenen Webers aus Leeds. Doch Joseph Milner hatte die schlichte Beschaulichkeit am Webstuhl seiner Familie zurückgelassen und war nach Cambridge gegangen, wo er später mit der begehrten *Chancellor's Medal* ausgezeichnet worden war. Nach seiner Zeit in Cambridge wurde Milner *Curate** und arbeitete als Hilfslehrer in

---

* Unter einem *Curate* (dt. Kurat) in der englischen Staatskirche (*Church of England*) verstand man ursprünglich jeden Geistlichen, der eine Pfarrei betreute, die mehrere Gemeinden umfassen konnte. Das Wort wurde jedoch schließlich für Geistliche verwendet, die entweder Hilfsdienste für einen Pfarrer verrichteten oder aber eine vakante Pfarrei vorübergehend betreuten.

Thorp Arch, wo er schließlich dem wachsamen Auge des alten Ratsherrn auffiel.

Mit Joseph kam sein siebzehnjähriger Bruder Isaac, eine ungehobelte und wahrhaft gigantische Gestalt. Er sollte vorübergehend als Hilfslehrer dienen, doch seine akademischen Erfolge in Cambridge würden schon wenige Jahre später selbst die seines Bruders noch weit übertreffen. Tatsächlich sollte sich dieser unbeholfen wirkende Riese schließlich als einer der hellsten Köpfe auf dem Planeten erweisen. Drei Jahrzehnte nach seiner bescheidenen Tätigkeit als Hilfslehrer an der Hull Grammar School würde er einen der renommiertesten Lehrstühle der Welt innehaben, den Lucasischen Lehrstuhl für Mathematik in Cambridge, zu dessen früheren Inhabern Isaac Newton gehörte und den in Zukunft Leute wie der Nobelpreisträger Paul Dirac und der wohl bekannteste lebende Physiker, Stephen Hawking, besetzen würden. Letzterer hatte ihn bis 2009 inne. In Cambridge wurde Isaac Milner später Präsident des *Queens' College* und Vizekanzler der Universität. Außerdem wurde er in die berühmte *Royal Society*[14] gewählt – noch als Student.

Bevor er seinem Bruder in der Schule in Hull helfen durfte, hatte Isaac trübsinnig am Webstuhl seines Vaters gesessen, ein gebeugt kauernder Koloss, der heimlich Tacitus* las. Doch nun ging es plötzlich bergauf. Zum einen stank es in dem Klassenzimmer in Hull nicht nach Wolle, zum anderen wurde er nicht mit Vorhaltungen und Kopfnüssen belohnt, wenn er Tacitus las.

Diesem jüngeren Milner fiel nun die Aufgabe zu, beim Unterricht der kleinsten Kinder zu helfen. Zu ihnen zählte ein bemerkenswerter kleiner Gnom namens William Wilberforce. Jahrzehnte später, als Wilberforce in der ganzen Londoner Gesellschaft für seine außergewöhnliche Stimme berühmt war – sowohl als Sänger als auch als Redner – erinnerte sich Milner stolz daran, dass schon bei dem kleinen Schuljungen

---

* Tacitus (ca. 56 bis ca. 117) war ein römischer Politiker und Historiker, der besonders für seine Annalen bekannt ist, welche die Geschichte des Römischen Reiches erzählen.

seine Vortragskunst so bemerkenswert war, dass wir ihn auf einen Tisch zu setzen und ihn als Vorbild für die anderen Jungen laut vorlesen zu lassen pflegten.[15]

William Wilberforce war das dritte von vier Kindern und der einzige Sohn seiner Eltern. Als er acht war, starb seine älteste Schwester Elizabeth. Sie war vierzehn und hatte ein angesehenes Internat in London besucht. Bald nach ihrem Tod brachte Wilberforce' Mutter eine weitere Tochter zur Welt, ihr viertes Kind. Doch wenige Monate später starb plötzlich ihr Mann im Alter von vierzig Jahren. Einige Monate danach erkrankte Wilberforce' Mutter an einem schweren Fieber. So wurde beschlossen, dass Wilberforce – »Billy«, wie er inzwischen genannt wurde – zu seinem Onkel William und seiner Tante Hannah nach Wimbledon ziehen sollte.

Wir können uns nur ausmalen, wie es für diesen hochintelligenten und sensiblen kleinen Jungen gewesen sein muss, mitzuerleben, wie seine Eltern ihre geliebte Tochter verloren – und er selbst seinen Vater. Als dann auch noch seine Mutter sehr krank wurde, muss das niederschmetternd für ihn gewesen sein. Es fiel ihm zweifellos sehr schwer, von ihr und allem, was er bisher gekannt hatte, fortgeschickt zu werden, um nun bei einer Tante und einem Onkel, die er nicht kannte, in ihrem Landhaus im fernen Wimbledon zu leben.

Doch nun führte sein Weg nach Wimbledon. Seine Verwandten, die die Vormundschaft übernommen hatten, waren ziemlich wohlhabend. Onkel Williams Schwager John Thornton zählte zu den reichsten Männern ganz Englands. Abgesehen von ihrem Landhaus *Lauriston House* in Wimbledon besaßen sie noch ein prachtvolles Haus in London in *St. James's Place*. Wilberforce war inzwischen zehn Jahre alt und wurde an der *Putney School* angemeldet, die, wie Wilberforce sich erinnerte, keinen besonders herausragenden Ruf besaß.

»Mr Chalmers, der Lehrer«, berichtete er, »selbst ein Schotte, hatte einen Hilfslehrer derselben Nationalität, dessen roten Bart – denn er rasierte sich kaum einmal im Monat – ich niemals vergessen werde.« Noch viele Jahre später beschrieb der sonst so im Übermaß nachsichtige Wilberforce Mr Chalmers' Hilfslehrer als »einen schmutzigen, unangenehmen Mann«. »Ich erinnere mich noch heute«, schrieb er, »an das abscheuliche Essen, das man uns vorsetzte und das ich nicht ohne Übelkeit zu mir nehmen konnte.« Man fragt sich unwillkürlich, ob seine lebenslangen Magenprobleme nicht während dieser Jahre verschlimmert oder gar ausgelöst wurden. Was die Qualität der Schulbildung anging, so konnte er sich nun nicht mehr im intellektuellen Glanz der Gebrüder Milner sonnen. In Putney habe man ihn »alles und nichts gelehrt«.

Doch während Wilberforce seine neue Schule missfiel, wuchsen ihm seine Tante und sein Onkel, die er an den freien Tagen besuchte, rasch ans Herz. Und sie gewannen ihrerseits den außergewöhnlichen Jungen lieb, der so unverhofft in ihr Leben getreten war. »Sie hatten keine Kinder«, schrieb Wilberforce, »und ich sollte ihr Erbe werden. ... Ich liebte [sie], als wären sie meine Eltern gewesen.« Ohne Frage war der größte Einfluss, den sie auf ihn hatten, geistlicher Natur.

Die Gesellschaft, in die sie ihn einführten, war eine ganz andere als die ihm aus Hull bekannte. Hull war eine muntere, schwatzhafte Welt des Kartenspiels und des Theaters – was weltliche Vergnügungen anging, reichte es dicht an London heran –, doch wenn es um tiefere Dinge ging, um echte »Seelennahrung«, war die Speisekammer gewissermaßen leer. Wilberforce' Eltern hielten, ebenso wie ihre wohlhabenden und eleganten Freunde, nicht viel von Innenschau oder tiefem Nachdenken über den Sinn des Lebens. Das waren keine Themen, über die man beim Kartenspiel gerne plauderte. Das »geistliche Leben« beschränkte sich darauf, sich eine Kirchenbank zu mieten. Man ging in die Kirche, stand auf, kniete nieder und setzte sich rechtzeitig wieder und tat, was von einem verlangt wurde. Doch wer unter dieser glänzend lackierten Oberfläche schürfte, wagte sich weit über das hinaus, was in jener Gesellschaft als schicklich galt, und zog sich unverhohlene Blicke, geflüsterte Bemerkungen und die sichere Ausgrenzung zu. Wilberforce war von Anfang an ebenso ernst wie charmant und lebenslustig. Hier in Wimbledon nun bekam seine sensible und intellektuelle Natur zum ersten

Mal eine sättigendere Speise als die Spitzfindigkeiten – den dünnen weichgekochten Haferschleim und schwachen Teeverschnitt – eines latitudinarischen Anglikanismus.*

Wilberforce' Tante und sein Onkel standen nämlich, was seine Mutter und sein Großvater jedoch nicht ahnten, im Zentrum einer geistlichen Renaissance, die England zu jener Zeit erlebte. Sie waren eng mit einer der größten Gestalten des achtzehnten Jahrhunderts befreundet: George Whitefield[16] – einem der menschlichen Hauptakteure hinter dem gesellschaftlichen Erdbeben, das auch als Great Awakening (»Große Erweckung«) bekannt ist.[17] Es veränderte nicht nur England, sondern auch die dreizehn Kolonien jenseits des Atlantiks. Sehr nahe standen sie auch John Newton, einer weiteren überragenden Gestalt, die heute weltweit bekannt ist als der ehemalige Sklavenschiffskapitän, der den Choral Amazing Grace schrieb. Vermutlich hörte der kleine Wilberforce von Newton zum ersten Mal von Sklaverei. Diese beiden Verbindungen und viele weitere lassen sich zum Halbbruder von Wilberforce' Tante, John Thornton, zurückverfolgen. Thornton war nicht nur äußerst reich, sondern genoss zu jener Zeit nach den Worten des Secretary to the Treasury** auch »viel Respekt und Achtung und besaß so viel Gewicht in der Stadt wie nur irgendein Mann, den ich kenne«. Thornton hatte sich etwa 1754 durch den Reisepredigtdienst Whitefields zu einem hingegebenen Glauben bekehrt. Seither war er weniger für seinen Reichtum als vielmehr

---

* Mit »Latitudinarismus« (von engl. latitude, »Breite«; »Freiheit«) bezeichnet man eine Richtung in der Church of England im späten 17. Jahrhundert, die größeren Spielraum (latitude) in grundlegenden christlichen Lehrfragen zuließ und dem Verstand in religiösen Fragen eine größere Bedeutung beimaß. Sie bildete sich als Reaktion heraus einerseits auf die Betonung, welche die Puritaner auf das intensive religiöse Erlebnis legten, und andererseits als Antwort auf die zeitgenössische erkenntnistheoretische Entwicklung mit dem Schwerpunkt auf wissenschaftlicher Beobachtung und Vernunft. Im 18. Jahrhundert entwickelte sich der Latitudinarismus zur vorherrschenden Prägung in der Church of England.

** Die Treasury (»Schatzkammer«) war das für Finanzen und Besteuerung zuständige britische Ministerium.

für seine Großzügigkeit bekannt geworden und hatte viele Initiativen finanziert, die sich der Armen und Leidenden annahmen.

Ein kleiner Exkurs ist lohnenswert – über George Whitefield und die Lage des christlichen Glaubens in England Mitte des achtzehnten Jahrhunderts. Seit der Zeit der Puritaner und der Religionskriege des vorausgegangenen Jahrhunderts mied England alles, was wir als hingegebenen christlichen Glauben bezeichnen könnten. Nachdem die Religion Ursache für so viel Streit und Gewalt gewesen war, hatte sie sich nun weit zurückgezogen. Die Pastoren in England Mitte des achtzehnten Jahrhunderts hatten das überlieferte, historische Christentum nahezu aufgegeben und predigten nun einen abgestandenen Moralismus, der Höflichkeit und die Erhaltung des Status quo anscheinend als höchstes Gut darstellte. Und so wandten sich die Leute verständlicherweise immer weniger an die Kirchen, um letzte Antworten auf ihre Fragen zu finden, und der Nebel einer hoffnungslosen und brutal abergläubischen Spiritualität kroch über das Land. Wie immer waren es die Armen, die am meisten unter diesen Veränderungen in der religiösen Atmosphäre Großbritanniens zu leiden hatten. Doch in den 1730er-Jahren trafen drei junge Männer an der Universität Oxford ein, die bald eine dramatische Veränderung herbeiführen sollten. Zwei davon waren John Wesley[18] und sein Bruder Charles[19]. Sie gründeten eine kleine Gruppe namens *Holy Club*, dessen Mitglieder inständig und für jedermann sichtbar beteten, das Neue Testament auf Griechisch studierten und sich um Randgruppen – wie beispielsweise Straffällige – kümmerten. Schon bald verspottete man sie als »Methodisten«, weil die anderen Studenten meinten, ihr Frömmigkeitsstil sei zu »methodisch«. Wenig später stieß George Whitefield als Dritter im Bunde zu ihnen.

Nach einigen Jahren passierte etwas Überraschendes. Sämtliche ausgetüftelten Lehren und angestrengten Bemühungen des Trios, »heilig« und »moralisch« zu leben, schmolzen dahin, als Whitefield zu einer Erkenntnis kam, die weitreichende Auswirkungen haben sollte. Wie Martin Luther mehr als zweihundert Jahre vor ihm begriff er, dass die Bibel nicht lehrte, wir sollten uns noch größere Mühe geben, um vollkommen und heilig zu werden, sondern uns stattdessen anbot, uns ganz auf Gottes Gnade zu werfen. Nicht moralische Vollkommenheit war die Antwort: Jesus war die Antwort. Jesus war moralisch vollkommen gewesen, und wir sollten uns nun nicht selbst retten – wir sollten ihn bitten, uns zu retten.

Die Entdeckung der Elektrizität oder der Kernspaltung lässt sich mit dieser theologischen Kehrtwende vergleichen – es war der Startschuss für eine Revolution. Als Whitefield anfing, diese neue Offenbarung zu verkünden, strömten die Leute in Scharen herbei, um sie zu hören. Etwas Derartiges hatten sie noch nie gehört, und bald kamen Tausende von nah und fern, um ihm zuzuhören. Er war damals erst zweiundzwanzig. Zum Entsetzen des vornehmen theologischen Establishments seiner Zeit begann Whitefield sogar, unter freiem Himmel zu predigen, damit ihn mehr Menschen hören konnten, und es versammelten sich bis zu dreißigtausend Zuhörer.

Das Phänomen George Whitefield sprengt unsere heutige Vorstellungskraft. Zu Tausenden veränderten sich Menschen überall in England. Verbitterte Bergleute weinten und sangen, und garstige Fischhändlerinnen hüpften vor Freude. Noch nie hatte jemand diesen armen Leuten das gesagt, was sie nun von diesem Mann hörten, dessen Stimme so laut und klar wie eine Fanfare klang. So etwas war ihnen noch nie zu Ohren gekommen und doch schien es, als ob diese Botschaft eine längst vergessene Saite in ihnen zum Klingen brachte. Bisher hatten sie Religion grundlegend anders kennengelernt. Nun tauschten sie eine Behandlung mit Fischlebertran gegen hellen Sonnenschein und würden nie wieder dieselben sein.

Whitefield erfasste England wie ein Tornado und hinterließ eine Spur von Hoffnung, Freude und Sinnerfüllung. Nachdem er England gründlich auf den Kopf gestellt hatte, sprang er wie ein Flüchtling an Bord eines Schiffes, um denselben unerhörten Aufruhr nun in den amerikanischen Kolonien anzuzetteln. Anschließend kehrte er nach England zurück. Im Lauf seines Lebens würde Whitefield den Atlantik dreizehnmal überqueren.

Wie man sich denken kann, wurde Whitefield von der anglikanischen Kirche herzlich verachtet. Doch auch die Presse und die Religionsgegner hassten ihn. Er sparte nicht an drastischen Worten zu den Themen Sünde und Hölle, und es wurde immer unmöglicher, ihm auszuweichen, je berühmter er wurde. Whitefield war ständig auf dem Marsch, gleich einer Ein-Mann-Heilsarmee. Im Gepäck trug er eine zusammenklappbare Kanzel und schickte Handzettel und Plakate in die Städte voraus, in denen er predigen würde. Im Lauf seines Lebens hielt er achtzehntausend Predigten, und keine einzige langweilige. Wie sich denken lässt, wurde Whitefield für jeden Aspekt seines Wirkens und seiner Person, einschließlich der schweren Sünde, dass er merklich schielte, aufs Heftigste verspottet. Wegen der unübersehbaren Fehlstellung seiner Augen hängte man ihm den wenig schmeichelhaften Spitznamen *Doctor Squintum* an – von dem englischen Wort für schielen, *to squint*. Doch einige seiner Bewunderer versuchten, ein positives Licht auf die Sache zu werfen, und sagten: »Sogar seine Augen machen das Zeichen des Kreuzes, an dem Jesus starb.« *Touché*.

In den amerikanischen Kolonien predigte Whitefield auf Feldern von Maine bis Georgia und erreichte auch dort regelmäßig Zuhörerschaften von mehreren Tausend Menschen. Dass er dies ohne Mikrofone bewerkstelligte, scheint geradezu die natürliche Auslese infrage zu stellen und für einen Niedergang der Stimmkraft beziehungsweise des Hörvermögens während der letzten anderthalb Jahrhunderte zu sprechen. Oder waren die Zahlenangaben übertrieben, wie Benjamin Franklin[20] als guter Yankee-Skeptiker anfangs argwöhnte? Als Whitefield 1739 nach Philadelphia kam, beschloss Franklin – stets Empiriker – außen um die Menschenmenge herumzugehen und ihre Größe selbst abzumessen. Nachdem er die riesige Runde hinter sich gebracht hatte, schätzte Franklin, es seien in der Tat mindestens zwanzigtausend Menschen gewesen, und er habe sich an keinem Punkt außerhalb der Reichweite von Whitefields Stimme befunden.[21] Franklin wurde schließlich zu einem Anhänger und Freund Whitefields und später auch zu seinem Verleger, wenn er sich auch nie ganz von einer Bekehrung überzeugen ließ.

In den Kreisen der Macht, besonders der kirchlichen Macht, gab es große Befürchtungen, dass Männer wie Whitefield – und John und Charles Wesley – eine Bedrohung für die soziale Ordnung darstellten. Die unteren Klassen wurden ermutigt, selbstständig zu denken und sich der reglementierten

Religiosität zu widersetzen, die in den meisten Gemeinden der anglikanischen Kirche zu finden war. Schwarze und Frauen fanden einen Platz in dieser lebendigen Form des Christentums – all das war neu und beunruhigend. In gesellschaftlichen Gärungsprozessen wie dem Great Awakening scheinen unweigerlich Die Bacchantinnen des Euripides ihre Spuren zu hinterlassen: Wilde dionysische Kräfte drohen die Gesellschaft auseinanderzureißen und werden mit den repressiven Kräften der herrschenden Ordnung bekämpft.

1769, etwa um die Zeit, als Wilberforce zu seiner Tante Hannah und seinem Onkel William zog, verließ George Whitefield England zu seiner letzten Amerikareise, und so ist es trotz ihrer Freundschaft mit dem großen Prediger unwahrscheinlich, dass er und Wilberforce sich je begegneten. Wilberforce hätte eine solche Begegnung sicherlich gegenüber seinen Söhnen erwähnt, die uns aber nichts dergleichen berichten.

Eine andere überragende Gestalt in der damaligen evangelikalen Bewegung in England jedoch lernte Wilberforce kennen. John Newton, »der alte afrikanische Lästerer«, wie er sich selbst nannte, der sicherlich den jungen Wilberforce mit den Übeln des Sklavenhandels bekannt machte, war zu jener Zeit Pfarrer einer anglikanischen Kirche in Olney, einer Kleinstadt in der Grafschaft Buckinghamshire. Er kam regelmäßig nach London und besuchte die Wilberforces zu sogenannten »Salonpredigten«.[22] Die Wilberforces ihrerseits besuchten Newton und seine Frau in Olney zusammen mit ihrem Neffen. Newtons Kontakt zu den Wilberforces wurde zunehmend enger, und während der Zeit, in der William bei ihnen wohnte, entstand zwischen dem kleinen Jungen und dem ehemaligen Kapitän ein starkes Band. Wilberforce sagte, er habe Newton verehrt »wie einen Vater, als ich ein Kind war«. Der kurzsichtige und kränkliche, jedoch äußerst aufgeweckte Junge muss völlig gefesselt gewesen sein von dem früheren Sklavenhändler, der mit zehn Jahren – so alt war William, als sie sich kennenlernten – zu einem pikaresken Abenteuer in See gestochen war, wie es sich der wohlhabende und verwöhnte Kaufmannssohn nicht einmal vorstellen konnte. Die riesige, dicke, grobschlächtige Gestalt machte sich vermutlich neben dem kleinen Jungen noch größer aus, den der kinderlose Newton, so heißt es, als eine Art Sohn betrachtete.

Der große Dichter William Cowper[23] lebte zu dieser Zeit ebenfalls in Olney. Newton verbrachte viel Zeit damit, sich um Cowper zu kümmern, der in Olney als inoffizieller Hilfspfarrer tätig war und Newton sehr bei seiner pastoralen Arbeit half. Doch Cowper litt auch unter schrecklichen Depressionen. Newton schlug Cowper vor, diesen zu begegnen, indem er jede Woche Choräle für den Sonntagsgottesdienst schrieb. Cowper beherzigte Newtons Rat, und viele seiner Choräle gehören zu den schönsten der englischen Sprache. Zusammen veröffentlichten Newton und Cowper etwa 370 Choräle, die schließlich unter dem Titel *Olney Hymns* veröffentlicht wurden. Viele davon werden auch heute noch häufig gesungen.

Als Wilberforce' Mutter und Großvater ihn zu seiner Tante Hannah und seinem Onkel William schickten, hatten sie nicht die leiseste Ahnung, dass sie den Jungen in eine gärende Brutstätte des Methodismus sandten. Und erst die Vorstellung, er würde sich dort mit einem raubeinigen früheren Kapitän über die Gräuel der Sklaverei unterhalten! Sie hätten nicht entsetzter sein können, wenn sie entdeckt hätten, ihr Junge sei in der Südsee unter tätowierten Maoris gelandet und äße genüsslich Menschenfleisch zum Frühstück. Die Evangelikalen[24], wie die Bewegung schließlich genannt wurde, waren bei den kulturellen und sozialen Eliten Englands Mitte des achtzehnten Jahrhunderts verhasst. Abfällig wurden sie damals »Methodisten«[25] oder »Enthusiasten« genannt; sich mit ihnen abzugeben, geschweige denn mit ihnen zu sympathisieren, war schockierend.

In Hull und in Londons feiner Gesellschaft wurden die Methodisten für ihre salbungsvolle Frömmigkeit kritisiert, für ihre deprimierende, übermäßige Ernsthaftigkeit in allen Dingen, als wäre es eine schwere Sünde, Ironie zu schätzen, für ihre groteske Zurschaustellung ekstatischer Emotionalität (manche bellten und heulten bei Whitefields Versammlungen, so hieß es), für ihren Mangel an Weltgewandtheit und für ihre allgemeine Missachtung der herrschenden sozialen Ordnung und der Vielzahl von Anstandsregeln, mit denen sie erhalten wurde. Insofern muss der Gedanke, dass Ratsherr Wilberforce seinen Namensvetter in die Hände dieser Wilden gegeben hatte – dass sie als sein ältester Sohn und als Tochter eines Parlamentariers und Direktors der Bank of England getarnt waren, spielte dabei keine Rolle –, ihm so vorgekommen sein, als fiele ihm gerade der Himmel auf den Kopf.

Es verwundert kaum, dass dieser intelligente, sensible Junge, umgeben von so viel Liebe und solch inspirierenden Persönlichkeiten, sich bald ihre Denkweise zu eigen machte. »Ich begleitete [sie] oft in die Kirche und zur Kapelle«, schrieb er. »Unter diesen Einflüssen fand der Gegenstand der Religion ... in meinem Geiste großes Interesse und hinterließ einen starken Eindruck.«

Wir wissen nicht, wie lange es dauerte, bis Wilberforce' Mutter und sein Großvater Wind von der Situation bekamen. Irgendwann jedoch sahen sie sich zu der unerfreulichen Erkenntnis genötigt, dass ihre sorgfältig ausgeklügelten Pläne für den kleinen William gescheitert waren – und zwar auf ganz üble Weise. Seine Briefe und sein Verhalten, wenn er zu Besuch nach Hause kam, hatten sicherlich schon bei seiner Mutter den Verdacht geweckt, er könne aus dem gefährlichen Brunnen des Methodismus getrunken haben – was ja auch der Fall war. Ratsherr Wilberforce machte kein Hehl aus seiner Meinung über die Situation. »Wenn Billy Methodist wird«, dröhnte er, »bekommt er keinen einzigen Groschen von mir.«

Jahre später würde Wilberforce seinen Söhnen gegenüber äußern:

Ihr könnt Euch unmöglich einen Begriff davon machen, welch ein Hass den Methodisten damals entgegenschlug. Die beste Erklärung liegt in dem Hinweis, dass keine andere mir bekannte Gegebenheit größere Ähnlichkeit mit dem Bericht in Ivanhoe[26] über die Judenverfolgung hat.

Nachdem ihr Argwohn einmal erwacht war, wusste Elizabeth Wilberforce, was sie zu tun hatte. Sie reiste von Hull nach London, um ihren Sohn zu retten. Für Wilberforce war dies eine äußerst schmerzliche Wendung. Er war untröstlich darüber, seine Tante und seinen Onkel, die er liebte, verlassen zu müssen, ganz zu schweigen von den vielen Kontakten zu faszinierenden und liebevollen Menschen. Zwei Jahre hatte er bei ihnen verbracht.

Hannah Wilberforce und ihr Mann waren am Boden zerstört. Als Elizabeth eintraf, um ihren Sohn der Gefahr zu entreißen, erhob Hannah Einwände und versuchte ihre Schwägerin von den Möglichkeiten zu überzeugen, die sich ihm böten, wenn er in ihrem Kreis bliebe, indem sie die Vorzüge eines »religiösen« Lebens schilderte. Doch Elizabeth hatte für ihr Lebtag genug von dieser Art »religiösen« Lebens. Hannah ihrerseits war besorgt um die Seele ihres Neffen. »Keine Sorge«, erwiderte Elizabeth zynisch. »Du weißt, dass es nicht scheitern kann, wenn es ein Werk der Gnade ist.«

»Die Trennung von meiner Tante und meinem Onkel machte mir sehr ernstlich zu schaffen«, schrieb Wilberforce später. »Es brach mir fast das Herz, so sehr hing ich an ihnen.« In einem Brief kurz nach seiner Abreise schrieb er ihnen: »Ich kann euch nie vergessen, solange ich lebe.«

Nach Hull zurückgekehrt, wurde der Zwölfjährige nicht zurück in seine alte Schule geschickt. In den zwei Jahren, die Wilberforce in Wimbledon verbracht hatte, war nämlich Joseph Milner, der beliebte Schulleiter, den Ratsherr Wilberforce gegen die Einwände vieler anderer in der Stadt eingesetzt hatte, ebenfalls Methodist geworden![27] Als ob es nicht genug war, dass Milner selbst sich bekehrt hatte, wurde er auch noch zu einer treibenden Kraft für den Methodismus in Hull. Schließlich hielt er sogar methodistische Predigten in der Kirche von Hull und fand auch dort eine Anhängerschaft. Milner würde später viele Essays und Predigten veröffentlichen und schließlich für die mehrbändige Kirchengeschichte *History of the Church of Christ* berühmt werden.[28] Die ersten drei Bände vollendete er vor seinem Lebensende. Nach seinem Tod wurden zwei weitere Bände veröffentlicht, die Josephs Bruder Isaac, der hünenhafte Gelehrte, bearbeitet hatte. 1810 gab Isaac die fünfbändige Gesamtausgabe neu heraus.

Und so wurde Wilberforce nach Pocklington geschickt, auf die dreizehn Meilen entfernte Schule seines Großvaters. Dort würde er fünf Jahre lang bleiben.

Obwohl Wilberforce' Rückkehr nach Hause ein herber Schlag war, war er entschlossen, an seinem Glauben festzuhalten. Ebenso entschlossen jedoch war seine Mutter, ihm diesen mit allen erforderlichen Mitteln auszutreiben. Sie und Ratsherr Wilberforce verfügten über genügend Mittel, um diese Belagerung durchzuführen – nicht zuletzt über Zeit.

Seine Mutter hatte so große Angst davor, die Glut des Methodismus anzufachen, die noch, gleich glühenden Scheiten, in ihrem Sohn brannte, dass sie ihm sogar verbot, in die anti-methodistische und langweilige Kirche zu gehen, die sie selbst besuchte. In einem Brief an seine Tante Hannah schrieb Wilberforce, zu den »unglücklichsten Umständen« während jener Zeit habe es gezählt,

> nicht das selige Wort Gottes hören zu können, da meine Mama mich am Sonntagnachmittag nicht in den hochkirchlichen Gottesdienst gehen lassen wollte, aber der Herr erhörte mir jeden Tag ein Gebet, und ich kann zuversichtlich sagen, dass ich in der Erkenntnis Gottes und Christi Jesu zugenommen habe, den er gesandt hat, den zu kennen das ewige Leben ist.

Etwa drei Jahre lang setzte er sich eindrucksvoll zur Wehr und versuchte verzweifelt, seinen Glauben inmitten des Trubels gesellschaftlicher Ablenkungen aufrechtzuerhalten. Hull war, wie Wilberforce sich später erinnerte,

> ein so lustiger Ort, wie man ihn außerhalb von London nur finden kann. Theater, Bälle, große Bankette und Vergnügungen beim Kartenspiel waren die Freude der führenden Familien in der Stadt. ... Zu Mittag gegessen wurde meist um zwei Uhr, und um sechs traf man sich zu einem üppigen Abendessen. Diese Lebensweise bereitete mir zuerst große Not, doch allmählich gewann ich Geschmack daran. ... Als Enkel eines der wichtigsten Einwohner wurde ich überall eingeladen und hofiert; meine Stimme und meine Liebe zur Musik machten mich noch beliebter. Die religiösen Eindrücke, die ich

in Wimbledon gewonnen hatte, setzten sich noch für eine beträchtliche Zeit fort, doch meine Freunde scheuten keine Mühe, sie zu ersticken. Ich könnte fast sagen, dass sich fromme Eltern nie größere Mühe gegeben haben, Empfindungen der Frömmigkeit in einem geliebten Kind zu erwecken, als sie sich mühten, mir einen Geschmack an der Welt und ihren Zerstreuungen zu verschaffen.

Dies waren zutiefst unglückliche Jahre für ihn, aber er kämpfte sich tapfer hindurch und schrieb insgeheim Briefe – unter anderem an seine Tante und seinen Onkel. Der Riss zwischen Ratsherr Wilberforce und seinem methodistischen ältesten Sohn muss sehr schmerzhaft gewesen sein. Im September 1772, kurz nach seinem dreizehnten Geburtstag, nutzt William »die Gelegenheit, durch eine Bedienstete zu schreiben, die morgen fortgeht; in der Meinung, dies sei besser, als den Brief direkt an meinen Onkel zu schicken, da Großpapa den Brief vielleicht sehen könnte«.

Wilberforce sagt, dass er zum ersten Mal »beinahe gewaltsam« zu einem Schauspiel genommen wurde. Uns erscheint es streng und lachhaft, dass der Glaube, den er aufgesaugt hatte, ihn zu der Meinung brachte, das Theater sei etwas Sündiges, aber wir müssen uns die Umstände und Gepflogenheiten jener Epoche vor Augen führen. Sir John Hawkins, der literarische Nachlassverwalter Samuel Johnsons[29], sagte einmal: »Kaum wird irgendwo im Königreich eine Spielstätte eröffnet, da ist sie schon von einem Ring von Bordellen umgeben.« Prostituierte gingen gleich vor den Toren der Theaterhäuser ihren Geschäften nach, und manchmal – der »unsichtbaren Hand des Marktes« folgend – auch im Gebäude selbst. Unsere moderne Vorstellung vom Theater als einem Ort tiefer Ernsthaftigkeit und Bedeutung, an dem Geistesgrößen wie Ibsen und Strindberg ihren progressiven intellektuellen Ideen Gestalt gaben, lag noch weit in der Zukunft. Das Theater Wilberforce' Zeit war ein Ort entschieden unfrommer Zerstreuung, um nicht zu sagen: der Geschmacklosigkeit.

Wilberforce verbrachte nun sehr viel Zeit mit der Familie von Joseph und Marianne Sykes. Er war bald wie ein Bruder für sie, verbrachte häufig seinen Urlaub bei ihnen und stand während dieser Jahre eine Zeit lang unter Mr Sykes' Vormundschaft. Die Sykes' waren unter den wohlhabendsten Familien von Hull sehr geachtet. Aus Elizabeth Wilberforce' Sicht waren sie von den weltverachtenden Methodisten so weit entfernt, wie sie es sich nur wünschen konnte. William freundete sich eng mit Marianne an, einer ihrer Töchter, die später seinen Cousin und besten Freund Henry Thornton heiraten würde. Sykes' Kinder wollten ihren alten, lebenslustigen Freund wiederhaben, und spielten eine große Rolle dabei, ihn langsam und gegen seinen Willen wieder in die Welt zurückzuholen, in der er zuvor zu Hause gewesen war.

Jahre später schrieben Wilberforce' Söhne, dass in den Jugendjahren ihres Vaters in Hull seine

> Begabungen zur allgemeinen Geselligkeit und seine seltene Fertigkeit im Singen ihn überall zu einem gern gesehenen Gast machten und er die Zeit mit einem Besuch nach dem anderen bei benachbarten Adelsfamilien vergeudete. Schon jetzt jedoch zeigte er einen wachen Verstand, und es steht noch eine Situation in Erinnerung, die auf bemerkenswerte Weise seinen zukünftigen Weg ahnen lässt.

Damit spielten Robert und Samuel Wilberforce auf einen Bericht des Pastors T. T. Walmsley an, der in jenen Tagen mit Wilberforce in Pocklington war, und in dem dieser behauptete, Wilberforce habe, noch keine vierzehn Jahre alt, den Sklavenhandel verabscheut und einen Leserbrief gegen Menschenhandel an eine Lokalzeitung geschickt. Dies wäre der erste noch erhaltene Hinweis, dass er sich für das Thema interessierte.[30]

In Pocklington wuchs Wilberforce unter der elegant langweiligen Ägide von Pastor Baskett allmählich aus seiner methodistischen Zwangsjacke heraus und erlangte schließlich das vollendete Halbmaß weltlicher Reife. Sein Genie gestattete es ihm, sich akademisch vor allen anderen Jungen auszuzeichnen, wenngleich er nicht sehr diszipliniert lernte. Wilberforce erinnert sich:

Ich war von Natur aus ein ausgelassener Junge und feurig. Dies trieb mich voran, brachte mich dazu, viel zu reden, und machte mich sehr eitel. Diese träge Lebensweise, die ich zu Hause an den Tag legte, machte mich natürlich nicht dazu geneigt, mich anzustrengen, wenn ich in die Schule zurückkehrte.

Bis 1775 scheint er sich weitgehend zu einem Sechzehnjährigen entwickelt zu haben, wie ihn sich seine Mutter und sein Großvater immer erhofft hatten. Eitel und voller Lebenslust, hatte er die Ernsthaftigkeit verloren, die sie einige Jahre zuvor so sehr erschüttert hatte. Darüber hinaus waren seine Manieren und Umgangsformen auf Hochglanz poliert, und seine vorzeitige *gravitas* war, wenn auch nicht völlig ausgemerzt, so doch durch *levitas* angenehm aufgelockert. Und so verfügte William Wilberforce über alles nötige Rüstzeug für Kapriolen und übermütige Streiche – auch wenn er sich dann doch nicht ganz zum Narren machte –, als er sich im Oktober 1776 auf den Weg nach Cambridge begab.

2. KAPITEL

IN DIE WEITE WELT

»An Unterhaltsamkeit konnte es niemand mit ihm aufnehmen.«
THOMAS GISBORNE

Wilberforce war gerade einmal siebzehn Jahre alt, als er sich 1776 im St. John's College in Cambridge einschreiben ließ, aber es war damals nicht ungewöhnlich, in sogar noch jüngeren Jahren mit dem Studium zu beginnen. William Pitt, der einige Jahre später Wilberforce' engster Freund werden sollte, war genauso alt wie Wilberforce, hatte aber bereits drei Jahre Cambridge hinter sich, als Wilberforce ankam. Er hatte schon mit vierzehn Jahren zu studieren begonnen. Andrew Marvell, hundert Jahre vor Wilberforce Schüler an der Grammar School in Hull, hatte sein Studium in Cambridge mit zwölf aufgenommen.

Dennoch bedeutete Cambridge einen ziemlich großen Sprung für Wilberforce. Mit der weltlichen Gesellschaft von Hull und Pocklington vertraut zu sein, war das eine, etwas ganz anderes jedoch, Tag für Tag solch aggressiver Ausschweifung zu begegnen, dass Hull im Vergleich dazu geradezu puritanisch wirkte.

»Gleich am allerersten Abend nach meiner Ankunft«, sagt Wilberforce in Bezug auf ein geradezu komödiantisches Timing,

> wurde ich zwei solch zügellosen Männern vorgestellt, wie man sie sich nur denken kann. Sie tranken unbändig, und ihre Konversation war noch schlimmer als ihr Leben. Ich lebte einige Zeit in ihrer Gesellschaft, ohne dieser jedoch je Genuss abzugewinnen – oft graute

mir vor ihrem Verhalten –, und nach dem ersten Jahr schüttelte ich meine Verbindung zu ihnen weitgehend ab.

An anderer Stelle beschreibt er sie als »zwei derjenigen Charaktere, die am stärksten dem Glücksspiel verfallen sind und zu den lasterhaftesten in ganz England gehören.« Das Vergnügen, diesen beiden Halunken vorgestellt zu werden, hatte er seinem eigenen Tutor zu verdanken, einem gewissen William Arnald, dem Mann, der eigentlich Wilberforce zum Studieren hätte anleiten sollen. Hier zeigte ein Blinder dem anderen den Weg, wobei diese Metapher es noch nicht ganz trifft, denn Arnald handelte praktisch kopflos. Er hielt Wilberforce aktiv vom Lernen ab. Für jemanden mit Wilberforce' Neigung zu Ablenkungen und Unterhaltung war dies eine so nahezu tödliche Wunde, wie man sie ihm in diesem äußerst prägenden Lebensabschnitt nur hatte zufügen können.

Ab diesem Zeitpunkt hatte er für den Rest seines Lebens gewaltig mit seiner Selbstdisziplin zu ringen, einer Schwäche, die er stets seinen vergeudeten und sinnlosen Jahren in Pocklington und Cambridge zuschrieb: Dort wurde Faulenzerei gefördert und sein überlegener Verstand ermöglichte es ihm, mit geringstem Aufwand zu brillieren – oft erst in letzter Minute. Doch welche Fehler man dem armen Arnald auch immer zur Last legen mag, er hatte gewiss seine eigenen Schwierigkeiten: Etwa sechs Jahre später verlor er den Verstand.

Wilberforce' Zeit in Cambridge vor mehr als zweihundert Jahren gleicht dem Leben vieler College-Studenten von heute auf verblüffende Weise. Er lernte offenbar nur dann, wenn er musste, was jedoch dank seines außergewöhnlichen Verstandes nur selten vorkam. Den größten Teil seiner Zeit verbrachte er damit, sich und andere zu unterhalten und sich oberflächliches Wissen anzueignen – auf diese Weise verschaffte er sich im Grunde die »kulturelle Bildung«, die ihm in der Gesellschaft, in die er bald entlassen würde, gute Dienste leisten sollte.

Thomas Gisbornes Räume lagen während dieser Jahre gleich neben denen von Wilberforce, und während Wilberforce zu wenig lernte, glich Gisborne das mehr als aus. »Er hatte immer einen großen *Yorkshire Pie** bei sich stehen«, erinnert sich Gisborne,

> und alle durften sich daran bedienen. Meine Räume und die seinen lagen gleich hintereinander, und oft, wenn ich um zehn Uhr meinen Kamin auskehrte, hörte ich seine melodische Stimme laut rufen, ich möge kommen und mich zu ihm setzen, bevor ich zu Bett ginge. Das war ein gefährliches Unterfangen, denn seine amüsante Konversation vermochte es immer, mich so lange wachzuhalten, dass ich am nächsten Morgen ins Hintertreffen kam.

Gisborne wurde Geistlicher der anglikanischen Kirche und erlangte in späteren Jahren Berühmtheit als einer der besten Prediger des Landes. Obwohl sie in Cambridge nur Bekannte gewesen waren, wurden er und Wilberforce schließlich enge Freunde. Gisborne besaß ein Landhaus in Staffordshire namens *Yoxall Lodge*[31], wo Wilberforce während der kommenden Jahrzehnte sehr viel Zeit verbringen sollte.

»An Unterhaltsamkeit«, sagte Gisborne, »konnte es niemand mit ihm aufnehmen. Stets war er für Wortgefechte und Diskussionen zu haben.« Gisborne erinnert sich, wie er Wilberforce hier und dort auf den Straßen von Cambridge sah, wie er andere Studenten unterhielt, »umringt von jungen, talentierten Männern, unter denen er *facile princeps*** war«.

Allen Schilderungen zufolge scheint Wilberforce außergewöhnlich charmant gewesen zu sein. Von frühester Kindheit bis an sein Lebensende fesselte er seine Mitmenschen mit seinem Verstand und seiner einzigartigen Stimme. Er war von brillanter Schlagfertigkeit, überschäumend vor Energie, heiter und fröhlich, gar nicht zu reden von seiner Großzügigkeit. Die Gabe

---

* Es scheint sich um einen großen *Pie* (»Pastete«) gehandelt zu haben, dessen gebackener Teigmantel einem englischen *Pork Pie* (Pie mit Schweinefleisch) ähnelt und der gewürztes Geflügel und Wild enthält.

** Lateinisch; »mit Leichtigkeit die erste Stelle einnehmend«.

der Gastfreundschaft besaß er im Übermaß, was ihn in späteren Jahren auf seiner politischen Laufbahn vorwärtsbrachte. In Cambridge jedoch zeigte sie sich weniger großartig und ohne bestimmten Zweck. Alle möglichen Leute lud er zum Essen in seine Räume ein. Der Tod seines Großvaters und 1777 der seines geliebten Onkels William hatten den jungen Studenten zu einem außerordentlich wohlhabenden Mann gemacht.

Gisborne fährt fort:

> Durch seine Begabungen, seinen Witz*, seine Freundlichkeit, seine gesellschaftliche Gewandtheit, seine allgemeine Beliebtheit und seine Liebe zur Geselligkeit wurde er rasch zum Anziehungspunkt für all die klugen Faulenzer an seinem eigenen oder an anderen Colleges. ... Diese tummelten sich in seinen Räumen von der Stunde an, als er aufstand, was im Allgemeinen sehr spät war, bis er zu Bett ging. ... Einen Großteil seiner Zeit verbrachte er mit Besuchen.

Doch Wilberforce war kein Tagedieb von der hemmungslosen Sorte, wie er es hätte sein können. Wenn auch alles andere als ein Musterknabe, war er doch kein Trinker, und den aphroditischen Abenteuern mancher seiner Freunde scheint er sich nicht angeschlossen zu haben. In seinem zweiten Jahr in Cambridge gelang es ihm, Bekanntschaften abzubrechen, die sich als größte Taugenichtse und Glücksspieler entpuppt hatten, und sich einer Gruppe anzuschließen, die einen positiveren Einfluss auf ihn ausübte. Fleiß war Wilberforce freilich weiterhin ein Fremdwort, und viele Jahre später ging er mit einigen der Männer, mit denen er in Cambridge verkehrt hatte und die ihn schlecht beeinflusst hatten, ins Gericht. Wilberforce fand, sie hätten geradezu darauf hingearbeitet, ihn vom Arbeiten abzuhalten. Trafen sie ihn

---

* Der Begriff Witz (engl. *wit*) bedeutete ab dem 17. Jahrhundert oft die Fähigkeit, auf geistreiche Weise schlagfertig zu sein, eine Eigenschaft, die in Frankreich als Esprit bezeichnet wurde und damals besonders begehrt war. Die heutige Bedeutung Scherz entwickelte sich erst später.

beim Lernen an, machten sie ihm Vorhaltungen, er sei übereifrig und fügten an, Lernen oder *fagging*, wie es damals genannt wurde, sei nur etwas für »Schwächlinge« wie Gisborne. So schikanierten sie ihn so lange, bis er zu einem Urbild der Unbekümmertheit wurde – denn das war die einstudierte Pose der Oberschicht in jener Zeit.

So ließ Wilberforce sich treiben. Er las, was ihm gefiel, und verbrachte den Löwenanteil seiner wachen Stunden damit, Partys zu schmeißen, zu singen oder Karten zu spielen. Oft führte ihn sein Weg zu Konzerten und Tanzveranstaltungen, zu Pferderennen und in die Lustgärten, nach Vauxhall* und ins Theater. Er reiste zu den großen Landhäusern anderer wohlhabender Freunde, wo gesungen und getanzt und Karten gespielt wurde und Wilberforce' schier unerschöpflicher Esprit und Charme reichlich Gelegenheit fanden, sich in all seiner Herrlichkeit und ohne Ziel und Zweck zu zeigen. Er war unterwegs nach Nirgendwo, und das in beachtlichem Tempo.

Wilberforce zeigte ein außerordentliches Geschick darin, Kontakte zu knüpfen und Freundschaften zu schließen, oft mit Leuten von Rang und Namen. Er scheint jeden gekannt zu haben, den man nur kennen konnte. Zwei der Freunde, die Wilberforce in Cambridge gewann, waren William Cookson und Edward Christian. Beide stammten aus dem für seine landschaftliche Schönheit berühmten *Lake District*. Dort besuchte er sie während der Semesterferien, und auch später verbrachte er viele Sommer- und Herbstmonate in dieser Gegend, die unter anderem durch den Dichter William Wordsworth[32] berühmt werden sollte, ein Neffe Cooksons. Auch Edward Christians Verwandtschaft war berühmt – beziehungsweise berüchtigt: Sein jüngerer Bruder Fletcher sollte als Meuterer in die Geschichtsbücher eingehen.[33]

Zwei weitere Männer in Cambridge würden später eine wesentliche Rolle bei Wilberforce' Entscheidung spielen, die Abschaffung des Sklaven-

---

*   Vauxhall ist heute der Name eines Londoner Stadtteils am Südufer der Themse, etwa einen Kilometer südlich von Westminster. Vor der Bebauung des Gebietes war hier um 1660 ein Lustgarten angelegt worden. Zu Wilberforce' Zeit war es eine beliebte Stätte für Musikveranstaltungen, Feuerwerke und dergleichen.

handels zu seiner Sache zu machen. Gerard Edwards[34], der ebenfalls am *St. John's College* studierte, stand Wilberforce in dieser Zeit nahe und würde sein lebenslanger Freund bleiben. Edwards heiratete später die Tochter von Lord und Lady Middleton, ebenfalls evangelikale Christen. Während seiner Besuche bei Edwards und seiner Frau lernte Wilberforce Gäste wie die Middletons kennen, die ihn auf den Weg zu seinem Lebenswerk bringen und zu seinen liebsten Freunden werden sollten.

Ebenfalls in Cambridge war nun William Pitt, auch wenn er und Wilberforce noch keine Freundschaft geschlossen hatten. Pitt war der brillante Sohn des großen Premierministers William Pitt (des Älteren)[35] und bewegte sich als solcher in höheren Kreisen als Wilberforce.

Im Winter 1779/80 jedoch hatte Wilberforce begonnen, viel Zeit in London zu verbringen, und traf Pitt oft auf der Empore des Unterhauses*, wo sie die Debatten verfolgten. Pitt fühlte sich dort wie zu Hause; unter der sorgfältigen und zielstrebigen Ägide seines erfahrenen Vaters hatte er sein ganzes Leben lang Politik gelebt und geatmet. Wilberforce gewann während dieser Zeit Geschmack an der Politik, doch was genau ihn anzog, können wir nur erahnen.

Wir wissen, dass sein Großvater zweimal Bürgermeister der großen Hafenstadt Hull gewesen war, erstmals mit zweiunddreißig Jahren. Gewiss hatte das einen gewissen Einfluss auf seinen Enkel. Vielleicht wurde Wilberforce, dort oben auf der Empore, einfach von dem Geschehen im Saal unter ihm gefesselt. Vielleicht wurde dort in ihm der Wunsch geweckt, sich in die Debatte einzuschalten und seine persönliche Meinung direkt in die Geschichtsbücher zu diktieren. Vielleicht dachte er auch, er sei in der freien Rede genauso geübt wie die Parlamentarier, und verspürte den Wunsch, es ihnen zu beweisen.

---

* Das britische Parlament ist in zwei Häuser unterteilt, das Oberhaus und das Unterhaus. Die Mitglieder des Parlaments, die im Unterhaus sitzen, werden in ihr Amt gewählt, doch die Mitglieder des Oberhauses erlangten – zu Wilberforce' Zeit – ihren Sitz größtenteils durch Erbschaft.

Inzwischen hatte sein Cousin Abel Smith, ein – wie konnte es anders sein – fähiger Kaufmann, das Familiengeschäft übernommen, und Wilberforce konnte weiterhin mit Einkünften daraus rechnen. Wilberforce war offensichtlich nicht der Typ, über Kontobüchern zu sitzen und was sonst noch zu den Aufgaben eines erfolgreichen, Handel treibenden Geschäftsmanns gehörte. Genauso gut hätte man einen Derwisch auffordern können, die Tafel zur Tea-Time zu decken. Doch auch wenn Wilberforce je ein Verlangen danach verspürt hätte, nach Hull zurückzukehren und das Familiengeschäft weiterzuführen, waren diese Zukunftspläne nun gewiss in den Hintergrund getreten, nachdem er mit seinem neuen Busenfreund William Pitt auf der Empore des Unterhauses über Politik geplaudert hatte.

Pitts Einfluss auf Wilberforce während dieser entscheidenden frühen Tage war beträchtlich. An Intelligenz, Charme und Schlagfertigkeit war Wilberforce Pitt ebenbürtig oder überlegen, doch im Polit-Spiel war Pitt ihm meilenweit voraus. Er war nicht nur der Sohn des berühmten Premierministers, sondern seit frühester Kindheit von eben diesem Premierminister dazu erzogen worden, ein Staatsmann zu werden – einer jener Männer dort unten im Parlamentssaal, deren Worte die Geschichte ihrer großen Nation prägten. Während Wilberforce herumgescherzt, Karten gespielt und Ringelreihen getanzt hatte, hatte Pitt lange Passagen des römischen Dichters Vergil[36] auswendig gelernt und die Reden des Demosthenes[37] studiert. Und während für Wilberforce 1779 parlamentarische Debatten etwas völlig Neues waren, verfolgte Pitt sie schon seit Jahren, nicht nur als reiner Beobachter, sondern als Sohn eines ihrer Hauptakteure. Pitt hatte 1775 auf der Empore des Oberhauses gesessen, als sein Vater, damals schon nur noch ein Schatten seines früheren Selbst, nachdrücklich vor der harten Haltung der North-Regierung[38] gegenüber den amerikanischen Kolonien warnte. Und Pitt war dabei gewesen, als sein Vater das nächste Mal das Wort ergriff und mahnte, wenn Großbritannien keinen Frieden mit den Kolonien schlösse, werde es in einen umfassenden Krieg gegen Frankreich und Spanien hineingezogen werden und es sehr bereuen.

Zu dieser Zeit schrieb Pitt an seine Mutter:

Ich kann nicht anders, als Dir mitzuteilen, wie unbeschreiblich glücklich mich der Gedanke macht, dass mein Vater es vermochte, die Geisteshaltung und Sprachgewalt, die ihn stets ausgezeichnet haben, in ihrer ganzen Vitalität aufzubieten. Seine erste Rede währte eine halbe Stunde und war geprägt von Kraft und Lebhaftigkeit. ... Er sprach ein zweites Mal. ... Seine Rede zeichnete sich durch Eingängigkeit und Wortgewandtheit aus, durch Schönheit des Ausdrucks, und über die Maßen durch Lebendigkeit und Eindrücklichkeit.

Wie wir wissen, verfolgte Großbritannien weiterhin den unseligen Kriegskurs gegen die Kolonisten. Und wir wissen, dass sich das Kriegsgeschehen im Oktober 1777, als die Briten die Schlacht bei Saratoga verloren hatten, entschieden und unumkehrbar zugunsten der Amerikaner wendete. Dadurch bestärkt, stürzte sich Frankreich ins Getümmel, genau wie Pitt es vorausgesagt hatte. Lord North, dessen ungeschickte Führung während des Krieges ihm für immer das Etikett des Mannes anhängte, der die amerikanischen Kolonien »verlor«, verließ damals aller Mut und er bat König Georg III., seinen Rücktritt zu akzeptieren, da er die Zügel der Staatsführung an Pitt übergeben wollte. Doch der König verabscheute Pitt, den er »jenen hinterlistigen Mann« nannte, und verweigerte North die Entlassung. Damit war dieser zu dem grauenhaften Schicksal verdammt, weiterhin mit seinen Irrtümern, die sich nun vermehrten, leben zu müssen.

Pitt der Ältere hatte seinen letzten Auftritt im Parlament am 17. April 1778. Sein Auftreten geschah mit einer gewissen Dramatik. Er betrat das Unterhaus gestützt auf seinen Sohn William, damals achtzehn, und seinen Schwiegersohn Lord Mahon. Alle Parlamentarier erhoben sich von ihren Plätzen, um ihn zu begrüßen; und obwohl er kaum sprechen oder stehen konnte, sprach und stand er ein letztes Mal, um England mit allem Nachdruck in »Gottes Namen« zu ermahnen, sich nicht vor Frankreich, seinem »alten unausrottbaren Feind«, zu beugen. »Soll dieses große Königreich«, fragte er, sich vor dem Hause Bourbon niederwerfen? Soll ein Volk, von dem vor fünfzehn Jahren die Welt erzitterte, nun so tief sinken, seinem alten unausrottbaren Feind zu sagen: »Nehmt alles, was wir haben, nur gebt uns Frieden«? In Gottes Namen... lasst uns wenigstens eine letzte Anstrengung unternehmen; und wenn wir fallen müssen, lasst uns fallen wie Männer!

Dann fiel er selbst und brach am Rednerpult zusammen. William und sein Bruder John eilten ihrem Vater zu Hilfe. Vier Wochen später war er tot. Die Szene muss Pitt noch lebhaft vor Augen gestanden haben, als er neben Wilberforce saß, während das Drama, an dem sein verstorbener Vater beteiligt gewesen war, dort unten seine Fortsetzung fand.

Im Parlamentssaal des Unterhauses präsentierte sich ein lebendiger Reigen historischer Persönlichkeiten mit einem Kader von Rednern, deren Marmorbüsten heute überall im Lande zu finden sind. Lord North, Charles Fox[39] und Edmund Burke[40] führten die Meute an. Burke war ein strammer Konservativer, berühmt als einer der größten Redner des Jahrhunderts. North war ein enger Freund des Königs, und Fox, Norths politischer Gegenspieler, war international berühmt dafür, ein zügelloser Wüstling zu sein. Der König hasste Fox mit Leidenschaft: Er war nicht nur ein politischer Gegner, sondern hatte auch den ältesten Sohn des Königs auf Abwege geführt, wenn es auch nicht schwieriger gewesen sein kann, den Prinzen von Wales auf Abwege zu führen, als einen hungrigen Löwen zu einer lahmen Gazelle zu locken. Lord Norths berühmte tiefe Stimme hatte ihm den Spitznamen Boreas eingetragen, der »Nordwind«, und sowohl er als auch Fox waren sehr übergewichtig – North mit großem Vorsprung vor seinem Kollegen. Das Schauspiel dieser beiden lebenden Karikaturen, die Tag für Tag mit den geistreichsten Wortgefechten übereinander herfielen, muss ungemein unterhaltsam gewesen sein.

Irgendwann im Frühjahr 1780, während eines Besuchs in Hull, gelangte William Wilberforce zu der Entscheidung, in jenem Herbst für das Unterhaus zu kandidieren. Er war gerade einmal zwanzig Jahre alt, doch zum Zeitpunkt der Wahl am 11. September würde er zumindest einundzwanzig sein. Hull war ein wichtiger Wahlkreis, einer der zwanzig bedeutendsten in ganz England. Die Idee war also gewagt und ehrgeizig, und sie würde ihn gewiss ein kleines Vermögen kosten. Wahlämter wurden in England zu jener Zeit fast buchstäblich gekauft, und im späteren Leben, nachdem er ein hingegebener Christ geworden war, bemerkte Wilberforce, wenn er unter solch unverhohlen korrupten Umständen noch einmal in die Politik gehen müsse, würde er lieber Privatmann bleiben. Es war ein lästiger Prozess, bei dem man seine Wähler bewirten und Reden halten musste. All das lief um ein Vielfaches schamloser ab als alles, worüber wir uns heute beschweren; nicht zuletzt deshalb, weil von einem Kandidaten buchstäblich erwartet wurde, dass er jedem seiner Wahlmänner zwei Guineen Bestechungsgeld zahlte. Bezahlte man vier Guineen, so verzichtete der Wahlmann darauf, seine zweite Stimme zu vergeben, was den Wert der ersten steigerte. Wählen durften in Hull nur Freie,[41] nicht jedoch Leibeigene, und Erstere betrachteten diese Zahlungen als Geburtsrecht, und wenn sie in London wohnten, wie es bei dreihundert der Wahlmänner aus Hull der Fall war, dann erwarteten – und bekamen – sie zehn Pfund für Reisespesen.

Wilberforce verbrachte bereitwillig den gesamten Sommer damit, nach Stimmen zu »fischen«, indem er fürstliche Bankette gab, zu denen die Wahlmänner eingeladen waren, und Reden hielt. Nichts von alledem jedoch war mit seinem einundzwanzigsten Geburtstag am 24. August zu vergleichen. Er hatte beschlossen, seine Volljährigkeit – gerade rechtzeitig zwei Wochen vor der Wahl selbst – mit einem guten traditionellen Spießochsenbraten zu feiern. Ein riesiges Lagerfeuer loderte, und es gab Essen und Trinken und Musik für jedermann in der Stadt.

Ein ganzer Ochse, über offenem Feuer gebraten, war ein grandioses Schauspiel. Als seltenes und äußerst festliches Ereignis – sozusagen das Nonplusultra der Fleischzubereitung im Freien – kündigte ein Spießochsenbraten üblicherweise einen Anlass von herausragender Bedeutung an. So geschehen beispielsweise 1809 in Windsor, zur Feier des Goldenen Thronjubiläums König Georgs III.; und ein weiteres 1787 zur Feier des Goldenen

Thronjubiläums von Königin Viktoria. Und nun also, 1780 in Hull, ein Spießochsenbraten zur Feier des einundzwanzigsten Geburtstages des Enkels des verstorbenen Ratsherrn, eines Sprösslings der angesehenen Familie Wilberforce, eines kleinen, brillanten und überaus ehrgeizigen jungen Mannes, der zufällig bei den nur zwei Wochen später stattfindenden Wahlen fürs Parlament kandidierte.

Die ausgehungerten Scharen von Hull strömten auf die Wilberforce'schen Ländereien, und »alle amüsierten sich prächtig«. Der achthundert Pfund schwere Ochse wurde neunundzwanzig Stunden lang an einem eigens konstruierten, sechs Meter langen Spieß über den Kohlen gedreht. Unmengen an Holz wurden verbrannt, um den Ochsen zu braten, und der ganze Ochse wurde für die Wahl Wilberforces verzehrt, der wiederum, nachdem das Spießochsenbraten und all die anderen Bankette bezahlt waren, beinahe achttausend Pfund seines Vermögens innerhalb weniger Monate aufgezehrt hatte. Zwei Wochen später jedoch, am 11. September, gewann Wilberforce bei einer allen Berichten zufolge heiß umkämpften Wahl 1 126 Stimmen gegenüber 673 für Lord Robert Manners und 453 für David Hartley. Der allgemeinen Aufmerksamkeit entging nicht, dass der frischgebackene Einundzwanzigjährige genauso viele Stimmen gewonnen hatte wie seine beiden Gegner zusammen, was ihm bei seinem Eintritt ins Parlament einen netten kleinen Anschub verschaffte – der Ochse war nicht umsonst am Spieß gedreht worden.

3. KAPITEL

EINZUG INS PARLAMENT

»... ich war damals sehr ehrgeizig.«
WILLIAM WILBERFORCE

Am 31. Oktober 1780, mit einundzwanzig Jahren, saß Wilberforce zum ersten Mal als Mitglied des Parlaments im Unterhaus. Sein Freund Pitt war überraschenderweise bei einem ersten Versuch unterlegen: Seine Kandidatur für den Sitz der Universität Cambridge im September war gescheitert. Doch einige Monate später gelang es ihm, sich einen Sitz für den Wahlkreis Appleby, östlich des Lake Districts, zu sichern. Pitt zeigte sich rasch als geborener Politiker. Er wurde sofort inoffizieller Führer einer Gruppe neuer, junger Parlamentarier, von denen viele gemeinsam in Cambridge gewesen waren.

Wilberforce sorgte in seiner ersten Zeit im Parlament für wenig Aufsehen, und es ist unklar, wann er seine erste Rede hielt. Pitt jedoch sprang, sobald er drinnen war, beinahe sofort in den Vordergrund. Seine Jungfernrede erregte einiges Aufsehen. Lord Frederick North hielt sie für die beste, die er je gehört habe, und Edmund Burke, einer der größten Redner aller Zeiten, sagte, Pitt sei »nicht nur aus einem gleichen Holz geschnitzt [wie sein Vater], sondern aus demselben!«[42] Nicht lange danach hielt Pitt eine weitere eindrucksvolle Rede, und Wilberforce selbst schrieb: »Er tritt auf den Plan, gleich seinem Vater, als geborener Redner, und ich bezweifle nicht, dass ich ihm eines Tages als erstem Mann im Staate begegnen werde.«

Wilberforce konnte nicht ahnen, wie schnell seine vorausschauende Bemerkung sich bewahrheiten würde.

Wilberforce hielt sich an Pitts überlegene politische Kenntnisse und Erfahrungen, um sich in diesen für ihn unbekannten Gewässern zurechtzufinden. Politisch jedoch blieb er von Pitt unabhängig, auch wenn sie im Grunde auf derselben Seite standen. Beide waren Torys* und gehörten somit der gleichen Partei an wie Premierminister Lord North, waren jedoch beileibe nicht immer seiner Meinung. Wie die Oppositionspartei unter der Führung von Lord Shelburne und Lord Rockingham[43] stellten sie sich der Politik des Premierministers entgegen, wenn es um den katastrophalen Krieg mit den Kolonien ging, der sich inzwischen in seinem erbärmlichen Finale befand.

Und so tobten dieselben Schlachten wie vor wenigen Monaten, als Wilberforce und Pitt von der Empore aus zugesehen hatten. An vorderster Stelle stand der Krieg, und die beiden Giganten Fox und North mischten immer noch kräftig mit. Nur Wilberforce' Standort hatte sich wirklich verändert – er befand sich nun mitten im Geschehen.

In einem Brief aus jener Zeit berichtet er, wie er zu einer bestimmten Frage mit North abstimmte: »Ich stellte mich zu dem alten dicken Kerl; übrigens wird er jeden Tag dicker, sodass ich nicht weiß, wo er einmal enden wird.« Samuel Johnson, der selbst über eine enorme Leibesfülle verfügte, äußerte sich einmal über North: »Er füllt sein Amt als Vorsitzender aus.«[44] Als North die Nachricht über die kriegsentscheidende Niederlage des General Marquis von Cornwallis in Yorktown im Oktober 1781 erhielt, soll er ausgerufen haben: »Oh! Es ist alles vorbei! Es ist alles vorbei!« Mit seinem genialen Nachahmungstalent – nur eine seiner vielen Gaben, die ihn in geselliger Runde beliebt machten – konnte Wilberforce mit einer täuschend echten

---

* Torys und Whigs bildeten die beiden großen politischen Gruppierungen im britischen Parlament. Sie kamen im späten siebzehnten Jahrhundert auf und entwickelten sich erst allmählich zu klar abgegrenzten Parteien. Torys glaubten, der König sei durch Gott eingesetzt, und sie trachteten danach, die Privilegien der *Church of England* als dem überlieferten Glauben aufrechtzuerhalten. Whigs legten größere Betonung auf die Rolle des Parlaments bei der Regierung des Landes und befürworteten später eine Politik der Toleranz gegenüber Protestanten jenseits der anglikanischen Kirche.

Imitation des elefantengleichen Staatsmannes »einen ganzen Tisch zum Brüllen bringen«.

Wilberforce konnte diese Gaben bald in weitaus höheren Kreisen vorführen, als er es bisher gewohnt gewesen war. Sein überwältigender Erfolg bei der Wahl hatte ihn zielsicher in die Londoner *High Society* katapultiert und ihm ein gesteigertes Maß sozialen Ansehens verschafft. Dass er zu großen Dingen imstande war, hatte er schon lange geahnt, doch ihm war auch klar gewesen, dass manche ihn als Kaufmannssohn aus Hull von oben herab betrachten würden. Nun jedoch spürte er: Er war angekommen.

»Als ich nach Cambridge ging«, erinnerte er sich Jahre später,

> war ich kaum mit einer einzigen Person von höherem Rang als dem eines Landgentlemans bekannt; und nun tauchte ich sogleich in Politik und Eleganz ein. ... Schon als ich das erste Mal zu Boodle's ging, gewann ich fünfundzwanzig Guineen vom Herzog von Norfolk. Zu diesem Zeitpunkt gehörte ich fünf Clubs an – Miles and Evans's, Brookes's, Boodle's, White's, Goostree's.

Wie berauschend muss es für den frisch von der Universität kommenden Wilberforce gewesen sein, plötzlich quasi auf Augenhöhe mit den Prominenten seiner Zeit zu verkehren. Diese Männer waren Giganten ihrer Ära und würden noch Generationen lang legendäre Gestalten in England bleiben.

Einer von ihnen war George Selwyn[45]. Er war berühmt für seine Schlagfertigkeit, auch wenn er in seinen 44 Jahren im Parlament keine einzige Rede hielt. Es ist verbürgt, dass er leidenschaftlich gerne zu Leichenschauen ging. Im Rückblick wirkt er auf den Betrachter wie eine Mischung aus Truman Capote und Vincent Price*. Als Selwyn seinen alten Rivalen Henry Fox (den

---

* Truman Capote (1924–85) war ein amerikanischer Romanautor, dessen späteres turbulentes Leben durch Alkohol- und Drogenabhängigkeit gezeichnet war. Der amerikanische Filmschauspieler Vincent Price (1911–93), mit einer sehr einprägsamen Stimme, wurde durch seine Auftritte in etlichen Horrorfilmen berühmt.

Vater von Charles James Fox) an dessen Sterbebett besuchte, wurde ihm gesagt, Fox könne ihn nicht empfangen. Deshalb hinterließ er lediglich seine Karte. Als man Fox später von seinem Besuch berichtete, sagte er: »Wenn Mr Selwyn wiederkommt, führen Sie ihn herauf. Wenn ich noch lebe, werde ich mich freuen, ihn zu sehen, und wenn ich tot bin, wird er sicher entzückt sein, mich zu sehen!«

Wilberforce schreibt:

> Als ich zum ersten Mal bei Brookes's[46] war und kaum jemanden kannte, schloss ich mich aus bloßer Schüchternheit dem Spiel am Pharaotisch* an, wo George Selwyn die Bank hielt. Ein Freund, der meine Unerfahrenheit kannte und mich als zur Darbringung geschmücktes Opfer betrachtete, rief mir zu: »Was denn, Wilberforce, sind Sie das?« Selwyn missbilligte die Störung, wandte sich zu ihm und sagte in seinem nachdrücklichsten Tonfall: »Oh, Sir, unterbrechen Sie Mr Wilberforce nicht; er könnte keiner besseren Beschäftigung nachgehen.« Nichts könnte luxuriöser sein als der Stil dieser Clubs. Fox, Sheridan, Fitzpatrick und all die führenden Leute gingen dort ein und aus und verkehrten auf das Ungezwungenste miteinander; man plauderte, spielte Karten oder betätigte sich im Glücksspiel, wie es einem gefiel.

Für den Kaufmannssohn aus Hull war es der Himmel. Wilberforce' Aufnahme in diese fünf Clubs führte ihn mitten ins Zentrum der Londoner Gesellschaft, der anzugehören er sich so sehr gesehnt hatte. Was für eine Besetzungsliste das war! Selwyn war ein Lebemann und ein enger Freund von Horace Walpole[47], dessen Zynismus und Schlagfertigkeit legendär waren. Richard Brinsley Sheridan, der berühmte Bühnenautor und Parlamentsabgeordnete, war ebenfalls Mitglied dort. Sheridan war mit Fox befreundet und auch gerade erst ins Parlament eingetreten.

---

* Pharao oder Pharo ist ein altes Glücksspiel mit französischen Karten.

Doch der Club, den Wilberforce am häufigsten besuchte, war ein kleinerer namens Goostree's, in dem Pitt und andere Zeitgenossen aus Cambridge nahezu jeden Abend beim Essen und Kartenspiel anzutreffen waren. Wilberforce spielte ebenso wie jeder andere, weil sich das für die Angehörigen jener Klasse einfach so ziemte. Eines Abends jedoch, nachdem er sechshundert Pfund gewonnen hatte, beschloss er, ganz damit aufzuhören. Er gab das Glücksspiel nicht auf, weil er es für falsch hielt, sondern weil es ihm als empfindsamem Charakter zu schaffen machte, dass der Verlierer es schwer haben würde, ihn zu bezahlen.

Bei Goostree's wuchsen und vertieften sich Wilberforce' Freundschaften mit einigen aus der Cambridger Gruppe. Gerard Edwards, William Grenville, Pepper Arden, Henry Bankes und Edward Eliot gehörten alle zu der »Gang« oder *Goostree's Gang*, wie Wilberforce sie nannte.[48] Und natürlich stand oftmals Pitt im Mittelpunkt, der sich verblüffend anders verhielt, wenn er sich unter seinen Freunden entspannte. Mit dieser Gruppe und speziell mit Wilberforce konnte Pitt für einen Moment den großen Erwartungsdruck vergessen, der auf ihm als Sprössling eines berühmten Vaters lastete.

Wilberforce hielt seinen Freund Pitt für den geistreichsten Menschen, den er je gekannt habe – ein ziemlich starkes Kompliment, zumal von dem Mann, den alle anderen für den geistreichsten Menschen hielten, den *sie* je gekannt hatten. Keine geringere Connaisseuse der Schlagfertigkeit als die berühmte Madame de Staël[49] würde eines Tages Wilberforce als »den geistreichsten Mann in ganz England« bezeichnen.

Geistreiche Wortgefechte und Unterhaltung mit Esprit – nicht nur in der politischen Auseinandersetzung, sondern auch im Spiel unter Freunden – machten die Goostree's Gang aus. Zu ihrer Lieblingsbeschäftigung gehörte es, sich im intelligenten Plauderton auszutauschen und schlagfertig verbale Gegenangriffe zu parieren. Sie nannten es *foyning* oder *foining*. Dieser ursprünglich aus dem Französischen stammende Ausdruck bedeutet »Stoßen«, wie mit einem Rapier-Degen. Das Fechten mit leichteren Degen und Rapieren hatte die früheren Schwertkämpfe mit Breitschwertern verdrängt, bei denen schwere Hiebe geführt wurden. *Foining* bedeutete also ein geschicktes Abwehren von und Zustoßen mit geistreichen Bemerkungen. Der Ausdruck »Schlagfertigkeit« verwendet ein ähnliches Bild. In der damaligen Epoche wurde sie hoch geschätzt, und Wilberforce und seine Freunde, die alle von unbezähmbarem Esprit waren, bekamen von Edward Eliot den Spitznamen the *Foinsters*.

Wilberforce' Lebensstil in seinen ersten Londoner Jahren war eine Art Fortführung seiner Zeit in Cambridge: Endloses *foining*, Trinken, Tanzen und Singen. Sogenannte *glees* und *catches* zu singen, war in den Herrenclubs des achtzehnten Jahrhunderts sehr beliebt. *Catches* waren A-cappella-Lieder für mehrere Stimmen, meist mit humorvollen und manchmal anzüglichen Texten, während es bei den *glees* weniger um die Texte als um die Musik ging; in Amerika hat sich der Ausdruck in der Bezeichnung *glee clubs* für Gesangsvereine erhalten.

Wilberforce' Singstimme war weithin berühmt und trug ihm den Beinamen »Nachtigall des Unterhauses« ein – vielleicht nicht nur wegen der bemerkenswerten Qualität seiner Stimme, sondern auch wegen der Tages- bzw. Nachtzeiten, zu denen sie erklang. 1782 sang Wilberforce auf dem Ball der Herzogin von Devonshire und veranlasste den Prinzen von Wales zu der Bemerkung, er würde jeden Weg auf sich nehmen, um ihn singen zu hören. Und George Selwyn schrieb, er habe beim Verlassen einer dieser fabelhaften Partys

> in einem Raum eine Gruppe junger Männer zurückgelassen, die mit ihrer Lebendigkeit und ihrer Gemütsverfassung in mir den Wunsch erweckten, für eine Nacht wieder zwanzig zu sein. Alle saßen sie um einen Tisch und tranken – der junge Pitt, Lord Euston[50], Berkeley[51], usw., singend und aus vollem Halse lachend. Manche von ihnen sangen sehr gute Stücke; ein gewisser Wilberforce, ein Mitglied des Parlamentes, sang am besten.

Wilberforce hatte die Villa seines Onkels William in Wimbledon geerbt, die über acht Schlafzimmer verfügte. Dorthin zog sich die Goostree's Gang, wann immer möglich, zurück, um London und ihren offiziellen Pflichten zu entfliehen. Einige Jahre später, nachdem Pitt Premierminister geworden war und die Sorgen des Lebens viel schwerer auf ihm lasteten, schrieb Wilberforce ihm in einem Brief:

> Du kannst Dich höchst glücklich schätzen über jene Heiterkeit des Geistes, die es Dir ermöglicht, hin und wieder Deine Bürde für ein paar Stunden abzuwerfen. Das muss es sein, vermute ich, was mich, wenn ich bei Dir bin, davon abhält, Dich als bemitleidenswerte Person zu betrachten, obwohl Du Premierminister von England bist; denn jetzt, außer Hörweite Deines *foynings*, … kann ich Dich mir nicht anders vor Augen stellen als bedrückt von Sorgen und Nöten.

Die beiden kamen sich während dieser Zeit so nahe, dass Pitt sich in Wilberforce' Haus in Wimbledon einquartierte, wann immer es ihm beliebte. Wilberforce schreibt:

> Wochen und Monate am Stück verbrachte ich jeden Vormittag Stunden mit ihm, während er Geschäfte regelte … wohl Hunderte Male habe ich ihn geweckt und mich mit ihm unterhalten, während er sich anzog. Ich war der Verwahrer seiner vertraulichsten Gedanken.

All diese Männer waren wohlhabende, privilegierte Söhne, die ihren Wohlstand und ihre Privilegien in vollen Zügen genossen. Nicht selbstsüchtiger und gewiss nicht boshafter als andere, waren sie dennoch völlig ahnungslos und unbekümmert über das unermessliche Leid in der Welt außerhalb ihres unmittelbaren Gesichtskreises. Der Ausdruck »Adel verpflichtet« – der Gedanke, dass diejenigen, die mit vielen Gütern gesegnet sind, sie gebrauchen sollten, um denen zu helfen, die nicht so reich gesegnet sind – wurde erst ein halbes Jahrhundert später geprägt, und welche Bedeutung ein solcher Gedanke für sein eigenes Leben haben würde, musste Wilberforce erst noch entdecken. Dennoch besaß er ein Gespür für Richtig und Falsch, das ihm andere abspürten, auch wenn die ethische Frage bei Weitem nicht mehr die Rolle spielte wie in seinen frühen Jugendjahren; nun schien er völlig darin aufzugehen, sich selbst und andere zu unterhalten. 1782 schrieb Gerard Edwards: »Ich danke Gott, dass ich in der Epoche von Wilberforce lebe und dass ich zumindest einen Mann kenne, der sowohl anständig als auch unterhaltsam ist.«

Während seiner ersten sechzehn Monate im Parlament sagte Wilberforce wenig, und das Wenige, das er sagte, berührte hauptsächlich Fragen, die seinen Bezirk Hull betrafen. Doch am 22. Februar 1782 wagte sich Wilberforce zum ersten Mal in tiefere Gewässer hinaus. Das Datum passte gut zu seinem Debüt, denn es war – wovon Wilberforce sicherlich nichts ahnte – der fünfzigste Geburtstag von George Washington, dem Mann, der Lord North und Georg III. an den Rand des Wahnsinns und der Verzweiflung getrieben hatte. An jenem Tag ging Wilberforce über seine bisherigen regionalen Interessen hinaus. In einem verheerenden Angriff gegen Lord North und seine Regierung stellte er seine beängstigende Begabung in der sarkastischen Redekunst zur Schau und ließ eine niederschmetternde Attacke gegen Lord North und seine Regierung los. Es schien, als hätte der bescheidene kleine Bursche all die Monate lang eine Donnerbüchse unter seinem Mantel versteckt gehalten, um nun aufzustehen und sie dem rundlichen North unter die Nase zu halten, der sprachlos und mit weit aufgerissenen Augen auf seiner Bank saß und mit seiner Steinschleuder herumfummelte.

Während der nächsten zwei Jahre verdiente sich Wilberforce seine Sporen als parlamentarischer Debattierer, der seine Gegner mit seiner sarkastischen Schlagfertigkeit und seiner äußerst gewandten Geistesgegenwart in Grund und Boden redete. Als sich Lord North im April 1783 mit seinem angestammten Gegenspieler Charles James Fox zusammentat, um die kurzlebige Fox-North-Koalition zu bilden, ging Wilberforce mit ihrem prinzipienlosen Zusammenschluss besonders leidenschaftlich und brillant ins Gericht. Seine rhetorischen Ausfälle waren von einer schwindelerregenden Ausgelassenheit und einem Ungestüm, die niemand je wieder vergaß, am allerwenigsten Fox, der Wilberforce wegen dieser verheerenden Angriffe viele Jahre lang heftig grollte.

Freilich war die Fox-North-Koalition eine groteske Nummer aus dem Gruselkabinett, als hätte jemand einen Mungo und eine Kobra notdürftig zusammengenäht und sie als ein einziges Fabelwesen präsentiert. Bislang hatten sie sich erbittert bekämpft, doch siehe da, plötzlich standen sie vereint gegen ihre gemeinsamen Gegner – Anstand und gesunden Menschenverstand! Der König war außer sich über den Verrat durch diese Allianz. Fox war sein schlimmster Feind gewesen und North sein Freund und Verbündeter gegen Fox. Der monströs zynische politische Zusammenschluss der beiden diente dem alleinigen Zweck, Lord Shelburne zu besiegen, dessen Politik beiden ein Dorn im Auge war. Der König jedoch empfand die ganze traurige Geschichte nicht nur politisch abscheulich und zynisch. Weitaus schlimmer: Sie war ihm auf bitterste Weise persönlich zuwider, da Charles James Fox einen verderblichen Einfluss auf Georgs ältesten Sohn, den Prinzen von Wales, ausübte.

Fox war international bekannt für sein unmoralisches, wüstes Verhalten; seine Begierden waren weniger Falstaff'scher* als vielmehr schlicht und einfach schweinischer Natur. Wie schon gesagt, hatte er den Prinzen von Wales in dessen ohnehin schon schockierend zügellosem Lebensstil bestärkt. Über seine Politik mögen wir denken, wie wir wollen, doch der König war ein treuer Ehemann, der aufrichtig der Meinung war, dass Machthaber sich um des Landes willen würdevoll und zurückhaltend verhalten sollten. Und sein Sohn, meinte er, habe sich als Thronerbe besonders gut zu benehmen, um der Nation ein Vorbild zu sein. Doch von dessen Verhalten zu schließen, schien er gerade am Untergang Englands zu arbeiten, was einen schmerzhaften Keil zwischen Vater und Sohn trieb. Diese Situation lastete der König zu einem großen Teil Fox an. Und nun hatte sich North mit Fox verbunden. Es war unerträglich.

---

* Sir John Falstaff ist eine komische Figur aus den Dramen William Shakespeares, die als habgierig und eitel dargestellt wird.

Mehrere Wochen lang versuchte sich der König verzweifelt dagegen zu wehren, »die prinzipienloseste Koalition« einzusetzen, »die in den Annalen dieser oder irgendeiner anderen Nation zu finden ist«. Doch am Ende blieb ihm keine andere Wahl, und das zweiköpfige Ungeheuer kam am 2. April 1783 ins Amt. Während der Amtszeit tat der König sein Möglichstes, um sich ihnen zu widersetzen, während Fox den König noch mehr in Rage brachte, indem er versuchte, dem Prinzen von Wales ein Einkommen von hunderttausend Pfund aus der königlichen Schatulle zu verschaffen. Die Spielschulden des Prinzen waren atemberaubend, und daran sollte sich auch in den kommenden Jahrzehnten nichts ändern. Doch dass die Regierung ihm einen Freibrief verschaffte, gehörte sich einfach nicht. Der König versuchte also, Pitt, obwohl erst vierundzwanzig, zu überreden, eine Regierung zu bilden und das Amt des Premierministers anzunehmen. Doch die Zeit war noch nicht reif dafür, sodass zumindest fürs Erste der politische Wolpertinger der Fox-North-Koalition überlebte.

Im September 1783 beschlossen Wilberforce, Pitt und Eliot, gemeinsam ins benachbarte Frankreich zu reisen. Bevor sie jedoch an Bord des Schiffes stiegen, das sie über den Kanal tragen sollte, wollten sie noch ein paar angenehme Tage zusammen in Dorset im Landhaus von Henry Bankes, ihrem Freund aus Cambridge und dem Goostree's Club, verbringen. Der Sinn stand ihnen nach einer Rebhuhnjagd. So würden sie noch einmal ihre Lungen mit heimischer Luft und ihre Bäuche mit heimischem Geflügel füllen. Die Geschichte schweigt darüber, wie viele britische Vögel sie erlegten. Wir wissen jedoch über diesen Ausflug, dass der bekanntlich kurzsichtige Wilberforce kein besonders treffsicherer Schütze war und den zukünftigen Premierminister Englands beinahe aus den Geschichtsbüchern geblasen hätte – um nicht zu sagen aus dem Leben selbst. Pitt sah zwar einem Rebhuhn nicht besonders ähnlich, aber Wilberforce legte auch nicht so oft auf Rebhühner an. Seine Kurzsichtigkeit gab dem Begriff »große Ziele haben« eine neue Bedeutung, und die anderen zogen ihn noch jahrelang damit auf. Freilich wäre die Geschichte vielleicht ganz anders verlaufen, wäre der Irrtum ernster ausgegangen. Der größte Skandal bestand vielleicht darin, dass kein Paparazzo Wind davon bekam und die jungen Politiker viele Jahre ins Land gehen ließen, bevor sie die Presse darüber informierten.

Als Wilberforce, Pitt und Eliot schließlich in Frankreich eintrafen, wurde, wie es sich gehört, aus der Komödie eine Farce. Sie merkten, dass jeder von ihnen sich darauf verlassen hatte, die anderen hätten sich um die nötigen Empfehlungsschreiben gekümmert. In einer Zeit, als die gesellschaftliche Etikette erheblich strenger war, konnte ein solches Versäumnis katastrophale Folgen nach sich ziehen, wie sie nun zu spüren bekamen. Das Empfehlungsschreiben, das sie sich in letzter Minute verschaffen konnten, war, wie sich später herausstellte, an einen Lebensmittelhändler in Reims gerichtet. Der Lebensmittelhändler war liebenswürdig und tat sein Bestes, um es ihnen behaglich zu machen, aber ein Feigen- und Rosinenhändler in einer Arbeitsschürze war vermutlich nicht die richtige Person, um sie beim örtlichen Adel einzuführen. Anfangs hielten sie ihn für einen Adligen und fanden seine trocken-humorige Darstellung eines Lebensmittelhändlers *très charmant*, wenn sie auch der Meinung waren, er triebe es ein wenig zu weit. Doch leider war es kein Theaterstück, das der bescheidene Lebensmittelhändler aufführte – der arme Kerl trug seine Schürze ohne jegliche Ironie. Sobald die drei dahinterkamen, wurde ihnen klar, dass sie ziemlich in der Klemme saßen. Die drei jungen Männer verbrachten zehn unselige Tage in einer Herberge und taten nichts.

Doch drei junge Männer, die im Sommer in einem verschlafenen Städtchen wie Reims nichts tun, fangen früher oder später an, verdächtig auszusehen. Schließlich erregten sie die Aufmerksamkeit des örtlichen *intendant* der Polizei, der im Glauben, auf so etwas wie eine Verschwörung gestoßen zu sein – und das direkt vor seinen Augen –, die Spitzbuben dem Abbé de Lageard meldete, der offiziell die Geschäfte der Stadt führte, wenn der Erzbischof auf Reisen war.[52] Der *intendant* schilderte sie als drei Engländer »von sehr verdächtigem Charakter«. Er teilte dem Abbé mit, ihr »Kurier« behaupte, diese Individuen seien wichtige Gentlemen – *grands seigneurs* – und einer von ihnen sei sogar der Sohn des berühmten Earl of Chatham! In den

Augen des *intendant* war das alles eine Hinterlist; das waren doch zweifellos *des intrigants*, irgendwelche Ränkeschmiede oder vielleicht auch englische Spione, und er bitte um Erlaubnis, eine *investigation officiel* einzuleiten.

Zum Glück für unsere drei Vagabunden sagte dem Abbé sein Instinkt, dass die Dinge sich nicht notwendigerweise so verhielten, wie der *intendant* befürchtete. Und so beschloss der gute Mann, die drei *grands seigneurs* selbst aufzusuchen. Der *Abbé* brauchte nicht lange, um der Sache auf den Grund zu gehen, und sobald ihre Identitäten festgestellt waren, stellte sich Lageard ganz zu ihren Diensten und erkundigte sich, was er tun könne, um ihre Situation angenehmer zu gestalten. Pitt ergriff als Erster das Wort. »Hier sitzen wir mitten in der Champagne«, sagte er, »und wir können keinen erträglichen Wein bekommen!« Es ist unwahrscheinlich, dass Pitt während ihres zehntägigen Aufenthalts bei dem unironischen kleinen Lebensmittelhändler das erste Mal diese ironische Bemerkung machte. Doch nun gab es noch eine weitere Person neben Eliot und Wilberforce, bei der er seinen kläglichen *cri du cœur* anbringen konnte. Der Abbé schuf sogleich Abhilfe und lud sie für den nächsten Tag zum Essen ein, wobei er ihnen die besten Weine der Region versprach. Wenig später stellte er sie standesgemäß dem örtlichen Adel vor, von denen keiner Rosinen oder Feigen verkaufte.

Lageard gab ihnen auch die Erlaubnis, auf dem Land des Erzbischofs zu jagen – und niemand wurde verletzt. Schließlich trafen sie den Erzbischof selbst, den Onkel des berühmten französischen Diplomaten Charles Maurice de Talleyrand, der ein paar Jahrzehnte später in ihrer aller Leben eine Rolle spielen sollte. Doch das Grauen des Krieges lag noch weit in der Zukunft, und die drei ehemaligen Ränkeschmiede verbrachten eine herrliche Zeit. Die dunklen Mächte, die bald auf ihre Welt losgelassen würden, konnten sich die drei damals noch nicht ausmalen. Während ihres Aufenthaltes spielten sie mit dem Erzbischof Billard und speisten bei etlichen Gelegenheiten mit ihm und dem Abbé. Bei einem Essen, bei dem zweifellos die besten Jahrgänge den Redefluss besonders ungehindert strömen ließen, fühlte sich der Abbé unbefangen genug, um sich zur politischen Situation in England zu äußern. Er stellte die Frage, wie »ein moralisch so hochstehendes

Land wie England sich damit abfinden könne, von einem Mann von so mangelhaftem privatem Charakter wie Fox regiert zu werden«.

Schließlich reiste das Trio weiter nach Paris und wurde dort am 16. Oktober vom Erzbischof am französischen Hof vorgestellt. Am Morgen des Siebzehnten begaben sich Wilberforce und Eliot mit einer Kutsche zu einer Audienz beim König, den Wilberforce in seinem Tagebuch als eine »unbeholfene, merkwürdige Gestalt in gewaltigen Stiefeln« beschreibt. In einem Brief an Bankes beschreibt er Ludwig XVI. als ein »so seltsames Wesen aus der Familie der Schweine, dass es sich lohnt, hundert Meilen weit zu gehen, nur um einen Blick auf ihn zu werfen«. Angesichts der Tatsache, dass der französische König von anderen ähnlich beschrieben wurde und manche Gemälde und Stiche ihn mit einer Miene durch und durch beschränkter Überheblichkeit zeigen, kann man durchaus nachvollziehen, dass Wilberforce ihn als einen hochnäsigen Dummkopf skizziert. Die hübsche Marie Antoinette dagegen fand Wilberforce ganz und gar bezaubernd: »In Fontainebleau speisten wir zu Mittag und zu Abend mit den Ministern«, schreibt er, »und jeden Abend verbrachten wir mit der Königin, die eine Monarchin von höchst einnehmender Art und Erscheinung ist« und sich stets »mit größter Liebenswürdigkeit an der Konversation beteiligte«.

Am Königshof erfuhren sie, dass die Nachricht ihrer Startschwierigkeiten nach Paris vorausgeeilt war. Marie Antoinette selbst zog Pitt damit auf und erkundigte sich bei mehreren Gelegenheiten, ob er heute schon seinen Freund, den ernsten, beschürzten Lebensmittelhändler, gesehen habe.

Am 20. Oktober tafelten die drei im Hause des Marquis de Lafayette[53], wo ihnen die große Überraschung und Ehre widerfuhr, Benjamin Franklin zu begegnen, der zu dieser Zeit eine internationale Berühmtheit war. Niemand sonst nahm auf der Weltbühne größeren Raum ein. Franklin verkörperte die Aufklärung, jedoch ohne Perücke – eine lebendige Ikone des bodenständigen amerikanischen Pragmatismus und der Mann, der, wie der französische Staatsmann Turgot es ausdrückte, »die Blitze vom Himmel und das Zepter aus der Hand der Tyrannen riss«. Für Immanuel Kant war er »der neue Prometheus«. Und hier stand er nun leibhaftig vor ihnen, der Mann, der all das und noch viel mehr war – Erfinder und Drucker, Gründervater und frankophiler Charmeur, *Silence Dogood* und *Poor Richard*[54] –, und plauderte in seinem philadelphischen Französisch mit Lafayettes charmanter junger Frau.

Es war ein außergewöhnlicher Moment: Der vor Esprit sprühende vierundzwanzigjährige Wilberforce begegnete dem vor Esprit sprühenden siebenundsiebzigjährigen Franklin. Wahrscheinlich wusste Franklin, dass sich Wilberforce gegen den amerikanischen Krieg und die Regierung von Lord North gewandt hatte, und zweifellos wusste Lafayette ebenfalls davon. Vielleicht noch bedeutender ist der Aspekt, dass hier zwei Vorkämpfer für die Abschaffung der Sklaverei an einem Tisch saßen, zu einem Zeitpunkt, als sich noch keiner von beiden dieses Ziel auf die Fahnen geschrieben hatte. Wilberforce würde seinen fünf Jahrzehnte währenden Kampf gegen die Sklaverei 1787, dreieinhalb Jahre später, aufnehmen. Franklin hatte sich schon oft gegen die Sklaverei ausgesprochen und würde 1790, im vierundachtzigsten und letzten Jahr seines Lebens, eine Petition der *Pennsylvania Abolition Society* an den Kongress unterzeichnen, welche die Parlamentarier aufforderte,

> nach bestem Wissen Maßnahmen zu ergreifen, zu denen sie nach den ihnen verliehenen Vollmachten ermächtigt sind, um die Abschaffung der Sklaverei voranzutreiben und jede Form des Handels mit Sklaven zu missbilligen.

Dies würde freilich erst über siebzig Jahre später umgesetzt.

Nun jedoch fand die Reise ein vorzeitiges Ende. Am 24. Oktober wurde Pitt nach Hause gerufen. Dort traf er den König in dem verzweifelten Bemühen an, dem vereinten Gräuel der Fox-North-Koalition ein Ende zu machen. Als Fox sein berühmtes Ostindien-Gesetz einbrachte, sah der König seine Chance. Im Falle des Gelingens hätte sich Fox dadurch erhebliche Patronatsrechte verschafft. Selbst für den prinzipienlosen Fox stellte das Gesetz einen besonders unverhohlenen politischen Opportunismus dar, und besonders in der Opposition war jedermann empört. Der König warf nun sein gesamtes politisches Gewicht in die Waagschale und teilte dem Oberhaus nüchtern mit, jeder, der für Fox' Gesetzesvorlage stimme, werde von nun an sein eingeschworener Feind. Und so wurde das Ostindien-Gesetz abgeschmettert. Am 19. Dezember 1783 zeigte der König mit größter Genugtuung der janusköpfigen Obszönität der Fox-North-Koalition die Tür – und berief nun den eben erst vierundzwanzigjährigen William Pitt zum jüngsten Premierminister der englischen Geschichte.

Die Vorstellung, ein junger Mann von vierundzwanzig Jahren solle ein Land führen, war für die damalige Welt ebenso schockierend wie für die unsrige. Sofort fiel man aus allen Richtungen über Pitt her. Irgendjemand aus der Opposition komponierte ein Spottliedchen mit dem Titel *Billy's Too Young to Drive Us*. Eine Gruppe reimender Witzbolde veröffentlichte ihre Spottverse in der Londoner Tageszeitung *Morning Herald*:

> A sight to make surrounding nations stare,
> A Kingdom trusted to a school boy's care.

> Da wird in allen Ländern groß geschaut,
> ein Königreich wird einem Jungen anvertraut.

Pitt war nun zwar Premierminister, doch seine Situation politisch immer noch sehr prekär. Jeder einzelne Minister in seiner neuen Regierung entstammte dem Oberhaus, sodass Pitt im Unterhaus praktisch allein auf weiter Flur stand. Wilberforce, ja selbst erst vierundzwanzig, war dort Pitts größter Verbündeter und stand in dieser Zeit fest an der Seite seines Freundes. Beide machten vollen Gebrauch von ihren großen rhetorischen Fähigkeiten.

Dennoch war es nur eine Frage der Zeit, bis Pitt gezwungen sein würde, allgemeine Wahlen auszurufen, die über sein Wohl und Wehe entscheiden würden. Die Mysterien und Feinheiten der britischen Politik sind viel zu komplex, als dass wir sie hier entwirren könnten. Es mag genügen, dass für die Grafschaft Yorkshire für den 25. März 1784 so etwas wie eine Bürgerversammlung anberaumt war, nur eben auf Grafschaftsebene. Es sollte über eine an den König gerichtete Bittschrift debattiert werden, welche den König dazu aufrufen würde, eine neue Regierung unter der Führung William Pitts einzusetzen. Als Veranstaltungsort diente die riesige Rasenfläche des Schlosses York. Auch Wilberforce bot sich die Möglichkeit, dort zu sprechen und Pitt und seine Regierung zu verteidigen. Er wusste sehr gut, wie wichtig diese Rede für seinen Freund war und welche Rolle sie für seine eigene politische Zukunft spielte. Doch was Wilberforce nun plante, ging weit über die bloße Verteidigung Pitts hinaus.

Auch wenn wir es kaum begreifen können und Wilberforce selbst sich sein Leben lang nie einen rechten Reim darauf machen konnte, war er nun auf die ungeheuerliche Idee gekommen, diese Gelegenheit zu nutzen, um einer der beiden Repräsentanten für Yorkshire im Parlament zu werden, was sozusagen unmöglich war. Yorkshire war der größte und wichtigste Wahlkreis ganz Englands und wurde stets von Angehörigen des Landadels vertreten, die für Kaufmannssöhne wie Wilberforce nur Verachtung übrig hatten. Es gab auch gar keinen freien Platz: Die Bewerber für beide Sitze waren schon gesetzt.

Angesichts all dessen war jedermann klar, dass dieses ehrgeizige Ziel ungeheuerlich war. Doch irgendwie war Wilberforce dieser Gedanke in den Sinn gekommen, wenn er auch nie so recht wusste, wie er dorthin gelangt war und warum er ihn dann weiterverfolgte – in seinem Innern nagte später stets die Frage, ob er seinen Ursprung anderswo gehabt hatte.

Einige Zeit später vertraute Wilberforce einem Freund an:

Ich hatte damals bei mir selbst entschieden, für die Grafschaft York zu kandidieren, obwohl das jedem anderen als ein wahnsinniger Plan erschienen wäre. Es widersprach den aristokratischen Vorstellungen der großen Familien der Grafschaft völlig, einen Kaufmannssohn aus Hull in eine so hohe Stellung zu heben.

Weiter erklärte er: »Es war eine sehr kühne Idee, doch ich war damals sehr ehrgeizig.«

Der Tag selbst war so scheußlich und ungemütlich, wie man sich einen Märztag in Yorkshire nur vorstellen kann: bitterkalt, stürmisch und regnerisch. Zu allem Überfluss hagelte es auch noch. Die Beteiligten mögen die Bedeutung der Versammlung für Englands Zukunft geahnt haben; immerhin waren viertausend Grundbesitzer erschienen und harrten der Dinge, die da kommen sollten.

Am späten Vormittag wurden die ersten Reden gehalten, weitere – insgesamt waren es zwölf – folgten. Die Reden erstreckten sich über sechs Stunden. Heute könnte man sich nicht mehr vorstellen, stundenlang in Kälte, Wind und Regen – und Hagel – zu stehen, um sich lange politische Reden anzuhören. Endlich, gegen vier Uhr nachmittags, war es an Wilberforce, sich an die versammelte Menge zu wenden.

Es war eine Art Holzbaldachin errichtet worden, unter dem ein Tisch als behelfsmäßige Rednerbühne aufgestellt war. Ebenso, wie er einst von seinem Lehrer Isaac Milner auf einen Tisch gehoben wurde, um die Klasse mit seiner wohlklingenden Stimme zu verzaubern, stieg Wilberforce nun auf einen Tisch inmitten eines riesigen Schlossareals, um viertausend gestandene Bürger in seinen Bann zu schlagen, Pitt zu unterstützen und die politische Landschaft der Nation zu verändern.

Inzwischen jedoch hatte sich das Wetter weiter verschlechtert. Es war jetzt so windig, dass sich ein Beobachter um Wilberforce sorgte und sagte, es sehe so aus, »als könnte seine zierliche Gestalt der Gewalt nicht standhalten«.

Doch Wilberforce' ausgezeichnete Stimme war selbst eine Naturgewalt. So rau und heftig der Wind und der Regen auch sein mochten, seine Stimme erklang in herrlicher Schönheit. Sie schien sogar das Wetter zu übertrumpfen, sich behände durch den grobschlächtigen Wind ihren Weg zu den Ohren der Zuhörer zu bahnen – wie ein Kind, das zwischen den Beinen eines stumpfsinnigen Riesen hindurchrennt und sich in Sicherheit bringt. Trotz des wütenden Wetters konnte auch der letzte Mann am Rande der riesigen Menschenmenge ihn hören. Alle lauschten wie gebannt.

In einem Zeitungsbericht über diesen Tag hieß es:

Mr Wilberforce hielt eine sehr streitbare und wohlformulierte Rede, der man allenthalben mit eifriger Aufmerksamkeit lauschte, und erhielt die lautesten Beifallsbekundungen. In der Tat war sie eine Antwort auf alles, was gegen die Bittschrift vorgebracht wurde; doch sie war von so ausgezeichneter Wahl des Ausdrucks und wurde mit solcher Schnelligkeit vorgetragen, dass wir nicht imstande sind, ihr mit unserer Berichterstattung gerecht zu werden.

Erstaunlicherweise war James Boswell[55] an jenem Tag zugegen. Er war unterwegs von Edinburgh nach London, um den alten Samuel Johnson zu besuchen, an den er sich wie ein Neunauge gehängt hatte, als ginge es um sein Leben. Boswells Erinnerung an Wilberforce' Rede ist denkwürdig: »Ich sah eine Person wie eine Krabbe auf den Tisch klettern; doch während ich zuhörte, wuchs sie und wuchs, bis aus der Krabbe ein Wal wurde.«

»Wilber der Wal« hielt eine einstündige, mitreißende Rede. Sie zählt zu den größten Reden seiner Laufbahn und er fesselte die Menge, die bei Wind und Wetter ausharrte, mit jedem einzelnen Wort. High Sheriff Danby, der Beamte, der die Versammlung einberufen hatte, meinte, Wilberforce habe »wie ein Engel« gesprochen. Es fällt schwer, sich die Macht eines Redners wie Wilberforce in jenen Tagen über eine große Menschenmenge auszumalen. Auch Whitefield besaß diese Fähigkeit, viele Tausende von Menschen mitzureißen und sie davon zu überzeugen, sie würden etwas verpassen, wenn sie sich auch nur für einen Moment abwandten.

Was machte Wilberforce zu einem der besten Redner seiner Zeit? Viele meinten, seine Sprachgewalt rühre hauptsächlich vom bloßen Klang seiner Stimme her, von ihrer vielfältigen Modulation, wenn er sprach. Ein Parlamentsberichterstatter beschrieb Wilberforce' Stimme einige Jahre später als »so unverwechselbar und melodiös, dass auch das feindseligste Ohr ihr mit Entzücken lauscht«. Derselbe Berichterstatter fuhr fort: »Seine Rede schmeichelte dem Ohr, sodass man, selbst sollte er Unsinn reden, sich genötigt fühlte, ihm zuzuhören.« Alle, die ihn je hörten, scheinen sich über die Redekunst Wilberforce' einig zu sein, selbst wenn sie anderer Meinung waren als er.

Sir James Stephen[56] erklärte das Phänomen wohl am besten. Er schrieb:

Wer die Geschichte jener Zeiten erforschen und manche der Ansprachen lesen wird, auf denen sein hoher Ruf fußte, wird sich kaum der Überzeugung entziehen können, er sei unverdient erlangt gewesen. Hätte er ihm jedoch persönlich an den Lippen gehangen – hätte er gesehen, wie er sich mit einem Geist des Selbstvertrauens erhob, um den Mercutio ihn beneidet hätte, und hätte er jenen vollen, flüssigen und durchdringenden Tönen gelauscht und beobachtet, wie das Auge funkelte, wann immer ein spielerischer Gedanke durch sein Blickfeld zog, oder wie es brannte, wenn er von den Unterdrückungen sprach, die auf Erden geschehen – wie sich die zarte Gestalt in die Höhe und Breite zu heroischer Würde reckte – und den Ausdruck durch seine Gesten, so rasch und so vollständig, dass er sich mit seiner Körpersprache spielerisch an jede neue stilistische Variation anpasste –, dann würde er sich über die große Wirkung eines solchen Redners, selbst bei gewöhnlichen Themen und alltäglichen Bemerkungen, ebenso wundern wie über den Zauber der zahmsten Rede von den Lippen eines Garrick oder Talma.[57]

An diesem besonderen Tag vor dem Schloss York war Wilberforce' Vortragsthema von entscheidendem Interesse für alle in Hörweite. Die zierliche Gestalt auf dem Tisch hielt einen Monolog für die Ewigkeit, doch es war ein Monolog in einem Stück, in dem sie selbst eine Hauptrolle spielte. Seine Worte würden noch viele Jahre lang Auswirkungen für sie haben. Und so lauschten sie jeder einzelnen Silbe, die sich geschickt durch den dumpfen Regenschleier den Weg bis zu ihren dankbaren Ohren bahnte.

Dann plötzlich gewann das Ganze noch an Dramatik: Wilberforce sprach seit etwa einer Stunde, als wie auf ein Stichwort hin ein berittener Bote des Königs auf den Schlosshof galoppiert kam. In Windeseile hatte er den ganzen Weg von London, normalerweise zwei Tagesritte, in diesem Wetter zurückgelegt. Aufgebrochen war er erst am frühen Nachmittag des Vortages.

Doch seine Ankunft just in diesem Augenblick hätte nicht wirkungsvoller geplant sein können. Aller Augen folgten ihm, als er abstieg und auf den Redner zueilte. Er überreichte Wilberforce den Brief, mit dem er Hunderte von Meilen weit durch Regen, Wind und Hagel durch das halbe Land geritten war, um ihn hierher nach Norden zu bringen.

Wilberforce hatte seine Rede unterbrochen und hielt nun inne, um den Brief entgegenzunehmen. Er öffnete und las. Am Ende prangte die Unterschrift »W. Pitt«. Mit dem Gespür, das er für solche Situationen besaß, verkündete Wilberforce nun der Menge, ermächtigt durch Pitt, das Parlament sei am heutigen Tag aufgelöst worden. Gegen Ende des Briefes hatte Pitt eine persönliche Mitteilung eingefügt: »Reiß den Feind in Stücke.«

Wilberforce blickte in die Menge. Mit brillantem Improvisationstalent schlug er Kapital aus der plötzlich veränderten Situation. Beschwörend blickte er seine Zuhörerschaft an und, als wäre seine gesamte Rede logisch auf die Ankunft dieses Briefes hin aufgebaut gewesen, von dem er freilich bis zur Ankunft des berittenen Boten keine Ahnung gehabt hatte. »Wir haben nun über eine ernste Krise zu entscheiden«, sagte er. »Jetzt hängt alles von Ihnen ab.« Er schilderte ihnen die Situation und forderte sie auf, nun so zu handeln, wie ihr persönliches Ehrempfinden es ihnen gebot.

Es war ein Jahrhundertauftritt, eine der besten Reden in Wilberforce' Leben, und es kann kein Zweifel daran bestehen, dass sie ihn auf seinen Parlamentssitz für Yorkshire katapultierte. Es war einer dieser Momente im Leben eines Menschen, von denen alles andere abzuhängen scheint. Sie haben eine eigentümliche Unvermeidlichkeit an sich, als ob es sich gar nicht anders hätte zutragen können; und zugleich bleibt das Gefühl, dass es ein Wunder war. Allein der Zeitpunkt der Ankunft des Briefes war großartig. Noch ehe Wilberforce ausgesprochen hatte, ertönten Rufe, die Wilberforce als Abgeordneten für Yorkshire forderten.

Ein weiterer Redner folgte auf Wilberforce – eine weniger beneidenswerte Position kann man sich kaum vorstellen, selbst abgesehen von der Tageszeit und vom Wetter. Und danach kam der Höhepunkt der Veranstaltung: die Abstimmung. Durch einfaches Handzeichen wurde die Sache im

Nu zugunsten Pitts und des Königs entschieden. Und die kleine Krabbe auf dem Tisch, die zu einem Wal herangewachsen war, würde den Seelöwenanteil der Lorbeeren dafür einheimsen! Es sprengte einfach die Vorstellungskraft, als ob sich Regen und Hagel in einen Niederschlag aus lauter Perlen verwandelt hätten.

Unmittelbar danach fand ein großes öffentliches Abendessen in der *York Tavern* statt. Die ausgelassene Feier wurde bald durch Meinungsverschiedenheiten und weinselige Streitereien gestört, doch mit seiner frisch erworbenen Berühmtheit als Held des Tages konnte Wilberforce eingreifen und den Bruch heilen, was ihn allen dort Anwesenden noch enger ans Herz wachsen ließ. »Dies bestärkte die Neigung, mich für die Grafschaft vorzuschlagen«, schrieb er, »ein Gedanke, der während des Essens die Runde quer durch alle Ränge machte.«

Gegen Mitternacht, als die Teilnehmer auseinandergingen, rief jemand: »Bravo, kleiner Wilberforce! ... Ich gebe fünfhundert Pfund, um Sie für die Grafschaft ins Parlament hineinzubringen!« Daraufhin erhob sich unter den anderen ein Chor der Zustimmung: »Wilberforce vor! Wilberforce und die Freiheit!« Es waren noch einige Hürden zu nehmen und einiges an Wegstrecke zurückzulegen – darunter Hindernisse, die schier unüberwindbar schienen –, sollte Wilberforce tatsächlich der neue Repräsentant für Yorkshire werden. Doch mit einer wirklich seltsam anmutenden Unausweichlichkeit geschah es so.

Wilberforce war nun *Knight of the Shire*[58] für die Grafschaft York. Es war ein beispielloser und wahrhaft verblüffender Sprung, als ob ein Stabhochspringer unvermittelt auf einem Logenplatz im Opernhaus landete. *Ist dieser Platz noch frei?*

Und natürlich hatte dieser erstaunliche Aufstieg einen entscheidenden Einfluss auf die weitere Parlamentswahl, die, wie damals üblich, einige Tage dauerte. Als alles vorbei war, hatte Pitt die überwiegende Mehrzahl des Unterhauses hinter sich, und so politisch schwach er vor der Wahl gewesen war, so stark war er jetzt. Es war eine historische und glorreiche Wende, und der kleine Wilberforce spielt eine ganz zentrale Rolle dabei. Am 8. April 1784 schrieb ihm Pitt aus der Downing Street: »Mein lieber Wilberforce, ich kann Dir nicht genug zu einem solch herrlichen Erfolg gratulieren.«

Der Wechsel in der politischen Landschaft war tief greifend, dramatisch und historisch und würde noch viele Jahre lang die englische Nation prägen. Doch eine weitere Veränderung warf ihre Schatten voraus.

4. KAPITEL

DIE GROSSE WANDLUNG

Amazing Grace! How sweet the sound
that saved a wretch like me.
I once was lost, but now am found
was blind, but now I see.

O Gnade Gottes, wunderbar
hast du errettet mich.
Ich war verloren ganz und gar,
war blind, jetzt sehe ich.[59]
JOHN NEWTON

Wilberforce kehrte als Nationalheld nach London zurück, höher zu Ross, als selbst er – als überaus ehrgeiziger Vierundzwanzigjähriger – es sich hätte vorstellen können. Seine Söhne Robert und Samuel drückten die glänzenden Perspektiven ihres Vaters im Rückblick folgendermaßen aus:

Schon jetzt reichten seine Errungenschaften aus, sich daran zu berauschen, während sich vor ihm die Aussicht auf grenzenlose Befriedigung seines Ehrgeizes auftat. Er nahm in der ersten Sitzungsperiode des neuen Parlaments an allen Sitzungen teil und unterstützte seinen Freund, indem er bei den Abstimmungen jeweils eine triumphale Mehrheit sicherstellte.

Am 14. Mai 1784 kam Wilberforce also wieder in die Hauptstadt, um sein neues Amt als Repräsentant für Yorkshire wahrzunehmen. Solch ein Verbündeter erwies sich für Pitt als unschätzbarer Segen, hatte er doch einmal über Wilberforce gesagt, er besitze »unter allen Männern, die ich kenne, die größte natürliche Redegewandtheit«. Viele vermuteten, Wilberforce habe, als er für York kandidierte – und dadurch seinem Freund Pitt so beträchtlich den Rücken stärkte –, von vornherein auf einen Ministerposten in Pitts Regierung spekuliert. Es dürfte kaum ein Zweifel daran bestehen, dass er nur die Bitte hätte aussprechen müssen, um auf einen Ministersessel gehoben zu werden. Doch Wilberforce hatte ein besonderes Verhältnis zu Pitt und wollte das einfach nicht. Ihm war ihre Beziehung zu wertvoll, um Pitt auszunutzen.

Nun hatte William Wilberforce also mit vierundzwanzig Jahren den begehrtesten Parlamentssitz des Landes errungen. Nichts schien ihn in seiner Laufbahn aufhalten zu können. Mit seiner außergewöhnlichen Redebegabung, seiner Intelligenz und seinem Charme – und mit dem Premierminister als seinem engsten Freund – eröffneten sich ihm unbegrenzte Möglichkeiten. Doch wohin würde ihn sein Weg führen? Das konnte Wilberforce kaum vorhersehen.

Wilberforce schmiedete Pläne, den Winter an der französischen und italienischen Riviera zu verbringen, hauptsächlich um der Gesundheit seiner Schwester Sally willen. Geplant war eine Reise mit zwei Wagen: seine Mutter, Sally und seine Cousine Bessie Smith, begleitet von einer Bediensteten, in einer Kutsche; und Wilberforce mit einem Freund in einer kleineren, vorausfahrenden Chaise, wie man diese Art von Postkutschen nannte. Wilberforce hatte die Reiseroute noch nicht ausgearbeitet, aber er wollte mit einem Begleiter fahren, mit dem er sich angenehm unterhalten konnte, da sie zusammen unzählige Stunden auf den holprigen Straßen des Kontinents verbringen würden.

Er lud einen irischen Freund aus York ein, Dr. William Burgh. Burgh war intelligent und ein angenehmer Gesprächspartner, stand aber nicht zur Verfügung. Einige Zeit darauf reisten Wilberforce und seine Familie in die Küstenstadt Scarborough, wo viele der wohlhabenderen Leute aus Yorkshire ihren Sommer zu verbringen pflegten. Dort traf er Isaac Milner, den Webersohn aus Leeds, der vor fast zwei Jahrzehnten sein Hilfslehrer an der Hull Grammar School gewesen war.

Milner arbeitete inzwischen als Tutor am Queens' College in Cambridge und hatte sich in akademischen Kreisen bereits einen guten Namen gemacht. Nach allgemeinem Urteil war Milner schlicht eine Kategorie für sich, eine fantastisch übergroße Gestalt – ein wahrer Riese – sowohl buchstäblich als auch im übertragenen Sinn. Wir wissen nicht, wie viel er wog oder wie groß er war, aber Henry Thorntons Tochter Marianne zufolge war er »der gewaltigste Mann, den ich je in einem Salon zu sehen bekam« – ein Koloss.

Was seinen Verstand anbetraf, so sprengte er alle Maßstäbe. In Cambridge hatte man ihn schon bei seiner überdurchschnittlichen Abschlussprüfung sogar für *incomparabilis* (»unvergleichlich«) erklärt. Heute würden wir ihn ein »Supergenie« nennen. Doch je genauer man hinsieht, desto stärker gewinnt man den Eindruck, dass selbst dieser Superlativ ihm nicht ganz gerecht wird, auch wenn diese Behauptung lächerlich klingen mag. Die Fakten sind folgende: Er wurde – noch als Student – in die Royal Society gewählt. Seine Examensleistungen in Cambridge waren so spektakulär, dass die Prüfer in den Büchern eine Zeile frei ließen, um ihn von den anderen Kandidaten abzuheben. Er glänzte nicht nur durch sein Wissen in den Fächern Physik, Chemie, Algebra und Religion, sondern war auch schon dabei, sich durch Veröffentlichungen einen Namen zu machen. 1775 wurde er als Diakon und drei Jahre später als anglikanischer Priester ordiniert, wozu damals ein formelles Theologiestudium keine unabdingbare Voraussetzung war. Und, wie schon gesagt, hatte er später den Lucasischen Lehrstuhl für Mathematik und Chemie inne.

In ganz London wurde Milner bekannt, indem er auf spektakuläre Weise das Geheimnis eines Zauberers aufdeckte: Der »Trick des unsichtbaren Mädchens« hatte die staunende Öffentlichkeit nach seiner Aufführung in Leicester Fields fast verrückt gemacht. Als ob diese Geniestreiche noch nicht ausreichten, war Milner auch noch weithin berühmt als genialer geistreicher und schlagfertiger Gesprächspartner, ein würdiger Nachfolger des legendären Dr. Johnson. Sein unbändiger Hang zu Scherzen war bekannt, und er liebte es, lustige Anekdoten in seinem heimatlichen Yorkshire-Akzent zum Besten zu geben. Wilberforce bezeichnete Milner als »lebhaft und schneidig im Gespräch«. Kritik musste Milner von manchen als »Erz-Hypochonder« hinnehmen, da er eine unerklärliche, aber heftige Abneigung gegen Gewitter und »den Ostwind« hatte.

Wäre es nicht anachronistisch, so wäre man versucht, Milner schlicht und ergreifend mit Chesterton* zu vergleichen, doch selbst dieser große Denker erscheint mit seiner gewaltigen Leibesfülle und seiner unüberschaubaren Lebensleistung wenigstens noch plausibel. Milner dagegen kann es gar nicht wirklich gegeben haben, außer vielleicht in einer Geschichte des Barons von Münchhausen.

Doch tatsächlich: Hier stand er als Zuschauer bei einem Rennen in Yorkshire und seine Silhouette ragte neben dem Zwerg Wilberforce riesenhaft in den Himmel. Der Anblick der beiden Seite an Seite muss an ein Zirkusplakat erinnert haben. Wilberforce wird immer wieder als winzig beschrieben: mit einem kindlichen Oberkörper und nur knapp über einen Meter sechzig groß. Sein Brustumfang wurde in späteren Jahren auf vierundachtzig Zentimeter gemessen.

Über die Jahre hatte Wilberforce losen Kontakt zu Milner gehalten, etwa, indem er ihm die Gefälligkeit erwies, ihm Zutritt zur Besuchergalerie des Unterhauses zu verschaffen. Und so lud Wilberforce Milner ein, ihn und seine Angehörigen bei ihrer Reise auf dem Kontinent zu begleiten. Milner nahm an, und schon bald, am 20. Oktober 1784, brachen sie Richtung Kontinent auf. Milner fuhr mit Wilberforce in der Chaise voraus, und es ist wohl

---

* G. K. Chesterton (1874-1936) war ein britischer Schriftsteller, dessen vielfältiges Werk Bücher über christliche Apologetik, Wirtschafts- und politische Philosophie wie auch Lyrik und Kriminalromane umfasste. Als Erwachsener trat er von der *Church of England* zum Katholizismus über. Bekannt war er auch für seinen immensen Leibesumfang und seine enorme Körpergröße.

verzeihlich, wenn man sich dabei der Vorstellung nicht erwehren kann, dass das Gefährt in eine erheiternde Schieflage geriet. Den Ärmelkanal überquerten sie bei ruhiger See, obwohl Wilberforce dennoch seekrank wurde. Wilberforce litt sein ganzes Leben lang unter Verdauungsproblemen; anscheinend hatte sich sein Dickdarm entzündet (Colitis ulcerosa), wobei eine genaue Diagnose schwierig ist. Nachdem sie Frankreich erreicht hatten, reisten sie zunächst nach Lyon, nach Wilberforce' Beschreibung »lieblich gelegen, aber ein äußerst schmutziges Loch; besonders unsere Herberge, das St. Omers«. In Nizza befanden sich etliche andere wohlhabende englische Reisende, unter die sich Wilberforce und seine Reisegefährten bei üppigen Mahlzeiten und beim Kartenspiel mischten – ganz nach ihrer Gewohnheit. Wie immer unter den Reichen kamen und gingen die Modewellen, und in Frankreich war in den 1780er-Jahren der »Animalische Magnetismus« der letzte Schrei. Das scheint ein Vorläufer einer Vielzahl alternativer Trends wie Mesmerismus, Phrenologie, Psychoanalyse nach Jung, Gestalttherapie, EST und Makrobiotik gewesen zu sein.[60] Der oberste »Magnetist«, Monsieur Tauley, erprobte seine unsichtbare Kunst sowohl an Milner als auch an Wilberforce. Jedoch sprach keiner von ihnen darauf an, »was vielleicht«, wie Wilberforce meint, »unserer Ungläubigkeit geschuldet ist«. Ein gewisser Frederic North jedoch, der ebenfalls dort war, schwor auf Tauley und war den außerordentlichen magnetischen Kräften dieses Mannes so erlegen, dass er Wilberforce zufolge

> zu Boden fiel, sobald er einen Raum betrat, in dem sie auf ihn wirkten; und er behauptete mir gegenüber sogar, sie könnten den Körper auch dann beeinflussen, wenn sie in einem anderen Raum oder aus der Ferne ausgeübt würden oder man von ihrer Anwendung nichts ahne.

Wilberforce' Söhne schreiben: »Bei all diesen Szenen war er ständig in Begleitung Milners, dessen Lebhaftigkeit und Scharfsinn in Verbindung mit äußerst ungehobelten Manieren seine Freunde beständig amüsierten.«

Was für einen Reim die Lords und Ladys sich auf den grobschlächtigen Webersohn machten, der dreimal so groß war wie sie und schlauer als fünfzehn von ihnen zusammen, kann man nur vermuten. Wilberforce erheiterte später seine Freunde, indem er eine Anekdote zum Besten gab, wie Milner bei einer jener Galazusammenkünfte dem jungen Prinzen Wilhelm von Gloucester vorgestellt wurde, der damals etwa neun Jahre alt war. In seinem breiten Yorkshire-Akzent gurrte Milner: »Hübscher Junge, hübscher Junge«, während er unentwegt mit einer seltsamen Vertraulichkeit den Kopf des jungen Prinzen tätschelte. Es kommt fast einem Wunder gleich, dass der königliche Jüngling nicht vor lauter Angst, gefressen zu werden, schreiend fluchtartig den Raum verließ.

Wilberforce zufolge war Milner

> frei von jeder Spur des Lasters, ohne jedoch der Religion mehr Aufmerksamkeit zu schenken als andere. Obwohl er ein Geistlicher war, dachte er während ihres ganzen Aufenthaltes in Nizza nie daran, Gebete zu lesen. Er wirkte in jeder Hinsicht wie ein gewöhnlicher Weltmensch, mischte sich ebenso wie ich unter jede Gesellschaft und schloss sich ebenso bereitwillig wie andere den üblichen Sonntagsgesellschaften an. In der Tat wusste ich, als ich ihn als Reisegefährten anwarb, nichts davon, dass er irgendwelche tieferen Grundsätze hatte.

Das einzige Indiz hätte Wilberforce vielleicht beobachten können, als sie noch in Scarborough waren. Wilberforce erwähnte einen Mr Stillingfleet, der Pfarrer in Hotham war, und sagte, dieser sei ein »guter Mann, aber einer, der die Dinge etwas zu weit trieb«.

»Kein bisschen zu weit«, gab Milner zurück. Als sie am Abend das Gespräch fortsetzen, blieb Milner fest bei seiner Meinung. Milner war stets und unermüdlich zu Scherzen aufgelegt, aber bei diesem Thema wirkte er vollkommen ernst.

»Diese Aussage überraschte mich sehr«, so Wilberforce:

... wir einigten uns, die Sache zu einem zukünftigen Zeitpunkt weiter zu besprechen. Hätte ich von Anfang an gewusst, was seine Auffassungen waren, so hätte mich das bewogen, ihm das Angebot nicht zu machen; es ist wirklich wahr, dass eine gnädige Hand uns auf eine Weise führt, von der wir nichts ahnen, und uns nicht nur ungeachtet, sondern sogar trotz unserer Pläne und Neigungen segnet.

Wie die meisten in seinen gesellschaftlichen Kreisen hatte Wilberforce eine äußerst abschätzige Meinung von allem, was nach dem Methodismus seiner Tante und seines verstorbenen Onkels roch. Alle Methodisten »trieben die Dinge etwas zu weit«, galten als Peinlichkeit und als rückständig. Offensichtlich war Wilberforce zu der Auffassung gelangt, es sei möglich, ethisch gut zu leben, ohne irgendetwas zu »übertreiben« – ohne irgendwelche verstaubten theologischen Vorstellungen mit sich herumzuschleppen. Die meisten seiner Freunde hielten ihn in der Tat für sittlich sehr gut und einen aufrechten Charakter. Wilberforce ging sogar mit Pitt und Pepper Arden in Wimbledon zur Kirche, wenn sie sich in seinem dortigen Haus aufhielten. Bis zu einem gewissen Punkt war das für ihn alles gut und schön. Die alten Lehren des Christentums und der Bibel hatten zu ihrer Zeit ihren Zweck erfüllt, doch der Gedanke, sie im späten achtzehnten Jahrhundert noch zu glauben und zu predigen, kam ihm mutwillig unzeitgemäß und dumm vor. Warum sollte man sich dem unausweichlichen Gang des Fortschritts entgegenstemmen? Hatte nicht die Aufklärung die Sonne der Vernunft über der Welt aufgehen lassen, und hatten diese beglückend vernünftigen Strahlen nicht die trüben, abgestandenen Sümpfe der religiösen Engstirnigkeit ausgetrocknet? Hatte nicht Athen endlich über Jerusalem gesiegt?

Wenn er in London war, besuchte Wilberforce manchmal die *Essex Street Chapel*, um Pastor Theophilus Lindsey predigen zu hören, den »Vater« des modernen Unitarismus*[61]. Lindsey hatte den Mut gehabt, die anglikanische

---

* Der Unitarismus ist ein Ableger protestantischer Kirchen in England, der die Lehren von der Dreieinigkeit und der Göttlichkeit Jesu Christi ablehnt; s. Anmerkung 61, S. 391.

Kirche 1774 zu verlassen, als er sich von ihren wesentlichen Lehren – etwa der Göttlichkeit Christi – abgekehrt hatte, während die meisten Geistlichen, die sich von denselben Lehren losgesagt hatten, es vorgezogen hatten, zu bleiben, wo sie waren. Infolgedessen konnte man überall in England zur Kirche gehen – wie Wilberforce es in Wimbledon tat –, ohne jemals mit einer Predigt belästigt zu werden, die mit den scharfen Lehraussagen des nizäischen Glaubensbekenntnisses[62] auf der Gemeinde herumhackte.

Auf ihrer Kutschfahrt durch Frankreich machte sich Wilberforce manchmal über den Glauben seiner Jugend lustig. Milner gab Kontra und verteidigte den orthodoxen christlichen Glauben der Methodisten, ohne freilich je anzudeuten, dass dies für ihn unbedingt mehr war als theologische Spekulation. Es ist möglich, dass Milner als Theologe und intellektuell geschulter Mensch die innere Schlüssigkeit der Lehren erkannte, die Wilberforce verspottete, und sie verteidigte, wie er auch jeden mathematischen Lehrsatz verteidigt hätte, auch wenn er selbst über den bloßen Intellekt hinaus nicht daran glaubte. Vielleicht stachelte Wilberforce' Spott auch Milners Gewissen an, denn Milner stimmte intellektuell den Lehren zu, die Wilberforce angriff, auch wenn er sie zur Seite geschoben hatte, wie Menschen es manchmal zu tun pflegen. Man weiß, was richtig ist, doch man hält es für eine gewisse Zeit auf Abstand – weder löst man sich ganz davon, noch macht man es sich ganz zu eigen. So wie ihre Diskussion Wilberforce inspiriert hatte, gründlicher über diese Dinge nachzudenken, zwang sie vielleicht auch Milner selbst, über sie auf eine Weise zu grübeln, wie er es bisher nicht getan hatte.

Möglich ist auch, dass Wilberforce' Spott nur loses Gerede war. Spott erreicht ja häufig nicht das Niveau einer ernsthaften Debatte, sondern feuert lediglich aus der sicheren Deckung sarkastische Schüsse ab, nicht bereit oder zu feige, sozusagen »hervorzutreten und wie ein Mann zu kämpfen«. Was vielleicht erklären könnte, dass Milner an einer Stelle sagte: »Ich bin Ihnen in diesem Dauerfeuer nicht gewachsen, Wilberforce, aber wenn Sie wirklich ernsthaft über diese Themen sprechen wollen, werde ich mich gerne mit Ihnen darauf einlassen.«

Wilberforce erhielt nun einen herzlichen Brief von Pitt, in dem dieser ihn beschwor, rechtzeitig wieder in London zu sein, wenn dieser seine Gesetzesentwürfe für eine Parlamentsreform einbringen werde. Es wurde beschlossen, dass die Damen zurückblieben, um weiterhin das milde Wetter und die Sonne zu genießen, während Wilberforce und Milner die Heimreise anträten. Wilberforce und Milner planten, drei Monate später, nach Ende der Sitzungsperiode, wieder in Nizza zu ihnen zu stoßen. Doch nun mussten sie erst einmal aufbrechen.

Kurz vor ihrer Abreise am 3. Februar 1785 blieb Wilberforce' Blick an einem Buch seiner Cousine Bessie Smith hängen. Es trug den Titel *The Rise and Progress of Religion in the Soul* (deutsch: »Anfang und Fortgang wahrer Gottseligkeit in der menschlichen Seele«), geschrieben von Philip Doddridge[63]. Bessie hatte sich das Buch von ihrer Mutter geliehen, die es von William Unwin geschenkt bekommen hatte, dem evangelikalen Geistlichen aus Essex, ein Freund des Dichters William Cowper. Wilberforce fragte Milner nach seiner Meinung darüber. »Es ist eines der besten Bücher, die je geschrieben wurden«, erklärte Milner. »Nehmen wir es mit und lesen wir es unterwegs.« Und das taten sie.

Doddridge hatte das Buch in den frühen 1740er-Jahren geschrieben. Er lebte zu einer Zeit, von der man annehmen würde, dass damals eine gewisse mürrische Strenge für geistliche Würdenträger obligatorisch war, besonders für solche, denen es mit der Theologie ernst war, was auf Doddridge sicherlich zutraf. Tatsächlich jedoch war er weithin für sein charmantes und besonders heiteres Temperament bekannt. Ein betagter Freund äußerte sich einmal über ihn, er habe »nie einen Mann von so fröhlichem Gemüt gekannt wie Doddridge«. Die Reisebriefe *(Travel Letters)*, die er veröffentlichte, waren in der »gehobenen Gesellschaft« wohlbekannt, und das Buch, über das Wilberforce und Milner nun ins Gespräch kommen wollten, galt als »besonnen« und »elegant« – also ideal geeignet für jemanden mit Wilberforce' trendiger Aversion gegen die einfältigen Auswüchse der Methodisten.

Und so machte sich unser ungleiches Paar von Nizza aus über Antibes mit Doddridges Buch im Gepäck auf den Weg. Was würde man geben, um ihre brillanten Gespräche in ihrer Chaise mit anhören zu können, die Tag für Tag in nordwestlicher Richtung quer durch ganz Frankreich rumpelte, nur vier Jahre bevor das Land in einer Revolution explodieren würde. Nach Luftlinie beträgt die Entfernung zwischen der Südküste bei Nizza und der Nordküste bei Calais gut tausend Kilometer, doch auf den verschlungenen und ungepflasterten Straßen des späten achtzehnten Jahrhunderts wirkte die Strecke doppelt so lang. Um rechtzeitig zur parlamentarischen Sitzungsperiode und für Pitts wichtige Parlamentssitzung wieder in London zu sein, mussten sie ein halsbrecherisches Tempo vorlegen. »Milner und ich«, berichtet Wilberforce, »legten die Strecke, begleitet von unserem Kurier Dickson, in aller Eile zurück, indem wir morgens aufbrachen, bevor es hell wurde, und bis nach Einbruch der Dunkelheit reisten.«

Es schneite heftig, als sie die französischen Alpen überquerten. Achtzehn Tage lang setzten sie ihre Reise durch den Schnee fort und bewunderten, behaglich eingehüllt in ihre Reisedecken in der Chaise, wie die Berglandschaft an ihnen vorüberzog, während sie über Doddridges Buch diskutierten. Was für eine herrliche Szene: wie diese zwei Genies, vertieft ins Gespräch über Zeit und Ewigkeit, in ihrer Pferdekutsche durch die Berge gleiten! Sie könnte aus einem Märchen stammen: Ein Zwerg und ein Riese reisen durch eine gläserne, silberne Landschaft, entdecken die Quelle am Ende der Welt, trinken einen Schluck ihres verzauberten Wassers und erkennen den geheimen Sinn im Herzen des Universums. Für Wilberforce und Milner muss es manchmal wie ein turbulenter, aber glücklicher Traum gewirkt haben, aus dem sie am liebsten nie wieder erwachen wollten.

Manchmal, wenn es auf einer stark vereisten Straße bergauf ging, mussten sie aussteigen und zu Fuß hinter der Kutsche hergehen, um den beiden Pferden die Last zu erleichtern. Einmal, als sie sich in beträchtlicher Höhe befanden, stiegen sie aus und marschierten hinter der Kutsche her, während die geplagten Pferde diese den vereisten Hang hinaufzogen. Doch plötzlich begann die Chaise seitlich abzurutschen. Die Pferde verloren den Halt, und das Gewicht der Chaise zerrte sie rückwärts, auf den Rand eines Abgrunds zu. Der Kutscherjunge konnte sie nicht halten, obwohl er es verzweifelt versuchte. Das Grauen nahm seinen Lauf, bis Milner, der Riese aus Yorkshire, in die Bresche sprang, eigenhändig die Kutsche packte und sie mit unvorstellbarer Kraft – wie in einem Zeichentrickfilm – vor dem Abrutschen in den Abgrund bewahrte. Dann hielt er sie so lange, bis die beiden verängstigten Pferde wieder Halt auf dem Boden fanden und den Wagen zurück auf die Straße ziehen konnten.

Auf der Bergkuppe angekommen, bestiegen Milner und Wilberforce wieder ihre Kutsche, hüllten sich in ihre Decken und setzten ihr Gespräch fort, während die verschneite Berglandschaft an ihnen vorbeizog.

Robert und Samuel Wilberforce schreiben, dass hier »zwischen dem rauen, ungehobelten Philosophen und dem umgänglichen und erfolgreichen Staatsmann eine starke Freundschaft reifte, die bis zum Ende ihres Lebens Bestand hatte«.

Die verzauberten Gespräche im verschneiten Gebirge bewegten Wilberforce und hatten in ihm das Interesse geweckt, die Heilige Schrift selbst zu erforschen.

Nachdem das Paar Calais erreicht und den Kanal überquert hatte und schließlich wieder in London eingetroffen war, wirkte Wilberforce nach außen hin so wie immer. Doch tief in seinem Inneren war zweifellos etwas in Gang gekommen. In aller Stille war ein Samenkorn auf den Grund seiner Seele gesät worden. Es war begossen worden und schon bald würde es aufbrechen, sich entfalten und wachsen, bis es nicht mehr zu verbergen war.

Fürs Erste jedoch blieb alles beim Alten. Wilberforce aß mehrmals in der Woche mit Pitt zu Abend. Viel Mühe wurde auf Pitts Reformgesetzgebung und andere Maßnahmen verwandt. Und wie immer endete jeder Tag mit reichlich Gesang und Tanz, die meist einen Großteil der Nacht in Anspruch nahmen, und manchmal auch die ganze.

In Wilberforce' privatem Tagebuch jedoch sehen wir die ersten Anzeichen dafür, dass der Erdrutsch, die »Große Wandlung«, wie er seine Bekehrung später stets nennen würde, begonnen hatte. Über einen wohlhabenden Freund schreibt er nun: »Seltsam, dass die großzügigsten Männer, und die religiösesten, nicht erkennen, dass ihre Pflichten mit ihrem Vermögen wachsen und dass sie sich eine Strafe zuziehen, wenn sie es ausgeben«, um sich selbst an Essen und Trinken zu ergötzen. Einen Tanz bei einer Opernaufführung der Geschichte des Don Juan bezeichnete er als »schockierend«. Doch insbesondere bewegt ihn, dass das Publikum zu abgebrüht ist, um überhaupt darauf zu reagieren. Solcherlei Bemerkungen lassen sich leicht als moralistisch abtun, doch das Bemerkenswerte daran ist der Gedanke, dass Wilberforce zu dieser Zeit alles hatte, was er sich nur wünschen konnte: Geld, Unterhaltung, Anerkennung und Freunde an höchster Stelle. Die Welt, die ihn zu ihrem Liebling erkoren hatte, würde ihn mit allem überschütten, was er sich nur wünschen konnte. Doch all ihr Zauber lässt ihn plötzlich kalt. Er scheint zum ersten Mal zu spüren, dass es noch mehr geben könne. Etwas beunruhigt ihn, was er gerade erst wahrzunehmen beginnt und dessen Umrisse er im trüben Licht noch kaum zu erkennen vermag.

Wilberforce Gedankengänge erscheinen auf einmal ganz und gar merkwürdig und fremdartig. Er hat zum Beispiel Anflüge von Mitgefühl, die sonst unter den Mitgliedern seiner privilegierten Kreise selten zu finden sind. Nach einem ungezwungenen Abendessen mit dem Kabinett bei Pitt notiert er in seinem Tagebuch, er habe häufig gedacht, »dass der großspurige T. und der elegante C. bald in derselben Reihe erscheinen würden wie der arme Kerl, der hinter ihren Stühlen stand und sie bediente.«

Hätte jemand zu dieser Zeit Einblick in seine Gedankenwelt erhalten, so wäre er sehr verwundert darüber gewesen, was aus dem fröhlichen, unbekümmerten Burschen geworden war, der er noch wenige Monate zuvor war – aus dem Mann, der im Unterhaus so wild und sarkastisch über Fox herfiel; der sich nichts dabei gedacht hatte, während seiner Rede im Schlosshof von York hier und da die Wahrheit ein wenig zurechtzubiegen, um »den Feind in Stücke zu reißen« und sich selbst auf den renommiertesten Parlamentssitz des Landes zu befördern; der in Hunderten von Nächten bis in die frühen Morgenstunden aß und trank und tanzte und sang. Wo war dieser Bursche geblieben?

Wilberforce und Milner hatten geplant, im Mai auf den Kontinent zurückzukehren, aber die Parlamentssitzungen zogen sich bis in den Juni hinein und waren am Monatsende immer noch nicht abgeschlossen. So brach Wilberforce auf, noch bevor die Sitzungsperiode zu Ende war, wiederum in Begleitung von Milner. Diesmal wurde Wilberforce bei der Überquerung des Kanals nicht seekrank. Er unterhielt sich mit dem Kapitän des Schiffes, der ihn über den Skandal unterrichtete, dass ständig Wolle und lebende Schafe in riesigen Mengen hinüber nach Boulogne geschmuggelt wurden. Er sei selbst Augenzeuge dieses illegalen Handels. Wilberforce spielte diese Information Pitt zu und deutete an, es werde ihm die unsterbliche Zuneigung der gesamten Tuchindustrie einbringen, wenn er dagegen vorginge.

Wilberforce plante nun, in Genua wieder zu den Damen zu stoßen, da es aufgrund seines späten Aufbruchs unmöglich geworden war, nach Nizza zu reisen. Dort war es inzwischen unerträglich heiß, sofern man es sich leisten konnte, es unerträglich zu finden – und das konnten sie. Und so traten er und Milner in umgekehrter Richtung die Reise nach Südosten zur Mittelmeerküste an. Diesmal jedoch wählten sie eine andere Route. Wilberforce schreibt:

> Wir reisten über die Schweiz, und ich habe seither nie aufgehört, mich mit besonderem Entzücken an ihre bezaubernde Landschaft zu erinnern, besonders an die Gegend um Interlaken, die ein weitläufiger Garten lieblichster Fruchtbarkeit und Schönheit ist, der sich am Fuß der riesigen Alpen erstreckt.

Und natürlich nahmen Milner und Wilberforce nun ihr früheres Gespräch wieder auf. Diesmal war ihre Textgrundlage jedoch nicht Doddridge, sondern ein griechisches Neues Testament, dessen Lehren sie nun erforschten. Wilberforce legte im Laufe des nun fortgesetzten Gesprächs Milner seine diversen »Zweifel, Einwände und Schwierigkeiten« vor, und der beleibte Webersohn gab ihm in seinem Yorkshire-Bass eine Antwort nach der anderen.

Wilberforce besaß zeitlebens eine seltene und erfrischende intellektuelle Redlichkeit. In Cambridge hatte man ihn einst aufgefordert, seine Unterschrift unter die Glaubensartikel der Church of England[64] zu setzen. Dies galt damals als Formalität, eine der althergebrachten Voraussetzungen des Colleges für die Verleihung des akademischen Grades. Jeder unterzeichnete einfach das Dokument und nahm seine Urkunde entgegen. Wilberforce jedoch weigerte sich. Er stimmte zu dieser Zeit den offiziellen Glaubensaussagen der anglikanischen Kirche nicht zu, oder zumindest war er sich dessen nicht sicher. Deshalb brachte er es nicht über sich, sie zu unterschreiben, was die Verleihung eines akademischen Grades um mehrere Jahre verzögerte. In einer Zeit, in der – ähnlich wie heute – die meisten Leute derlei Heucheleien mit einem Achselzucken und einem Augenzwinkern in Kauf nahmen, konnte sich Wilberforce dazu nicht überwinden.

Nun jedoch zog ihn seine intellektuelle Redlichkeit in die andere Richtung. Mit Milner als Gesprächspartner nahm er dieselben Glaubensaussagen des orthodoxen Christentums unter die Lupe, denen er wenige Jahre zuvor nicht hatte zustimmen können. Er wollte wissen, so scheint es, was die Wahrheit war, aber bisher war es ihm nicht gelungen, das zu seiner Zufriedenheit herauszufinden. Er wusste: Sobald er von einer Wahrheit vollkommen überzeugt war, würde ihm keine Wahl bleiben, als sie sich zu eigen zu machen und nach ihr zu handeln. Ebenso, wie er damals in Cambridge nichts hatte unterschreiben wollen, von dem er nicht überzeugt gewesen war, wusste er: Sollte sich seine Überzeugung ändern, würde ihn das verpflichten, auch danach zu handeln – und das nicht nur in einer einzelnen Situation; nicht nur für den Augenblick einer Unterschrift lang, sondern für sein ganzes Leben. Er wusste, dass auch das winzigste Senfkorn wachsen und wachsen kann, bis es zu einem Baum geworden ist, in dem die Vögel unter dem Himmel ihre Nester bauen. Ideen haben weitreichende Konsequenzen, und man muss scharf achtgeben, was man in seinem Kopf nisten lässt. Während er seine Gespräche mit Milner fortführte, konnte Wilberforce förmlich sehen, wie die Vögel unter dem Himmel auf der Suche nach einem passenden Ort für ihre Behausung in seine Richtung spähten.

Wie geplant trafen sie Sally, Mrs Wilberforce und Bessie Smith in Genua wieder. Am 11. Juli fuhren, wie zuvor, die beiden Männer in ihrer Kalesche voran und die Damen folgten in einer Kutsche nach, auf dem Weg ins nordwestlich gelegene Turin und dann weiter nach Genf. Während dieser Reise waren Wilberforce und Milner so in ihre Diskussionen vertieft, dass die Damen Notiz davon nahmen. Mrs Wilberforce beschwerte sich nun, ihr Sohn besuche ihre Kutsche immer seltener. Arme, vernachlässigte Mrs Wilberforce! Sie ahnte nicht, dass sie mit einem Mann, der Stephen Hawking, Dick Cavett und André the Giant in einem war,* um die Aufmerksamkeit ihres Sohnes wetteifern musste.

Wilberforce schreibt:

Nach und nach nahm ich [Milners] Gedanken in mich auf, wenn sie auch noch lange bloße Meinungen blieben, denen ich vom Verstand her zustimmte, ohne dass sie mein Herz beeinflussten. Mit der Zeit wurde mir ihre Wichtigkeit deutlich. Obwohl Milner mit allen anderen Themen stets leichtherzig umging, sprach er über dieses nur mit dem äußersten Ernst, und alles, was er sagte, trug dazu bei, meine Aufmerksamkeit für die Religion zu steigern.

In Interlaken war Wilberforce überwältigt und berührt vom prachtvollen Anblick der mehr als viertausend Meter hohen Jungfrau. Seine Liebe zur Natur zog sich als feste Größe durch sein ganzes Leben, und gewiss begünstigte die Macht der beinahe übernatürlichen Schönheit der Alpen seine Neigung, über Wesentliches nachzudenken.

Anfang September gelangten sie in das Gebiet der Ardennen in Belgien und machten sechs Wochen lang halt in der sinnfällig benannten Stadt Spa[65], einem seit dem vierzehnten Jahrhundert beliebten Badeort. Jeder fuhr dort-

---

* Stephen Hawking gilt als der berühmteste lebende Physiker (vgl. S. 37); Dick Cavett (geb. 1936) ist ein US-Talkmaster, der für seine intelligente, sorgfältig vorbereitete Moderation bekannt ist; und der Franzose André the Giant (»André der Riese«; 1946–93), ein hünenhafter Mann mit einem Gewicht von 240 Kilogramm und einer Größe von 2,24 Metern, gilt als einer der erfolgreichsten Wrestler seiner Zeit.

hin, wie man so sagt, und jeder tat, was jeder immer tut und auch weiterhin tun wird. Nur Wilberforce nicht. Er konnte es nicht. Er tat das meiste von dem, was alle anderen taten – er tanzte und sang und verbrachte unzählige Stunden damit, sich an den endlosen Mahlzeiten zu laben, die damals die Gepflogenheit der gehobenen Gesellschaft waren. Doch etwas ging in ihm vor, und nun, als er sich im feinen Spa unter den feinen Leuten aufhielt, machten sich seine neuen Anschauungen ziemlich plötzlich und konkret in Bezug auf das Theater und den Sabbat bemerkbar. Das waren zwei wesentliche Markenzeichen der Methodisten jener Zeit, zwei Bereiche, in denen sie sich deutlich vom Rest der Gesellschaft abhoben.

»Mrs Crewe kann nicht glauben, dass ich es falsch finde, zu dem Schauspiel zu gehen«, notiert er in seinem Tagebuch. »Überrascht, als sie hörte, es sei mein Wunsch und nicht derjenige meiner Mutter, am Sonntag innezuhalten.« Mrs Crewe muss regelrecht entsetzt darüber gewesen sein, denn sie war eine der führenden Gastgeberinnen der Gesellschaft ihrer Zeit, eine berühmte Schönheit, deren Porträt von Joshua Reynolds[66] gemalt worden war. Dass der beliebte, geistreiche und brillante Mr Wilberforce über eine ihrer Vorlieben die Nase rümpfte, muss sie in der Tat sehr bestürzt haben. Bei jedem anderen Menschen hätte sie diese Reaktion sicherlich abgetan und sich auf einer ihrer Partys gegenüber den anderen Gästen darüber lustig gemacht – was würden diese hoffnungslos griesgrämigen Methodisten wohl als Nächstes anprangern? Aber Mr Wilberforce war ein enger Freund von Mr Pitt und Mitglied in fünf Clubs, und bekannt für seinen Witz. Vielleicht würde er sie bald wegen ihres Verhaltens verspotten!

Mr Wilberforce' Verhalten war noch in anderen Punkten skandalös in jenem Oktober in Spa, wenn es auch unwahrscheinlich war, dass Mrs Crewe davon wusste. »Begann vor drei oder vier Tagen, sehr früh aufzustehen«, schreibt er. »In der Einsamkeit und im Selbstgespräch am Morgen hatte ich Gedanken, die, dessen bin ich mir sicher, noch Folgen haben werden.«

Es ist ganz klar, dass Wilberforce ein gutes Stück auf dem neu eingeschlagenen Weg vorangekommen ist, aber er geht langsam und überschlägt bei jedem Schritt die Kosten. Er schreibt:

Sobald ich ernsthaft über diese Themen nachdachte, drängte sich mir die tiefe Schuld und die schwarze Undankbarkeit meines vergangenen Lebens in den kräftigsten Farben ins Bewusstsein, und ich verurteilte mich selbst dafür, meine kostbare Zeit, meine Möglichkeiten und meine Talente vergeudet zu haben.

Wilberforce' »Große Wandlung« vollzog sich nicht über Nacht oder in einem einzigen Augenblick. Der heilige Paulus mochte vom Licht geblendet worden sein und sich in einem einzigen Moment verändert haben, eine Szene wie gemacht für ein eindrucksvolles Gemälde, doch Wilberforce' Verwandlung vollzog sich weitaus allmählicher. Seine Bekehrung besaß größere Ähnlichkeit mit der des heiligen Augustinus, der vom Verstand her Klarheit über die Lehren des christlichen Glaubens gewann, aber lange Zeit an seiner Unfähigkeit scheiterte, sein Verhalten mit seinen Überzeugungen in Einklang zu bringen. »Ich bekam eine klare Vorstellung von den Lehren der Religion«, schrieb Wilberforce Jahre später,

> vielleicht klarer, als ich sie seither hatte, aber sie existierte allein in meinem Kopf. Ich glaubte also jetzt an das Evangelium und war überzeugt davon, dass ich, sollte ich unversehens sterben, für alle Ewigkeit verloren gehen würde. Und dennoch, so ist der Mensch, ging ich heiter und fröhlich meines Weges.

In seinem Tagebuch schreibt er:

> Was für ein Wahnsinn ist der Weg, den ich eingeschlagen habe. Ich glaube all die großen Wahrheiten der christlichen Religion, aber ich handle nicht so, als ob ich sie glaubte. Sollte ich in diesem Zustand sterben, so müsste ich an einen Ort des Elends gehen.

Er erkannte, dass er Gott den Rücken gekehrt hatte, aber merkwürdigerweise wusste er nicht, wie er umkehren könnte. Später jedoch schreibt er in seinem Tagebuch: »Dennoch mag es sein, dass ich religiös werde. Hat nicht Gott seinen Heiligen Geist denen versprochen, die ihn bitten?«

»Es war nicht so sehr die Furcht vor Strafe, die mir zu schaffen machte«, erinnern sich Wilberforce' Söhne an Aussagen ihres Vaters,

… als vielmehr ein Bewusstsein meiner großen Sündhaftigkeit, dass ich so lange die unaussprechliche Barmherzigkeit meines Gottes und Retters vernachlässigt hatte; und die Wirkung, die dieser Gedanke in mir hervorrief, war dergestalt, dass ich mich durch das starke Bewusstsein meiner Schuld monatelang im Zustand tiefster Niedergeschlagenheit befand. In der Tat übertraf nichts von dem, was ich je in den Berichten anderer gelesen habe, meine damaligen Empfindungen.

Seine Tagebucheinträge und Briefe aus jener Zeit zeigen, dass Wilberforce in alle Richtungen dachte. Zahlreiche Linien liefen aufeinander zu; seine Gedanken über Kultur und Gesellschaft spielten in dem Gesamtbild ebenfalls eine Rolle. In einem Brief an seinen Freund Lord Muncaster aus jener Zeit zeigt er sich verzweifelt über die eingefleischte Selbstsucht, die er unter den Reichen und Privilegierten wahrnahm, deren Verhalten aus seiner Sicht betrunkenen Eltern ähnelte, die ihre sterbenden Kinder im Stich ließen. Zum ersten Mal klingt bei ihm ein Ton an, der sich wenige Jahre später zu einer seiner beiden Lebensmelodien entwickeln würde:

… sondern es ist die allgemeine Verderbtheit und Verworfenheit der Zeit, die unter den Reichen und den Verschwendern entsprang und nun ihren verderblichen Einfluss ausdehnte und ihr zerstörerisches Gift durch den ganzen Leib des Volkes ausbreitete.

Wilberforce dachte offenbar, wenn er diese Wahrheiten akzeptieren und nach ihnen leben wolle, müsse er das Parlament verlassen und die nächsten fünfzig Jahre damit verbringen, in beständigem Elend in Sack und Asche Buße zu tun. Was konnte er tun? Wilberforce hatte das Gefühl, er müsse sich der Welt erklären, oder zumindest all seinen Freunden. Anscheinend war er zu der Auffassung gelangt, dass er ohne einen solchen Schritt Gott verleugnen würde – und das wagte er nicht, jetzt nicht mehr. Es quälte ihn in seinem Inneren, dass er Gott so viele Jahre lang verleugnet und völlig seinem eigenen Vergnügen und Ruhm gelebt hatte, während er Gott und Gottes Liebe links liegen ließ, so wie er auch die Armen und Leidenden um sich her übersah. Ihm wurde klar, dass seine Schuld in dieser Hinsicht niemals auszugleichen war, und wie es oft in solchen Situationen geschieht, scheint er den Gedanken der Reue und Buße fast zu viel Raum eingeräumt zu haben und blind geworden zu sein für die Gnade, mit der Gott ihm begegnete.

Wilberforce war offensichtlich an den Punkt gekommen, an dem sein Schuldbewusstsein gegenüber Gott und seine innere Not über das eigene Versagen so groß geworden war, dass nichts mehr half, als sich selbst öffentlich an den Pranger zu stellen. Und so warf er nun einen Teil seiner Bürde ab, indem er sich seinen Freunden offenbarte. Man kann nur erahnen, was er ihnen in diesem überaus aufgewühlten Zustand geschrieben haben mag, und ebenso, was sie wohl gedacht haben mögen, als sie seine Erklärung lasen. Das Gerücht ging um, der liebe, brillante Wilberforce sei vom »Wahn der Melancholie« befallen.

Der wichtigste Freund in seinem Leben war William Pitt, und es muss eine Qual für Wilberforce gewesen sein, seinem Freund um den 24. November einen sehr ehrlichen Brief zu schreiben. Offenbar teilt er dem Premierminister des Landes in diesem Brief mit, er, Wilberforce, sein bester Freund und engster politischer Verbündeter und Vertrauter, müsse der Politik ganz und gar den Rücken kehren, müsse sich abwenden von allem, was er bisher kannte, und müsse sozusagen »nun für Gott leben«.

Wilberforce hatte niemanden in seinem Leben, der ihn verstanden hätte oder ihm hätte helfen können, sich über seine Gefühle klar zu werden. Wahrscheinlich litt er viel mehr, als nötig gewesen wäre. Milner war in Cambridge, und wie es scheint, hatte auch er mit alledem zu ringen, worüber sie während jener Wochen in ihrer Kutsche gesprochen hatten. Wilberforce konnte sich nur an das halten, was er bei Milner gelernt hatte – jene Wahrheiten, die ihm nun selbstverständlich geworden waren und die alles verändert hatten. Aber etwas fehlte noch. Es war, als ob das Gelernte ihm den Boden unter den Füßen weggezogen, aber noch nichts anderes an seine Stelle gesetzt hätte. Und so stürzte er in eine bodenlose Tiefe, ohne zu ahnen, wann er auf dem Grund aufschlagen würde, falls das überhaupt jemals geschähe.

Was er dringend brauchte, war jemand, bei dem er seine Last abladen konnte; jemand, der ihn verstand und wusste, was zu tun sei. Jemand, der weise genug war, ihn an das zu erinnern, woran er jetzt erinnert werden musste – an Gottes Gnade – an die Sonnenseite der Liebe Gottes. Aber diese andere Seite der Liebe Gottes – die gute Nachricht gewissermaßen – scheint er überhaupt nicht wahrgenommen zu haben. Zumindest noch nicht. Und so steckte er in den Fängen seiner Schuldgefühle fest, quälte sich in London und Wimbledon durch jenen November und graute sich vor dem, was vor ihm lag. Aus dieser Gemütslage und diesen Gedankengängen heraus schrieb Wilberforce offenbar um den 24. November an Pitt.

In seinem Tagebucheintrag jenes Tages sehen wir einen Schnappschuss seines geistigen und geistlichen Zustands:

> Ließ mir zwei Stunden lang aus der Bibel vorlesen – Pascal eineinviertel Stunden – Meditation eineinviertel Stunden.... Pitt kam und empfahl Butlers *Analogy* – beschloss, ihm zu schreiben und ihm offenzulegen, was mich beschäftigt: Das wird mir viel Peinlichkeit ersparen und mir hoffentlich mehr Kontrolle über meine Zeit und mein Verhalten geben.

Wilberforce' Augen waren so schlecht, dass er sich manchmal von anderen laut vorlesen ließ. Wenn man sich vorstellt, dass er sich die Zeit nahm, zwei volle Stunden aus der Bibel und eineinviertel Stunden aus den dichten, philosophischen *Pensées* anzuhören, gefolgt von eineinviertel Stunden Gebet, entsteht jedenfalls ein sehr beeindruckendes Bild. Es verrät uns, dass seine neuen Erkenntnisse ihn schier verrückt machten.

Am Fünfundzwanzigsten erwähnt er, dass er den Gottesdienst in der Kirche St. Antholyn besuchte: »[z]u Fuß und mit der Postkutsche, um das Geld für eine Droschke zu sparen.« Der wohlhabende beste Freund des Premierministers nahm nun öffentliche Verkehrsmittel in Anspruch und ging zu Fuß, weil er sich schuldig fühlte wegen all des Geldes, das er im Lauf der Jahre vergeudet hatte, und wusste, dass alles eingesparte Geld sich besser verwenden ließe, um etwas für die Armen zu tun. Am Sechsundzwanzigsten:

> Lehnte es ab, zum Camden Place und zu Pitt zu gehen; aber alle religiösen Gedanken verschwinden in London – ich hoffe, mich aus meiner Verlegenheit zu befreien, indem ich meine Situation und meine Gefühle erkläre.

Am nächsten Tag, Sonntag, dem Siebenundzwanzigsten:

> Ich muss wach werden für meine gefährliche Lage und darf nicht ruhen, bis ich meinen Frieden mit Gott gemacht habe. Mein Herz ist so hart, meine Blindheit so groß, dass ich keinen gebührenden Hass gegen die Sünde aufbringe, obwohl ich doch sehe, dass ich ganz verderbt und blind für die Wahrnehmung geistlicher Dinge bin.

Und dann am 29. November:

> Der Stolz ist mein größter Stolperstein; und in ihm liegt eine zweifache Gefahr – dass er mich dazu bringt, von einem christlichen Leben abzulassen aus Furcht vor der Welt, meinen Freunden usw.; oder, wenn ich nicht aufgebe, dass er mich darüber eitel werden lässt.

Dann endlich, am Dreißigsten, wendet sich das Blatt. Er spielt mit dem Gedanken, John Newton zu besuchen, den er seit seinen Kindheitstagen nicht mehr gesehen hat. Es ist schwer zu ermessen, was genau diese Pilgerfahrt für Wilberforce bedeutet haben muss. Newton stand schon seit zwanzig Jahren im Licht der Öffentlichkeit. Er war zu jener Zeit der führende Evangelikale in London. Whitefield war fünfzehn Jahre zuvor gestorben, und John Wesley war inzwischen alt geworden. Newton war eine Integrationsfigur mit Vorbildcharakter für viele Evangelikale des achtzehnten Jahrhunderts. Allen Schilderungen zufolge war er seelisch gesund und theologisch ausgewogen. Newton war sich der »Gnade Gottes wunderbar« besonders bewusst und somit zu diesem Zeitpunkt genau der richtige Gesprächspartner für William Wilberforce.

Es spricht Bände, dass unter den Hunderten von Leuten aus Wilberforce' Bekanntenkreis nicht ein einziger evangelikaler Freund zu finden war. Er hatte sich so vollständig von jener Welt abgeschottet, dass er auf der Suche nach jemandem, der ihn nun einigermaßen verstehen konnte, gewissermaßen bis in seine eigene Kindheit zurückgehen musste. Freilich dürfte dieser Plan auch ein beklommenes Gefühl in ihm ausgelöst haben. Newton war der Mann, in dem er einst so etwas wie einen Vater gesehen hatte, und Newton schien auch so empfunden zu haben.

Wilberforce nahm seinen Mut zusammen und schrieb am 2. Dezember an seinen alten Freund:

An Pastor John Newton

2. Dezember, 1785

... Ich möchte ein ernstes Gespräch mit Ihnen führen und bin so frei, Sie zu diesem Zweck in einer halben Stunde aufzusuchen; wenn Sie, falls Sie mich nicht empfangen können, dann die Güte hätten, mir an der Tür einen Brief aushändigen zu lassen, in dem Sie mir eine Zeit und einen Ort für unser Treffen nennen, je früher, desto lieber. Ich habe zehntausend Zweifel in meinem Innern gehegt, ob ich mich Ihnen offenbaren sollte oder nicht; aber jedes Argument dagegen ist auf Stolz gebaut. Ich bin sicher, Sie sind sich der Notwendigkeit bewusst, keine Menschenseele etwas von diesem Antrag oder von meinem Besuch wissen zu lassen, bis ich Sie von dieser Verpflichtung befreie.

PS: Bedenken Sie, dass ich diskret sein muss und dass die Besuchergalerie des Unterhauses nun so häufig aufgesucht wird, dass das Gesicht eines Parlamentsmitgliedes ziemlich bekannt ist.

Man fühlt sich unwillkürlich an Nikodemus erinnert, den aufgeschlossenen Pharisäer, der Jesus im Schutz der Dunkelheit aufsuchte, damit niemand davon erfuhr. Nikodemus spürte, dass dieser eindrucksvolle Rabbi etwas ganz Besonderes war, und er konnte sich nicht von ihm fernhalten – aber er war nicht bereit, mit irgendjemand sonst darüber zu sprechen. Noch nicht. Ähnlich erging es Wilberforce.

Am selben Tag, dem 2. Dezember, erhielt Wilberforce eine Antwort von Pitt. Wilberforce' Brief an Pitt ist zwar verschollen, nicht jedoch Pitts Antwort, die hier in voller Länge wiedergegeben ist. Sie gibt uns deutliche Hinweise auf den Inhalt von Wilberforce' Brief und zeichnet ein außergewöhnliches Bild von Pitt zu dieser Zeit und von ihrer engen Freundschaft:

Mein lieber Wilberforce,
Bob Smith erwähnte mir gegenüber am Mittwoch die Briefe, die er von Dir erhalten hatte, was mich auf den vorbereitete, den ich gestern von Dir bekam. Ich habe in der Tat ein zu tiefes Interesse an allem, was Dich betrifft, als dass ich nicht sehr empfindsam berührt wäre von dieser, wie es scheint, neuen Ära in Deinem Leben, die so bedeutende Konsequenzen für Dich selbst und Deine Freunde hat. Was die öffentlichen Schritte angeht, zu denen Deine Anschauungen Dich führen könnten, so will ich Dir nicht verhehlen, dass nur wenige Dinge mir mehr zu Herzen gehen könnten, als mich in irgendeiner wichtigen Grundsatzfrage in einem wesentlichen Widerspruch zu Dir zu sehen.

Ich bin zuversichtlich und überzeugt davon, dass dies ein Umstand ist, der wohl kaum eintreten kann. Sollte es aber doch so kommen, und selbst, wenn ich in einem solchen Fall ebenso viel Leid erfahren sollte, wie ich bislang im umgekehrten Fall Stärkung und

Freude erfahren habe, so glaube mir, ist es unmöglich, dass ich die Empfindungen der Zuneigung und Freundschaft abschütteln würde, die ich Dir gegenüber hege und von denen mich zu lösen ich wahrhaft vergesslich und gefühllos sein müsste. Es sind Empfindungen, die in mein Herz eingegraben sind und die nie ausgelöscht oder geschwächt werden können. Wenn ich wüsste, wie ich all das ausdrücken könnte, was ich fühle, und wenn ich hoffen könnte, dass Du bereit wärst, es zu bedenken, so hätte ich noch sehr viel mehr zum Gegenstand des Entschlusses zu sagen, den Du gefasst zu haben scheinst. Du wirst mich nicht verdächtigen, leichtfertig über die moralischen oder religiösen Motive zu denken, die Dich leiten. Ebenso wenig wirst Du glauben, dass ich Deinen Verstand oder Dein Urteil für leicht irrezuführen halte. Doch verzeih mir, wenn ich nicht umhin kann, meine Befürchtung auszudrücken, dass Du Dich dennoch in Prinzipien versteigst, die eine allzu starke Tendenz haben, Deinem eigenen Ziel entgegenzuwirken und Deine Tugenden und Deine Talente sowohl für Dich selbst als auch für die Menschheit brach liegen zu lassen. Ich bin jedoch nicht ohne Hoffnung, dass ich dies in meiner Sorge zu schwarz male. Denn Du bekennst, dass der Charakter der Religion nicht düster und dass er nicht der eines Enthusiasten ist. Warum aber dann diese Vorbereitung in der Einsamkeit, die es kaum vermeiden kann, den Geist entweder mit der Melancholie oder mit Aberglauben zu färben? Wenn ein Christ in den verschiedenen Bezügen des Lebens handeln kann, muss er sich dann von ihnen allen absondern, um zu einem solchen zu werden? Die Prinzipien ebenso wie die Praxis des Christentums sind doch jedenfalls einfach und führen nicht nur zur Meditation, sondern auch zum Handeln.

Ich will jedoch jetzt nicht weiter auf diese Themen eingehen. Ich bitte Dich nur darum, dass Du Dich als Zeichen sowohl unserer Freundschaft als auch der Freimütigkeit, die Deinem Geist zu eigen ist, vollständig und ohne Rückhalt einem Mann öffnest, der, glaube mir, Dein Glück nicht von seinem eigenen zu trennen weiß. Du sagst nichts über das Ausmaß oder die Dauer des Rückzugs, den Du Dir auferlegt hast; Du sagst mir nicht, welche Richtung Dein zukünftiges Leben nehmen soll, wenn Du diese Zurückgezogenheit nicht mehr für notwendig erachtest; auch nicht, kurz gesagt, welche Vorstellung Du Dir von den Pflichten gemacht hast, die Du von dieser Zeit an auszuüben hast. Ich bin sicher, Du wirst Dich nicht wundern, wenn ich in einer solchen Frage neugierig bin. Zufriedenstellen kannst Du mich nur im Gespräch. Peinlichkeit oder Verlegenheit sollte das für keinen von uns bedeuten, wenn es vielleicht auch die eine oder andere Besorgnis geben mag; und wenn Du mir ehrlich all Deine Gedanken zu diesen Fragen offenlegst, so werde ich es wohl wagen, Dir ebenso ehrlich die Punkte zu nennen, an denen ich fürchte, dass wir uns unterscheiden; dann werde ich den Wunsch hegen, dass Du Deine eigenen Gedanken neuerlich prüfst, wo ich Dich im Irrtum glaube, Dich aber nicht mit fruchtlosen Diskussionen über irgendeine Anschauung behelligen, zu der Du aus freien Stücken gelangt bist. Du wirst, dessen bin ich sicher, die Motive und Gefühle zu würdigen wissen, die mich veranlassen, Dir dies so dringend nahezulegen. Ich glaube, Du wirst es nicht ablehnen; so Du es nicht tust, nenne mir irgendeine Stunde, zu der ich Dich morgen aufsuchen darf. Ich reise nach Kent und kann auf dem Wege nach Wimbledon kommen. Bedenke bitte, dass kein Grundsatz davon Schaden nimmt, dass man über ihn spricht, und glaube mir, dass in jedem Falle die volle Kenntnis der Natur und des Ausmaßes Deiner Anschauungen und Absichten mir eine bleibende Befriedigung sein werden.

Dein Dir in Zuneigung unwandelbar verbundener
W. Pitt

Am folgenden Tag, Samstag, dem 3. Dezember, sprachen Wilberforce und Pitt zwei Stunden lang miteinander. Wilberforce versuchte, seinen Freund zu seiner Sichtweise zu bekehren, was misslang; doch ansonsten scheint die Begegnung Wilberforce ein wenig beruhigt zu haben.

Am nächsten Tag, Sonntag, dem 4. Dezember, besuchte Wilberforce die Londoner Kirche St. Mary Woolnoth, der Newton als Pastor vorstand, und übergab dort seinen versiegelten Brief. Obwohl Wilberforce offensichtlich hoffte, noch am selben Tag mit Newton sprechen zu können, war Newton dies nicht möglich. Sie verabredeten sich jedoch für den folgenden Mittwoch, den 7. Dezember. Also begab sich Wilberforce an jenem Mittwoch erneut zu John Newton, diesmal nach Hoxton am Charles Square, etwas mehr als eine Meile von St. Woolnoth entfernt. Er war allein, und »nachdem ich ein oder zweimal um den Platz gegangen war, bevor ich mich durchringen konnte, suchte ich den alten Newton auf«. Offenbar empfand er dabei eine außerordentliche Beklommenheit. Wie muss sein Herz geflattert haben bei dem Gedanken, Newton nach all diesen Jahren wiederzusehen. Newton war achtundvierzig gewesen, als sie sich das letzte Mal begegnet waren, und nun war er sechzig.

Wir können uns die Szene nur ausmalen: der alte Mann, der raue ehemalige Kapitän, der Wilberforce als kleinen Jungen so sehr geliebt und so große Hoffnungen in ihn gesetzt hatte, nur um dann zu erleben, wie diese sich zerschlugen. Und um ihm nun nach so vielen Jahren zu seiner großen Überraschung wieder gegenüberzustehen. Etwas an dieser Szene erinnert an Pips Rückkehr zum alten Joe in der Schmiede in Dickens' »Große Erwartungen«[*]. So vieles wird in dem Augenblick unausgesprochen empfunden, als Joe den kleinen Jungen erblickt, den er einst kannte und dann in seinem schlichten ländlichen Akzent sagt: »Du bist ein Gentleman geworden, Pip.«

Wilberforce schreibt, es habe ihn

---

[*] In Charles Dickens' (1812–70) Roman »Große Erwartungen« wird dem Waisenjungen Pip eine große Erbschaft versprochen, unter der Bedingung, dass er nach London gehe, um dort ein Gentleman zu werden. Joe, der Pip das Schmiedehandwerk gelehrt hat, bedauert Pips Weggang, da dieser bei ihm und seiner Frau gelebt hatte.

Die Grosse Wandlung   111

sehr berührt, mit ihm zu sprechen – er hat etwas sehr Angenehmes und Ungekünsteltes an sich. Er sagte mir, er habe immer Hoffnung und Zuversicht gehegt, dass Gott mich eines Tages zu sich ziehen würde.

Wilberforce wird nun dem wohl einzigen Menschen, der seine Not und seine schwierigen Entscheidungen in ihrer gesamten Tragweite einigermaßen verstehen konnte, sein Herz ausgeschüttet haben. Doch wie es so oft der Fall ist, merkte er, dass er sich vor einem Trugbild gefürchtet hatte; es war nicht annähernd so schlimm, wie er gedacht hatte.

Newton reagierte nicht, wie er es erwartet hatte – dass er, um Gott nachzufolgen, die Politik verlassen müsse. Im Gegenteil, Newton ermunterte Wilberforce, zu bleiben, wo er war, und sagte ihm, Gott könne ihn dort gebrauchen. Die meisten anderen hätten an Newtons Stelle wahrscheinlich darauf bestanden, dass Wilberforce sich von dem Ort löste, wo er am ehesten Salz und Licht sein konnte. Wie gut, dass Newton Wilberforce einen anderen Rat gab. Wilberforce schreibt hinterher: »Als ich fortging, befand sich mein Geist in einem ruhigen, gelassenen Zustand; ich war demütiger und sah inniger zu Gott auf.«

Jahre nach diesem Treffen ließ John Newton jenes denkwürdige Treffen Revue passieren und schrieb an Wilberforce: »Die Freude, die ich empfand, und die Hoffnungen, die ich fasste, als Du mich in der Sakristei von St. Mary besuchtest, werde ich nie vergessen.«

Wir können uns vorstellen, wie sehr er darauf brannte, es seinen Freunden mitzuteilen – John Thornton und Wilberforce' Tante Hannah, die zweifellos all die Jahre hindurch für ihn gebetet hatten, für den aufgeregten und empfindsamen Jungen, den sie so in ihr Herz geschlossen hatten und der ihnen plötzlich unter solch schmerzlichen Umständen weggenommen worden war. Wie müssen sie gejubelt haben, als sie diese Nachricht hörten. Vielleicht fiel ihnen die Geschichte des verlorenen Sohns ein: »Denn dieser mein Sohn war tot und ist wieder lebendig geworden; er war verloren und ist gefunden worden.«

Später in jenem Monat erhielt Wilberforce einen Brief von Thornton:

Du kannst Dir leichter vorstellen, als ich es ausdrücken kann, welche Befriedigung es mir verschaffte, als ich mich am gestrigen Nachmittag einige Minuten lang mit Mr Newton unterhielt.

Am 11. Januar begab sich Wilberforce zur King William Street, um den Gottesdienst in St. Mary Woolnoth zu besuchen. Anschließend begleitete Newton ihn in seiner Chaise ins gut 15 Kilometer entfernte Wimbledon. Newton blieb in *Lauriston Haus* zum Abendessen und übernachtete dort. Wilberforce schrieb einige Jahre später, es sei so gewesen, als habe er all die Jahre in einem Traum zugebracht, aus dem er nun endlich erwacht sei. Es war, als hätte er wie Scrooge* eine zweite Chance erhalten, als wäre ihm seine eigene Kindheit zurückgeschenkt worden.

Am Abend des Zwölften sah jemand, den Wilberforce kannte, ihn mit Newton durch den Park von Wimbledon gehen, und Wilberforce begriff, dass seine Deckung aufgeflogen war. »Rechne damit, zu hören, dass ich jetzt überall als Methodist ausgegeben werde«, schreibt er. »Gebe Gott, dass es der Wahrheit entspricht.«

Im April scheinen Wilberforce' Leben und sein Gemütszustand ein lang ersehntes Gleichgewicht erlangt zu haben. Nach einem langen, dunklen Seelenwinter war das Frühjahr angebrochen. Newton schreibt seinem Freund Cowper über Wilberforce:

---

* Ebenezer Scrooge ist eine Figur aus der »Weihnachtsgeschichte« (1843) von Charles Dickens. Er ist ein Geizkragen, der nur für sein Geld lebt und nichts für Weihnachten übrig hat. Eines Weihnachtstages jedoch hat er eine Vision von sich selbst in der Vergangenheit, Gegenwart und Zukunft, die ihm von drei Geistern übermittelt wird. Als er sieht, was für eine Zukunft ihm wahrscheinlich bevorsteht, fleht Scrooge um eine zweite Chance, bereut seinen Geiz und überrascht seinen Angestellten Bob Cratchit mit seiner völlig veränderten Lebenseinstellung, die sich in weihnachtlicher Großzügigkeit äußert.

Ich denke, er ist nun entschieden auf der richtigen Spur. ... Ich hoffe, der Herr wird ihn sowohl als Christen als auch als Staatsmann zum Segen setzen. Wie selten fallen diese Charaktere zusammen!! Aber sie sind nicht unvereinbar.

Am Karfreitag, dem 14. April 1786, empfing Wilberforce zum ersten Mal das Abendmahl. Und zwei Tage später, an seinem ersten Ostersonntag als Christ, nimmt er erneut daran teil, als er die Unwins im Dorf Stock in Essex besucht.

»Ich erinnere mich kaum, je einen so angenehmen Tag verbracht zu haben wie den, der nun beinahe vorüber ist«, schreibt er an seine Schwester Sally.

> Ich war vor sechs draußen und machte die Felder zu meiner Kapelle, während die Sonne so hell und warm schien wie am Mittsommertag. Ich glaube, mein Gebet wurde noch inniger, als ich es auf diese Weise inmitten des allgemeinen Chors darbrachte, mit dem die ganze Natur an einem solchen Morgen den Gesang des Lobpreises und des Dankes erschallen zu lassen scheint. Gewiss ruft dieser Sabbat unter allen anderen diese Gefühle im höchsten Maße hervor; ein Rahmen der einigen Liebe und des Triumphs steht ihm gut an, sowie heiliges Vertrauen und rückhaltlose Zuneigung.

In seinem Tagebuch drückt er es wie immer knapper aus: »In Stock bei den Unwins – herrlicher Tag, fast die ganze Zeit draußen – empfing Abendmahl – sehr glücklich.«

5. KAPITEL

IHR MÜSSET VON NEUEM GEBOREN WERDEN

Glory, glory, said the Bee,
Hallelujah, said the Flea.
Praise the Lord, remarked the Wren.
At springtime all is born again.

Ehre, Ehre, sagt die Biene,
Halleluja, sagt die Fliege.
Zaunkönig bemerket: Preist den Herrn.
Im Frühling wird alles neu gebor'n.
UNBEKANNTER VERFASSER

Als Wilberforce 1786 ins Unterhaus zurückkehrte, war er ein anderer Mensch geworden. Noch hatte er sich nicht verbindlich auf die beiden großen Anliegen festgelegt, denen er den Rest seines Lebens widmen und die er später seine beiden »großen Ziele« nennen würde. Doch schon jetzt fühlte er sich wohl von ihnen angezogen. Er hatte so lange nur seinem eigenen Ehrgeiz gelebt, dass es ihm eine fremdartige, seltsame Vorstellung war, für Gott zu leben, wonach er sich jetzt sehnte. Er würde Zeit brauchen, um sich in seinem neuen Leben zurechtzufinden. Zwei Veränderungen wurden gleich von Anfang an deutlich: Erstens eine neue Einstellung zum Geld und zweitens eine neue Haltung zur Zeit. Vor der »Großen

Wandlung« hatte Wilberforce sein Geld und seine Zeit für sein Eigentum gehalten, über die er nach eigenem Gutdünken verfügen konnte. Nun jedoch wusste er plötzlich, dass er so nicht weiterleben konnte. An diesem grundlegenden Punkt war die Heilige Schrift unmissverständlich und ließ sich nicht widersprechen: Alles, was ihm gehörte – sein Reichtum, seine Talente, seine Zeit – war nicht wirklich sein Eigentum. Es gehörte Gott und war ihm anvertraut, damit er es für Gottes Zwecke und nach Gottes Willen gebrauchte. Gott hatte ihn gesegnet, damit er seinerseits ein Segen für andere werden konnte, besonders für die weniger Begünstigten.

Seine neue Einstellung zum Geld offenbarte sich sehr rasch und dramatisch im Hinblick auf *Lauriston House* in Wimbledon. Hier waren Newton und John Thornton oft zu Besuch gewesen, als er als Junge dort bei seiner Tante und seinem Onkel gelebt hatte, und dieses Haus war in seinen Besitz übergegangen, als er Student in Cambridge war. In den letzten fünf Jahren war es der Schauplatz seiner immer noch jungenhaften Eskapaden mit seinen Freunden gewesen. Hierher flüchteten sich Pitt und Edwards und die Goostree's Gang vor den Sorgen ihrer politischen Ambitionen und ihres öffentlichen Lebens; hier trieben die *Foinsters* ihr *Foining* bis in die frühen Morgenstunden; und hier benahmen sich der jungenhafte Premierminister und sein jungenhafter Berater wie Jungen und verärgerten mit ihrem skandalösen Verhalten ab und zu sogar die Nachbarn. Während der Sitzungsperiode des Parlaments im Frühjahr 1786 floh Wilberforce so oft wie möglich nach *Lauriston House*, zumeist allein. Nun jedoch machte er sich zum ersten Mal Gedanken über die Haltungskosten des Hauses. Brauchte ein alleinstehender junger Mann wirklich ein solch prachtvolles Haus und all die Bediensteten, die notwendig waren, um es in Schuss zu halten? Ihm wurde klar, dass er mit den anfallenden Kosten vermutlich ein ganzes Dorf voll armer Familien hätte ernähren können. Also beschloss er nun, sei es überstürzt oder weise oder ein wenig von beidem, *Lauriston House* zu verkaufen.

Noch dramatischer veränderte sich Wilberforce' Einstellung zur Zeit. Er wurde von dem Gefühl überwältigt, Zeit verloren zu haben und wieder aufholen zu müssen. Die Jahre in Pocklington und Cambridge und danach bereute er als größtenteils vergeudet. Sie bildeten eine end- und sinnlose Reihe längst vergessener Theateraufführungen, langer Aufenthalte in Landhäusern, Bälle und Kartenspiele und überreichlichen Essens und Trinkens und noch mehr überreichlichen Essens und Trinkens – und bei alldem war nichts herausgekommen.

Am 21. Juni schreibt er in sein Tagebuch:

Habe vor, von diesem Augenblick an meine Zeitplanung zu verbessern. Ich hoffe, mehr als bisher zu Gottes Ehre und zum Wohl meiner Mitgeschöpfe zu leben.

Den manchmal gegen Christen vorgebrachten nörgelnden Vorwurf, sie seien »so himmlisch gesinnt, dass sie auf Erden zu nichts zu gebrauchen« seien, würde Wilberforce in den kommenden Jahren oftmals zu hören bekommen, doch auf niemanden traf er weniger zu als auf ihn. Seine neue Sichtweise weckte in ihm einen beispiellosen Eifer, die sozialen Verhältnisse in der Welt um ihn her zu verbessern. Wie wir noch sehen werden, waren es bis zu Wilberforce' Zeiten oft engagierte Christen, denen daran gelegen war, den Armen zu helfen, indem sie ihnen Bildungsmöglichkeiten verschafften und als ihre Fürsprecher agierten, und die sich darum bemühten, neben anderen Übeln dem Sklavenhandel ein Ende zu machen. Doch Wilberforce und diese anderen Christen würden so erfolgreich dabei sein, die Fürsorge für Arme und das soziale Gewissen in die Gesellschaft hineinzutragen, dass diese Haltung bis zur viktorianischen Ära im folgenden Jahrhundert zu einer kulturellen Selbstverständlichkeit werden würde.

Mit seiner eigenen Charakterentwicklung beschloss Wilberforce sofort zu beginnen, indem er die in Cambridge verlorene Zeit aufholte, wo er die Jahre mit Nichtstun vergeudet hatte. »Bücher, die ich lesen sollte«, notiert er in seinem Tagebuch: »Lockes Essay[67] – Marshalls Logic – Indian Reports[68].« Sein Entschluss, mehr zu lesen, war kein leichtfertig gefasster Neujahrsvorsatz. Während der nächsten zwölf Sommer bis zu seiner Heirat würde er jeweils einen oder zwei Monate in einem Landhaus verbringen und gewissenhaft jeden Tag für sich allein neun oder zehn Stunden lang studieren. Er wurde berühmt dafür, dass er alles las – Montesquieu,[69] Adam Smith,[70] Blackstone,[71] Pope[72]. Für den Rest seines Lebens beulten sich die Taschen seiner Jacke mit Literatur zu jedem Thema. In späteren Jahren trug er auch verkorkte Tintenfässer in seinen Taschen mit sich – da er sich ständig Notizen machte oder Briefe schrieb –, und für den Rest seines Lebens waren seiner Kleidung die schwarzen Flecken seines Eifers anzusehen. Einmal, als er mit anderen zum Gebet niederkniete, wurde die andächtige Atmosphäre durch eine überstrapazierte Tasche unterbrochen, die unter der Last der Literatur platzte und ihren Inhalt auf den Teppich ergoss.

Als die Parlamentssitzungen im Juli zu Ende gingen, verließ Wilberforce London und kehrte zurück nach Scarborough im Norden, wo er wieder zu seiner Mutter und seiner Schwester stoßen wollte. Mrs Wilberforce hatte gerüchteweise gehört, ihr Sohn sei zum Methodismus zurückgekehrt. Sie war außer sich. Er sei dem »Wahn der Melancholie« verfallen, so hatte sie sagen hören – und was war Methodismus in ihren Augen, wenn nicht der Wahn der Melancholie schlechthin? Man hatte ihr berichtet, er weigere sich nun, ins Theater oder zu Konzerten zu gehen. *Was könnte schlimmer sein?*

Und nun kam er herauf nach Scarborough. Hier in Scarborough war ihm im vorletzten Sommer dieser ungeschlachte Dummkopf Isaac Milner über den Weg gelaufen, der den ganzen erneuten Ärger angezettelt hatte. Mrs Wilberforce muss tausend Tode gestorben sein, wenn sie an den Rückfall ihres Sohnes in die peinliche, übermäßige Ernsthaftigkeit seiner methodistischen Jugendflausen dachte. Inzwischen war er sechsundzwanzig – das sollte doch wohl alt genug sein, um sich nicht wieder auf diesen Holzweg locken zu lassen. Er hatte sich im ganzen Land einen Namen gemacht und war als engster Freund und Vertrauter des Premierministers bekannt. Die Familie Sykes, mit der Wilberforce in York aufgewachsen war und die in dem Plan seiner Mutter, ihm in jenen frühen Jahren den religiösen Spleen auszutreiben, eine große Rolle gespielt hatte, weilte ebenfalls in dem Urlaubsort. Es war einfach unerträglich.

Doch Wilberforce erschien nicht mit griesgrämiger Miene und in Sack und Asche. Im Gegenteil, es schien ihm nicht nur so gut zu gehen wie eh und je, sondern gar noch besser. Obwohl er theologisch »ernst« geworden war, wie man damals sagte, war er nach außen hin von sonnigem Gemüt, ja voller Freude. Das Ungewöhnlichste jedoch – und für Mrs Wilberforce wahrhaft ein Zeichen eines »Großen Wandels«, der ihr freilich willkommen war – war das auffällige Fehlen jener Reizbarkeit und jenes Jähzorns, den er manchmal an den Tag gelegt hatte, besonders ihr gegenüber. Auch anderen fiel das auf. Mrs Sykes bemerkte gegenüber Mrs Wilberforce: »Wenn das ein Wahn ist, wird er uns hoffentlich alle beißen.«*

1785, in den ersten Monaten nach dem »Großen Wandel«, scheint Wilberforce sehr hart mit sich selbst ins Gericht gegangen zu sein. In seinem Tagebuch macht er sich ständig Vorwürfe wegen der kleinsten Übertretungen und verbringt viel Zeit mit Selbstprüfung. Doch Wilberforce kannte seine eigenen Schwächen nur zu gut. Er wusste: Er würde sich irgendwie an die Kandare nehmen müssen, wenn er sich wirklich verändern und in seinem Leben erreichen wollte, was er sich vorgenommen hatte. Sich selbst überlassen, würde er vermutlich den Rest seines Lebens vertrödeln, wie er schon so viele Jahre vertrödelt hatte. Ihm war klar: Dorthin wollte er auf keinen Fall zurück. Und er würde alles Nötige tun, um auf dem neuen Weg zu bleiben, den er nun eingeschlagen hatte.

Und so machte er Inventur in seinem Leben. Er kannte die natürliche Tendenz seines Verstandes, sich immerzu mit tausend Themen zugleich zu beschäftigen, von diesem zu jenem und dann zum nächsten zu hüpfen, ohne besonderes Ziel – er nannte dies seinen »Schmetterlingsgeist«. Er wusste auch, dass seine natürliche Begeisterungsfähigkeit ihn dazu verleitete, zu viel zu essen und zu trinken, und ihm war klar, dass sich dies wiederum nachteilig auf seine ohnehin anfällige und kränkliche Konstitution auswirkte. Derlei Exzesse fesselten ihn oft ans Bett und setzten ihn für Wochen außer Gefecht,

---

* Im Sinne von: durch den Biss auch andere mit dem Wahn anstecken.

sodass er nicht das anpacken konnte, was er sich vorgenommen hatte. Er wusste, dass seine unvergleichlich geistreiche Schlagfertigkeit sich in einen äußerst bösartigen und verletzenden Sarkasmus verwandeln konnte und dass seine Fähigkeit, andere nachzuahmen und zu scherzen und zu singen und allgemein charmant zu sein, manchmal nur dazu diente, die Aufmerksamkeit auf sich zu lenken, sich selbst in den Mittelpunkt zu stellen und seinen persönlichen Ehrgeiz und seine Eitelkeit zu befriedigen. Wilberforce hatte allzu klar erkannt, wer er war, wohin ihn das geführt hatte und wohin er unterwegs gewesen war. Und nun, da er gewissermaßen eine zweite Chance im Leben erhalten hatte, war er fest entschlossen, einen neuen Weg einzuschlagen. Zurückweichen kam für ihn nicht infrage.

Wilberforce allein wusste, wie schwach seine Veranlagung zur Selbstdisziplin war. Und ihm stand ebenfalls vor Augen, dass seine Jahre in Pocklington und Cambridge seine schlechtesten Neigungen enorm verstärkt und genährt hatten, als sie hätten ausgehungert werden müssen. Während sein Freund Pitt dicht an der Seite seines brillanten und hochverdienten Vaters gestanden hatte, der sich vorgenommen hatte, seinen Sohn von frühester Jugend an gründlich zu schulen, ein großer Redner und Politiker zu werden, war Wilberforce vaterlos aufgewachsen und von seinen Freunden und seiner Mutter, ja selbst von seinen Lehrern ermuntert worden, zu tun, was immer ihm beliebte. Während Pitt nun die reichliche Ernte all jener Jahre väterlicher Strenge einfuhr, war Wilberforce ein undisziplinierter Tunichtgut, der ausschließlich aufgrund seiner Begabung, die er jedoch nie auch nur im Geringsten kultiviert hätte, in seine jetzige Position aufgestiegen war. Für den Rest seines Lebens würde er den Preis für jene untätigen Jahre zahlen. Seine Redekunst war großartig, doch er handelte sich auch oft die Kritik ein, seine Reden seien zu spontan, zu unausgeformt in ihren Argumenten. All dies wurde ihm nun in diesen Monaten vor Augen geführt; er erkannte gewissermaßen die ganze schreckliche Wahrheit über sich selbst. Gott hatte es Wilberforce in seiner Barmherzigkeit ermöglicht, sich selbst so zu sehen, wie er wirklich war – und das war niederschmetternd. Doch Wilberforce wusste auch, dass Gott nicht vorhatte, es dabei zu belassen. Wenn er es wagte, sich seinen größten Schwächen zu stellen, erwartete ihn auf der anderen Seite ein Gott, der ihm helfen würde, seine Fehler zu überwinden und Großes zu vollbringen, nämlich für die Aufgaben, für die er ihn erschaffen hatte. Es war noch nicht zu spät.

Und so stellte Wilberforce, ähnlich wie der junge, spätere US-Gründervater Benjamin Franklin fünfzig Jahre zuvor, Listen seiner Laster auf, führte Buch darüber, wie oft er scheiterte, und versuchte sein Abschneiden zu verbessern. Wilberforce' Tagebuch füllt sich mit ganz einfachen Ermahnungen, die er sich selbst gibt.»Geh um elf zu Bett und steh um sechs auf«, schreibt er. Einmal schloss er einen Pakt mit Milner, »die unschätzbare Übung zu vollziehen, einander zu sagen, was jeder für die größten Fehler und Schwächen des anderen hält«.

Während dieser Zeit tat er manches, was für unser modernes Empfinden schwer zu akzeptieren ist. Manchmal ging er mit einem Kieselstein im Schuh, um sich an die Leiden Christi zu erinnern; eine Geste, die angesichts der ohnehin schlecht sitzenden Fußbekleidung jener Zeit überflüssig erscheint. Häufig fastete er auch, und das so beharrlich, dass er noch ausgemergelter und ätherischer wirkte als sonst. Wilberforce' dramatischste Geste in dieser Zeit war vielleicht sein Austritt – an einem einzigen Tag – aus allen fünf exklusiven Gesellschaftsclubs, zu denen er gehörte. Auch das erscheint unnötig streng, aber wir sollten nicht zu hart urteilen. Leute, die so etwas wie eine dramatische Bekehrung erlebt haben, taumeln meist ein wenig zu weit in eine Richtung, bevor sie ihren Kurs korrigieren und lernen, wo der beste Weg nach vorn verläuft. Aus Pitts Antwort auf Wilberforce' Brief und anderen schriftlichen Äußerungen Wilberforce' können wir entnehmen, dass er zunächst sicher war, er müsse für »unbestimmte Zeit« fortgehen, um nicht mehr von der »Welt« und ihrem Lärm abgelenkt zu werden. Insofern war es für Wilberforce vielleicht ein außerordentlich moderater Schritt, dass er lediglich aus fünf Clubs austrat.

Eine wichtige Rolle spielten in dieser Zeit der Rat von Pitt und Newton. Newton schrieb Wilberforce einige Zeit später einen Brief, der seine Sicht der Situation zusammenzufassen schien.»Man hofft und glaubt«, schrieb er,

»dass der Herr Dich zum Wohl seiner Gemeinde und zum Wohl der Nation aufgerichtet hat.« Pitt hatte in seinem Brief etwas Ähnliches gesagt: »Die Prinzipien wie auch die Praxis des Christentums sind doch jedenfalls einfach und führen nicht nur zum Nachsinnen, sondern auch zum Handeln.«

Somit war der Dezember 1785 – als sowohl Newton als auch Pitt Wilberforce rieten, zu bleiben, wo er war, nämlich in der Politik, und seine neu gewonnene Perspektive in diesem Bereich zu nutzen – ein historischer Moment. Bis zu diesem Zeitpunkt hätten viele hingegebene Christen sich theologisch in der Pflicht gesehen, »die Welt« zu verlassen und von nun an ein Leben im Dienst für Christus zu führen. Wilberforce' Entscheidung, weiterhin in der Politik zu bleiben, ermöglichte es Generationen zukünftiger Christen, christliche Gedanken in diesen bislang »säkularen« Bereich der Gesellschaft zu übertragen.

Und so konnte Wilberforce seine Mutter in einem Brief beruhigen, den er ihr schrieb, als sie sich immer noch Sorgen um seinen »Wahn der Melancholie« machte und fürchtete, er könnte etwas drastisch »Weltfremdes« und Methodistisches tun, wie zum Beispiel aus dem öffentlichen Leben zu verschwinden. Manche, so schreibt er ihr,

> werden in die Öffentlichkeit geworfen, manche haben ihr Los im Privatleben. ... [Es] hätte keinen besseren Namen verdient als Fahnenflucht ..., würde ich so von dem Posten fliehen, an den die Vorsehung mich gestellt hat.

6. KAPITEL

DAS ZWEITE GROSSE ZIEL: DIE REFORMATION DER SITTEN

»*Der allmächtige Gott hat mir zwei große Ziele vor Augen gestellt: die Bekämpfung des Sklavenhandels und die Reformation der Sitten.*«
WILLIAM WILBERFORCE

Wir Amerikaner neigen allzu oft dazu, die Vergangenheit zu romantisieren und vergangene Zeiten in das zauberhafte Licht idyllischen Friedens zu tauchen. Für keine Zeit trifft das in gleicher Weise zu wie für das achtzehnte Jahrhundert in Großbritannien. Visionen von gepuderten Perücken und livrierten Kutschern tanzen in unseren Köpfen. Zwingt man uns, an irgendetwas Negatives aus jener Zeit zu denken, so fallen uns allenfalls ein paar liebenswürdige Anachronismen wie Nachttöpfe und hölzerne Zähne ein. Der eine oder andere wird vielleicht noch fehlende Narkosemittel aufzählen. Kommt jedoch das Thema Sklaverei zur Sprache, werden wir diese wahrscheinlich für eine groteske Abartigkeit halten, ein vereinzeltes monströses Übel, das mit dieser ansonsten vornehmen und zivilisierten Gesellschaft wenig zu tun hatte. Doch das ist ein krasser Irrtum.

Es dürfte die meisten von uns sehr überraschen, dass das Leben in Großbritannien im achtzehnten Jahrhundert außerordentlich brutal, dekadent, gewalttätig und abgeschmackt war. Die Sklaverei war nur der schlimmste vieler gesellschaftlicher Missstände wie weitverbreitete Alkoholsucht, Kin-

Das Zweite Grosse Ziel: Die Reformation der Sitten ❦ 123

derprostitution, Kinderarbeit, häufige öffentliche Hinrichtungen für geringfügige Vergehen, öffentliche Sektionen von Leichen, Verbrennungen hingerichteter Krimineller und unsägliche Grausamkeit gegenüber Tieren.

Unter den vielen gesellschaftlichen Problemen, die um Wilberforce' Aufmerksamkeit wetteiferten, dürfte die Sklaverei das bei Weitem Unauffälligste gewesen sein. Tatsächlich hat die Antwort auf die Frage, wie Großbritannien etwas so Brutales wie die Sklaverei auf den karibischen Inseln so lange zulassen konnte, viel damit zu tun, dass sie nur schwer zu sehen war. Nur wenige Briten bekamen je auch nur die leisesten Anzeichen davon mit. Und bloß eine winzige Handvoll der drei Millionen Afrikaner, die im Lauf der Jahre in britische Sklaverei gezwungen worden waren, hatten je einen Fuß auf britischen Boden gesetzt. Sie wurden gekidnappt und schnurstracks Tausende von Meilen weit zu den Zuckerrohrplantagen auf die Westindischen Inseln* verschifft. Der gewonnene Zucker und die bei diesem Prozess zurückbleibende Melasse kamen nach England, aber wer hätte denn etwas von dem Albtraum der menschlichen Knechtschaft ahnen können, die mit ihrer Produktion verbunden war? Wer konnte ahnen, dass ein großer Teil des Wohlstandes der boomenden Wirtschaft ihrer Nation auf der anderen Seite der Welt mithilfe brutalster Misshandlung anderer Menschen, darunter vieler Frauen und Kinder, erzeugt wurde? Die meisten britischen Bürger hatten noch nie gesehen, wie ein Mensch gebrandmarkt, ausgepeitscht oder mit Daumenschrauben gefoltert wurde. Sie hatten keine Ahnung, dass die Zustände auf den westindischen Zuckerrohrplantagen so brutal waren, dass die meisten Sklaven innerhalb weniger Jahre buchstäblich zu Tode geschunden wurden und die meisten weiblichen Sklaven zu krank waren, um Kinder zur Welt zu bringen. Schwarze Gesichter waren in Großbritannien im späten achtzehnten Jahrhundert sehr selten, besonders vor den 1770er-Jahren, und

---

* Die Westindischen Inseln erhielten ihren Namen durch die vermeintliche Indienfahrt von Christoph Kolumbus; sie werden auch als karibische Inseln bezeichnet. Etliche dieser, der amerikanischen Küste vorgelagerten Inseln wurden durch Großbritannien kolonialisiert, unter anderem die Bahamas, Jamaika und Trinidad.

wenn man einmal Schwarze zu sehen bekam, so wurden sie meistens wahrscheinlich verhältnismäßig gut behandelt.

Die meisten meiner Landsleute und Zeitgenossen haben noch nie ein Schlachthaus besucht, um sich über die grausigen Einzelheiten zu informieren, wie aus großen Tieren in Folie eingeschweißte Würstchen im Supermarktregal werden. Sie haben auch nicht mit eigenen Augen die entwürdigenden, von Gewalt geprägten Lebensumstände der anderthalb Millionen Menschen gesehen, die in unseren Gefängnissen sitzen. Ähnlich lebten auch die meisten Briten vor sich hin, ohne auch nur einen Teil des Universums des Grauens zu ahnen, das unter britischer Flagge existierte; ohne auch nur einen Hauch des Albtraums zu spüren, in dem die Sklaven Tausende von Meilen entfernt lebten – obwohl die Sklaverei mit der eigenen britischen Lebensweise eng verwoben war.

Gewiss war Wilberforce, was den Sklavenhandel betraf, nicht so ahnungslos wie die meisten Briten. Direkt vor seinen Augen jedoch öffnete sich ein riesiges Arsenal anderer gesellschaftlicher Übel. Nachdem er zum Glauben gekommen war, war Wilberforce tief bewegt von dem gesellschaftlichen Verfall um ihn her, und es drängte ihn, etwas dagegen zu tun. Überdies führte er diese gesellschaftlichen Übel in Großbritannien auf denselben Ursprung zurück wie das Übel der Sklaverei und des Sklavenhandels. Die britische Gesellschaft des achtzehnten Jahrhunderts hatte sich von dem Christentum, welches die britische Identität entscheidend geprägt hatte, weit entfernt, und der christliche Charakter der Nation – der Großbritannien unter anderem die stolze Tradition der Armenhäuser zur Unterstützung der Armen beschert hatte, die bis ins zehnte Jahrhundert zurückreichte – hatte sich nahezu verflüchtigt. Die Armenhäuser gab es zwar noch, und der äußere Zierrat der Religion blieb erhalten, aber einen gesunden christlichen Glauben, der die Menschen dazu bewegte, für Leidende und Bedürftige zu sorgen, musste man lange suchen.

Dieser Rückzug von einem hingegebenen christlichen Glauben hatte natürlich seine Gründe. Religiöse Exzesse im siebzehnten Jahrhundert hatten zu schrecklichen Gewalttaten und religiösen Kriegen geführt. Die Scheu vor religiösem Eifer, die sich dann breitmachte, war eine natürliche Reaktion. In Frankreich traten ähnliche Abwehrreaktionen gegen die Religion auf, aber dort wurde die ablehnende Haltung viel offener ausgesprochen und spitzte sich nur wenige Jahre später in der offiziellen Ablehnung des Christentums durch die Französische Republik zu. Doch England war schließlich nicht Frankreich. Und so wählte Großbritannien – im Einklang mit der britischen Mentalität – einen zivilisierteren und würdevolleren Weg, sich von der Religion zu entfernen: Man hielt unerschütterlich am äußeren Zierrat und den religiösen Formen fest – die ja auch alle schön und gut waren und dazu beitrugen, dass sich die unteren Schichten besser benahmen –, aber es verweigerte der Religion jeden wirklichen Einfluss. Statt die Religion vor den Augen des Pöbels hinzurichten, wurden ihr in aller Stille die Zähne und Krallen gezogen. Großbritannien verwendete weiterhin die Begriffe und die Symbole seiner Religion und würde niemals ein vulgäres gallisches Schauspiel daraus machen, Kleriker dem Henker zu übergeben, doch mit echter Religion wollte es dennoch nichts zu schaffen haben. Hatte der britisch gefärbte Glaube zuvor einem mächtigen, edlen Löwen geglichen, so sollte er von nun an zu einem Schoßhündchen gezähmt werden, das niemals bellte, geschweige denn zu beißen wagte, dem man Käsehäppchen füttern und das man streicheln konnte, wenn man sich danach fühlte.

Und so wurde diese Religion, die zwar offiziell und äußerlich weiter bestand, aber niemandem besonders naheging, zum Markenzeichen der Zeit und erklärte die kleinen Heucheleien, die man manchmal erdulden musste, wie beispielsweise die Pflicht, den Glaubenssätzen der anglikanischen Kirche zuzustimmen, der Wilberforce als Student in Cambridge nachkommen musste. Besonders in gewissen höhergestellten Kreisen glaubte niemand mehr an diese Dummheiten, aber es gehörte sich nicht, dies offen zuzugeben und viel Aufsehens darum zu machen. Schließlich war man ja kein Franzose.

In den Jahren, als Wilberforce seine »Große Wandlung« erlebte, waren die sozialen Probleme, die Großbritannien seit Jahrzehnten plagten, zu voller Blüte gelangt – ungehindert durch das soziale Gewissen eines gesunden christlichen Glaubens. Die bedauerlichen Auswirkungen des Verfalls der Religion waren überall und in vielfältiger Weise anzutreffen, und natürlich traf es die armen Schichten am stärksten.

Wie der sprichwörtliche tote Fisch, der vom Kopf her zu faulen beginnt, begann die britische Gesellschaft, sich von der Spitze her zu zersetzen. Darum muss unsere Schilderung der Situation bei der Aristokratie ansetzen. Zu den Merkmalen der britischen Aristokratie Ende des achtzehnten Jahrhunderts gehörte ein stark selbstsüchtiger Charakter, der keinen Gedanken an die Lebensbedingungen derer verschwendete, die unter ihnen standen. Sich zur Tanzmusik im Takt wiegende Damen und ihre Verehrer in Dinnerjacketts, die es sich auf dem vielleicht berühmtesten Luxusdampfer gut gehen ließen, kümmerte es ja auch nicht, wie es den irischen Arbeitern sechs Decks unter ihnen erging. Es war einfach nicht in Mode, sich darüber Gedanken zu machen. Der englische Adel orientierte sich an seinem gallischen Gegenstück auf der anderen Seite des Kanals, und das schon seit nahezu einem Jahrhundert. Die berüchtigten dekadenten Exzesse der Reichen und des Adels im vorrevolutionären Frankreich wurden in England aufs Getreueste nachgeahmt.

König Georg III. wohlgemerkt hob sich als seltene und bemerkenswerte Ausnahme von dem fortgeschrittenen moralischen Verfall seiner Umgebung ab. Er hatte ein tiefes Bewusstsein seiner symbolischen Position als Oberhaupt des Landes und den aufrichtigen Wunsch, seinen Untertanen ein Vorbild zu sein. Er war seiner Frau, Königin Charlotte, ein treuer Ehemann und als Vater vernarrt in seine Töchter, denen er jeden Abend aus der Bibel vorlas. Doch von seiner ethischen Ernsthaftigkeit, seinem maßvollen Lebensstil und der ehelichen Treue, die den Charakter Georgs III. kennzeichneten, war bei seinen Söhnen nichts zu spüren. Des Königs Söhne benahmen sich wie Vieh. Sie bildeten ein Kader vergnügungssüchtiger Possenreißer und hängten die ethische Messlatte für den Rest der Gesellschaft so niedrig, dass man sie im Keller suchen musste.

Der älteste Sohn, der Prinz von Wales, war der unumstrittene Führer der zügellosen Meute und soll neben anderen Heldentaten mit siebentausend Frauen geschlafen haben. Es heißt, er habe jeder von ihnen als Souvenir eine Haarlocke abgeschnitten. Hätte man die Ausbeute an Haaren, die dabei zusammenkam, an Perückenmacher verkauft, so hätte er mit dem Gewinn seine astronomisch hohen Spielschulden vielleicht ein wenig abbezahlen können. Zusammen mit seinen anderen Schulden beliefen sich diese 1796 auf 660 000 Pfund, eine Summe, die sich, in heutigen Dollars ausgedrückt, außerhalb des Pentagons niemand vorstellen kann. (Dank seiner Freunde im Parlament, Charles James Fox und Richard Sheridan, wurde dem Prinzen regelmäßig mithilfe der königlichen Schatulle aus der Klemme geholfen.) Doch leider wurden diese haarigen Souvenirs nicht verkauft, sondern lediglich von dem zukünftigen Monarchen und Verteidiger des Glaubens* in Umschlägen aufbewahrt – jeweils beschriftet mit dem Namen des glücklichen Mädchens, dem die Locke gehört hatte, bevor ihr die Gunst zuteilwurde, als eine der siebentausend auserwählt zu werden, die dieser anspruchsvolle Bursche anziehend fand, und deren Herz noch schlug.

Der Nächste in der Thronfolge nach Prinz Georg war sein Bruder Frederick, Herzog von York, dem wiederum Wilhelm folgte, Herzog von Clarence. Wilhelm war entschieden für die Sklaverei und widersetzte sich Wilberforce und dem Abolitionismus bis zum Ende mit allen Kräften. Wegen der Form und des vermuteten Inhalts des königlichen Hauptes trug er den Spitznamen »Cocoa-nut«. Der Herzog von Wellington bezeichnete die Söhne Georgs III. später als »die verdammtesten Mühlsteine am Hals einer Regierung, die man sich nur vorstellen kann«.

Etwas weiter unten auf der sozialen Leiter stand das Parlament, in dem die Alkoholsucht epidemische Ausmaße angenommen hatte – und als der letzte Schrei galt. Zwei der führenden politischen Gestalten der Zeit, Fox und Sheridan, waren oft betrunken im Unterhaus, also gleichzeitig im Dienst und in der Öffentlichkeit. Selbst Pitt, in dem die meisten ein Muster des Anstands sahen, ließ sich betrunken im Parlament blicken, wie auch Lord

---

* »Verteidiger des Glaubens« (Defender of the Faith) ist ein Titel des herrschenden britischen Monarchen. Er wurde Heinrich VIII. 1521 von Papst Leo X. für eine Schrift gegen Ketzerei verliehen, die unter Heinrichs Namen erschien, die Assertio Septem Sacramentorum.

Melville[73], der machthungrige Schotte, dessen gewiefte Realpolitik 1792 den Sklavenhandel für weitere fünfzehn Jahre am Leben erhalten sollte. Der Historiker Trevelyan schrieb, dass ein

> Staatsmann der georgianischen Epoche auf einem Meer von Rotwein von einem behaglichen offiziellen Hafen zum nächsten segelte. ... Niemand kann die öffentliche oder persönliche Geschichte des achtzehnten Jahrhunderts studieren, ohne über den wahrhaft unermesslichen Raum zu staunen, den das Trinken innerhalb des geistigen Horizonts der Jungen und die Konsequenzen des Trinkens in demjenigen der Alten einnahmen.

Die armen Schichten litten unter der Trunksucht ebenso schlimm oder noch schlimmer. Das Getränk der Wahl lautete hier jedoch nicht Rotwein, sondern Gin, der in Strömen floss. William Hogarths berühmter Kupferstich *Gin Lane* (deutsch: »Schnapsgasse«), der neben anderen grauenhaften Einzelheiten eine betrunkene Mutter zeigt, die ihr Baby in den sicheren Tod stürzen lässt, gilt heute als ein erschreckend akkurates Bild der brutalen Zügellosigkeit unter den Armen jener Zeit.

Die einzige zeitgenössische Entsprechung für uns wäre die Crack-Epidemie in den Städten der 1980er-Jahre, nur dass die Gin-Welle und der soziale Verfall, den sie auslöste, nicht nur ein oder zwei Jahrzehnte anhielt, sondern mehr als ein halbes Jahrhundert. Weder die Regierung noch private Organisationen unternahmen etwas gegen die Hoffnungslosigkeit der Armen und das schmutzige Elend ihres Lebens. In diesen bodenlosen Abgrund blickte Wilberforce.

Neben der Hoffnungslosigkeit und Abgeschmacktheit war das Leben des »aufgeklärten« achtzehnten Jahrhunderts von einer weitverbreiteten Brutalität geprägt. Öffentliche Hinrichtungen am Galgen galten als beliebte Form der Unterhaltung, und wenn die johlende, betrunkene Menge Glück hatte, wurde der Leichnam des aufgehängten Kriminellen zur weiteren Belustigung des Volkes verbrannt – oder zu seiner Warnung, je nach Blickwinkel. Manchmal wurden aufgehängte Verbrecher auch seziert, wie etwa dieser Auszug aus einer Zeitung aus Sussex aus dem Jahr 1790 berichtet:

> Wir konnten nicht erfahren, ob die jungen Ärzte versuchten, Erläuterungen zu dem Leichnam zu geben, aber jeder, der bei der Sektion anwesend sein wollte, wurde zugelassen, ob ihn nun bloße Neugier leitete oder die Liebe zur Anatomie. Kurz, der ganze Prozess vom ersten Einschnitt bis zum Abkochen der Knochen erfolgte in aller Öffentlichkeit.

Der makabere Aspekt dieser Verbrennungen und Sektionen liegt auf der Hand, doch was diesen Praktiken eine besonders abscheuliche Wendung gab, war der in der Unterschicht verbreitete Glaube, durch diese Praktiken würde den Hingerichteten jede Aussicht auf eine leibliche Auferstehung und auf den Himmel genommen. Sie glaubten, das Zuschauen bei diesen Verbrennungen und Sektionen verschaffe ihnen einen Einblick in die Hölle selbst.

Die herrschende Schicht sah die Menschenmengen, die sich zu solchen Spektakeln versammelten, als unrettbar geschmacklos an. Andererseits hielten viele jedoch öffentliche Hinrichtungen für ein wichtiges Abschreckungsmittel gegen Verbrechen. Andere wiederum waren der zynischen Auffassung, die unteren Klassen seien einfach von Natur aus roh und primitiv und bräuchten diese Belustigung als Ventil für ihre »Leidenschaften«. Verweigerte man ihnen solche Ventile, so würden sie mehr Verbrechen begehen und vielleicht sogar auf solche Ideen wie soziale Gleichheit für alle kommen, wie sie jetzt bei den Franzosen gärten. Also war es am besten, dafür zu sorgen, dass die Massen in ihrem Schmutz und Elend abgelenkt und unterhalten wurden.

Viele meinten, die Lage der Armen sei eben Gottes Ratschluss, und damit ein Teil der natürlichen Ordnung, und deshalb sollten sie bleiben, wo sie waren – nämlich in ihrem Elend. Ihnen zu helfen, hieße ja, Gott rebellisch die Faust entgegenzurecken. Würde ihr Blick nun von dem abgeschmackten Schauspiel öffentlicher Hinrichtungen und dergleichen abgewendet und auf etwas Höheres gelenkt, würde das Boot der bürgerlichen Gesellschaft kräftig ins Schaukeln geraten und durfte darum gar nicht erst versucht werden. Erwähnt werden sollte auch, dass öffentliche Hinrichtungen keineswegs seltene Ereignisse waren. Die Zahl der Verbrechen, auf die im England des achtzehnten Jahrhunderts die Todesstrafe stand, war enorm. Bis in die Mitte des neunzehnten Jahrhunderts hinein wurden in England Delinquenten mit Billigung der Behörden öffentlich aufgehängt. Charles Dickens übte Kritik daran und sagte zu Recht, die Atmosphäre bei diesen Hinrichtungen sei der sozialen Ordnung keineswegs förderlich, sondern ließe im Gegenteil die Seelen der Zuschauer verrohen. Die letzte offizielle öffentliche Hinrichtung in England fand 1868 statt.

Wenn keine menschlichen Hinrichtungen angesetzt waren, konnte man die Lust am grotesken Spektakel mit einer Auswahl aller nur erdenklichen Grausamkeiten an Tieren befriedigen. Am beliebtesten war die Stierhetze. Dabei wurde meist ein Stier durch die Stadt getrieben, bevor man ihn mit einer Kette in einer Grube oder einem abgegrenzten Bereich anpflockte. Dem armen Tier wurde dann gerne reichlich Pfeffer in die Nase geblasen, »um es noch wütender zu machen«, und dann wurden Hunde – zumeist einer nach dem anderen, manchmal aber auch mehrere auf einmal – auf den Stier losgelassen. Sie versuchten, seine empfindliche Nase und sein Gesicht mit ihren schnappenden Kiefern zu packen. Der Stier wiederum versuchte, den angreifenden Hund mit seinen Hörnern durch die Luft zu schleudern. Man braucht sich bloß die legendäre Kraft eines Stiers und das vergleichsweise geringe Gewicht eines Hundes zu vergegenwärtigen, um sich vorzustellen, wie der Hund in hohem Bogen durch die Luft segelte. Wurden die Hunde hoch genug geschleudert, so brachen sie sich beim Aufprall das Genick oder die Wirbelsäule. Waren sie davon noch nicht endgültig außer Gefecht, so krochen sie zurück, um den Stier erneut anzugreifen. All das gehörte zum Schauspiel.

Bulldoggen wurden eigens für die Stierhetze gezüchtet, daher ihr Name. Da sie fast nur aus Kopf und Kiefern und nur einem kleinen Körper bestehen, war es für den Stier fast unmöglich, eine Bulldogge abzuschütteln, wenn sie sich erst einmal in seine empfindliche Schnauze verbissen hatte. Dann, so eine zeitgenössische Schilderung,

> brüllt und hüpft und tritt der Bulle um sich, um den Hund abzuschütteln. Am Ende reißt der Hund entweder das Stück ab, in das er sich verbissen hat, und fällt, oder er bleibt an ihm hängen mit einer Sturheit, die nie enden würde, wenn man ihn nicht fortreißen würde. Ihn zu rufen wäre vergeblich; ihm hundert Streiche zu versetzen ebenso; man könnte ihn Glied für Glied in Stücke schneiden, bevor er losließe. Was ist dann zu tun? Während einige den Stier festhalten, stoßen andere Stöcke in das Maul des Hundes und öffnen es mit Gewalt.

Ein Mann, der als Junge eine Stierhetze gesehen hatte, schilderte sie als

> den barbarischsten Akt, den ich je gesehen habe. Es war ein junger Stier, und er hatte keine Ahnung, wie er die Hunde von sich schleudern sollte, die ihm die Ohren und die Haut in Fetzen vom Gesicht rissen, und sein qualvolles Gebrüll war schrecklich. Ich saß auf einem Baum, und ich hatte Angst, der Erdboden würde sich auftun und uns alle verschlingen.

Zu diesem Thema gab es noch allerhand grausige Variationen: Einem Stier wurden die Hufe abgeschnitten, sodass er sich auf Stümpfen verteidigen musste. Auch Bärenhetzen waren sehr beliebt, ebenfalls in endlosen abscheulichen Abwandlungen. William Cobbett, ein radikaler Journalist, der politisch fortschrittlich dachte und zum Beispiel gegen Korruption oder niedrige Löhne anschrieb, verabscheute andererseits Wilberforce und den Abolitionismus und gab sich als großer Befürworter der Bärenhetze. Die Geschichte überliefert uns sogar die perverse Schilderung einer Ponyhetze – wobei dem Pony ein Affe auf den Rücken gefesselt wurde. Ein spanischer Adliger unter den Zuschauern meinte: »Der Anblick, wie das Tier nach den Hunden tritt, mit dem Geschrei des Affen, und wie die Köter an den Ohren und am Hals des Ponys hängen, ist sehr zum Lachen.«

Schließlich ist in dieser Welt der Grausamkeit, Vulgarität und Hoffnungslosigkeit die Prostitution zu nennen, die in einem nahezu unvorstellbaren Ausmaß wucherte. Nicht weniger als fünfundzwanzig Prozent aller unverheirateten Frauen in London waren Prostituierte. Es gab Bordelle, die ausschließlich die Dienste von Mädchen unter vierzehn Jahren anboten. Das Durchschnittsalter einer Prostituierten in London während jener Jahre war sechzehn.

All diese Dinge gingen Wilberforce durch den Kopf, als er darüber nachzudenken und zu beten begann, wie sein neu gefundener Glaube sich in seinem Leben und Handeln praktisch auswirken sollte. Völlige Klarheit gewann er erst 1787, doch in der Zwischenzeit setzte Wilberforce sich als ersten Schritt in die richtige Richtung für zwei Gesetzentwürfe ein, die beide scheiterten.

Der eine betraf eine Parlamentsreform; der andere war ein seltsames und makaberes Gesetz, das zwei grausige Aspekte miteinander verband: Es wollte der Verbrennung von Frauen auf dem Scheiterhaufen ein Ende machen und gleichzeitig den Verkauf der Leichen gehenkter Verbrecher zur Sektion ermöglichen. Noch 1786 galt das Gesetz, wonach Frauen für niederen Verrat – etwa für die Ermordung eines Ehemannes – auf dem Scheiterhaufen verbrannt werden sollten. Zu dieser Zeit wurden die Frauen nicht mehr lebendig verbrannt, sondern barmherzigerweise vorher aufgehängt. Doch ihre Leichen wurden sofort danach öffentlich verbrannt.

Wilberforce war nicht der Meinung, das Schauspiel, den Leichnam einer vor Kurzem noch lebendigen Frau in Flammen zu setzen, trage viel zum Wohl der Gesellschaft bei, und brachte seine Gesetzesvorlage ein, um diese Praxis abzuschaffen. Das Gesetz wäre vermutlich verabschiedet worden, hätte er nicht den Anfängerfehler begangen, es mit dem zweiten Thema zu verbinden, das den Diebstahl und die Sektion von Leichen betraf. So brachte er einen eigentlich guten Gesetzentwurf zum Absturz, indem er ihn mit zu viel und zu widerwärtigem Ballast behängte.

Das Zweite Grosse Ziel: Die Reformation der Sitten

Im Jahr 1752 war ein Gesetz verabschiedet worden, das es ermöglichte, die Leichen hingerichteter Mörder an Ärzte zu verkaufen, die stets auf frische Leichen zum Sezieren angewiesen waren. Vor dieser Zeit hatte es einen Schwarzmarkt für Leichen gegeben. Doch selbst nach der Verabschiedung des Gesetzes von 1752 mangelte es an Leichen, die den Bedarf der Ärzte decken konnten, sodass diese sich erneut an Leichendiebe hielten. Auf welche Weise die illegal erworbenen Leichen überhaupt zu Leichen geworden waren, wussten die Ärzte freilich nicht. Man konnte wohl kaum von ihnen erwarten, sich für derlei juristische Feinheiten zu interessieren; sie wollten doch nur einen schönen Nachschub an frischen Leichen haben, mehr nicht. Der Gesetzentwurf, den Wilberforce einbrachte, zielte darauf, den Leichendieben das Geschäft zu versalzen. Er schlug vor, dass nun auch die Leichen von Verbrechern, die für geringere Vergehen als Mord hingerichtet worden waren, verkauft werden durften. So sollten Brandstifter, Einbrecher, Räuber und Vergewaltiger dem medizinischen Fortschritt dienen. So zumindest Wilberforce' Plan.

Das groteske und langatmige »Gesetz zur Regulierung der Verwendung der Leichname für gewisse Vergehen hingerichteter Krimineller nach der Hinrichtung und zur Abänderung des Urteils über weibliche Verurteilte in gewissen Fällen des Hoch- und niederen Verrats« wurde im Unterhaus verabschiedet. Das Oberhaus unter Führung von Lord Loughborough jedoch lehnte es ab. Aus seiner Sicht waren beide Teile des Gesetzes Unfug, da die Frauen, die vor den Augen der johlenden Menschenmengen verbrannt wurden, bereits tot waren – was sollte also die ganze Aufregung? Das makabre Schauspiel und der grausige Gestank waren in der Tat als Abschreckung gegen das Verbrechen gedacht, und obwohl auch der Galgen schon eine gewisse Abschreckung für die Frauen bot, reichte er noch nicht aus. Wenn die aufgehängte Aufrührerin anschließend noch verbrannt wurde, ging davon ein viel klareres Signal gegen Mord aus. Loughborough hielt auch die Legalisierung des Verkaufs der Leichen von Nichtmördern für einen schweren Irrtum, da sie Mord in den Augen der Öffentlichkeit auf die gleiche Stufe mit bloßem Diebstahl gestellt hätte, was womöglich zum Mord ermutigt hätte.

134 ✢ WILBERFORCE

Da beides Kapitalverbrechen waren, erforderte Mord eine weitere Strafe, und das Sezieren eignete sich dafür hervorragend. Für Diebstahl wurde man gehängt – doch ein Mörder sollte es nach seiner Hinrichtung nicht ganz so einfach haben. Er sollte, kurz gesagt, *öffentlich seziert* werden.

Als Wilberforce sich darüber Gedanken machte, was er mit dem Rest seines Lebens anfangen solle, und einen Lebenssinn jenseits der eigenen Karriere suchte, ergaben sich seine beiden »Großen Ziele«, die er Ende 1787 zu seiner Lebensaufgabe erklärte, merkwürdigerweise gleichzeitig. Wie er dazu kam, sich der Abschaffung des Sklavenhandels zu verschreiben, und wie der Kampf gegen Sklavenhandel ausgetragen wurde, darum wird es im nächsten und den folgenden Kapiteln gehen. Zuerst jedoch möchte ich einen Blick auf den Zeitraum im Jahre 1787 werfen, in dem Wilberforce sein anderes »Großes Ziel« klar wurde.

In einem Brief an seinen Freund Christopher Wyvill schreibt Wilberforce:

> Der barbarische Brauch des Aufhängens ist zu lange erprobt worden und hat zu genau dem Erfolg geführt, den man von ihm erwarten konnte. Der wirksamste Weg, größeren Verbrechen vorzubeugen, ist derjenige, die geringeren zu bestrafen und zu versuchen, jenen allgemeinen Geist der Zügellosigkeit zu bekämpfen, welcher der Vater aller Arten von Lastern ist. Ich weiß, dass diese Mittel durch Regelung des äußeren Verhaltens noch nichts an den Herzen der Menschen ändern, doch selbst darauf werden sie letzten Endes eine Wirkung zeitigen, und wir sollten zumindest das Drängen der Versuchung so weit beseitigen, dass sie nicht mehr den Appetit weckt, der sonst vielleicht untätig schlummern würde.

Diese beiläufigen Worte in einem Brief an einen Freund enthalten eine originelle und tiefe Einsicht. Was Wilberforce hier Ende des achtzehnten Jahrhunderts sagt, ähnelt den Aussagen von John Q. Wilson und George Kelling zwei Jahrhunderte später in ihrem berühmten Essay *Broken Windows** in der Zeitschrift *Atlantic Monthly*. Nach Wilsons und Kellings Argumentation entsteht dadurch, dass die polizeilichen Behörden ein bestimmtes Gebiet von vornherein als Verbrechenszone einstufen und darum kleinere Vergehen gar nicht erst verfolgen, eine Atmosphäre, die zu erheblich größeren Verbrechen und allgemeiner Gesetzlosigkeit führt. Die daraus abgeleitete Politik wurde in New York City umgesetzt, woraufhin die Verbrechensrate innerhalb weniger Jahre von einer der höchsten zu einer der niedrigsten des Landes sank. Die kleinsten Vergehen – Schwarzfahren in der U-Bahn, aggressives Betteln und Ähnliches –, die man früher nicht geahndet hatte, damit sich die Behörden auf die schwereren Verbrechen konzentrieren konnten, wurden nun offensiv verfolgt. Die Botschaft, die von dieser Veränderung ausging, lautete: Es werden keinerlei Gesetzesverstöße toleriert. Und erstaunlicherweise sackte die Statistik der Morde und aller anderen schweren Verbrechen in die Tiefe.

Wilberforce erfasste diesen Gedanken vor über zwei Jahrhunderten, im Alter von siebenundzwanzig Jahren. Noch eindrucksvoller ist, dass er sich dann daranmachte, diesen Gedanken in ganz Großbritannien – und dem britischen Weltreich – in die Tat umzusetzen. Es ist nicht übertrieben, diese einzelne Beobachtung als Hebel anzusehen, mit dessen Hilfe der kleine Wilberforce eine ganze Welt der Brutalität und des Elends durch eine andere Welt der Zivilisiertheit und Hoffnung ersetzte – eine Welt, die wir heute als die viktorianische Ära bezeichnen.

---

* Der englische Begriff bedeutet wörtlich übersetzt »zerbrochene Fenster«.

7. KAPITEL

DIE PROCLAMATION SOCIETY

»... *das Gute in Mode zu bringen.*«
WILLIAM WILBERFORCE

Wilberforce' Pläne für die »Reformation der Sitten« – oder zumindest deren erste Anfänge – konzentrierten sich auf ein Dokument mit dem herrlich altmodischen Titel »Proklamation zur Förderung der Frömmigkeit und Tugend und zur Verhütung des Lasters, der Gottlosigkeit und der Unmoral«[74]. Es war zu Wilberforce' Zeit bereits etwas überholt, doch jeder König und jede Königin hatten bei der Thronbesteigung traditionell eine solche königliche Proklamation erlassen. Kaum war das geschehen, so wurde sie sofort unverdrossen ignoriert. Als König Georg III. 1760 seine königliche Proklamation erließ, war das nicht anders. Derartige Proklamationen waren bloße Formalitäten, ein Bestandteil der allgemeinen Heuchelei in der Gesellschaft des achtzehnten Jahrhunderts, die zwar ein sorgfältig geschminktes Lippenbekenntnis zum Christentum ablegte, es aber gleichzeitig mit allem Augenzwinkern und Kopfnicken, das die Etikette vorschrieb, abtat.

Doch Wilberforce hatte eine Idee. Irgendwie war ihm ein altes Buch mit dem Titel *History of the Society for the Reformation of Manners in the Year 1692* (»Geschichte der Gesellschaft für die Reformation der Sitten im Jahre 1692«) in die Hände gefallen. Daraus erfuhr er, dass die königliche Proklamation von Wilhelm III. und seiner Frau Maria, als er 1689 den britischen Thron bestieg, tatsächlich breite und spürbare Auswirkungen auf die Gesellschaft hatte. Denn neben der normalerweise zahnlosen Proklamation hatten der König und die Königin eine *Proclamation Society* gegründet – und dieser Vereinigung die Aufgabe übertragen, in die Tat umzusetzen, was die königliche Proklamation verkündet hatte. Und es hatte funktioniert. Wilberforce' cleverer Plan bestand nun darin, Georg III. zu überreden, seine königliche Proklamation nochmals herauszugeben. Schließlich waren seit ihrem ersten Erlass inzwischen siebenundzwanzig Jahre vergangen. Und bei ihrer erneuten Herausgabe würden nun Wilberforce und seine Freunde *Proclamation Societies* ins Leben rufen, die genau dasselbe tun würden wie ihre Vorläuferin unter der Herrschaft von Wilhelm und Maria.

Wilberforce' wichtigster Verbündeter bei diesem Plan war der kürzlich eingesetzte Bischof von London, Beilby Porteus. Porteus war der persönliche Kaplan des Königs gewesen und hatte sehr gute Beziehungen in den richtigen Kreisen, wie man es von einem Bischof von London wohl erwarten konnte. Porteus half Wilberforce, eine Strategie zu formulieren und die Initiative mit Glaubwürdigkeit zu untermauern, denn sie durfte keinesfalls als methodistisches Vorhaben wahrgenommen werden. Zuerst sollte Wilberforce die Idee Pitt vortragen, schlug Porteus vor. Pitt, der die Idee voll und ganz befürwortete, ging daraufhin mit der Idee zum Erzbischof von Canterbury, der ihm seinen Segen gab. Pitt trug den Plan auch Königin Charlotte vor, die ihm ihre gewichtige königliche Zustimmung verlieh. Hier zeigte sich zum ersten Mal Wilberforce' Fähigkeit, eine politische Brücke zwischen den Methodisten und führenden Köpfen der anglikanischen Kirche wie Porteus zu schlagen. Diese Fähigkeit stellte einen wesentlichen Faktor für die enorme Effektivität dar, mit der er seine beiden »großen Ziele« erreichte.

Die Dinge schritten rasch voran, und Wilberforce war guten Mutes. In einem Brief vom 29. Mai an einen Freund schreibt er:

> Es würde Dir keine geringe Freude bereiten, könntest Du hören, wie herzlich der Erzbischof von Canterbury sich äußert ... das Interesse, das er an dem guten Werk zeigt, ehrt ihn sehr, und er versi-

chert mir, dass ein noch Größerer [der König selbst], dem er den Gegenstand formell vorgetragen und die oben erwähnten Maßnahmen vorgeschlagen hat, zutiefst überzeugt ist von der Notwendigkeit, dem reißenden Strom der Gottlosigkeit entgegenzutreten, der jeden Tag rascher vordringt. Wie findest Du es, dass ich persönlich für Sonntag von einer hohen Persönlichkeit in den Diensten des Königs eine formelle Einladung zum Kartenspiel erhalten habe?

Der springende Punkt an dieser königlichen Proklamation – und der Gründung von *Proclamation Societies* – lag in der zweifachen Unterstützung für Wilberforce' Plan: im Blick auf seine *Broken-Windows*-Analyse der Zustände unter den Armen und auf sein Bestreben, »das Gute in Mode zu bringen«. Dem *Broken-Windows*-Aspekt kam entgegen, dass der Plan dem Umstand begegnete, dass die Krone praktisch niemals gegen irgendjemanden Klage erhob. Zumeist erhoben nur die Opfer von Verbrechen Klage, um eine Entschädigung zu erhalten. Wo ein Verbrechen gegen die *gesamte Gesellschaft* oder gegen die Allgemeinheit vorlag, wurde es von niemandem verfolgt, und es geschah absolut gar nichts. Sogenannte liederliche Häuser der Prostitution und des Glücksspiels waren regelrechte Brutstätten des Verbrechens, und viele erhielten ihre Lizenzen Jahr um Jahr aufs Neue. Wurde in einem Viertel illegal ein Bordell eröffnet, so wurde nichts dagegen unternommen. Natürlich nahm die Kriminalität in dieser Gegend dann zu, und die Anwohner litten darunter, waren aber weitgehend machtlos dagegen. Nun jedoch würde sich das ändern, denn die örtliche *Proclamation Society* würde selbst die Strafverfolgung in Angriff nehmen. Es war, als gäbe es einen riesigen Archipel von Verbrechen und Gesetzesverstößen, den man zu Fuß oder zu Pferd nicht hatte erreichen können, und plötzlich wäre ein einfallsreicher Schlaukopf auf den Gedanken gekommen, Polizeiboote einzusetzen. Das Problem war im Nu gelöst. Eine große Vielzahl von Gräueln befand sich plötzlich nicht mehr außerhalb der Reichweite gesunder Gesetze.

Die erneute Verkündigung der königlichen Proklamation und die Gründung der *Proclamation Societies* brachten überdies Wilberforce' Plan voran, »das

Gute in Mode zu bringen«, indem sie den Gedanken verbreiteten, alle führenden Persönlichkeiten in der Gesellschaft hätten die Verantwortung, moralische Vorbilder zu sein. Im georgianischen England musste ein solcher Gedanke heulendes Hohngelächter hervorrufen, nicht anders als heute. Doch Wilberforce, der gewiefte Politiker, propagierte ihn mit einer ungerührten Trockenheit, die einem Buster Keaton* Ehre gemacht hätte. Er wusste genau, was er tat. Wenn eine örtliche *Proclamation Society* gegründet wurde, wurden jeweils bekannte Persönlichkeiten geworben. Der soziale Druck nötigte sie dazu, die Einladung anzunehmen, was sie in eine sehr interessante Lage brachte: Ihre eigenen ethischen Maßstäbe wurden nun im Licht ihrer Teilnahme an der *Society* betrachtet. Es war eine subversive und politisch brillante Strategie.

In der Proklamation hieß es ausdrücklich, Personen in hoher, ehrenvoller oder einflussreicher Stellung seien verpflichtet, ein gutes Beispiel zu geben und daran mitzuwirken, diejenigen zu bessern, die ein »ausschweifendes und zügelloses Leben« führten. Hohe Vertreter der Justiz wie etwa Richter und Sheriffs sollten

> sehr wachsam und streng bei der Ermittlung und anschließenden Strafverfolgung aller Personen [sein], die sich des übermäßigen Trinkens, der Blasphemie, des gottlosen Fluchens, der Unzucht und anderer unmoralischer und zügelloser Praktiken schuldig

machten. Außerdem sollten sie gegen »frivole und ausschweifende« Broschüren und Pamphlete und dergleichen vorgehen.

Die königliche Proklamation wurde am 1. Juni 1787 erlassen. Obwohl Wilberforce alles in Gang gebracht hatte, hielt er sich dabei sehr im Hintergrund. Es ließ sich nichts damit gewinnen, aber viel verlieren, wenn er mit dem Unternehmen in Verbindung gebracht wurde, denn schon der entfern-

---

* Buster Keaton (1895–1966), eigentlich Joseph Frank Keaton IV, war ein US-amerikanischer Stummfilmkomiker, berühmt für seinen stoischen Gesichtsausdruck.

teste Geruch von Methodismus hätte ausgereicht, um andere Mitstreiter zu verschrecken. Alles musste vollkommen »anständig« erscheinen. Wilberforce stellte es nie als eine religiöse oder christliche Maßnahme dar. Es war schlicht und einfach eine Maßnahme zur Verbesserung der sozialen Zustände. Ihm ging es nur darum, Verbrechen einzudämmen und das allgemein bedrückte und bedrückende gesellschaftliche Klima zu verändern, in dem so viele der Armen lebten. Wäre er von seiner früheren »Lieblingsambition« – seinem eigenen Aufstieg – angetrieben worden, so hätte er damit nie Erfolg haben können.

Sobald die Proklamation erlassen war, machte sich Wilberforce eilends an das noch wichtigere Geschäft, eine *Proclamation Society* zusammenzustellen. Erst diese würde dem Vorhaben Biss verleihen. Am 7. Juni fuhr er nach Whitehall, traf sich mit dem Herzog von Montague und lud ihn ein, Präsident der *Society* zu werden. Montague war nicht im Mindesten religiös, fand aber Wilberforce' Anliegen einleuchtend und nahm an. Ähnlich reagierte auch Montagues Bruder Lord Ailesbury, den Wilberforce am 13. Juni besuchte und einlud, Mitglied zu werden.

In einer Gesellschaft, die wuchernde Kriminalität und brutale Lebensverhältnisse als trauriges, aber unvermeidliches Los der ärmsten Wohnviertel akzeptiert hatte, muss es wie Balsam gewirkt haben, einen intelligenten, ehrgeizigen Politiker mit originellen Ideen dagegen angehen zu sehen.

Der Herzog von Manchester schrieb:

> Es bereitet mir Freude festzustellen, dass Sie sich den Gedanken vieler humaner und denkender Männer angeschlossen haben und die Häufigkeit unserer Hinrichtungen und die blutrünstige Strenge unserer Gesetze anprangern. ... Wenn Sie und andere aufstrebende junge Männer in politischen Kreisen die mühsame Aufgabe übernehmen würden, unser Strafrecht in seiner Strenge zu revidieren, womit ich vor allem die Anzahl unserer Todesstrafen meine, so bin ich zuversichtlich, dies werde viel dazu beitragen, die Bevölkerung dieses Landes zu bessern.

Im Juni 1787 hatte Wilberforce bereits viele Schritte auf dem langen, langen Weg zur »Reformation der Sitten« getan. Eigentlich prägte er diesen Ausdruck erst am 28. Oktober, als er in seinem Tagebuch den berühmten Eintrag notierte: »Der allmächtige Gott hat mir zwei große Ziele vor Augen gestellt: die Bekämpfung des Sklavenhandels und die Reformation der Sitten.«

Auch wenn diese Worte nur in einem privaten Tagebuch standen und noch jahrzehntelang unbekannt bleiben sollten, hätten sie genauso gut am Eingang der Westminster Abbey oder des Parlaments hängen können. Die Tragweite dieser Notiz kann man kaum überbewerten. Als Wilberforce mit achtundzwanzig Jahren diese Worte niederschrieb, muss er entweder verrückt oder schwachsinnig gewesen sein – oder es war tatsächlich Gott, der ihn zu diesen Zielen inspirierte. Menschlich gesehen war es unmöglich, auch nur eines davon zu erreichen. Jedoch bezeugt die Geschichte verblüffenderweise, dass Wilberforce in der Tat entscheidend dazu beitrug, sie beide zu seinen Lebzeiten zu verwirklichen.

Für unsere modernen Ohren hört sich der Ausdruck »Reformation der Sitten« allenfalls idyllisch an, doch was Wilberforce damit meinte, war etwas ganz anderes, als wir uns darunter vorstellen. Mit »Sitten« meinte er nicht etwa die Etikette, sondern eher das, was wir »Gewohnheiten« oder »Einstellungen« nennen würden. Bei ihm hat die Verwendung des Ausdrucks auch einen unverkennbar ethischen Aspekt, wenn auch nicht im puritanischen Sinn. Sein Bestreben war es, Höflichkeit und Selbstachtung in einer Gesellschaft einzuführen, die schon vor langer Zeit immer tiefer in Laster und Elend versunken war. Unter anderem wollte er die Zahl minderjähriger Mütter eindämmen, die sich prostituierten, um ihre Abhängigkeit vom Gin zu finanzieren; eine Notlage, die wie eine Epidemie um sich griff. Es war ein ausgesprochen fortschrittlicher Zug von Wilberforce, dass er solche Verhaltensweisen nicht nur als Verbrechen betrachtete, sondern auch als Symptome grundlegender gesellschaftlicher Missstände, die ein außergewöhnliches Eingreifen der Machthabenden erforderten.

Es gab zwei Antworten auf die Lage der Armen zu Wilberforce' Zeit. Die eine bestand darin, verächtlich auf sie herabzublicken, sie als ethisch minderwertig und jeder Hilfe unwürdig zu verurteilen. Die andere bestand darin, sie überhaupt nicht zu beachten und ihre entsetzliche Lage als unausweichlich zu betrachten, als Teil des unvermeidlichen Preises, der für die »moderne Zivilisation« zu zahlen war. Nicht viele kamen auf den Gedanken, die Armen und Leidenden weder zu verurteilen noch sie zu ignorieren, sondern ihnen sozusagen die Hand zu reichen und aufzuhelfen. Doch genau diesen dritten Weg schlug Wilberforce nun ein.

So verbrachte Wilberforce den Sommer 1787 damit, kreuz und quer durchs Land zu reisen und sich mit Mitgliedern der gehobenen Gesellschaft zu treffen, die sich für die Idee gewinnen lassen könnten. Nicht jeder war geneigt, ihm zu helfen oder ihn zu ermutigen. Earl Fitzwilliam lachte Wilberforce aus und sagte, die moralische Zügellosigkeit sei die Folge des Reichtums der Nation: »Ich versprach ihm eine rasche Rückkehr der moralischen Reinheit in unseren eigenen Häusern, wenn keiner von uns einen Schilling für Ausschweifungen außerhalb übrig hätte.«

Ein anderer Adliger wählte noch entmutigendere Worte. »Sie möchten also das Verhalten der Menschen reformieren«, sagte er, »dann schauen Sie, wie solche Reformatoren enden«, und er deutete auf ein Gemälde der Kreuzigung.

Dieser Moment muss für Wilberforce eine tiefe Herausforderung gewesen sein, denn er stellte ihm in schmerzlicher Anschaulichkeit die Probleme vor Augen, vor denen er stand. Hier war ein wohlhabender Adliger, der beschlossen hatte, in seinem Haus ein Gemälde der Kreuzigung aufzuhängen, und der sich in einem gewissen Sinne wohl sogar als »Christ« betrachtete. Doch seine Theologie war so verkümmert, dass er die Kreuzigung mit den Augen eines Pontius Pilatus sah – als eine strenge Warnung an die Adresse von Weltverbesserern und Emporkömmlingen wie Jesus von Nazareth, die mit ihrem törichten Gerede von Moral Unruhe stifteten.

Insgesamt jedoch waren die Reaktionen wohlwollend. Wilberforce sammelte die Interessierten, ermutigte sie zur Gründung lokaler *Proclamation Societies* und entdeckte, dass viele Menschen sich insgeheim nach einem solchen Schritt gesehnt hatten. Die *Societies* blühten.

In jenem Herbst, als er wieder einmal gesundheitlich angeschlagen war, reiste Wilberforce zur Kur in das im Südwesten Englands gelegene Bath. Dort lernte er Hannah More kennen. Wie Isaac Milner – und wie Granville Sharp, dem wir ebenfalls bald begegnen werden – war sie eine Persönlichkeit, wie kein Romanautor sie sich je hätte ausdenken können. Wie Milner sollte Hannah More für den Rest seines Lebens zu Wilberforce' engsten Freunden gehören. Sie würde im Kampf gegen den Sklavenhandel an vorderster Front stehen; und ebenso im Blick auf sein zweites »großes Ziel«, die Reformation der Sitten.

Als Wilberforce ihr im Herbst 1787 in Bath begegnete, war Hannah More in Großbritannien bereits eine Berühmtheit. So gilt das von ihr verfasste Schauspiel Percy mit ihrem Freund David Garrick in der Hauptrolle als erfolgreichste Tragödie ihrer Zeit. Mit ihrer außergewöhnlichen Intelligenz und Begabung, ihrer mit einundvierzig Jahren immer noch großen Attraktivität und koketten Schlagfertigkeit war sie nicht nur eine der beliebtesten Autorinnen ihrer Zeit – zu ihren Lebzeiten wurden ihre Schriften um ein Vielfaches häufiger verkauft als Jane Austens Romane[75] –, sondern auch eine der talentiertesten. Ihr Freund Samuel Johnson rühmte sie als »die kunstfertigste Verseschmiedin der englischen Sprache«. In Richard Samuels[76] berühmtem Gemälde The Nine Muses, das in der Nationalgalerie hängt, ist sie als Melpomene dargestellt, die Muse der Tragödie. Garrick hingegen, der berühmteste Schauspieler des achtzehnten Jahrhunderts, erklärte sie zur Verkörperung aller neun Musen zugleich, und er und seine Frau bildeten gemeinsam mit Hannah More viele Jahre lang eine Art Gesellschaft zur gegenseitigen Bewunderung.

Hannah More war eine Christin, wenn auch noch nicht evangelikal, als Wilberforce sie kennenlernte. Doch auch nachdem ihr Glaube sich vertieft hatte und sie als die »Königin der Methodisten« bekannt wurde, unterhielt sie weiterhin enge Beziehungen zu solchen literarischen Größen ihrer Zeit wie dem »lästerlichen Charmeur« Horace Walpole. Walpole war ein gefeierter Zyniker und Wüstling, der den Schauerroman erfand,[77] als junger Mann eine homosexuelle Affäre mit dem Dichter Thomas Gray hatte, in einem von ihm selbst entworfenen, bizarren, dem Mittelalter nachempfundenen Schloss lebte, eine maßgebliche, wenn auch äußerst gehässige Schilderung der georgianischen Zeit schrieb und das Wort *serendipity** prägte. Dass Hannah More gleichzeitig Walpole und John Newton nahestand, verrät uns etwas über die Bandbreite ihrer Persönlichkeit und die Weite ihrer Theologie.

Hannah More war fünfzehn Jahre älter als Wilberforce und hatte schon in den 1770er-Jahren zum innersten Kern des kulturellen Lebens in London gehört, dessen Dreh- und Angelpunkt eine exklusive Gruppe war, die sich die *Bluestockings* oder *Bas Bleu* nannte. Diese Damen hatten sich seit den 1750er-Jahren um Elizabeth Montagu versammelt, um literarische und intellektuelle Konversation zu pflegen. In ihrem Buch *Hannah More and Her Circle* beschreibt Mary Alden Hopkins sie als eine Gruppe von

> älteren Damen, die besser reden als tanzen konnten, und älteren Herren, die über das Alter und die Falten einer Frau hinwegsehen konnten, wenn sie einen guten Verstand hatte, in dessen Dienst eine lebhafte Zunge stand. ... Dr. Johnson war natürlich der große Fisch, nach dem alle Gastgeberinnen angelten, und Boswell kam mit ihm, wenn er in London war. Der alte »Bubble-and-Squeak«** Sheridan kam nur, wenn Johnson nicht anwesend sein würde, während sein Sohn Richard Brinsley Sheridan so oder so kam. Sir Joshua Reynolds war manchmal ebenfalls dabei. Edward Gibbon war zu wichtig, um übergangen zu werden, aber die Damen mochten ihn nicht besonders.

Hannah More war eine äußerst produktive Schriftstellerin, in jeder erdenklichen Gattung bewandert. In ihren Aphorismen, ebenso wie in ihrem übri-

---

* *Serendipity* beschreibt die »Begabung«, zufällig glückliche Entdeckungen zu machen.
** Ein traditionelles englisches Gericht aus Kartoffel- und Gemüseresten, die kleingeschnitten und in der Pfanne angebraten werden. Die zitierte Anspielung stellt also nicht gerade ein Kompliment für Sheridan dar.

gen Werk, erklangen alle Register vom ernsthaft Theologischen (»Die Liebe denkt nie nach, sondern gibt überschwänglich; sie gibt wie ein gedankenloser Verschwender alles, was sie hat, und zittert dann, ob sie wohl zu wenig getan habe«) über das Moralistische (»Überfluss! Gefährlicher für die Jugend als Stürme oder Treibsand, Armut oder Ketten«) bis hin zum boshaften Witz (»In die Oper zu gehen ist, wie sich zu betrinken, eine Sünde, die ihre eigene Strafe in sich trägt.«).

Hannah More war seit jeher christlich eingestellt gewesen, aber etwa um die Zeit, als Wilberforce ihr begegnete, begann sie, sich tiefere Gedanken zu machen. Der Tod Garricks im Jahr 1779 hatte ihr Interesse am Theater abklingen lassen, und als 1785 Dr. Johnson starb, schien dies das Ende einer Ära in ihrem Leben einzuläuten. Sie schloss bald Freundschaft mit Beilby Porteus, Lady Middleton und John Newton, die alle die Flammen ihres Glaubens schürten. Auf Wilberforce' Anregung hin gründeten und betrieben sie und ihre nicht ganz so berühmten Schwestern die Mendip-Schulen für arme Kinder, auf denen zeitweise bis zu tausend Kinder eine Schulbildung erhielten, und sie schrieb Dutzende von religiösen und moralischen Traktaten. Obwohl sie nie heiratete, führte sie »Mrs« als Ehrentitel, wie es damals bisweilen üblich war. Cobbett nannte sie gehässig den »Alten Bischof in Petticoats«.

Wie Wilberforce interessierte sich Hannah More für alles und jedes. Eine besondere Schwäche hatte sie dafür, auf dem Land faszinierende Originale aufzugabeln, denen sie helfen zu können glaubte. Da war zum Beispiel das mittellose Milchmädchen Anne Yearsley mit einem echten Talent zum Gedichteschreiben – Hannah More nannte sie *Lactilla*. Und da war Louisa, das berühmte »Mädchen vom Heuhaufen«, eine geheimnisvolle, verwirrte junge Frau, die ein Freund von Hannah More bei einem Ausritt auf dem Land »entdeckte«. Etwa fünfundzwanzig Jahre alt und offensichtlich geistesgestört, lebte sie in einem Heuhaufen, dessen Inneres sie mit allerlei Plunder dekoriert hatte. Sie sprach kaum, aber sie weinte, wenn deutsch gesprochen wurde, sodass man sie naheliegenderweise sogleich für die verschollene Tochter des deutschen Kaisers hielt. Hannah More und ihre Schwestern versuchten, Louisa zu helfen, und brachten sie schließlich in einer Irrenanstalt in Hanham bei Bristol unter. Selbst John Wesley besuchte die junge Frau zweimal. In seinem Tagebuch vom September 1785 schreibt er:

> Ich bin noch einmal nach Hannam [sic] gefahren, um die arme verzweifelte Louisa zu sehen, die sich immer noch nackt in ihre Decken hüllt und mit niemandem sprechen will; die hübsche neue Geschichte, sie sei die Tochter des Kaisers, ist zweifellos nur eine Bauernfängerei; und ihre vierundzwanzig Prüfungen sind so glaubwürdig wie Mohammeds Reise durch siebzigtausend Himmel.

Hannah More war bei ihrer ersten Begegnung mit Wilberforce in Bath sehr von ihm angetan. Im Laufe der Jahre würden sie sich noch viele Male dort treffen. »Der Charakter dieses jungen Herrn«, schrieb sie über ihn, »ist einer der außergewöhnlichsten, die ich je kannte, was seine Talente, seine Tugend und seine Frömmigkeit angeht.« Und er war ebenso angetan von ihr. Es kam ihnen vor, als wären sie schon jahrelang Freunde, und bald waren sie das auch. Durch ihren Einsatz für die Armen und ihre Zugehörigkeit zu den höchsten Kreisen der Gesellschaft besaß Hannah More einen unschätzbaren Einfluss, der sich für viele der ethischen Reformen, die Wilberforce bald in Angriff nehmen würde, nutzen ließ. Die Liste ihrer gemeinsamen Projekte während ihrer lebenslangen Freundschaft – Hannah More starb nur wenige Monate nach Wilberforce – ist endlos. Ihr Buch *Thoughts on the Importance of the Manners of the Great to General Society* (»Gedanken über die Bedeutung der Sitten der Großen für die allgemeine Gesellschaft«), an ihre Zeitgenossen gerichtet, war die erste einer Reihe diesbezüglicher Schriften, die viel gelesen wurden und große Wirkung entfalteten.

Doch der nächste Schritt für Wilberforce' »Reformation der Sitten« war es, die erste *Proclamation Society* einzuberufen. Man traf sich im November jenes Jahres. Charles Middleton war dort, wie auch Edward Eliot, dem Wilberforce inzwischen sehr nahestand. Eliot war mit Pitts Schwester Harriot verheiratet gewesen, die im Vorjahr im Kindbett gestorben war. Ihr Tod brachte

Die Proclamation Society 147

Eliot dazu, bei Wilberforce – und bei Gott – Trost zu suchen. Die beiden wurden enge Freunde und trafen sich über Jahre hinweg zum gemeinsamen Gebet. Gemeinsam mit Hannah More wurde Eliot einer der standhaftesten Verbündeten Wilberforce' bei seinem zweiten »großen Ziel«. Weitere Personen, die zu diesem ersten Treffen der Proclamation Society eingeladen wurden, waren sechs Herzöge, elf Angehörige des niederen Adels, eine Handvoll Bürgerliche wie Wilberforce und etliche Bischöfe.

»Nichts soll der Gesellschaftswelt mitgeteilt werden«, wies Wilberforce sie an, »nur, dass die erwähnten Herren die Notwendigkeit gesehen haben, dem Ruf Seiner Majestät zu folgen, und sich bereit erklärt haben, daran mitzuwirken, die Proklamation in die Tat umzusetzen.« Wilberforce war schlau wie ein Fuchs. Viele wurden auf das Thema hin angesprochen, darunter auch Lord North, um die Wirkung so breit wie möglich zu streuen und so weit wie irgend möglich den Anschein allgemeiner Zustimmung unter den oberen Klassen zu erwecken. Charles James Fox wurde verständlicherweise nicht angesprochen.

Wilberforce mag schlau wie ein Fuchs gewesen sein, aber Fox war so häufig betrunken wie ein Bär, dass Wilberforce klugerweise darauf verzichtete, den Hund zum Jagen zu tragen und ihn zu einer Mitwirkung zu nötigen. Selbst wenn der alte Fuchs sich anfänglich bereit erklärt hätte, der Sache seinen Namen zu leihen, wäre damit zu rechnen gewesen, dass er sich letztlich doch jeder echten Verantwortung schlangengleich entwunden hätte, und angesichts seines Hangs zu einem ausschweifenden Lebensstil war es durchaus denkbar, dass er zu einem Maulwurf für die Gegner geworden wäre.

8. KAPITEL

DAS ERSTE GROSSE ZIEL: DIE ABSCHAFFUNG DES SKLAVENHANDELS

»... jenes abscheulichen Handels ..., der eine solche Schande für den britischen Charakter darstellt.«
MARGARET MIDDLETON

Wir wissen nicht genau, wie William Wilberforce dazu kam, die Abschaffung des britischen Sklavenhandels zum ersten seiner beiden großen Anliegen zu machen – ein Anliegen, das für alle Zeiten mit seinem Namen verbunden bleiben würde. Bekannt ist, dass er schon als Junge zum ersten Mal mit dem Thema Sklavenhandel konfrontiert wurde. Er war noch keine elf oder zwölf und lebte bei seiner Tante und seinem Onkel in Wimbledon. Dort begegnete er John Newton und entwickelte eine enge Beziehung zu ihm. Newton hatte ein Jahrzehnt zuvor sein autobiografisches Werk *Authentic Narrative* geschrieben. Selbst wenn der junge Wilberforce es nicht gelesen haben sollte, kann kaum ein Zweifel daran bestehen, dass er Newton häufig über seine Erlebnisse als Kapitän eines Sklavenschiffs sprechen hörte. Manche vermuten, dass Wilberforce mit vierzehn Jahren einen Leserbrief an eine Lokalzeitung schrieb, in dem er das Geschäft mit der Sklaverei beklagte.[78] Und seinen Söhnen sagte Wilberforce, schon 1780, in dem Jahr, als er mit einundzwanzig Jahren zum ersten Mal ins Parlament einzog, habe er sich »stark für die westindischen Sklaven interessiert«. Er äu-

DAS ERSTE GROSSE ZIEL: DIE ABSCHAFFUNG DES SKLAVENHANDELS ❖ 149

ßerte die Hoffnung, dass er »das Unrecht an diesen Unglücklichen wiedergutmachen würde«. Auch an ein Gespräch über das Thema 1783 im Hause seines Cambridger Freundes Gerard Edwards mit dem früheren Schiffsarzt James Ramsay erinnerte er sich. Dieser spielte eine maßgebliche Rolle dabei, dass Wilberforce später beschloss, die Fahne des Abolitionismus zu ergreifen.

Doch die Frage nach der genauen Verkettung der Ereignisse, die Wilberforce auf seinen historischen Feldzug führte, ist ebenso unmöglich zu beantworten wie diejenige, ob das sprichwörtliche Huhn vor dem Ei existierte oder umgekehrt. Immerhin wissen wir von einer interessanten Gestalt, die dabei eine Schlüsselrolle spielte. Der Name des Mannes lautet Granville Sharp, und er war fraglos eines der ersten beteiligten Hühner – oder Eier. Außerdem war er ein bisschen verrückt.

Es hat keinen Sinn, um den heißen Brei herumzureden: Granville Sharp war tatsächlich *ziemlich* verrückt. Aber er war auf eine Art und Weise verrückt, dass man sich im Gespräch mit ihm manchmal unwillkürlich fragte, ob man nicht womöglich selbst der Verrückte sei und er der Gesunde. Mit anderen Worten: Vielleicht war er am Ende doch gar nicht so verrückt.

Granville Sharp war Mitte des achtzehnten Jahrhunderts ein bekannter Musiker. Sparen wir uns die Witze darüber, dass er eine Miss Flat* heiratete, oder auch darüber, dass sie ihre sieben Kinder Doey, Ray, Mimi** usw. nannten. Sharps gesamte Familie bestand aus Musikern, und die meisten von ihnen wohnten auf einem großen Hausboot, das kreuz und quer durch Englands Wasserstraßen geschleppt wurde. Alle vierzehn Tage traten die Sharps vor Angehörigen der königlichen Familie und anderen privilegierten Personen auf, kostümiert mit Dreispitzen und Schnallenschuhen. Sie waren zu ih-

---

* Das englische *flat* bezeichnet in der Musik um einen Halbton erniedrigte Töne und das englische *sharp* um einen Halbton erhöhte.

** In der Musik kann man die Stufen der sechsstufigen Tonleiter durch die Tonsilben *do, re, mi, fa, sol, la* bezeichnen.

rer Zeit außerordentlich berühmt. In der Nationalgalerie hängt ein bekanntes Gemälde, auf dem sie alle sechzehn auf ihrem Hausboot posieren – eine sehr talentierte Gruppe. Granvilles Bruder, der mit ihnen zusammenspielte, trug zugleich den Titel des offiziellen Leibarztes des Königs. Dennoch war Granville die herausragende Gestalt unter ihnen. Sein stets hellwacher Verstand kombinierte sich mit seinem hartnäckigen Charakterzug, der breiter und länger war als die Themse, auf der das Hausboot der Familie manchmal unterwegs war.

Noch als jungem Mann hatte ein Unitarier dem gläubigen Christen Sharp einmal vorgeworfen, er glaube nur deshalb an die Dreieinigkeit, weil er die Originalsprache des Neuen Testamentes nicht kenne. Und bevor man, wie ein waschechter Engländer, sagen konnte: »Das hört sich Griechisch an!«*, brachte Sharp sich selbst Griechisch bei, widerlegte den verwirrten Unitarier und verfasste sodann einen maßgeblichen Artikel mit dem Titel »Anmerkungen zum Gebrauch des bestimmten Artikels im griechischen Text des Neuen Testaments«, in dem er einige Übersetzungsirrtümer korrigierte, die sich seit Langem in die Bibeln der damaligen Zeit eingeschlichen hatten (seither sind sie behoben). Eine ähnliche Herausforderung bekam Sharp im Blick auf das alttestamentliche Hebräisch, und ehe man *L'chaim!*** ausrufen konnte, hatte er im Handumdrehen eine zweite alte Sprache gemeistert. Wahrscheinlich war er gerade dabei, seine Ärmel hochzukrempeln und sich den tückischen Keilschriftjargon der Babylonier vorzuknöpfen, als er 1765 von der Geschichte höchstpersönlich unterbrochen wurde.

Dies war das Jahr, in dem Sharps Hartnäckigkeit und sein christlicher Glaube sich wieder einmal gut ergänzen würden, diesmal jedoch nicht in einer sprachlichen, sondern einer juristischen Angelegenheit. Auslöser dieses Zusammentreffens war diesmal kein verwirrter Unitarier, sondern ein blutig geschlagener Afrikaner, der eines Tages auf einer Londoner Straße auf Sharp zutaumelte, nachdem man ihn mit dem Knauf einer Pistole verprügelt hatte,

---

* Englisch: *That's Greek to me!*, im Sinne von: »Ich verstehe nur Bahnhof!«.
** Ein hebräischer Trinkspruch, der wörtlich »Auf das Leben!« bedeutet.

bis die Pistole zerbrochen war. Der junge Mann war fast erblindet und konnte sich kaum auf den Beinen halten. Sharp brachte ihn sofort zu seinem Bruder, dem Leibarzt des Königs. Sie lieferten ihn in ein Krankenhaus ein, wo er vier Monate verbrachte, bis er sich erholt hatte, und verschafften ihm hinterher einen Job. Der Name des Mannes war Jonathan Strong. Er war etwa siebzehn Jahre alt und hatte einem Rechtsanwalt aus Barbados namens Lisle gehört. Dieser hatte ihn aus der Karibik mit nach London gebracht.

Zwei Jahre später jedoch sah Lisle zu seiner Überraschung plötzlich sein wundersam wiedererstandenes – und nun wieder sehr wertvolles – früheres Eigentum wieder und hielt dies für einen vorzüglichen Zeitpunkt, um seinen verloren geglaubten Schatz zu Geld zu machen. Lisle rechnete sich aus, dass Strong ihm etwa dreißig Pfund einbrächte, und während er sich auf die Suche nach einem Käufer machte, ließ er Strong von zwei Männern kidnappen und ins Gefängnis bringen. Dort sollte er bis zu Lisles Rückkehr festgehalten werden. Doch irgendwie gelang es Strong, Sharp zu benachrichtigen, der sofort beim Lord Mayor für ihn eintrat. Dieser stimmte ihm zu: Strong solle freigelassen werden. Lisle war darüber nicht erfreut, aber da er Sharps unerschöpfliche Reserven der Hartnäckigkeit wahrnahm – die durchdringenden Augen, die scharf geschnittene Nase und die eingesunkenen Wangen ließen keinen Zweifel daran –, beschloss er, einen Rückzieher zu machen. Strong wurde ein freier Mann.

Doch diese Episode hatte Sharp neugierig gemacht, und er begann sich nun mit den englischen Gesetzen zu beschäftigen. Was er dabei zum Thema Sklaverei herausfand, beunruhigte ihn. Wie sich herausstellte, hatte einst während der Herrschaft von Wilhelm III. und seiner Frau Maria II. ein Richter namens Holt das sehr weise Urteil gefällt, man könne »in England ein Zinsbauer* sein, aber kein Sklave«. Die Sklaverei war also tatsächlich auf

---

* In den Jahrhunderten nach der normannischen Invasion in England 1066 war ein *villein* ein Zinsbauer, der rechtlich an sein Land und dessen Besitzer gebunden war. Der Zinsbauer war verpflichtet, seinem Herrn landwirtschaftliche Dienste zu leisten sowie ihm Steuern in Form bestimmter Erzeugnisse zu entrichten.

englischem Boden einmal verboten gewesen. Holts Urteil wurde jedoch bereits einige Jahre später, 1729, revidiert, und seither war Sklavenhaltung in England legal. Vor dieser Episode hatte Sharp nur ein einziges Gesetzbuch gelesen, aber dieses eine Buch war die Bibel, die das wackere Genie sowohl für das unfehlbare Wort Gottes als auch für den Urtext aller englischen Gesetze hielt. Er wusste, dass das gesamte englische Recht aus diesem gerechten und edlen Boden erwachsen war und dass alle Urteile, die besagten, man dürfe in England Sklaven besitzen, schlicht falsch waren und unbedingt mit allem Eifer aus diesem Boden ausgejätet werden mussten. Sharp konsultierte sogar den ehrenwerten William Blackstone zu diesem Thema (nicht das Buch, sondern den Verfasser selbst), warf die Meinung des großen Rechtsgelehrten in die juristische Waagschale und befand sie – Autorität hin oder her – für zu leicht. Und so kümmerte sich Sharp selbst um diese Fehlurteile, wie er sich um jene lästigen falsch übersetzten griechischen Verben gekümmert hatte: Er machte sie ausfindig, riss sie mit den Wurzeln heraus und warf sie hinter sich, zusammen mit weiterem Unrat an Irrtümern, die in der Furche seines unaufhaltsamen Pfluges zum Vorschein kamen.

Granville Sharp war einer jener christlichen Fanatiker, die die Aufforderung, seinen Nächsten zu lieben, buchstäblich nahmen – einer, der seinen Nächsten liebte, selbst wenn es ein unbequemer afrikanischer Nächster war, der versuchte, seine Freiheit zurückzugewinnen. Natürlich sprach sich seine buchstäbliche Bibelauslegung rasch herum, und Sklaven, die von Sharp und seiner Arbeit hörten, suchten ihn auf. Granville Sharp machte sich begeistert ans Werk des Herrn, indem er diesen armen Kerlen die Freiheit verschaffte – und jeder einzelne Fall lieferte ihm eine willkommene neue Möglichkeit, an dem größeren Ziel zu arbeiten, das unsäglich verkrautete britische Rechtssystem zu verbessern.

1772 spitzten sich die Dinge zu, da in diesem Jahr Sharps Adlerblick auf etwas wie eine Pflanze mit tiefen Pfahlwurzeln inmitten des niedrig gewachsenen Unkrauts fiel. Diese Pfahlwurzel gehörte zum sogenannten Fall Somerset, der dazu führte, dass das ganze Geflecht aus Ungerechtigkeiten in hochkonzentrierter Form vor einen Richter gelangte. Der Fall betraf einen Afrikaner namens Somerset, der als Sklave aus Virginia nach London gebracht worden war und nun mithilfe von Sharp seine Freiheit zu erstreiten suchte. Der Richter, ein gewisser Lord Mansfield, wollte sich vor einem Urteilsspruch drücken, weil er um die unvermeidlichen Folgen wusste. So, wie der Fall gelagert war, konnte Mansfield diesen Mann nicht auf englischem Boden für frei erklären, ohne dass dieses Urteil zugleich auch für die vierzehntausend anderen Sklaven in England wirksam würde. Aus Mansfields Sicht entstünde dadurch ein unüberschaubares Chaos, aus dem alle möglichen bedauerlichen sozialen Missstände erwüchsen. Damit hatte er vermutlich insoweit recht, als eine schlagartige Beendigung der Sklaverei eine Vielzahl sozialer Übel hervorgerufen hätte, doch war Granville Sharp verrückt genug, die Sklaverei selbst für ein soziales Übel zu halten, von einem Gräuel vor Gott gar nicht zu sprechen. Darum war er bereit, die anderen sozialen Übel zu riskieren, und er würde auf jeden Fall einer der Evangelikalen sein, die ihr Möglichstes taten, sie zu lindern.

Und so wollte Sharp, der Neuling auf dem Parkett des Rechts, Mansfield zu einem Urteil zwingen. Für ihn lag der ganze Sinn der Entscheidung, sich des Falls anzunehmen, darin, ein maßgebliches Urteil herbeizuführen. Sharp war der lebendig gewordene schlimmste Albtraum jedes Richters, und erwartungsgemäß sah sich Mansfield schließlich tatsächlich gegen seinen Willen gezwungen, ein Urteil zu sprechen.

Mansfield war freilich kein Dummkopf. Sein Urteil war in penibler Sorgfalt so formuliert, dass nur dieser eine Afrikaner, Somerset, befreit wurde. In der öffentlichen Wahrnehmung allerdings ging dieses Detail unter. Unter dem Strich blieb das Fazit, die Sklaverei in England sei praktisch abgeschafft! Somit beeinflusste Mansfields Urteil die öffentliche Wahrnehmung entscheidend.

Das Urteil wurde weithin gefeiert, und damit gelangte die Sache des Abolitionismus positiv ins Bewusstsein der Briten, wie es kurz zuvor noch unvorstellbar gewesen wäre. Adam Smith, Charles Wesley und Dr. Johnson sprachen sich öffentlich gegen die Sklaverei aus, und der Dichter William

Cowper begrüßte das Somerset-Urteil mit einem lapidar gedichteten Jubelruf:

Slaves cannot breathe in England; if their lungs
Receive our air, that moment they are free.

Kein Sklave kann in England atmen; dringt
die Luft in seine Lungen, ist er frei.

Der Fall Somerset war in mancher Hinsicht ein überwältigender Sieg, doch jeder Sieg weckte nur Sharps Appetit auf die nächste Schlacht. Englands Sklaven mochten jetzt befreit sein, aber er wusste, dass der britische Sklavenhandel immer noch Tag für Tag »legal« unzählige Tausende von Sklaven von Afrika zu den britischen Kolonien Westindiens transportierte. Was diese Menschen erleiden mussten, widersprach eindeutig dem Gesetz Gottes. Der Sklavenhandel musste abgeschafft werden, und auch die Sklaverei selbst musste in den riesigen Ländereien des britischen Weltreiches verboten werden. Nicht umsonst hatte Gott Granville Sharp eine scharfe Hakennase gegeben. Diese Nase und seine ganze Aufmerksamkeit wandte der unermüdliche christliche Fanatiker nun diesen größeren und noch grauenhafteren Ungerechtigkeiten zu.

Während der 1770er-Jahre war im Hinblick auf die Abschaffung der Sklaverei oder des Sklavenhandels wenig systematisch unternommen worden, aber das öffentliche Bewusstsein für die Sklaverei war angefacht, und langsam formierte sich eine Bewegung. 1774 schrieb John Wesley, einer der Ersten, die sich öffentlich gegen den Handel aussprachen, ein viel beachtetes Pamphlet mit dem Titel *Thoughts on Slavery* (deutscher Titel: »Gedanken über die Sklaverei«). Im selben Jahr begegnete Granville Sharp dem befreiten Sklaven Olaudah Equiano, einer der schillerndsten Figuren der gesamten abolitionistischen Bewegung. Nach eigenen Angaben[79] war Equiano elf gewesen, als er in die Sklaverei verkauft wurde. Aufgewachsen im Gebiet des heutigen

Das Erste Grosse Ziel: Die Abschaffung des Sklavenhandels ✥ 155

Nigeria, gelang es ihm, sich selbst freizukaufen, und die gesamte Welt zu bereisen. Bei einer Reise gelangte er sogar bis auf sechshundert Meilen an den Nordpol heran. An dieser Polarexpedition der Royal Navy nahm auch ein gewisser ziemlich verwegener vierzehnjähriger Junge teil, der als Erwachsener einmal Lord Nelson heißen würde. Equiano verfasste schließlich eine faszinierende Autobiografie, »Merkwürdige Lebensgeschichte des Sklaven Olaudah Equiano«[*]. Seine Geschichte, die 1789 erschien, trug viel dazu bei, die britische Bevölkerung über die tatsächlichen Erlebnisse und das Grauen des Sklavenhandels und der Sklaverei selbst aufzuklären, und sie lieferte ein starkes Argument gegen das Vorurteil, Afrikaner seien weniger wert als alle anderen Völker. Das Buch wies seinen Verfasser als einen zutiefst empfindsamen, äußerst intelligenten Menschen und tief gläubigen Christen aus.

Der klare christliche Charakter der britischen Abolitionismusbewegung ist unbestreitbar, denn viele ihrer führenden Köpfe handelten allesamt nach den Prinzipien ihres tief verwurzelten Glaubens. Für die erklärten Gegner des Abolitionismus jedoch hatte der Gedanke der Gleichheit aller Menschen keine objektive Grundlage und war eine bloße Tautologie, eine Schlange, die sich selbst in den Schwanz beißt. Obwohl viele, die den Abolitionismus bekämpften, erklärte Atheisten waren, gab es auch viele andere, die nominell Christen waren. Schuld daran waren die Führer der anglikanischen Kirche, nicht nur das Volk auf den Kirchenbänken. Die anglikanische Kirche hatte zu jener Zeit viel Geld in westindische Plantagen investiert und sah keinen Zusammenhang zwischen den Lehraussagen des christlichen Glaubens und der Abschaffung der Sklaverei. Diesen Zusammenhang herzustellen, blieb Außenseitern vorbehalten – den Methodisten und anderen sogenannten Nonkonformisten wie etwa den Quäkern und den Böhmischen Brüdern.[80] Von daher ist es verständlich, dass die anglikanische Kirche zu jener Zeit manchen kaum mehr als ein pseudochristliches Organ erschien, das staatlich geförderte, institutionalisierte Heuchelei verbreitete.

---

[*] Deutscher Titel; englisch: *The Interesting Narrative of the Life of Olaudah Equiano, or Gustavus Vassa, the African.*

Der größte Erfolg des Falles Somerset lag vielleicht darin, die Aufmerksamkeit der Öffentlichkeit auf sich zu ziehen und scharenweise Menschen für die Sache zu gewinnen. Doch elf Jahre später war der Abolitionismus keinen weiteren bedeutenden Schritt weitergekommen. Das Jahr 1783 markierte einen weiteren grausigen Meilenstein, und es ließ die Abolitionisten noch aktiver werden, sodass sie sich enger zusammenschlossen, um gegen dieses große menschliche Übel vorzugehen.

Am 18. März dieses Jahres kam Olaudah Equiano zu Granville Sharp, um ihm von einem schockierenden Ereignis zu berichten, das schon über ein Jahr zurücklag. Erst jetzt fand es seinen Weg in die Zeitungen. Die entsetzlichen und unerträglichen Einzelheiten, von denen Equiano Sharp berichtete, waren im Laufe des Prozesses ans Licht gekommen. Die britische Öffentlichkeit konnte kaum glauben, was sie da las. Bevor wir uns jedoch den abscheulichen Untaten an Bord der *Zong* zuwenden, müssen wir erläutern, was es mit der sogenannten *Middle Passage* auf sich hatte, die den Hintergrund des Vorfalls bildet.

Die *Middle Passage* über den Atlantik stand an der Spitze der Liste der Abscheulichkeiten des Sklavenhandels. Sie wurde so genannt, weil sie die mittlere Etappe des berüchtigten »Dreieckshandels« war. Auf der ersten Handelsetappe wurden europäische Güter nach Afrika transportiert und dort entladen; auf der zweiten wurde das Schiff mit seiner menschlichen Fracht beladen, die dann während dieser *Middle Passage* zu den Westindischen Inseln befördert wurde, um anschließend dort verkauft zu werden. Auf der letzten Etappe schließlich brachte das Schiff westindische Waren zurück nach Europa. Was auf der *Middle Passage* geschah, war so unerträglich grauenhaft, dass es, als es nun bekannt wurde, in der britischen Öffentlichkeit helle Empörung auslöste.

Eine berühmte Schilderung der *Middle Passage* verdanken wir Alexander Falconbridge, der als Schiffsarzt im Sklavenhandel tätig war. Es lohnt sich, ausführlich daraus zu zitieren, da seine Worte das albtraumhafte zentrale Bild des Sklavenhandels prägen.

Falconbridge schrieb:

Die männlichen Neger werden, sobald sie an Bord gebracht werden, sofort jeweils zu zweit aneinander gefesselt, mit Handschellen an den Handgelenken und an die Beine genieteten Eisen. ... Häufig werden sie so eng verstaut, dass ihnen keine andere Lage möglich ist, als auf der Seite zu liegen. Auch lässt die Höhe zwischen den Decks, wenn nicht direkt unter der Gräting*, den Luxus einer aufrechten Haltung nicht zu.

[Auf diesen Decks] befinden sich drei oder vier große, kegelförmige Eimer von beinahe zwei Fuß Durchmesser am Boden und nur einem Fuß oben und einer Tiefe von etwa achtundzwanzig Zoll, derer sich die Neger nötigenfalls bedienen können. Es geschieht oft, dass diejenigen, die sich in einiger Entfernung von den Eimern befinden, bei dem Versuch, zu ihnen zu gelangen, infolge ihrer Fesseln über ihre Gefährten stolpern. Diese Zwischenfälle, wenngleich unvermeidlich, führen zu ständigen Streitigkeiten, bei denen immer einige von ihnen verletzt werden. In dieser Notlage, da sie nicht weiter können und daran gehindert sind, zu den Behältern zu gelangen, geben sie den Versuch auf; und da die Notdurft der Natur sich nicht widerstehen lässt, erleichtern sie sich im Liegen. Dies wird zu einer neuerlichen Quelle von Geschwüren und Beschwerden und macht die Lage der gefangenen armen Teufel noch unangenehmer. Die durch diese Zustände entstehende Plage wird nicht selten dadurch verstärkt, dass die Behälter viel zu klein sind, um ihren beabsichtigten Zweck zu erfüllen, und meist nur einmal am Tag entleert werden. ...

Die Strapazen und Unannehmlichkeiten, welche die Neger während der Überfahrt erleiden, lassen sich kaum aufzählen oder ermessen. Sie leiden viel heftiger unter Seekrankheit als Europäer. Häufig endet sie mit dem Tod, besonders bei den Frauen. Aber mit das Unerträglichste ist das Fehlen frischer Luft. Um diese nötige Erfri-

---

* Gitterrost, mit dem die Schiffsluken abgedeckt sind.

schung zu ermöglichen, sind die meisten Schiffe im Sklavenhandel zwischen den Decks mit fünf oder sechs Lüftungsluken auf jeder Seite des Schiffes ausgestattet, etwa fünf Zoll lang und vier Zoll breit. Wenn jedoch die See rau ist und es stark regnet, wird es notwendig, diese und jede andere Öffnung, durch die Luft herein kann, zu verschließen. Wenn auf diese Weise die frische Luft ferngehalten wird, wird es in den Räumen der Neger unerträglich heiß. Die eingeschlossene Luft, die durch die Ausdünstungen ihrer Leiber und dadurch, dass sie wiederholt geatmet wird, noch schädlicher wird, ruft alsbald Fieber und [Durchfall] hervor, was sie im Allgemeinen in großer Zahl dahinrafft.

Während der Reisen, die ich machte, wurde ich häufig Zeuge der fatalen Auswirkungen dieses Mangels an frischer Luft. Ich werde einen Fall nennen, da er eine gewisse Vorstellung von ihren schrecklichen Leiden vermittelt, wenn auch nur eine sehr schwache. ... Nachdem nasses und windiges Wetter dazu geführt hatte, dass die Luken geschlossen wurden und die Gräting abgedeckt wurde, waren [Durchfälle] und Fiebererkrankungen unter den Negern die Folge. Während sie sich in dieser Lage befanden, ging ich häufig zu ihnen hinunter, bis schließlich ihr Raum sich so extrem aufheizte, dass es nur für sehr kurze Zeit auszuhalten war. Doch die Überhitzung war nicht das Einzige, was ihre Situation unerträglich machte. Das Deck, also der Fußboden ihrer Räume, war so bedeckt mit Blut und Schleim, ein Ausfluss infolge des [Durchfalls], dass es einem Schlachthaus glich. Die menschliche Fantasie vermag es nicht, sich eine grauenhaftere oder abscheulichere Lage vorzustellen. Da etliche Sklaven das Bewusstsein verloren hatten, wurden sie an Deck getragen, wo einige von ihnen starben und die übrigen mit großer Mühe wiederhergestellt wurden. Auch für mich wäre es beinahe tödlich ausgegangen. Das Klima war zu warm, um das Tragen jeglicher Kleidung außer einem Hemd zuzulassen, und das hatte ich ausgezogen, bevor ich hinunterging. ... Binnen einer Viertelstunde war ich von der Hitze, dem Gestank und der fauligen Luft so überwältigt, dass ich beinahe das Bewusstsein verlor, und nur mit der Hilfe anderer konnte ich wieder an Deck gelangen. Die Folge war, dass mich bald darauf dieselbe Krankheit befiel, von der ich mich erst nach mehreren Monaten erholte.

Falconbridge berichtete von einer noch schlimmeren Situation auf einem Liverpooler Schiff, das, obwohl es kleiner war als das eben beschriebene, sechshundert Sklaven an Bord nahm, die

> so dicht gedrängt untergebracht waren, dass sie übereinander liegen mussten. Dies verursachte eine so hohe Sterblichkeit unter ihnen, dass, ohne dass wir auf ungewöhnlich schlechtes Wetter getroffen wären oder eine längere Reise gehabt hätten als sonst, fast die Hälfte von ihnen starb, bevor das Schiff die Westindischen Inseln erreichte.

Falconbridges Schilderung, was mit den Kranken und Sterbenden geschah, ist ebenso grauenhaft:

> Der Platz, der den kranken Negern zugewiesen ist, befindet sich unter dem Halbdeck, wo sie auf den bloßen Planken liegen. Das führt dazu, dass bei denen, die ausgemergelt sind, häufig die Haut und sogar das Fleisch von den hervorstehenden Teilen der Schultern, der Ellbogen und Hüften durch die Schiffsbewegungen vollkommen abgescheuert werden, sodass die Knochen völlig freiliegen. Und bei manchen von ihnen scheuert sich dadurch, dass sie ständig in den Blut- und Schleimausscheidungen der Ruhrkranken liegen, die allgemein so heftig sind, dass sie nicht sauber gehalten werden können, das Fleisch viel schneller ab als bei denen, die es nur mit der bloßen Reibung des Schiffsbodens zu tun haben. Die entsetzlichen Schmerzen, welche die armen Leidenden dadurch empfinden, dass

sie in einer so grauenhaften Situation ausharren müssen, häufig mehrere Wochen lang, falls sie überhaupt so lange leben, sind unvorstellbar und unbeschreiblich.

Und schließlich ging es bei alledem darum, Menschen zu verkaufen. Es kann uns kaum überraschen, dass die Männer, die sich mit dem Einfangen und dem Transport dieser armen Seelen versündigten, auch bei ihrem Verkauf skrupellose Taktiken an den Tag legten. Falconbridge schilderte »verschiedene Täuschungsmanöver, die eingesetzt wurden, um kranke Sklaven loszuwerden«:

Viele von diesen mussten in jedem Menschengeist die lebhaftesten Empfindungen des Grauens hervorrufen. Ich weiß aus guter Quelle, dass ein Kapitän aus Liverpool sich rühmte, einige Juden mit dem folgenden Trick hintergangen zu haben. Bei einer Ladung Sklaven, die an der Ruhr litten und im Begriff standen, zum Verkauf an Land zu gehen, wies er die Schiffsärzte an, jedem von ihnen den Anus mit Kalfatwerg zu verschließen. Solchermaßen präpariert wurden sie an Land gebracht und zum gewohnten Verkaufsplatz geführt, wo ihnen, da sie nicht in der Lage waren, länger als für wenige Augenblicke zu stehen, meist erlaubt wurde, sich zu setzen. Wenn die Käufer sie untersuchen, fordern sie sie auf, aufzustehen, damit sie sehen können, ob es irgendeinen Ausfluss gibt; und wenn sie davon nichts bemerken, betrachten sie dies als Symptom der Genesung. Im vorliegenden Fall kam, da diese Erscheinung verhindert wurde, der Handel zustande, und die Sklaven wurden entsprechend verkauft. Doch es dauerte nicht lange bis zur Entdeckung. Da die armen Teufel unerträgliche Schmerzen dadurch erlitten, dass sie daran gehindert waren, sich einer so stechenden Abscheidung zu entledigen, wurde das vorübergehende Hindernis entfernt, und die getäuschten Käufer wurden alsbald von dem Schwindel überzeugt.

9. KAPITEL

DAS MASSAKER AUF DER ZONG

Anne liceat invitos in servitutem dare?
PETER PECKARD

Die Nachricht, die Olaudah Equiano atemlos Granville Sharp überbrachte, betraf ein beinahe unglaubliches Ereignis.
Am 6. September 1781 stach die *Zong*, ein Sklavenschiff von 107 Tonnen, von der afrikanischen Küste in Richtung Jamaika in See. Unter ihren Decks drängten sich 470 Sklaven, grauenhaft eingezwängt wie in Falconbridges Beschreibung. Noch bevor das Schiff seine lange Reise antrat, waren viele der Gefangenen bereits wochenlang in seinen Frachträumen festgehalten worden. Sklavenschiffe kreuzten an der afrikanischen Küste auf und ab und kauften Sklaven ein, wo immer sie welche bekamen. Dieser Prozess dauerte oft Wochen, bis die Händler meinten, sie hätten genug und könnten Segel setzen, um den Atlantik zu überqueren. Als sie endlich aufbrachen, machte der äußerst unerfahrene Kapitän der *Zong*, ein Mann namens Luke Collingwood, so viele Navigationsfehler, dass die albtraumhafte Reise mit vier Monaten erheblich länger dauerte als sonst.

Während die Wochen der überlangen Reise verstrichen, starben viel mehr Sklaven, als es sonst der Fall war. Nach drei Monaten waren bereits sechzig von ihnen tot – eine ziemlich hohe Sterblichkeitsrate, wenn auch keinesfalls eine der schlimmsten. Tote Sklaven wurden übrigens über Bord geworfen, und es war eine bekannte Tatsache, dass entlang der Seewege, die von diesen

Sklavenschiffen befahren wurden, nicht ganz zufällig Haie in großer Zahl zu finden waren. Kapitän Collingwoods navigatorische Unfähigkeit kostete ihn eine schöne Stange Geld, denn der Lohn eines Sklavenschiffskapitäns hing zu einem großen Teil vom Gesamtgewinn ab, den das Schiff einbrachte. Ein Sklave, der starb, brachte keinen Gewinn – und es stand fest, dass noch viele weitere sterben würden, bevor sie Land erreichten. Dazu kam, dass jeder kranke oder halbtote Sklave, der in Jamaika abgeliefert wurde, so gut wie kein Geld einbringen würde, und viele der Hunderte von Sklaven, die unter Deck noch am Leben waren, fielen in diese Kategorie.

Collingwood wusste, dass nicht nur die Sklaven kein Geld einbrachten, die eines »natürlichen Todes« starben, sondern ebenso auch diejenigen, die bei einem Aufstand ums Leben kam – denn ein Aufstand wurde dem Kapitän zulasten gelegt, dessen Aufgabe es war, seine Gefangenen ordentlich anzuketten und ruhig zu halten. Aber vielleicht gab es noch einen legalen Ausweg aus diesen Schwierigkeiten: Wenn ein Sklave durch »Gefahr auf dem Meer« – also durch ein Ereignis, auf das der Kapitän keinen Einfluss hatte – ums Leben kam, dann war der Geldwert dieses Sklaven durch die Versicherung gedeckt. Der Preis für jeden Sklaven war mit dreißig Pfund angegeben, was einem heutigen Wert von etwa viertausend Dollar entspricht. An dieser Stelle kam Collingwood auf eine ganz neue Idee. Sie war gewiss grotesk, selbst nach den brutalen Maßstäben jener Zeit, aber sie war vollkommen legal und hatte etwas zwingend Logisches an sich, wenn sie auch noch nie zuvor umgesetzt worden war.

Collingwood rief seine Offiziere zusammen und erklärte ihnen die Situation. Dann wies er sie an, die am schwersten erkrankten Sklaven aus dem Frachtraum zu holen, ihnen die Fesseln abzunehmen und sie – die kranken Sklaven, nicht die teuren Fesseln – über Bord zu werfen. Jeder ertrunkene Sklave konnte als Reingewinn verbucht werden. Sobald man sie getötet hatte, konnten sie nicht mehr an Bord sterben und einen um den Preis bringen, für den man sie in Jamaika verkauft hätte. Collingwood wusste, dass das Seegesetz es einem Kapitän erlaubte, einen Teil seiner Fracht über Bord zu werfen, wenn er es für notwendig hielt, um die übrige Fracht zu retten. Die Seeleute wies er an, sollten sie je gefragt werden, zu sagen, auf dem Schiff sei aufgrund der Länge der Reise das Wasser knapp geworden. Ein paar sterbende Sklaven über Bord zu werfen, damit die anderen überleben konnten, zeugte lediglich von gutem Geschäftssinn.

Anfangs weigerten sich einige aus der Mannschaft, den Befehl auszuführen, denn selbst diese Männer, die gegenüber Gräueln abgehärtet waren, die wir uns aus unserer heutigen Perspektive nicht einmal mehr vorstellen können, sahen, wie entsetzlich dieses Ansinnen war. Aber auf einem Sklavenschiff herrschte keine Demokratie.

Ungehorsam gegenüber einem Kapitän auf seinem Schiff konnte alle möglichen harten Konsequenzen nach sich ziehen, die für die Seeleute ebenso grauenhaft waren, wie ein paar sterbende Afrikaner zu ertränken. Und so warf an jenem Tag, während die *Zong* in Richtung Jamaika segelte, die Mannschaft vierundfünfzig der am schwersten kranken Gefangenen in den endlosen Ozean. Wegen ihres schlechten Zustandes ertranken einige dieser Sklaven sofort. Dieses Glück hatten andere sicherlich nicht. Als Collingwood an jenem Abend in seiner Koje lag und in Gedanken die Ereignisse des Tages an sich vorüberziehen ließ, muss er höchst zufrieden damit gewesen sein, dass er den Profit des Schiffes um 1 620 Pfund vermehrt hatte.

Am nächsten Tag – oder dem darauffolgendem Tag, das ist nicht ganz klar – wurde eine weitere Gruppe kranker Sklaven, wenn auch offensichtlich nicht so stark krank wie die erste, ausgewählt und aus dem Frachtraum an Deck geholt. Man kann sich nicht annähernd vorstellen, was diesen Afrikanern durch den Kopf ging. Viele von ihnen hatten ja keine Ahnung, wohin sie unterwegs waren oder warum sie gefangen genommen worden waren. Zu den schrecklichsten Erlebnissen eines Sklaven gehörte seine schiere Angst vor dem Unbekannten. Waren sie von Menschen oder Dämonen in Ketten gelegt und schikaniert worden? Hatten sie das Land der Lebendigen verlassen? Die meisten von ihnen hatten noch nie zuvor einen Ozean gesehen. Diesmal wurden zweiundvierzig von ihnen ausgewählt, an Deck gebracht und mit Gewalt in den Ozean geworfen. Damit stieg der garantierte Profit der *Zong* um weitere 1 260 Pfund.

Am dritten Tag wurden siebenunddreißig neue Sklaven ausgewählt, um an Collingwoods Plan zur Steigerung der Profite für die Investoren mitzuwirken. Doch von allen bisherigen steckte in dieser letzten Gruppe noch am meisten Leben. Vielleicht hatten sie schon vorher ihre Schlüsse gezogen, was ihnen bevorstand. Jedenfalls setzten sie sich zur Wehr. Infolgedessen mussten sechsundzwanzig von ihnen wieder in Ketten gelegt werden, bevor man sie über Bord warf. Zehn von ihnen jedoch wollten sich nicht fesseln lassen und sprangen von sich aus ohne Ketten über Bord. Einer dieser kranken Männer hatte noch genügend Kraft, sich an einem Seil festzuhalten, das an der Flanke des Schiffs herabhing, und dann unbemerkt wieder an Bord zu klettern. Er steuerte viele der Einzelheiten über diese Ereignisse bei.

Wie von Collingwood vorhergesagt, deckte die Versicherung der Zong den bedauerlichen Verlust eines Teils der »Fracht« ab. Er hatte jedoch nicht vorhergesehen, dass sie hinterher beschloss, die Ansprüche gerichtlich anzufechten. Der Obermaat, geplagt von Schuldgefühlen über seine Rolle bei den Ereignissen, sagte für die Versicherungsgesellschaft aus, und alles kam ans Licht, einschließlich der Tatsache, dass es während der Reise reichlich geregnet hatte und die Begründung mit den Wasserrationen frei erfunden war. Irgendwie entschied das Gericht dennoch zugunsten von Collingwood und der Zong. Die Versicherung legte Berufung ein, und an diesem Punkt kam Granville Sharp ins Spiel. Er wollte Strafanzeige wegen Mordes gegen die Beteiligten erstatten. Messerscharf erkannte er auch, dass die Ereignisse an Bord der Zong eine nie dagewesene Möglichkeit boten, endlich das britische Gesetz gegen die Sklavenhändler zu richten.

Erstaunlicherweise war der Richter abermals Lord Mansfield, der vor elf Jahren im Fall Somerset versucht hatte, sich vor einem klaren Urteil zu drücken. Was mag er wohl gedacht haben, als er nun erneut Granville Sharp in seinem Gerichtssaal erblickte? Bedauerlicherweise kam Granville diesmal nicht gegen Mansfield an. Mansfield urteilte ungerührt, dass an den Geschehnissen an Bord der Zong überhaupt nichts auszusetzen sei. Aus Sicht des Gesetzes, sagte er, sei es gerade so, »als wären Pferde über Bord geworfen worden«. Fall abgeschlossen.

Doch man konnte Granville Sharp nicht vorwerfen, er ließe sich von denkfaulen Richtern an der Nase herumführen. Die absichtliche Ertränkung von 131 Menschen aus Profitgründen war ein absurder Frevel gegen Gott, ganz zu schweigen von einem nicht hinzunehmenden Schandfleck auf dem britischen Rechtssystem. Sharp würde tun, was er konnte. Zuallererst schrieb er eine Flut von Briefen an zahlreiche Geistliche im ganzen Land und unterrichtete sie über die monströsen Einzelheiten des Falles. Manche von ihnen erwähnten den Vorfall in ihren Predigten, und so sprach sich die Kunde von den Morden und der anschließenden juristischen Farce herum. Als die Nachricht vom Vorfall auf der *Zong* einen prominenten anglikanischen Geistlichen namens Peter Peckard erreichte, berührte sie ihn zutiefst. Peckard war 1785 zum Vizekanzler der Universität Cambridge ernannt worden, und sein wachsendes Entsetzen über den Sklavenhandel – noch verstärkt durch seine eben gewonnene Erkenntnis über den Vorfall auf der *Zong* – veranlasste ihn dazu, einen Schritt mit äußerst weitreichenden Folgen zu unternehmen. Der Vizekanzler hatte unter anderem die Aufgabe, das Thema für den jährlichen lateinischen Aufsatzwettbewerb der Universität vorzugeben. Dieser Wettbewerb war so ungemein prestigeträchtig, dass der Sieger sein stolzes Strahlen meist bis zum Grab nicht mehr loswurde. Peckard gab nun seiner wachsenden abolitionistischen Leidenschaft nach und formulierte 1785 die Frage so: *Anne liceat invitos in servitutem dare?* (»Ist es rechtmäßig, andere gegen ihren Willen zu versklaven?«) Noch konnte er nicht ahnen, dass der Siegeraufsatz, der diese provokative Frage beantwortete, eine gewaltige Rolle für die Abschaffung der Sklaverei spielen sollte.

In jenem Jahr war der Sieger ein Theologiestudent mit Stipendium namens Thomas Clarkson. Er gehörte zum St. John's College, das Wilberforce einige Jahre zuvor besucht hatte. Clarkson war mit seinen fünfundzwanzig Jahren ein tiefgläubiger Christ, der bislang kein besonderes Interesse am Thema der Sklaverei und ihrer Rechtmäßigkeit gehabt hatte. Als er sich jedoch mit dem Eifer des akademischen Ehrgeizes auf das Thema stürzte, fand der junge Gelehrte Fakten über den Sklavenhandel heraus, die er vielleicht lieber nicht gewusst hätte. Die blutige Parade von Abscheulichkeiten, die während dieser Zeit durch Clarksons Geist ging, veränderte ihn grundlegend. Auf der Jagd nach einer akademischen Auszeichnung erfuhr er etwas, wovon nur wenige Menschen seiner Zeit wussten: das volle Ausmaß des monströsen Handels mit Menschenfleisch, der seit Jahrtausenden getrieben wurde und gerade jetzt im britischen Weltreich seine Blütezeit hatte.

Nach Abschluss seines Studiums verließ Clarkson Cambridge zu Pferd und machte sich auf den Weg nach London, wo er eine kirchliche Laufbahn einschlagen wollte. Doch während dieses Rittes plagten ihn die Gedanken an das, was er in Erfahrung gebracht hatte. Unentwegt versuchte er, die fürchterlichen, sadistischen Bilder aus seinen Gedanken zu vertreiben. Doch es gelang ihm nicht. Er ritt weiter. Als er durch Herefordshire kam, stieg er in der Nähe von Wades Mill von seinem Pferd und setzte sich überwältigt an den Straßenrand. An diesen Moment würde er sich für den Rest seines langen Lebens erinnern. Denn in diesem Augenblick dort am Straßenrand wurde Thomas Clarkson klar: Wenn all das zutraf, was er über diese Welt, in der er nun saß, herausgefunden und in seinem preisgekrönten Aufsatz geschildert hatte, dann war es an der Zeit, diesem Zustand ein Ende zu machen.

Clarkson beschloss daraufhin, seinen lateinischen Aufsatz ins Englische zu übersetzen und in Umlauf zu bringen. Im Zuge seiner Bemühungen lernte er bald einige der anderen kennen, die schon seit Jahren für diese Sache arbeiteten, darunter Granville Sharp und Olaudah Equiano. Ein entscheidender Augenblick für die Abolitionisten stand kurz bevor. Gleichgesinnte Männer und Frauen fanden zueinander, tauschten ihre Geschichten aus und begannen, Strategien zu formulieren. Bald lernte Clarkson auch James Ramsay kennen, der Wilberforce kannte und zwei Jahre zuvor im Haus der Middletons in Teston dazu beigetragen hatte, Wilberforce auf die Sache der Sklaven aufmerksam zu machen.

Das Jahr 1783 war ein wichtiges Jahr für den Abolitionismus. In jenem Jahr sprach Wilberforce zum ersten Mal mit Ramsay, und der Fall der *Zong* lenkte die Blicke der Öffentlichkeit auf den Sklavenhandel, der wie nie zuvor zum Tagesgespräch wurde. In jenem Jahr gründeten die Abolitionisten auch aus den Reihen der Quäker einen sechsköpfigen Ausschuss »zur Unterstützung und Befreiung der Negersklaven auf den Westindischen Inseln und zur Bekämpfung des Sklavenhandels an der Küste Afrikas«. Mit diesem Ausschuss arbeitete bald auch Granville Sharp zusammen, und ebenso Equiano. Die Geburt einer Bewegung kündigte sich an. Doch den Beteiligten fehlte es an zwei wesentlichen Dingen: an einer soliden Kenntnis der Sklaverei auf den Westindischen Inseln und an echtem politischem Einfluss. Wir wissen, dass Sharp, da er nun einmal Sharp war, und die Quäker, da sie nun einmal Quäker waren, beteten. Und auf Gottes Antwort warteten.

Und William Wilberforce und Dr. James Ramsay würden die Ränge schließen. Wilberforce' alter Freund des St. John's College, Gerard Edwards, machte die beiden miteinander bekannt. Als ganz junger Mann hatte Edwards, ein Mitglied der alten *Goostree's Gang*, die Tochter von Lady Middleton und Kapitän Sir Charles Middleton, einem Rechnungsprüfer der Royal Navy, geheiratet. Das Landhaus der Middletons in Teston in Kent hieß *Barham Court*, und Wilberforce war dort in den frühen 1780ern oft zu Gast, um Edwards zu besuchen. Die Middletons waren Methodisten, und es ist ein interessanter Gedanke, dass Wilberforce sich Jahre nach seinem frühen Abfall vom Methodismus und einige Jahre vor seiner Begegnung mit Milner und der Wiederentdeckung seines Glaubens oft im Hause dieser hingegebenen Christen aufhielt. Sir Charles und Lady Margaret Middleton waren zwei weitere wesentliche Gestalten in der Bewegung für die Beendigung des Sklavenhandels im britischen Weltreich. Man wundert sich unwillkürlich über die seidenen Fäden, an denen Bewegungen, die die Welt verändern, manchmal hängen. Lady Middleton scheint einer dieser Fäden gewesen zu sein. Margaret Gambier, so ihr Mädchenname, war als Kind durch die Verkündigung von George Whitefield zum Glauben gekommen. Sie war die Nichte eines Kapitäns der Navy, und einer der Offiziere dieses Kapitäns war Charles Middleton, der Margaret in den 1750er-Jahren kennenlernte und sie 1761 heiratete. Middleton bekannte, »alles, was [er] an Religion besitze«, sei seiner Frau zu verdanken. Als hervorragende Malerin und Musikerin war sie mit dem Maler Joshua Reynolds, dem Schauspieler David Garrick und mit Dr. Johnson befreundet. Margaret Middleton war auch mit Hannah More befreundet und trug mit dazu bei, dass sich der Glauben der Dramatikerin vertiefte und sie für das Anliegen der Abolitionisten gewonnen wurde.

Damals, 1759 in Westindien, wies Sir Charles Middleton den Arzt seines Schiffes *Arundel* an, an Bord eines Sklavenschiffes zu gehen: Die *Swift* war den Franzosen erst frisch abgejagt worden. Der Arzt war James Ramsay, und was er und Middleton an jenem Tag im stinkenden Frachtraum der *Swift* mit eigenen Augen sahen, schockierte sie regelrecht. Wir können davon ausgehen, dass die Zustände sich nicht sehr von den Szenen unterschieden, die Alexander Falconbridge beschrieb. Bald darauf veranlasste eine Verletzung Ramsay, die Navy zu verlassen und sich Arbeit an Land zu suchen. Er ließ sich auf der Insel Saint Christopher nieder (heute Saint Kitts genannt) und wurde als anglikanischer Geistlicher ordiniert. Er diente als Pfarrer in zwei Gemeinden. In jener Zeit oblag ihm auch die medizinische Beaufsichtigung der Zuckerplantagen. All die entsetzlichen Dinge, die dieser empfindsame Mensch während jener Jahre zu Gesicht bekam, weckten in ihm ein tiefes, betendes Verlangen, alles in seiner Macht Stehende zu tun, um den Sklaven zu helfen. Er hieß sie in seiner Kirche willkommen und hielt Bibelstunden für sie, was ihm rasch den unsterblichen Hass der weißen Plantagenbesitzer auf der Insel eintrug. Während jener Jahre konnte er kaum ahnen, dass er eines Tages zu einem entscheidenden Bindeglied in der abolitionistischen Bewegung würde.

1781 lud Ramsays alter Kommandant Sir Charles ihn ein, die Westindischen Inseln zu verlassen und Pfarrer der Kirchengemeinde von Teston zu werden. Die Kirche befand sich nur ein kleines Stück den Hang hinab von Barham Court, dem Haus der Middletons. Ramsay nahm die Stellung an und kehrte nach England zurück. In Teston sprach er oft und leidenschaftlich mit den Middletons über das Grauen der Sklaverei. Nachdem sowohl Lady Middleton und Bischof Porteus ihn gedrängt hatten, seine Erlebnisse und Gedanken auf Papier festzuhalten, begann Ramsay sein Buch *Essay on the Treatment and Conversion of Slaves in the British Sugar Colonies* (»Aufsatz über die Behandlung und Bekehrung von Sklaven in den britischen Zuckerkolonien«)

zu schreiben. Während Ramsay 1783 an diesem Text saß, traf Wilberforce durch die Vermittlung von Gerard Edwards zum ersten Mal mit ihm zusammen. Zweifellos in der Hoffnung, Wilberforce als aufstrebendes Parlamentsmitglied werde etwas unternehmen, verwickelte Ramsay ihn in eine ernste Diskussion über die westindischen Sklaven. Ramsay fürchtete die Konsequenzen, die eine Veröffentlichung seiner Schrift haben könnte – und das zu Recht, wie wir noch hören werden –, aber er veröffentlichte sie dennoch. Die Veröffentlichung des Buches 1784 glich einem Griff in ein Hornissennest. Über Ramsay brach die Hölle herein. Die Schlacht hatte endlich ernsthaft begonnen.

Das Jahr 1786 brachte einen erneuten Fortschritt für die Sklaven: Wie schon erwähnt, veröffentlichte Clarkson seinen Aufsatz. Der Verlag, der den Quäkern nahestand, schickte ein Exemplar an Ramsay, dessen Schrift ebenfalls dort erschienen war. Ramsay hatte noch nie von Clarkson gehört, doch nachdem Ramsay den Text gelesen hatte, lud er Clarkson zu sich nach Teston ein.

Im Juli 1786 baten die Middletons Bischof Porteus und Benjamin La Trobe[81] zu Gast nach Teston. Lady Middleton wollte sie miteinander bekannt machen, denn La Trobe war das Oberhaupt der »Böhmischen Brüder«, die als Einzige unter den Sklaven missionierten, indem zumindest einige von ihnen selbst Sklaven wurden. Die Böhmischen Brüder waren außergewöhnliche Christen, die ähnlich wie die damaligen Quäker und Wesleys Methodisten die hochnäsige Abfälligkeit der theologisch kompromittierten religiösen Führer der anglikanischen Kirche ignorierten und in aller Stille das taten, was ihr Glaube an Gott von ihnen forderte. Porteus gehörte zu den theologisch orthodoxen Bischöfen in der anglikanischen Kirche.

Bei einem Abendessen in jenem Sommer in Teston erklärte Clarkson zum ersten Mal öffentlich seine Absicht, seine gesamte Zeit der Abschaffung der Sklaverei zu widmen. Von diesem Moment an ließ er nicht nach, die Öffentlichkeit aufzurütteln, indem er seinen Aufsatz unter die Leute brachte.

Lady Middletons herausragende Rolle für den Abolitionismus ist unbestreitbar. Ramsay und Charles Middleton hatten inzwischen erkannt, dass ein parlamentarisches Vorgehen in irgendeiner Form notwendig war, um etwas zu erreichen. Doch gerade Lady Middleton ergriff bei einem Frühstück in jenem Herbst die Initiative. In Gegenwart einiger anderer sagte sie zu ihrem Mann:

> Ich glaube wirklich, Sir Charles, Sie sollten die Sache vor das Unterhaus bringen und eine parlamentarische Untersuchung jenes abscheulichen Handels verlangen, der eine solche Schande für den britischen Charakter darstellt.

Middleton glaubte allerdings nicht, der richtige Mann dafür zu sein, da seine rednerische Begabung nicht ausreiche, um sich zum Fürsprecher für etwas so Unpopuläres wie die Abschaffung der Sklaverei aufzuschwingen. Doch die Bemerkung seiner Frau führte zu weiteren Diskussionen darüber, wer im Parlament der richtige Mann für diese Aufgabe sein könnte. Natürlich wurde Wilberforce' Name genannt. Wenig später schrieb Middleton ihm einen Brief, doch die Antwort fiel noch nicht übermäßig ermutigend aus. Wilberforce sagte, er empfinde die große Bedeutung des Themas und fühle sich dem nicht gewachsen. Ganz ausschließen wollte er es jedoch nicht, und er versprach, die Middletons bald zu besuchen, um darüber zu sprechen. Im frühen Winter 1786-87 kam er nach *Barham Court*.

Etwa um diese Zeit bot Wilberforce *Lauriston House*, seine Villa in Wimbledon, zum Verkauf an und erwarb ein Haus am Old Palace Yard Nr. 4, gleich gegenüber dem Eingang des Königs zum Oberhaus. Von nun an war es für ihn bis zu seiner Arbeitsstelle nicht weiter als bis in seinen eigenen Garten.

Hier in Old Palace Yard Nr. 4 stand gleich zu Beginn des neuen Jahres 1787 Thomas Clarkson auf der Türschwelle und hinterließ ein Exemplar seines Aufsatzes. Einige Tage später kam er nochmals vorbei, und diesmal traf er Wilberforce an. Diese erste Begegnung zwischen den beiden Männern muss wohl einer der wichtigsten Momente für den Abolitionismus gewesen sein. Er stand den Männern in unterschiedlicher Erinnerung. Wilberforce hatte schon einige Male zuvor über den Sklavenhandel nachgedacht und einige

Monate davor den Brief der Middletons erhalten. In jenem Brief scheint er zum ersten Mal direkt gefragt worden zu sein, ob er sich die Sache im Parlament auf die Fahne schreiben wolle. Zudem hatte er sich erst kürzlich mit den Middletons getroffen, um das Thema zu erötern, und Middletons Ziel stand außer Frage: Wilberforce zu überzeugen, sich der Bewegung anzuschließen.

Clarkson hingegen stand unter dem Eindruck, er habe mit seinem Aufsatz Wilberforce auf die abolitionistische Bewegung aufmerksam gemacht. Auch wenn das nicht zutraf, steht es außer Frage, dass Clarkson einer der entscheidenden Akteure war. Im Laufe der nächsten Monate suchte er Wilberforce etliche Male auf. Sie tauschten Informationen aus, und Clarkson berichtete den Quäkern von ihren Gesprächen. Es scheint klar, dass Wilberforce zu dieser Zeit ein parlamentarisches Vorgehen bereits ernsthaft in Erwägung zog. Ebenso klar ist, dass Clarkson nicht wusste, dass außer ihm noch andere Kräfte am Wirken waren. Somit sah er es als seine Aufgabe an, Wilberforce zu drängen, öffentlich zuzusagen, die Sache im Unterhaus voranzutreiben.

In der Absicht, ihm eine feste und öffentliche Zusage für ein parlamentarisches Vorgehen zu entlocken, lud Clarkson Wilberforce am 13. März zu Tisch im Haus eines reichen Landbesitzers aus Lincolnshire, Bennet Langdon, dessen ein Meter fünfundneunzig große Erscheinung an einen Storch erinnerte. Langdon war mit Dr. Johnson befreundet, und an jenem Essen nahmen auch Johnsons Freund Boswell, der Maler Joshua Reynolds, Sir Charles Middleton und zwei weitere Parlamentarier teil. Im Laufe des Abends wurde Wilberforce gefragt, ob er einen Antrag zur Abschaffung des Sklavenhandels einbringen werde. Seine Antwort war das typische klare Vielleicht eines Politikers – letzten Endes ein Ja mit zwei Vorbehaltsklauseln. Er sagte Ja, vorausgesetzt, es ließe sich niemand finden, der geeigneter sei; und er habe mehr Zeit gehabt, Fakten zu sammeln.

Clarkson jedoch – der die Zustimmung deutlicher als die Ambivalenz gehört hatte –, berichtete seinen Mitstreitern bei den Quäkern, Wilberforce habe sich öffentlich verpflichtet, in dieser Sache aktiv zu werden. Deshalb lassen viele Darstellungen es so erscheinen, als habe Wilberforce bei diesem Abendessen seine Entscheidung getroffen. Doch das erscheint als Trugschluss. Wilberforce war berühmt dafür, jede Sache von allen Seiten zu betrachten, manchmal ohne ein Ende zu finden. Das prägte auch seine Reden im Parlament, bei denen er jede Entscheidung wie ein kleines Kind hin und her zu bewegen schien. Und diese Frage war gewiss die wichtigste aller Fragen, über die er jemals entscheiden müsse, und er hatte nicht vor, sich dazu zwingen oder drängen zu lassen, wie er den Rest seines Lebens, oder zumindest den größten Teil davon, verbringen würde. Er würde sich über Gottes Absichten klar werden müssen, wie er es ausdrückte; genau dies versuchte er in all diesen – im Grunde unverbindlichen – Gesprächen herauszufinden. Wilberforce war sich schmerzlich bewusst, dass er Jahre damit vergeudet hatte, wenig oder nichts zu tun, und er bewegte sich stetig auf die Schlussfolgerung zu, die Abschaffung des Sklavenhandels sei in der Tat seine große Aufgabe, für die Gott ihn ins Parlament berufen habe. Und eben diesem Anliegen würde er sich widmen und ein für alle Mal den Jahren ein Ende setzen, in denen er es versäumt hatte, sich etwas Bedeutendem zu widmen. Wilberforce würde sich jedoch nicht gedankenlos ins Getümmel stürzen. Zuerst würde er »die Kosten überschlagen«. Beim Essen am 13. März im Hause Langdons war dieser Prozess noch nicht abgeschlossen.

Doch der Druck, eine Entscheidung zu treffen, nahm zu. Genau einen Monat nach besagtem Abendessen schrieb Bischof Porteus an Wilberforce, um ihm mitzuteilen, dass die Informationen in Ramsays aufwiegelndem Essay korrekt waren – ein Mr Stuart, ein Mann von sehr gutem Ruf, habe sie bestätigt. Wenn überhaupt, so sagte Stuart, war Ramsays Version eher konservativ in ihrer Schilderung der Abscheulichkeiten der westindischen Sklaverei. Nun schien die Zeit reif, um das Thema mit Nachdruck ins Parlament zu bringen und ein starkes Plädoyer für die Abschaffung des Sklavenhandels vorzutragen. Doch ein weiterer Monat sollte ins Land gehen, bis Wilberforce seine Lenden gürtete und in die Fluten des Rubikons hinabstieg.

Die Wilberforce'sche Familientradition nennt als Datum für seine unumkehrbare Entscheidung den 12. Mai. An jenem Tag besuchte Wilberforce seinen Freund Pitt in dessen großem Landhaus, *Holwood Estate*, ungefähr 30 Kilometer südöstlich von London gelegen; während er und Pitt spazieren gingen, rasteten sie unter einer riesigen alten Eiche. Die nationale Symbolik der ehrwürdigen englischen Eiche sprach Bände: Ihr Alter und ihre Größe gab ihrem historischen Gespräch einen würdigen Rahmen. Pitts Cousin William Grenville, der später sein Nachfolger als Premierminister werden sollte, begleitete sie. Seine Beteiligung an diesem Gespräch würde sich noch als mächtiges Zeichen der Vorsehung herausstellen. Auch Pitt hatte Wilberforce gedrängt, eine Entscheidung zu fällen, und ihm zugeredet, er sei wie geschaffen für diese Rolle. Pitt hatte nun einige Zeit gehabt, die Nachhaltigkeit der »Großen Wandlung« bei seinem Freund zu beobachten. Es ist möglich, dass er die Befürchtung hegte, Wilberforce zu verlieren, und daher nach einer Aufgabe suchte, die seinen besten Freund und fähigsten Verbündeten an seiner Seite im Parlament halten würde.

»Verlier keine Zeit«, sagte Pitt, »oder das Territorium wird von einem anderen besetzt werden.« Es birgt eine gewisse Komik, dass Pitt nicht verstand, dass er es jetzt nicht mehr mit einem Mann zu tun hatte, dessen größte Motivation sein persönlicher Ehrgeiz war. Doch Pitt hatte durchaus recht: Falls Gott selbst, wie Wilberforce glaubte, ihn zu dieser Aufgabe berufen habe, und er sie ausschlug, konnte Gott einen anderen finden, der sie übernähme.

»Ich erinnere mich gut«, schrieb Wilberforce Jahre später,

> wie ich nach einem Gespräch im Freien an der Wurzel eines alten Baumes in Holwood, gleich oberhalb des steilen Abstiegs in das Tal von Keston, beschloss, bei passender Gelegenheit im Unterhaus meine Absicht kundzutun, das Thema zur Sprache zu bringen.

Und so wurde Geschichte geschrieben: drei Männer, die übrigens alle auf den gleichen Vornamen hörten und siebenundzwanzig Jahre alt waren, versunken im Gespräch eines schönen Maitages am Fuß einer uralten Eiche, die ihre Wurzeln tief in eine Hügelkuppe grub: ein Premierminister, ein zukünftiger Premierminister und eine Persönlichkeit, die von diesem Moment an im Zentrum einer bedeutenden Sache stehen sollte, welche die Möglichkeiten eines einzelnen Mannes bei Weitem überstieg, sodass ein Baum, dessen Leben vor mehreren Jahrhunderten begonnen hatte und noch fast zwei weitere Jahrhunderte dauern würde, als einzig würdiger stummer Zeuge dieses Gesprächs auserkoren wurde.

10. KAPITEL

KEINE KOMPROMISSE

»... *ein einziger Frevel von Anfang bis Ende.*«
THOMAS CLARKSON

Nachdem sich Wilberforce öffentlich erklärt hatte – und damit über dem Schlachtgetümmel eine weithin leuchtende Fahne wehte –, hatten die vielen hier und da versprengten und umherirrenden abolitionistischen Vorkämpfer plötzlich einen Punkt, an dem sie sich sammeln konnten. Ein Schlachtplan war entworfen, Anführer waren ausgewählt, und der Sieg eindeutig definiert: die Abschaffung des Sklavenhandels auf dem Wege der Gesetzgebung. Die abolitionistische Bewegung hatte volle Fahrt aufgenommen.

Am 22. Mai 1787 führte Granville Sharp den Vorsitz in dem neu (privat) gegründeten *Committee for the Abolition of the Slave Trade* (»Komitee für die Abschaffung des Sklavenhandels«). Seine Mitglieder beschlossen, es müssten sofort so viele Informationen wie möglich gesammelt werden, bevor die parlamentarische Untersuchung bekannt werde. Heimlichkeit lautete das Gebot der Stunde. Sobald das geplante parlamentarische Vorgehen an die Öffentlichkeit gelangte, würden die am Sklavenhandel Beteiligten alles in ihrer Macht Stehende tun, um Informationen unter Verschluss zu halten – und in ihrer Macht stand allerhand. Doch noch hatten sie Zeit, und Clarkson plante für jenen Sommer eine ausgedehnte Erkundungsexpedition durch die englischen Sklavereihäfen. Für seinen Mut bei diesem Abenteuer verdient er ewiges Lob. In Hafenstädten wie Liverpool und Bristol gab es natürlich viele Leute, die jeden hassten, der auch nur entfernt mit dem Abolitionismus zu tun hatte, allen voran diesen Fanatiker Clarkson, dessen verdammter lateinischer Aufsatz den ganzen Ärger, der sich jetzt zusammenbraute, zum großen Teil mit verursacht hatte. Etliche Male war in den kommenden Monaten sein Leben in Gefahr, doch je mehr Gräuel des Sklavenhandels er sah, desto größer wurde sein Eifer, ihn zu beenden. »Welchem Zweig des Systems ich meinen Blick auch zuwandte, ich fand es überall gleichermaßen barbarisch«, schrieb er. »Der Handel war, kurz gesagt, von Anfang bis Ende ein einziger Frevel.«

Wohin er sich auch wandte, stieß er auf neue Abscheulichkeiten. Er ging an Bord der Sklavenschiffe und maß die Räume aus, die den Sklaven zugewiesen waren. Er kaufte die grausigsten Bändigungs- und Foltergeräte, von Hand- und Beinschellen bis zu Daumenschrauben und Brandeisen. Es gab ein Gerät, das dazu diente, Sklaven, die sich weigerten zu essen, die Münder aufzuhebeln. Clarkson sprach mit jedem, der über das Thema reden wollte, und sammelte endlose Berichte voll grausamer Einzelheiten. Alles, was er aufdeckte, spornte ihn nur an, noch intensiver nachzuforschen. Der unermüdliche Einsatz Clarksons ist wahrhaft unvorstellbar: Am Ende hatte er zwanzigtausend Seeleute befragt.

Ganz deutlich wurde Clarkson und Wilberforce, dass der Sklavenhandel, wie alle systematischen Übel, das Leben eines jeden korrumpierte und ruinierte, der damit zu tun hatte. Es schien, dass nahezu jeder Beteiligte mit unlauteren Mitteln für das System gewonnen worden war: Viele waren entführt und gegen ihren Willen dazu gezwungen worden, während andere gezwungen wurden, um Schulden zu bezahlen, die doch nie abbezahlt wurden. Der ganze Sklavenhandel war wie eine Art Gulag auf See, in dem eine Schicht von Gefangenen als Seeleute von psychotischen und krankhaft grausamen Kapitänen und eine andere Schicht von Gefangenen als Sklaven von Kapitänen und Seeleuten körperlich und geistig misshandelt wurden. Als Wilberforce, Clarkson, Sharp und die anderen ihre Ergebnisse sichteten, überraschten sie am meisten die gefundenen Indizien dafür, dass der Handel die Seeleute, die weißen Engländer, verdarb und schädigte. Die Händler und die westindischen Pflanzer verbreiteten die Lüge, der Sklavenhandel sei ein ausgezeichneter Weg, um junge Männer für die Navy zu schulen – eine Behauptung, die den Dienst auf einem Sklavenschiff als eine Frage der nationalen Sicherheit erscheinen ließ. Doch alles, was Clarkson aufdeckte, bewies das Gegenteil: Die beteiligten weißen Seeleute waren fast durchweg unglücklich und hätten alles getan, um dem Handel zu entrinnen, doch sie fürchteten selbst die Peitsche und waren machtlos.

Überdies liefen die Seeleute an Bord der Sklavenschiffe Gefahr, an denselben Krankheiten zu sterben, die auch die Sklaven umbrachten. All diese Fakten waren der britischen Bevölkerung schlicht und einfach nicht bekannt. Es bestand die Hoffnung, diese Beweise würden ihnen zu denken geben, wie auch denjenigen Politikern, die in dieser Frage noch offen waren und nicht von den Pflanzern bezahlt wurden.

Im Zuge seiner Nachforschungen kam Clarkson zu dem unvorstellbaren Schluss, die Sterblichkeitsrate unter den englischen Seeleuten an Bord der Sklavenschiffe betrage im Jahresdurchschnitt fünfundzwanzig Prozent. Die Seeleute selbst freilich fanden irgendwann heraus, wie ihre Chancen standen, doch dann war es schon zu spät. Sie konnten dem System ebenso wenig entrinnen wie die Sklaven. Diese und andere Gräuel waren die schmutzigen Geheimnisse des Handels, und sie aufzudecken war ein widerwärtiges und gefährliches Geschäft.

Die entsetzlichen Bedingungen, unter denen weiße Engländer im Sklavenhandel arbeiteten, lieferten Wilberforce ein starkes Argument für seine Abschaffung. Sie würden der Öffentlichkeit und den Parlamentariern die Lügen der Sklavenhändler vor Augen führen. Wilberforce sagte, der Handel sei keineswegs eine »Kinderstube für Seeleute«, sondern »eher ihr Grab«.

In Liverpool stieß Clarkson auf die unvorstellbare, aber nachprüfbar wahre Geschichte eines Sklavenschiffskapitäns, der seinen eigenen Proviantmeister zweieinviertel Stunden lang ausgepeitscht hatte. Es ist wohl kein Wunder, dass der Mann starb. Derartige Geschichten häuften sich, bis man Clarkson anmerkte, wie sehr sie ihn belasteten. »Mir war der Gedanke eine Qual, dieser Handel dauere auch nur einen weiteren Tag an«, schrieb er. »Ich war von morgens bis abends in einem äußerst erregten Zustand.«

Dann lernte Thomas Clarkson Alexander Falconbridge kennen, dessen Bericht über die Middle Passage wir bereits ausschnittsweise gelesen haben. Falconbridge war nur zu gern bereit, Clarkson von den entsetzlichen Dingen zu erzählen, deren Zeuge er geworden war, und begleitete ihn für einen großen Teil des Sommers. Falconbridge trug stets eine Pistole bei sich, da er weit mehr über die Bösartigkeit des Feindes wusste als der junge Clarkson.

Es bedarf einer Erklärung, warum die Anhänger der abolitionistischen Bewegung nicht beabsichtigten, die Sklaverei insgesamt abzuschaffen, sondern lediglich den Sklavenhandel. Eine einfache Antwort darauf gibt es nicht, aber zum Teil steckten strategische Erwägungen dahinter. Eine offene Forderung nach Abschaffung der Sklaverei erschien ihnen zu diesem frühen Zeitpunkt als ein Schritt zu weit. Schon die Rede vom Ende des Handels galt vielen noch als wirtschaftlicher Wahnsinn. Es war an Wilberforce, aufzuzeigen, dass die Abschaffung des Sklavenhandels nicht nur in ethischer, sondern auch in ökonomischer Hinsicht der richtige Schritt war und dass sich kurzfristige Kosten langfristig sogar auszahlen würden.

Man glaubte auch – naiverweise, wie uns heute klar ist –, die Abschaffung des Sklavenhandels werde die westindischen Pflanzer dazu zwingen, ihre Sklaven besser zu behandeln. Wenn frischer Nachschub ausblieb, würden sie darauf achten müssen, dass ihre Sklaven sich nicht wie bisher zu Tode schufteten. Sie würden sich auch um die Gesundheit der Frauen sorgen müssen, sodass diese Kinder bekommen und sie aufziehen konnten. Das Leben der Sklaven auf den westindischen Zuckerrohrplantagen war, so unglaublich es auch klingen mag, noch viel schlimmer als das Leben der meisten Sklaven im kolonialen Amerika. Zuckerrohr anzubauen und zu ernten war eine unvorstellbar mörderische Arbeit. Die Pflanzer ließen ihre Sklaven sich buchstäblich totarbeiten, um dann neue zu kaufen. Wilberforce und die anderen dachten, diese Praktiken würden sich mit Verbot des Sklavenhandels ändern. Sie ahnten noch nicht, dass sie einem Trugschluss aufsaßen.

Man dachte auch, die Sklaven seien noch nicht ganz bereit für völlige Befreiung und müssten erst allmählich zu diesem Punkt geführt werden. Aus rein pragmatischer Sicht hatte dieser Gedanke etwas für sich – genau wie seinerzeit Mansfields Befürchtung, sein Urteil im Fall Somerset würde vierzehntausend britische Sklaven befreien, die dann nicht in der Lage wären, für sich selbst zu sorgen. Ethisch lässt sich eine solch pragmatische Sicht jedoch nur schwer verteidigen.

Ein Weg, wie nach Wilberforce' Meinung die Abschaffung des Sklavenhandels beschleunigt werden konnte, war ein internationales Abkommen mit den anderen Ländern, die am Sklavenhandel beteiligt waren, vor allem mit Frankreich. Ohne ein Abkommen mit Frankreich war die Sache hoffnungslos, denn das erste Argument gegen die Abschaffung des Sklavenhandels im Parlament würde lauten, dass die Franzosen, ihr alter Feind, einfach das gesamte Handelsvolumen übernehmen würden, das Großbritannien abschaffte. Die Briten konnten nicht daran denken, einen so entscheidenden Teil ihrer Wirtschaft aufzugeben – so würden die Pro-Sklaverei-Kräfte zumindest argumentieren –, solange Frankreich nicht gleichzog. Also taten Wilberforce und Pitt ihr Möglichstes, um das zustande zu bringen.

William Eden, der Staatsmann, der während Englands Disput mit den amerikanischen Kolonien dort Friedensverhandlungen geführt hatte, war nun Gesandter am französischen Hof, und auf Bitten von Wilberforce und Pitt führte er mit dem französischen Außenminister de Montmorin Gespräche über die Abschaffung des Sklavenhandels. Montmorin bat um weitere Informationen über den Sklavenhandel, und Wilberforce antwortete ihm am 23. November mit einem langen Brief. Er enthielt eine Fülle von Einzelheiten, die sie entdeckt hatten, und widerlegte manche Propagandalügen und Fehlinformationen, die über den Handel in Umlauf waren. Unter anderem bestritt er die falschen Behauptungen, die meisten Sklaven, die auf die Westindischen Inseln verschifft wurden, seien Verbrecher, die so vor der Hinrichtung bewahrt würden, oder Kriegsgefangene, die wahrscheinlich ebenfalls auf diese Weise einer Hinrichtung entgingen. Viele Leute glaubten das tatsächlich und für sie war der Gedanke der Sklaverei kaum ein Achselzucken wert. Die Wirtschaft der Nation dafür aufs Spiel zu setzen, lohnte sich jedenfalls nicht. Doch es war nur üble Propaganda. Wie viele Frauen und Kinder konnten denn Kriegsgefangene sein, die einer Hinrichtung entgegensahen? Selbst wenn die Sklaven tatsächlich »Kriegsgefangene« waren, so stellte sich heraus, dass die betreffenden »Kriege« unter äußerst fadenscheinigen Vorwänden von gewinnsüchtigen afrikanischen Häuptlingen begonnen worden waren, denen jeder Grund recht war, um Menschen gefangen zu nehmen und sie mit riesigem Profit zu verkaufen. Die Korruption war überall. Die Afrikaner erkannten rasch, dass europäische Sklavenhändler völlig skrupellos waren und nur ihre Schiffe so schnell wie möglich füllen wollten. Kein Sklavenhändler hätte je einen afrikanischen Stammesführer danach gefragt, ob er die »Gefangenen«, die er verkaufte, in einem Konflikt gefangen gesetzt hatte, der den Maßstäben des heiligen Augustinus für einen »gerechten Krieg« entsprach.[82]

Wilberforce' Nachforschungen zeigten, dass der Sklavenhandel die afrikanische Wirtschaft geschädigt und ruiniert hatte. Er kam zu der Überzeugung, dass deshalb eine Schuld gegenüber dem afrikanischen Kontinent bestand. Für den Rest seines Lebens versuchte Wilberforce, Afrika zu helfen. Das heißt nicht, das Verhalten der Afrikaner in puncto Sklavenhandel sei dem der weißen Europäer moralisch überlegen. Alle hatten sich in groteskem Ausmaß schuldig gemacht, quer durch die Bank, einschließlich der afrikanischen Häuptlinge, die jeden entführten und misshandelten, dessen sie habhaft werden konnten, und die ihre Gefangenen in Gewaltmärschen an die Küsten trieben. Dort wurden sie über Zwischenhändler an die Sklavenschiffskapitäne verkauft, die sie dann zu den westindischen Pflanzern brachten, wo sie sich schließlich zu Tode schuften mussten. Jede Etappe dieser Reise war ein unaussprechliches Elend für die Afrikaner, und ein erschreckend hoher Prozentsatz von ihnen fand dabei den Tod. Doch Wilberforce erkannte zu Recht, dass es die Europäer waren, die dieses unmenschliche System in Gang gesetzt und endlos Brennstoff auf sein teuflisches Feuer gehäuft hatten. Er wollte sein Möglichstes tun, um diese Schuld an den afrikanischen Kontinent zurückzuzahlen.

Gegen Jahresende änderte sich plötzlich die Strategie bezüglich Frankreich. Wilberforce vermutete, die Franzosen würden sich anschließen, sobald der britische Sklavenhandel abgeschafft sei. Und er hatte den Eindruck, es werde schon sehr bald so weit sein. »Was die Wahrscheinlichkeit unseres Erfolgs angeht, so versichere ich Ihnen, dass ich keinen Zweifel daran hege«, schrieb er an Eden.

Die Beweislage, die unübersehbare Berechtigung des Vorschlags selbst; Mr Pitts Unterstützung der Maßnahme und die Stimmung im Unterhaus, dessen Charakter ich durch den indiskreten Eifer einiger ehrenwerter Personen, die etwas zu schwatzhaft und mitteilsam waren, besser kenne, als ich es mir zu einem so frühen Zeitpunkt wünschen könnte.

Wie die abolitionistische Bewegung selbst war Wilberforce jung – in der Tat neugeboren. Sie platzte förmlich vor Naivität und Energie. Der vierundachtzigjährige Veteran John Wesley schätzte ihre Aussichten weniger optimistisch ein. Im Oktober 1787 schrieb Wesley einen Brief an Granville Sharp. »Seit ich zum ersten Mal davon hörte, habe ich diesen grauenhaften Handel aufs Tiefste verabscheut«, bekannte er,

darum kann ich nicht anders, als alles in meiner Macht Stehende zu tun, um das herrliche Vorhaben Ihrer Gesellschaft zu fördern. ... Aller Widerstand, der von Männern aufgeboten werden kann, die nicht mit Ehre, Gewissen oder Menschlichkeit belastet sind und herbeistürmen werden, ... um durch jedes erdenkliche Mittel ihre große Göttin Profit zu sichern.

Wesley war die Bösartigkeit nur zu bewusst, auf die Sharp und die anderen sicherlich treffen würden.

Was für ein Trost ist es in all diesen Schwierigkeiten, eingedenk zu sein (so unmodern es sein mag), dass es einen Gott gibt! Ja, und dass (so wenig die Menschen auch daran denken!) er immer noch alle

Macht im Himmel und auf Erden hat! Ihm befehle ich Sie und Ihre herrliche Sache an und verbleibe, Sir,
Ihr ergebener Diener, John Wesley.

Wesley hatte viel durchgemacht und ihm stand vor Augen, dass diejenigen, die zum Kampf gegen die Übel der Welt berufen sind, leiden müssen. Wilberforce war mit achtundzwanzig Jahren ein höchst brillanter, talentierter, wohlhabender und gut situierter junger Mann. Er war gerade Christ geworden und ahnte nichts von den Kämpfen, denen er sich für seinen Glauben und seine Überzeugungen würde stellen müssen. Noch war er nicht auf die Probe gestellt worden und konnte sich kaum vorstellen, wie man ihn dafür schmähen würde, dass er versuchte, das Los seiner Mitmenschen zu verbessern. Er hatte noch nicht erlebt, dass respektable Gentlemen und Adlige nur gähnend die Achseln zuckten und sich abwandten, wenn man sie mit Übeln und Grausamkeiten konfrontierte, die abscheulicher waren als alles in ihren schlimmsten Träumen, oder dass sie, vor eine ganz offensichtliche, klare Wahl zwischen Gut und Böse gestellt, das Böse wählten.

Eine solche Reaktion war für Wilberforce, der von Natur aus ein heiteres und gutes Gemüt besaß, unvorstellbar. Infolge seiner eigenen Veranlagung zur Gutmütigkeit konnte er kaum glauben, dass andere nicht aufspringen würden, um das Richtige zu tun, wenn sie nur endlich die Fakten kannten. Er irrte sich.

Wilberforce hatte die Worte Jesu im Johannesevangelium gelesen:

… dass das Licht in die Welt gekommen ist, und die Menschen liebten die Finsternis mehr als das Licht, denn ihre Werke waren böse. Wer Böses tut, der hasst das Licht und kommt nicht zu dem Licht, damit seine Werke nicht aufgedeckt werden.

Doch erlebt hatte er sie noch nicht.

Er wusste noch nicht, dass er auf einem Planeten lebte, der, um Luthers berühmte Worte zu gebrauchen, »voll Teufel« war – dass er sich an einem

Vorstoß weit hinter die feindlichen Linien beteiligte. Und so war Wilberforce optimistisch, als er sich in den letzten Dezembertagen 1787 im Unterhaus erhob, um anzukündigen, er werde zu Beginn des neuen Jahres einen Antrag zur Abschaffung des Sklavenhandels einbringen. Er spürte, wie sich die Räder auf den Sieg zubewegten. Der Veteran Fox versicherte ihn seiner Unterstützung, wie auch viele andere. Und auch das Volk im ganzen Land würde das Wort ergreifen! Im ganzen Land wurden zur gleichen Zeit in den Städten Petitionen organisiert, auf denen Tausende durch ihre Unterschrift Stellung gegen den Sklavenhandel bezogen und die im Parlament keinen Zweifel an der aufrechten, anständigen Haltung der britischen Bevölkerung lassen würden. Wer sollte es dann noch wagen, sich dieser Dampfwalze in den Weg zu stellen und »Halt!« zu rufen – wer?

Nun, zum einen rümpften die Franzosen inzwischen argwöhnisch die Nase. Sie fürchteten plötzlich, sie würden dazu übertölpelt, den Sklavenhandel abzuschaffen, ohne eine Garantie zu haben, dass die Briten ihrem Beispiel folgen würden. Doch Wilberforce' sonniges Gemüt ließ sich nicht so leicht trüben. »Seien Sie gewiss«, schrieb er im Januar 1788 an Eden, »dass an unserem Erfolg kein Zweifel besteht.« Zwei Jahrhunderte später zucken wir zusammen. Doch Wilberforce sah noch keine dunklen Wolken am Himmel drohen. In einem Brief an einen Wähler schreibt er:

> Ich nehme mit Freuden wahr, dass die Sache [der Afrikaner] die Öffentlichkeit zu interessieren beginnt, und ich bin voller Zuversicht, dass nun eine Flamme entfacht wird, die nicht mehr erlischt, bis sie ihr Werk vollbracht hat.

Die Grenze zwischen mutigem Glauben und törichtem Idealismus ist beinahe schon definitionsgemäß nur ein Molekül breit. Wilberforce hatte völlig recht damit, dass eine Flamme entfacht war und nicht ausgehen würde, bis sie ihr Werk vollbracht hatte, aber er hatte keine Ahnung, dass sie erst noch zwanzig qualvolle Jahre brennen würde, bevor es so weit war. Und wenn das »Werk«, um das es ging, nicht die Abschaffung des Sklavenhandels war, sondern die Abschaffung der Sklaverei selbst, so musste die Flamme sogar noch weitere fünfundvierzig Jahre brennen.

Am 19. Februar dann kam der erste schwere Rückschlag: Wilberforce wurde so krank, dass er nur knapp dem Tode entkam. Schon im vorherigen Sommer war er krank gewesen. In der Tat hatte er krank im Bett gelegen, als Clarkson ihn kurz vor seinem Aufbruch zu seiner Erkundungsreise aufsuchte. Doch Wilberforce hatte sich erholt. Anfang Januar, sechs Wochen zuvor, war er wieder krank gewesen, hatte sich aber erneut erholt und in seinem halsbrecherischen Tempo weitergearbeitet, sowohl an der abolitionistischen Sache als auch für die *Proclamation Society*. Er hatte gehofft, den Antrag für die Abschaffung des Sklavenhandels Anfang Februar einzubringen, merkte aber dann, dass die Vorbereitungen vermutlich noch einen weiteren Monat in Anspruch nehmen würden. Nun jedoch, am Neunzehnten, kam durch seinen schweren Rückfall alles zum Erliegen. Er litt unter Fieber, Erschöpfung und Appetitlosigkeit. Am 23. Februar untersuchte ihn ein berühmter Arzt, James Pitcairne, der nichts für ihn tun konnte. Isaac Milner, Wilberforce' treuer Freund bis zum Ende seines Lebens, sagte seine Vorlesungen in Cambridge ab und eilte an Wilberforce' Seite, wo er nun seine ganzen ärztlichen Fähigkeiten einsetzte.

Bald ging es Wilberforce gut genug, um wieder an die Arbeit zu gehen. Am 4. März begab er sich in John Thorntons Haus in Clapham. Nachdem er *Lauriston House* in Wimbledon verkauft hatte, hielt er sich nun in Clapham auf, wann immer er sich nach der Ruhe und frischen Luft auf dem Land sehnte, wobei das »Land« in jenen Tagen gerade einmal vier Meilen von der Innenstadt Londons entfernt lag.

Doch als Wilberforce nach London zurückkehrte und immer noch nicht auf der Höhe war, bestanden die Ärzte darauf, dass er sich zu einer Kur nach Bath begebe. Wie es scheint, waren sie in Wirklichkeit der Meinung, es bestehe keine Hoffnung, und Wilberforce werde sterben. Das Heilwasser in Bath mochte seinen Zustand bessern, und wenn nicht, so würde er es dort zumindest behaglicher haben. Doch am 8. März, bevor er die Chance hatte, sich auf den Weg nach Bath zu machen, brach Wilberforce vollends zusammen. Die Ärzte diagnostizierten einen »absoluten Verfall sämtlicher Verdauungswege«. Fieber und Durchfall kehrten immer wieder, und man rechnete mit dem Schlimmsten, dem baldigen Tod.

Wilberforce' Schwester und Mutter wurden gerufen, und ein weiterer berühmter Arzt, Richard Warren, trat auf den Plan. Dr. Warrens Prognose war düster: »Dieser kleine Bursche mit seinen schleierdünnen Darmwänden kann unmöglich die nächsten zwölf Monate überleben.« Doch Warren war als Pessimist bekannt, sodass man noch andere Ärzte zurate zog. Deren einhellige Meinung über Wilberforce' Lebenserwartung fiel jedoch noch entmutigender aus. »Er besitzt nicht die Widerstandskraft«, erklärten sie, »um die nächsten zwei Wochen zu überstehen.« Dennoch würde dieser kleine Kerl »mit seinen schleierdünnen Darmwänden« sie alle zum Narren halten und weitere viereinhalb Jahrzehnte leben. Tatsächlich war schon am 27. März klar, dass er dem Grab noch einmal entronnen war und sich auf dem Weg der Besserung befand. Doch was war geschehen? Was hatte unseren gebrechlichen Helden noch einmal von Charons Boot heruntergeholt, als es gerade Segel setzen und das schwarze Wasser überqueren wollte? Der Lebensretter war, wie es scheint, eine neue Wunderarznei, die in den letzten Jahrzehnten des achtzehnten Jahrhunderts oft verschrieben wurde, wenn sie auch seither in medizinischen Fachkreisen in Ungnade gefallen ist. Und das Passwort lautet? Opium.

In Wilberforce' Tagen waren die Ärzte schnell damit bei der Hand, Opiate und deren flüssige Form Laudanum zu verschreiben. So auch jetzt. Wilberforce würde es ab 1788 für den Rest seines Lebens einnehmen. Ohne Frage linderte es seine Symptome jetzt und auch später oftmals. Unbestreitbar ist auch, dass es im Lauf der Jahre eine allgemein schädigende Wirkung auf seine Gesundheit hatte. Seine schlechten Augen wurden letzten Endes dadurch noch viel schlechter, und in einem gewissen Maß wurde auch seine Konzentrationsfähigkeit in Mitleidenschaft gezogen. Doch im Gegensatz zu den meisten Leuten, die es regelmäßig einnahmen, scheint Wilberforce nicht süchtig danach geworden zu sein. Bewundernswerterweise schaffte er es, die Dosierung über die Jahrzehnte nur selten zu erhöhen.

Nachdem er sich nun besser fühlte, trat Wilberforce am 8. April endlich die Reise nach Bath an. Die Opiate hatten seine Symptome gebessert, nicht aber deren Ursache, vermutlich eine Darmentzündung. Bevor Wilberforce London verließ, um sich nach Bath zu begeben, versprach Pitt seinem kranken Freund, er werde während seiner Abwesenheit einen Antrag zur Abschaffung des Sklavenhandels einbringen. Wilberforce war ihm dafür sehr verbunden. Er blieb einen Monat lang in Bath, wo er zweifellos reichlich von dem wundersam lindernden Heilwasser trank, das dort seit der Antike von Menschen mit gutem Geschmack genossen wird.

In der Zwischenzeit führten Pitt und Bischof Porteus den Vorsitz im Untersuchungsausschuss des Kronrats zur Abschaffung des Sklavenhandels.[83] Am 9. Mai traf Pitt die Entscheidung, dass das Unterhaus sich in der folgenden Sitzungsperiode offiziell mit dem Handel befassen sollte. Er hielt eine geschickte Rede, in der er eine gewisse Neutralität in der Frage vorspiegelte, jedoch auch der Hoffnung Ausdruck verlieh, Wilberforce werde sich bald erholen und in der Lage sein, »seine Kampagne wieder aufzunehmen«. Fox war nicht so vorsichtig, und das brauchte er auch nicht. »Ich habe keine Skrupel, von vornherein zu erklären«, sagte er, »dass meine Meinung zu dieser folgenschweren Sache darin besteht, der Sklavenhandel solle nicht nur reguliert, sondern ausgemerzt werden.« Auch Edmund Burke sprach sich für die Abschaffung des Sklavenhandels aus. Dass zwei Parlamentsmitglieder, die sich politisch so fernstanden, sich für den Abolitionismus auf dieselbe Seite schlagen konnten, machte gewiss Eindruck.

Die westindischen Interessenträger im Parlament rutschten sichtlich unbehaglich auf ihren ockerfarbenen Kniebundhosen herum, hielten sich jedoch zurück. Sie stimmten nicht einmal gegen Pitts Resolution. Sie würden sich ihr Pulver aufsparen, da sie offensichtlich entschieden hatten, zu einem günstigeren Zeitpunkt auf die Frage zurückzukommen.

Wilberforce hatte inzwischen das Wunderwasser von Bath hinter sich gelassen, um sich nach Cambridge in die wirklich heilsame Gesellschaft seines hünenhaften Medizinmannes Isaac Milner zu begeben. Für den Rest des Monats blieb Wilberforce in seinem alten College St. John's. »Führte ein regelmäßigeres und ruhigeres Leben, als ich es seit Langem getan hatte«, notiert er in seinem Tagebuch. »An den Abenden meist mit Milner zusammen.«

Derweil bereitete William Dolben, der Abgeordnete für Oxford, am 26. Mai der Sklaverei-Lobby einen gewaltigen Haufen Ärger im Parlament. Wie es scheint, hatte Dolben ein Sklavenschiff besucht, das auf der Themse lag, und war zutiefst verstört gewesen, als er mit eigenen Augen die engen Räume sah, in denen die Sklaven eingepfercht waren. Das Entsetzen über das, was er dort sah, veranlasste ihn dazu, einen Gesetzentwurf einzubringen, der die Anzahl der Sklaven begrenzen sollte, die ein Schiff transportieren durfte, und zwar aufgrund seiner eingetragenen Tonnage. Nun mussten die Lobbyisten zum ersten Mal Flagge zeigen. Die Leute wussten, dass die Schlinge sich um ihre Hälse zusammenzog, und sei es noch so langsam. Jeder Lichtstrahl, der in die dunklen Winkel ihrer verachtenswürdigen Welt drang, würde mit Sicherheit die öffentliche Meinung gegen sie wenden. Zuvor hatten sie behauptet, den Sklaven stehe reichlich Platz zur Verfügung – und hatten die erste von vielen einfallsreichen und unverschämten Lügen in die Welt gesetzt. Sie hatten nämlich behauptet, die Frachträume der Schiffe seien größer als gemeldet, und behauptet, ihre Größe würde bewusst zu gering angegeben, um weniger Hafengebühren zahlen zu müssen. Nun jedoch war diese clevere Erfindung durch Dolben entlarvt worden. Das Parlament erfuhr auch, dass mindestens fünf bis zehn Prozent aller Sklaven während der *Middle Passage* starben, und es wurden Belege für eine Reise vorgelegt, bei der ein volles Drittel aller Sklaven umgekommen war. Im Lauf der Zeit würde sich zeigen, dass die Wirklichkeit noch viel schlimmer war, als es diese Zahlen vermittelten, doch das Unterhaus hörte davon zum allerersten Mal und war tief betroffen. Es war, als hätte Dolbens Gesetzentwurf plötzlich einen Lichtkegel in eine feuchte, nie zuvor aufgestörte Schlangengrube gerichtet und eine wimmelnde Masse überraschter schuppiger Kriechtiere darin zum Vorschein gebracht.

Die Sklaverei-Lobby redete sich bei dieser Gelegenheit auf besonders jämmerliche Weise heraus. Die Leute waren verzweifelt und würden von diesem Zeitpunkt an ohne Skrupel alles tun und sagen, um das Unvermeidliche abzuwenden. Sie benahmen sich wie Kinder, die sich eine neue Geschichte einfallen lassen, wann immer ihrer gegenwärtigen Version mit neuen Fakten widersprochen wird, ohne zu merken, wie sie sich selbst belasten. Und sie ließen sich wirklich alles Mögliche einfallen. Dolben zitierte nun sogar Schiffseigner aus Liverpool, die behauptet hatten, auf den am engsten beladenen Schiffen ginge es sogar gesünder zu. Und die Plantagenlobby behauptete nun, jede Regulierung des britischen Sklavenhandels würde nur britische Sklaven – und britisches Geld – in die Hände französischer Sklavenhändler spielen. Das war die Masche, zu der man in der größten Verzweiflung griff – das Ausspielen der »französischen Karte«.

Doch es funktionierte nicht; der Schuss ging nach hinten los. Pitt war so angewidert von dem, was er da zu hören bekam, dass er sich nun erhob und eine inspirierende und leidenschaftliche Rede hielt. Wenn der Sklavenhandel nicht auf andere Weise betrieben werden könne, als wie er es hier gehört habe, würde er auf jeden Fall für dessen Abschaffung stimmen. Er nannte den Handel »schockierend für die Menschheit« und sagte, es sei »abscheulich, dass irgendein Land ihn betreibt«. Er werfe

> die größte Schande auf den britischen Senat und die britische Nation. Der Handel, wie die Petitionäre ihn fortzuführen gedenken, nämlich ohne jede Regulierung, widerspricht jedem menschlichen, jedem christlichen Prinzip, jeder Empfindung, die die menschliche Brust beseelen sollte.

Ähnlich wie George Washington repräsentierte Pitt das klassische Ideal des späten achtzehnten Jahrhunderts im besten Sinne. Seine Hochachtung für die römischen Tugenden war vermutlich der Punkt seiner größten Annäherung an die Religion, aber diese Religion praktizierte er mit aller Hingabe. Wenn er von Empfindungen sprach, die »die menschliche Brust beseelen« sollten, dann meinte er das im höchsten Ernst. Die Barbaren hatten ihre Warnung erhalten. Aber Barbaren lassen sich meist nicht mit noblen Worten aufhalten.

Den Sommer und Herbst 1788 verbrachte Wilberforce größtenteils in *Rayrigg,* dem Haus, das er seit 1780 im herrlichen Lake District angemietet hatte. Seine Mutter und seine Schwester begleiteten ihn dorthin, und in den Monaten dort gewann er einen Großteil seiner Kraft zurück. »Ich habe das Landleben nie so genossen wie während dieses Besuchs«, schrieb er später, »wenn ich am frühen Morgen allein hinausruderte und einen Andachtsraum im Schatten einer der bewaldeten Inseln in der Mitte des Sees fand.«

Dort las er seine Bibel und betete

in aller Frühe an den schönen Herbstmorgen, wenn der See still dalag wie Glas und alle Berge, in Nebelschleier gehüllt, mich umringten wie schlafende Löwen, und die Sonne, die auf die abwechslungsreiche Einfriedung im näheren Vordergrund schien, mir eine Szene präsentierte, die ich niemals übertroffen sah.

11. KAPITEL

DIE ERSTE RUNDE

»Wir können uns nicht länger auf Unwissenheit berufen ...«
WILLIAM WILBERFORCE

Am 5. November 1788 beim Abendessen auf Schloss Windsor zeigten sich zum ersten Mal Anzeichen für den Wahnsinn König Georgs III. Bei der Premiere dieser für den Rest seines Lebens andauernden Tragödie sprang der perückengeschmückte Monarch von der königlichen Tafel auf, um den Kopf seines ältesten Sohnes, des Prinzen von Wales, gegen die nächste Wand zu rammen. Das Überraschungselement, das ihm der rasante Sprung verschaffte, bescherte dem königlichen Unternehmen den Erfolg, doch trotz dieser ausgesprochen unangenehmen Züchtigungsmaßnahme benahm sich der ungezogene Prinz fürderhin genauso wie zuvor. Diese beiden unerfreulichen Dinge, der Wahnsinn des Königs und der unerschütterlich üble Charakter des Prinzen, verursachten eine große politische Krise – besonders für William Pitt. Sollte der König amtsunfähig werden oder das seltsame Leiden, das ihn befallen hatte, zu seinem Tod führen, so würde der Prinz als neuer König, soviel konnte Pitt sich an einer Hand abzählen, ihn einkassieren und stattdessen seinen lasterhaften Kumpan Fox als Premierminister installieren. Außerdem würde er allgemeine Wahlen anberaumen, bei denen die Whigs zweifellos triumphieren würden. Und sollte der König überleben, aber weiterhin krank bleiben, so würde es Pitt zufallen, einen Regenten an des Königs statt einzusetzen – und dafür kam nur der Prinz von Wales infrage. Und als Regent würde er genauso viel Schaden anrichten können wie als König.

Dr. Warren, der die Bemerkung über die »schleierdünnen Darmwände« gemacht hatte, als er Wilberforce behandelte, führte nun das Team von Starärzten für seine Majestät an. Er und sein Team hatten zwar nicht den Vorzug der komplizierten modernen Technologien, die Ärzten heute zur Verfügung stehen, brachten es aber dennoch fertig, sich atemberaubend inkompetent anzustellen. Dr. Warrens Bericht an Pitt über den Zustand des Königs vom 22. November ist ein kleines Meisterwerk des undurchsichtigen Um-den-heißen-Brei-Redens: »Seine Majestät ist heute Morgen auf eine gutmütige Weise vollkommen derangiert.« Zwei Tage später ein weiteres verschleiertes Juwel: »Seine Majestät verbrachte den ganzen Tag in einem Zustand vollkommenen Wahnsinns.«

Um es genauer zu sagen, der König glaubte, er könne durch ein Teleskop Deutschland sehen. Georg stammte natürlich aus dem Haus Hannover, und es mag ihn wohl aufgeheitert haben, zu denken, er könnte so ohne Weiteres einen Blick in die Heimat seiner Vorfahren werfen. Unter freiem Himmel verwechselte der König eines Tages einen Baum mit Seiner Majestät, dem König von Preußen, und ließ es sich nicht nehmen, dem königlichen Baum mit aller Würde, die der Begrüßung eines Souveräns durch einen anderen gebührt, die »Hand« zu schütteln – einen niedrig hängenden, wenn auch fingerlosen Ast.

Nach dem, was wir heute wissen, scheint König Georgs mysteriöse und schreckliche Krankheit die genetische Störung Porphyrie gewesen zu sein, zu deren Symptomen Phasen der Geistesgestörtheit gehören. Porphyrie ist eine Erbkrankheit, die durch Arsen ausgelöst und verschlimmert wird (2003 wurde im Britischen Museum zufällig eine Haarsträhne von Georgs Haupt entdeckt, deren Analyse zeigte, dass sie beträchtliche Mengen Arsen enthielt). Arsen war Bestandteil eines Abführmittels namens *Dr. James's Powder*, welches das Ärzteteam des Königs ihm gegen seine Krankheit in reichlicher Dosierung verschrieben hatte. Dr. Warren und sein Team jedoch diagnostizierten selbstbewusst »die fliegende Gicht« – eine vielleicht frei erfundene Krankheit – und verschrieben Senfpflaster und *Dr. James's Powder*. Darüber hinaus wurde dem Monarchen selbstverständlich die Kopfhaut rasiert, damit die schädlichen »Körpersäfte« leichter aus dem königlichen Schädel entweichen könnten.

Pitt befand sich nun in einer besonders schwierigen Situation. Das Beste, was er tun konnte, war, auf Zeit zu spielen, in der Hoffnung, der König werde sich wieder erholen. Pitt spielte auf Zeit, solange er konnte, aber die Zeit zerrann ihm zwischen den Fingern, und schließlich war er gezwungen, Pläne für eine Regentschaft zu entwerfen. Er hoffte, die Vollmachten des Regenten streng zu begrenzen, und die sich daraus ergebende politische Auseinandersetzung zwischen ihm und dem Prinzen – und Fox, dem Freund des Prinzen – war nicht angenehm. Fox und der Prinz waren in ihren gemeinsamen Ausschweifungen aufgebläht und fett und einander auf groteske Weise ähnlich geworden – zwei Wale aus einer Herde sozusagen. Sie machten keinen Hehl aus ihrer Abneigung gegen den moralisch aufrechten Pitt und konnten es nicht erwarten, die Macht zu übernehmen und ihm die Tür zu zeigen. Am 27. Februar 1789 kam der König, wie um in die politische Situation einzugreifen, wieder zu Verstand, und Pitt triumphierte. Während der nächsten Jahre würden die geistigen Kräfte des Königs kommen und gehen, doch fürs Erste waren sie definitiv wieder da, und die Krise wurde ausgeschieden wie ein Nierenstein.

Wilberforce war während dieser Zeit an der Seite seines Freundes Pitt, stand ihm bei und bewunderte ihn für seine souveräne Führung. An seinen Freund Wyvill schrieb er:

Ich wünschte, Du wärst so beständig wie ich Zeuge dieses schlichten und ernsten Bemühens um das öffentliche Wohl, das ihn so unveränderlich treibt; so groß Deine Zuneigung zu ihm ohnehin schon ist, wie ich weiß, würdest Du ihn mehr und mehr lieben.

Wilberforce' geliebte Tante Hannah, deren tiefer Glaube auf ihn als Jungen so eine große Wirkung gehabt hatte, starb während dieser Zeit in der letzten Woche des Jahres 1788. Anfang 1789 machte Wilberforce die Bekanntschaft eines anderen engagierten Christen, der wenige Jahre später in die Familie

Wilberforce einheiraten würde. James Stephen war ein schottischer Anwalt, der in Wilberforce' Zukunft eine große Rolle spielen sollte. Er wurde zu einem seiner engsten Freunde und Verbündeten und dann auch sein Schwager – durch die Heirat mit Sally Wilberforce Clarke nach dem Tod ihres ersten Mannes.

Stephen schien gerade rechtzeitig auf den Plan zu treten, um Wilberforce bei der Vorbereitung auf die anstehende Debatte im Unterhaus zu helfen. Als Anwalt in Barbados wusste er eine Menge über die grausigen Realitäten des westindischen Sklavengeschäfts; Stephens Abscheu gegen die Sklaverei war bodenlos, und er hasste sie mit unübertroffener ethischer Leidenschaft. Jene Leidenschaft und seine Beredsamkeit zu diesem Thema sollten den Abolitionisten in den kommenden Jahren noch gute Dienste leisten. Stephen war überdies unter anderem das kreative Genie, dessen unorthodoxe Idee im Jahre 1806 gleichzeitig die Abschaffung des Sklavenhandels ermöglichen und unbeabsichtigt den Krieg zwischen den USA und Großbritannien von 1812 auslösen würde.*

James Stephen machte Bekanntschaft mit der westindischen Sklaverei, als er 1783 in jenen Teil der Welt reiste. Bei einem eleganten Abendessen kurz nach seiner Ankunft drehte sich das Tischgespräch um einen bevorstehenden, heiß umstrittenen Mordprozess.

Vier schwarze Sklaven waren angeklagt, einen weißen Arzt ermordet zu haben, und die einzige Zeugin der Anklage war eine verängstigt aussehende fünfzehnjährige Sklavin, die allem Anschein nach gar keine andere Wahl hatte, als das auszusagen, was sie jetzt aussagte, nämlich die vier des Verbrechens zu beschuldigen. Man muss dabei bedenken, dass das Wort eines

---

* 1806 hatte James Stephen das Argument vorgebracht, eine Nation im Krieg habe aus juristischer Sicht das Recht, Schiffe auf See, die zu neutralem Territorium gehörten, zu durchsuchen und Frachten zu löschen, die für feindliche Mächte bestimmt waren. 1812 erklärten die USA Großbritannien den Krieg wegen der Art und Weise, wie die Briten dieses Prinzip in ihrem Krieg mit Frankreich umsetzten. Ende 1814 wurde im belgischen Gent ein Friedensvertrag unterzeichnet.

schwarzen Sklaven vor Gericht meist schlichtweg als wertlos galt. Diesmal jedoch war es eigenartigerweise vier Menschenleben wert.

Stephen besuchte den Prozess und gewann die feste Überzeugung, dass die vier Sklaven unschuldig waren. Dennoch wurden sie alle vier schuldig gesprochen und, was ihn noch mehr schockierte, zum Tod durch Verbrennung verurteilt. Zwei der vier entkamen irgendwie der Hinrichtung, doch die anderen beiden wurden lebendig verbrannt, wie es das Urteil vorschrieb – man kettete sie an einen im Boden verankerten Pfahl an, übergoss sie mit Brennstoff und zündete sie an. Einer der beiden, so hatte Stephen gehört, riss in seiner Qual den Pfahl aus dem Boden und schaffte es, die Flammen auszulöschen. Der Pfahl wurde ersetzt, und er wurde erneut übergossen und angezündet. »Beide«, schrieb Stephen, »wurden buchstäblich zu Tode geröstet.«

Stephens schwelender Hass gegen die Sklaverei begann mit dieser grausigen Einführung und wuchs über mehrere Jahre, in denen er weitere unbeschreiblich furchtbare Beobachtungen machte. Einmal sagte er:

Ich würde lieber Freundschaft schließen mit einem Mann, der meinen kleinen Sohn erwürgt hat, als eine Regierung zu unterstützen, die sich der Nachlässigkeit bei der Bekämpfung des Sklavenhandels schuldig macht.

Er neigte nicht zu Übertreibungen und liebte seinen Sohn von ganzem Herzen. Wie Wilberforce war Stephen ein tiefgläubiger Christ, und er versprach Wilberforce, er werde ihm nach seiner Rückkehr nach Saint Kitts so viel belastendes Material gegen den Sklavenhandel wie möglich liefern. Er musste jedoch äußerst diskret vorgehen, denn er hatte Familie und eine Anwaltskanzlei dort. Vor 1794 würden sie nicht dauerhaft nach England zurückkehren.

Der Kampf für die Abschaffung des Sklavenhandels nahm nun Fahrt auf, als im April 1789 der Untersuchungsausschuss des Kronrates seinen Bericht an das Parlament vorlegte. Er war 850 Seiten lang, und es blieben nur drei Wochen, um ihn auszuwerten, bevor die Debatte begann. Doch je mehr Wilberforce über die Fakten des verdammungswürdigen Handels las, desto überzeugter wurde er, dass jeder, der sie ebenfalls zur Kenntnis nahm, einsehen würde, dass nur eine Haltung dazu vorstellbar war: Der Sklavenhandel musste abgeschafft werden. Bisher waren die Fakten nicht bekannt gewesen. Das würde sich nun ändern. Doch als die westindischen Interessenträger merkten, dass ein Vorstoß für die Abschaffung des Sklavenhandels bevorstand, änderten sie schnell wieder ihre Taktik und sagten, die Antwort sei eine Regulierung des Handels. Sie wollten nehmen, was sie kriegen konnten, und sich drehen und wenden, wie auch immer es nötig war, um Zeit zu gewinnen.

Im April begab sich Wilberforce erneut nach *Barham Court*, dem Haus von Lord und Lady Middleton in Teston. James Ramsay und Thomas Clarkson waren ebenfalls dort, und Hannah More kam zu Besuch. In Anspielung auf die Magna Charta* äußerte sie die Hoffnung, Teston »werde das Runnymede der Neger sein und die große Charta der afrikanischen Freiheit hier vollenden«.

Vieles war jetzt im Gang. John Newton wurde gefragt, ob er seinen lieben Freund William Cowper überreden könne, ein Gedicht zu schreiben. Er konnte, und Cowper war gern dazu bereit. *The Negro's Complaint* (»Des Negers Klage«) war nicht die größte künstlerische Schöpfung des Dichters, doch das Gedicht trug zu jener Zeit erheblich dazu bei, die Gedanken des Abolitionismus in England zu verbreiten. Der wichtigste dieser Gedanken für Cowper und andere Christen, die sich für diese heilige Sache engagierten, war die schiere Heuchelei einer Nation, die es wagte, sich christlich zu nennen und sich mit dem äußerlichen Zierrat der christlichen Religion zu schmücken, wann immer es ihr passte, dabei aber bewusst Gottes klare Gebote missachtete, indem sie Hunderttausende anderer Menschen auf brutale Weise unterdrückte.

---

* Die Magna Charta wurde 1215 von dem englischen König Johann Ohneland bei Runnymede unweit von London unterzeichnet. Sie erkannte gewisse Prinzipien, wie etwa das Recht auf einen fairen Prozess, als grundlegend für ein gutes Staatswesen an, und der König und die Barone verpflichteten sich, diese Prinzipien zu wahren.

Eine Strophe in Cowpers Gedicht lautet:

Is there, as ye sometimes tell us,
    Is there one who reigns on high?
Has he bid you buy and sell us
    Speaking from his throne, the sky?
Ask him, if your knotted scourges,
    Fetters, blood-extorting screws,
Are the means that duty urges
    Agents of his will to use?

Gibt es, wie ihr uns manchmal erzählt,
    Einen, der in der Höhe regiert?
Hat er euch geboten, uns zu kaufen und zu verkaufen,
    Als er von seinem Himmelsthron her sprach?
Fragt ihn, ob eure geknoteten Geißeln,
    Fesseln und Daumenschrauben
Die Werkzeuge sind, welche die Pflicht
    Die Täter Seines Willens zu gebrauchen drängt?

Auch Josiah Wedgwood wurde gebeten, sein künstlerisches Talent für die Sache einzusetzen. Er schuf ein Bild, wahrscheinlich das erste Bildsymbol, das je in einer Menschenrechtskampagne eingesetzt wurde – das allererste Logo gewissermaßen. Die Darstellung zeigt einen knienden Afrikaner, die Hände und Füße in Ketten, der beschwörend aufblickt und fragt: »Bin ich denn nicht ein Mensch und ein Bruder?« Dieses Bild wurde auf Schnupftabakdosen reproduziert und zu Gemmen verarbeitet, die Frauen als Broschen an ihren Kleidern und in ihren Haaren trugen. Auch ein Prägestempel wurde daraus gemacht, wie ein Siegelring, sodass selbst die Wachssiegel auf Briefen auf die Sache aufmerksam machten.[84]

    Noch ein weiteres eindrucksvolles Bild und Emblem war zu dieser Zeit in Umlauf. Equiano hatte einen Stich ausfindig gemacht, der das Innere eines Schiffs zeigte, um darzustellen, wie man die Sklaven anordnen sollte, um möglichst viele von ihnen unterzubringen. Er beschaffte sich ein Exemplar und zeigte es Clarkson. Es war eine Art stummer, statischer Albtraum der Untertreibung. Clarkson überarbeitete die Illustration etwas, um die Maßstäbe zu präzisieren, und stellte genau, mit Maßangaben versehen, das Innere eines bestimmten Sklavenschiffs dar, der *Brookes*, stolzer Besitz der reichen Familie Brookes in Liverpool. Dieses erschreckende Bild rüttelte die ganze Nation auf; es wurde endlos reproduziert und überall aufgehängt. Gemäß Dolbens verbesserten Vorschriften durfte die *Brookes* legal 482 Sklaven transportieren, und genau diese Zahl war auf dem Bild zu sehen. Für jeden, der mit dem Sklavenhandel nicht vertraut war, war es unvorstellbar, dass so viele Menschen zusammengezwängt werden konnten, wie die Illustration es zeigte – und ebenso unvorstellbar, dass das abgebildete Grauen unter den neuen, menschlicheren Vorschriften, gegen die sich die Sklavereilobby noch vor einigen Monaten gewehrt hatte, zulässig war. Vor dieser kürzlichen Neuregelung hatte dasselbe Schiff bis zu 740 Sklaven transportiert. Dieses Bild war die Trumpfkarte der Abolitionisten: 482 Menschen in dieser Lage. Was man zuerst sieht, ist so etwas wie eine schematische Darstellung, aber es ist schwer zu erkennen, was man da vor sich hat. Es könnte alles Mögliche sein: Eine Abbildung von Insekten, Rautensymbolen, Hieroglyphen. Dann plötzlich verwandeln sich die winzigen Figuren in menschliche Wesen – das Bild zeigt gerade genügend Details, damit das Bild wirken kann wie eine gleichzeitig optische und ethische Täuschung. Die Details jeder Figur verstärken das langsam dämmernde Grauen. Und dann merkt man, dass viele von ihnen kleiner sind als die anderen – das sind Kinder – und dann wird einem klar, dass diese Dinge da Latrineneimer sein müssen und dass diese Männer offenbar direkt daneben liegen. Dieses Bild anzuschauen heißt, an den Rand eines Abgrunds zu kriechen und fassungslos in das Grauen hinabzustarren.

Wilberforce' großer Moment rückte nun näher. Er kam am 12. Mai. Interessanterweise war es auf den Tag genau zwei Jahre her, dass Wilberforce mit Pitt und Grenville unter der Eiche gesessen und den Entschluss gefasst hatte, die Abschaffung des Sklavenhandels zu seiner Sache zu machen. Zur

Vorbereitung seiner Rede hatte Wilberforce sich so viele der 850 Seiten des Ausschussberichts einverleibt wie möglich. Nun stand er auf und redete, wie nur er es konnte, dreieinhalb Stunden lang aus dem Stegreif, wobei er jeden der Punkte durchging, die er sich auf einigen Blättern Papier aufgelistet hatte (diese Blätter sind in der Oxforder *Bodleian Library** erhalten). Endlich war sein Moment gekommen, um zur Abschaffung des verhassten Sklavenhandels auszuholen. Die Zeit für die Verwirklichung seines ersten »großen Ziels« war da. Um fünf Uhr nachmittags stand Wilberforce von seinem Platz auf und begann.

In Bezug auf die *Middle Passage* sagte er: »So viel Elend auf so kleinem Raum gedrängt ist mehr, als die menschliche Vorstellungskraft sich je zuvor hat einfallen lassen.« Die *Middle Passage*, sagte er, habe ihn dahin gebracht, wo er nun stehe.

So gewaltig, so furchtbar, so unheilbar erschien ihre Bosheit, dass ich selbst ganz und gar entschlossen war, für ihre Abschaffung einzutreten. Ein Handelszweig, der auf Frevel gründet und so betrieben wird wie dieser, muss abgeschafft werden, koste es, was es wolle – welche Folgen es auch immer nach sich ziehen mag. Ich war von dieser Zeit an entschlossen, nicht eher zu ruhen, bis ich für seine Abschaffung gesorgt hätte.

Und immer weiter sprach er und schilderte in allen Einzelheiten den furchtbaren Prozess, durch den lebendige Männer, Frauen und Kinder in bewegliche Güter verwandelt wurden. Vielleicht das Bemerkenswerteste an Wilberforce' Rede war ihr allgemeiner Tonfall. Es wäre ihm ein Leichtes gewesen, eine flammende Hasstirade gegen den verdammungswürdigen Abschaum loszulassen, der diesen üblen Handel mit extrazartem Menschenfleisch möglich machte und ihn immer noch weiter leben und gedeihen lassen woll-

---

* Die *Bodleian Library* ist die Bibliothek der Universität Oxford, eine der größten in Großbritannien.

Die erste Runde 199

te, solange seine bodenlosen Taschen damit gefüllt werden konnten. Doch das tat er nicht. Durch seinen Glauben hatte Wilberforce zuallererst eine schmerzliche, aber sehr realistische Erkenntnis seiner eigenen Sündhaftigkeit gewonnen, und so sprach er nun mit einer bemerkenswerten Großzügigkeit und Nachsicht: »Ich beabsichtige nicht, irgendjemanden anzuklagen«, sagte er,

> sondern die Schande auf mich zu nehmen, gemeinsam mit dem ganzen Parlament von Großbritannien, das zugelassen hat, dass dieser scheußliche Handel unter seiner Autorität vonstattenging. Wir sind alle schuldig – wir sollten uns alle schuldig bekennen und nicht selbst reinwaschen, indem wir die Schuld auf andere abwälzen.

Gewiss steckte nicht zuletzt politisches Kalkül dahinter, aber es war nicht unehrlich. Wilberforce glaubte aus tiefstem Herzen an die Wahrheit dessen, was er sagte.

Als Wilberforce mit seinen bestens recherchierten Fakten auf die Aussagen anderer während der Anhörungen der vorausgegangenen Monate entgegnete, nannte er nicht die Namen derer, deren abscheulichen Schwachsinn er da widerlegte. Die Versuchung, das zu tun, muss enorm gewesen sein – besonders im Hinblick auf einen Mann namens Norris, einen angesehenen Bürger aus Liverpool, den die Lobby der Sklavenhändler vermutlich engagiert hatte, um die Drecksarbeit für sie zu erledigen. Unter anderem hatte Norris sich mit Clarkson getroffen, sich als Abolitionist ausgegeben und ihm eine ganze Ladung falscher Informationen aufgetischt. Später hatte er dann bei den Anhörungen des Kronrates ausgesagt und widerrufen, was er Clarkson erzählt hatte, um Verwirrung zu stiften und Clarkson dumm dastehen zu lassen. Er brachte auch abscheuliche Lügen über Clarkson in Umlauf, zum Beispiel, Clarkson habe sich selbst um den Kapitänsposten auf einem Sklavenschiff beworben.

Doch das denkwürdigste Beispiel für Norris' Falschaussagen waren seine Schilderungen, wie herrlich doch das Leben der Sklaven an Bord der Sklavenschiffe sei. Er ging so weit, ihren Tagesablauf als ein »Tanzen« zu bezeichnen, so als könnten sie ihre Fröhlichkeit während dieser Reisen kaum im Zaum halten. Wilberforce ging in seiner Rede auf einen Großteil der Aussagen von Norris ein. Er erklärte, dass die Sklaven in der Tat auf den Decks dieser schwimmenden Höllenarchen tanzten, aber nicht aus Fröhlichkeit, sondern unter der buchstäblichen Drohung der Peitsche der Seeleute. Die Vorstellung, wie diese zerschlagenen Hülsen menschlichen Daseins zur Erheiterung der Seeleute und zu ihrer eigenen körperlichen Ertüchtigung gezwungen wurden, zu tanzen und zu singen, während sie nichts anderes mehr wollten, als zu sterben und für immer aus dem Albtraum zu entfliehen, in dem sie hellwach lebten, ist schwer zu ertragen.

Norris war nicht der Einzige, der absurde Schilderungen von der Heiterkeit des Sklavenlebens auf diesen Schiffen von sich gab. Ein früherer Sklavenschiffskapitän beschrieb es folgendermaßen:

> Wenn das Wetter schwül ist und auch nur ein wenig Schweiß auf ihrer Haut zu sehen ist, erwarten sie auf Deck zwei Männer mit Tüchern, die sie vollkommen trocken reiben, und ein anderer, der ihnen einen kleinen erfrischenden Trunk gibt. ... Dann werden sie mit Pfeifen und Tabak versorgt ... sie werden mit Musikinstrumenten unterhalten, wie sie in ihrem eigenen Land üblich sind ... und wenn sie der Musik und des Tanzens überdrüssig sind, gehen sie zu Glücksspielen über.

In seiner Rede verzichtete Wilberforce darauf, die Übeltäter zu demütigen, von denen diese Schilderungen stammten, wie er es hätte tun können. Wenn je jemand die Gabe hatte, seine Gegner mit Worten wie ein rohes Ei zu zerschlagen, dann Wilberforce. Doch stattdessen begegnete er jeder dieser falschen Darstellungen mit Fakten, Fakten und noch einmal Fakten. Und außer Fakten war auch nicht viel nötig.

Auch John Newton, der »alte afrikanische Lästerer«, hatte ausgesagt. Seine Aussage vor dem Kronrat war besonders vernichtend für den Sklavenhandel gewesen. Newton genoss einen hohen moralischen Status und kannte natürlich persönlich den Sklavenhandel bis ins Detail. Er erklärte zum Beispiel, dass viele der Sklaven bereits halb wahnsinnig waren, wenn sie an Bord der Sklavenschiffe kamen, nachdem sie zuvor für Wochen, Monate oder Jahre von afrikanischen Sklavenhändlern misshandelt worden waren. Die meisten von ihnen hatten noch nie einen Ozean oder weiße Männer gesehen, und oft glaubten sie ernsthaft, diese weißen Männer – ob es Menschen oder Dämonen waren, wussten sie nicht – wären darauf aus, sie zu fressen. Auch Equiano berichtete in seiner Schilderung, wie er von seinen brutalen afrikanischen Peinigern an seine brutalen englischen Peiniger übergeben wurde und von seiner Angst, die er dabei ausgestanden hatte. All denen, die diesem Grauen ausgesetzt waren, muss es tatsächlich so vorgekommen sein, als wären sie durch den morschen Boden dieser Welt in die Hölle selbst hinabgestürzt.

Die Lobby der Sklavenhändler verbreitete verblüffende Fehlinformationen über die Welt, aus der diese glücklichen Sklaven angeblich gerettet worden waren, und ließ die Sklavenhändler als Retter dieser Unglücklichen statt als ihre Unterdrücker erscheinen. Ein Pamphlet mit dem Titel *Slavery no Oppression* (»Sklaverei keine Unterdrückung«) ist ein typisches Beispiel:

Es ist wohl bekannt, dass die Ost- und Westküste Afrikas von dummen und ungebildeten Horden bewohnt ist; eingehüllt in die krasseste und undurchdringlichste Finsternis der Barbarei, im Geist ebenso dunkel wie am Leibe, verschwenderisch in ihrer Zahl, ohne Geduld für jegliche Kontrolle, unbelehrbar faul, wild wie ihre eigenen Tiger, welchselbigen Raubtieren sie an Entwicklung des Verstandes in keiner Weise überlegen, sondern lediglich durch ein grobes und unvollkommenes Sprechorgan enthoben sind, das sie missbräuchlich anwenden, um ein misstönendes und unartikuliertes Kauderwelsch von sich zu geben. Solch ein Volk muss sich oft in räuberische Schlachten begeben, um sich durch Raub und gegenseitige Vernichtung ein grausames und unsicheres Auskommen zu verschaffen. Der Menschenhandel hat sich als Glücksfall für ihre unglücklichen Gefangenen erwiesen.

Wilberforce legte Fakten vor, um jedes von den Anti-Abolitionisten vorgebrachte Argument zu widerlegen, die lächerlichen ebenso wie die ernsthaften. Außerdem erklärte er dem Unterhaus, die Franzosen seien erpicht darauf, ebenfalls den Sklavenhandel abzuschaffen, und nannte die jüngsten Einzelheiten über die diplomatischen Bemühungen, eine Einigung mit Frankreich und anderen am Sklavenhandel beteiligten Ländern zu erzielen. Er erklärte, Afrika besitze viele natürliche Reichtümer und andere Güter, die an die Stelle des Handels mit Sklaven treten und sowohl der britischen als auch der afrikanischen Wirtschaft nützen würden. Auch den zerstörerischen Effekt, den der Sklavenhandel auf britische Seeleute hatte, ließ er nicht unerwähnt. Er trug jedes Argument vor, doch am Ende sagte er, obwohl es gute und vernünftige Politik sei, den Sklavenhandel abzuschaffen – sowohl ökonomisch als auch in jedem anderen Sinne –, seien es letzten Endes nicht politische und wirtschaftliche Erwägungen, die ihn dazu trieben, für diese Abschaffung einzutreten:

> Politik, Sir, ist nicht mein Prinzip, und ich schäme mich nicht, das zu sagen. Es gibt ein Prinzip über allem Politischen. Und wenn ich an das Gebot denke, das da heißt: »Du sollst nicht morden«, und glaube, dass es auf göttliche Autorität zurückgeht, wie kann ich es wagen, irgendwelche eigenen Vernunftgründe dagegenzusetzen? Und, Sir, wenn wir an die Ewigkeit denken und an die zukünftigen Konsequenzen allen menschlichen Verhaltens, was gibt es denn hier in diesem Leben, das einen Mann dazu bringen sollte, den Prinzipien seines eigenen Gewissens, den Prinzipien der Gerechtigkeit, den Gesetzen der Religion und Gottes zu widersprechen?
>
> Sir, die Natur und alle Umstände dieses Handels liegen nun offen vor uns. Wir können uns nicht länger auf Unwissenheit berufen, wir können nicht ausweichen; es ist nun ein Gegenstand, der vor uns

gestellt ist und an dem wir nicht vorbeikommen. Wir können ihn wegstoßen, wir können ihn mit einem Tritt aus dem Weg räumen, aber wir können uns nicht abwenden, um ihn nicht zu sehen. Denn er ist uns nun so unmittelbar vor Augen geführt worden, dass die Mitglieder dieses Hauses entscheiden und vor aller Welt und vor ihrem eigenen Gewissen die Richtigkeit seiner Gründe und der Prinzipien seiner Entscheidung rechtfertigen müssen. ... Möge das Parlament nicht die einzige Instanz sein, die keinen Sinn für nationale Gerechtigkeit hat.

Allen Schilderungen zufolge gehörte sie zu Wilberforce' besten Reden, und diejenigen, die über solche Dinge urteilten, befanden, sie hätte ihn in das marmorne Pantheon der Unsterblichkeit erhoben. Edmund Burke, vielleicht der beste Redner in jenem goldenen Zeitalter der Redekunst, hielt die Prinzipien dieser Rede für »so bewundernswert, mit so viel Ordnung und Kraft dargelegt«, dass die Rede »allem ebenbürtig [sei], was er in der modernen Redekunst je gehört [habe]; und vielleicht nicht einmal übertroffen von allem, was einem bei Demosthenes* begegnet«.

Auch Bischof Porteus schwärmte von der Rede und kaum einer schloss sich nicht an. Sie war eine so hervorragende Darstellung der unwiderlegbaren Tatsachen und unbestreitbaren Argumente, wie man sie sich nur vorstellen konnte, und sie war eine Antwort auf Wilberforce' unzählige Gebete und all die Gebete derer, die im Kampf gegen das Übel des Sklavenhandels hinter ihm standen, von Equiano über Newton, Hannah More, den Middletons, Ramsay, Clarkson, Sharp, den Quäkern, Charles Eliot und Isaac Milner bis hin zu John Wesley. Doch wie Wesley prophezeit hatte, blieben die steinernen Herzen der Parlamentsmitglieder, die mit der »großen Göttin Profit« vermählt waren, unbewegt. Und am Ende scheiterte die Abschaffung des Sklavenhandels.

---

* Demosthenes (384–322 v. Chr.) war ein berühmter griechischer Redner, Rhetoriker und Staatsmann.

Und wie genau scheiterte sie? Die Debatte endete mit der Mutter aller unentschiedenen »Entscheidungen« – der Entscheidung, »mehr über den Sachverhalt zu hören«, als ob irgendjemand noch mehr über den Sachverhalt hätte hören müssen. In der Zwischenzeit würde der westindische Sklavenhandel mit all seinem Grauen, wie es sich Hieronymus Bosch nicht schrecklicher hätte ausmalen können, weitergehen wie eh und je. Noch Zehntausende weiterer Sklaven würden von den afrikanischen Küsten entführt werden, in stinkenden Frachträumen zwei oder drei Monate lang nach Luft ringen, zu Wahnsinn und Verzweiflung getrieben und dann entladen und verkauft und zu einem Leben solch großer Strapazen gezwungen werden, dass sie daran stürben – und all das mit dem bewussten Segen der Parlamentarier des Ober- und Unterhauses Seiner Majestät, die nun in ihre wohlverdiente Sommerpause gingen.

12. KAPITEL

DIE ZWEITE RUNDE

»... als einen *Athanasius contra mundum* ...«*
JOHN WESLEY

Am 14. Juli 1789 stürmte das französische Volk die Bastille, und Frankreich stürzte sich schlussendlich kopfüber in Gewalt und Terror. Die Abschaffung des Sklavenhandels hatte für Wilberforce einen solch hohen Stellenwert, dass er trotz der ständig zunehmenden Gefahr immer noch an der geplanten Reise festhielt, um sich vor Ort mit französischen Abolitionisten zu treffen. Seine Freunde jedoch – insbesondere Gisborne – waren über diese Idee entsetzt. Sie wussten, dass ein wohlhabender und prominenter englischer Staatsmann noch von Glück reden konnte, wenn er an einem Ort, an dem es vor blutrünstigen »Egalitaristen« nur so wimmelte, lediglich umgebracht wurde. Wilberforce gab nach, wenn auch mit großem Bedauern. Er hatte die Absicht gehabt, sich mit dem charmanten Abbé zu treffen, der ihn, Pitt und Eliot im Sommer vor sechs Jahren aus ihrer trägen Idylle bei dem Lebensmittelhändler in Reims befreit hatte. Aber er sah ein, dass dies nun nicht ratsam war, und sandte einen Entschuldigungsbrief.

Anstelle von Wilberforce reiste Clarkson nach Paris. Dort angekommen, steckte ihn die berauschende Atmosphäre des Aufbruchs der Menschenrechte an. Die Abschaffung des Sklavenhandels in Frankreich erschien ihm nun geradezu unvermeidlich. Er schickte einen Brief an Wilberforce, in dem er schrieb: »Es würde mich nicht überraschen, wenn die Franzosen sich selbst

---

* S. S. 212

die Ehre machten, diesen teuflischen Menschenhandel über Nacht per Abstimmung abzuschaffen.«

Doch bald schon merkte er, dass seine eigene idealistische Sicht der Revolution von der politischen Wirklichkeit weit entfernt war. Wie es schien, wollten die französischen Revolutionäre plötzlich nichts mehr mit der Abschaffung des Sklavenhandels zu tun haben. Sie befürchteten, dies könne manche der französischen Hafenstädte dazu veranlassen, aus ihren Reihen auszuscheren. In diesem Moment starb für Clarkson Utopia, und plötzlich erschien die Abschaffung des Sklavenhandels in Frankreich nicht nur unwahrscheinlich, sondern unmöglich.

Daraufhin traf Clarkson sich mit den politischen Führern der französischen Kolonie Saint-Domingue (aus der später die Republik Haiti wurde). Saint-Domingues Bevölkerung bestand zu neunzig Prozent aus afrikanischen Sklaven und zu zehn Prozent aus weißen Franzosen. Letztere lebten in beständiger Furcht vor einem Sklavenaufstand und verhielten sich deshalb besonders brutal gegenüber jedem, der einen solchen schüren könnte, was natürlich wiederum ein umso brutaleres Vorgehen der Sklaven gegen die Franzosen nach sich ziehen würde, sollte es zu einem Aufstand kommen.

Eines Tages erfuhr Clarkson, dass eben dies kürzlich geschehen war: Ein äußerst gewalttätiger Sklavenaufstand war brutal niedergeschlagen worden. Sein Anführer war »gerädert« worden, eine Foltermethode, die so teuflisch ist, dass wir darauf verzichten, sie hier näher zu beschreiben. Nach diesem Aufstand konnte von Geduld und Mäßigung oder von politischen Kompromissen keine Rede mehr sein. Für die französischen Anti-Sklaverei-Kräfte hatte der totale Krieg begonnen. Sie würden nicht zurückweichen, koste es, was es wolle. Für Clarkson und sicherlich auch für viele andere war diese Entwicklung niederschmetternd. Die abolitionistische Sache hatte einen schweren Rückschlag erlitten.

Daheim in England erreichte die Abolitionisten eine weitere Hiobsbotschaft. Wilberforce hielt sich in jenem Juli gerade in Teston bei den Middletons auf, als er die Nachricht erhielt, James Ramsay sei in London gestorben. Ramsay war erst fünfundfünfzig, aber nicht bei bester Gesundheit, und er war von der Sklavereilobby so bösartig und erbarmungslos mit grausamen Lügen bombardiert worden, dass dies anscheinend buchstäblich zu seinem Tode geführt hatte. Auf die Middletons muss sein Tod ernüchternd gewirkt haben. Sie hatten ihn ermutigt, auf dieses Schlachtfeld zu ziehen. Ähnlich muss es Wilberforce ergangen sein. Sie alle erkannten nun vielleicht, dass sie in der Tat nicht nur gegen bloßes Fleisch und Blut kämpften, sondern, wie es in der Heiligen Schrift heißt, gegen »Mächte oder Gewalten« unter dem Himmel, gegen »Throne oder Herrschaften«.[85]

John Wesleys Warnung an Sharp muss ihnen nun in einem ganz neuen Licht erschienen sein. Wesley und sein Bruder Charles waren Hunderttausende von Meilen zu Pferd kreuz und quer durch England gereist, um das christliche Evangelium zu predigen und den Armen zu helfen, denen in jenen Tagen weder der Staat noch private Initiativen in ihrer Not zur Seite standen. Für ihre Mühe wurden die Wesleys von fast allen Geistlichen der anglikanischen Kirche denunziert und auf alle mögliche Weise unbarmherzig verfolgt. Das ging so von 1740 bis etwa 1780. Manche von Wesleys »Laienpredigern« waren sogar von aufgebrachten Menschenmengen getötet oder von Werbern der Marine entführt worden.[86]

Am 21. August reiste Wilberforce mit seiner Schwester Sally nach Cowslip Green, um Hannah More und ihre Schwestern zu besuchen. Hannahs Schwester Martha, die wusste, wie sehr Wilberforce die Natur liebte, drängte ihn zu einem Ausflug zur nahe gelegenen Cheddar Gorge in den südwestenglischen Mendip Hills, einer der schönsten Landschaften Englands. Die Cheddar Gorge ist die größte Schlucht im Vereinigten Königreich und wird von etlichen Höhlen durchzogen. Doch während seines Besuchs war Wilberforce weniger von der Schönheit der Landschaft als vom Schicksal ihrer Bewohner bewegt, deren große Armut Wilberforce schockierte. Es gab dort weder eine Schule noch eine Kirche. Manche dieser Elenden lebten nicht einmal in Hütten, sondern fristeten ihr Dasein in den Höhlen selbst. Als er zu den Mores zurückkehrte, hatte Wilberforce sichtlich das Bedürfnis, mit seinen Gedanken allein zu sein und das eben Gesehene zu verarbeiten. Er zog sich auf sein Zimmer zurück, um zu beten, rührte sein Essen nicht an und kam später mit einem klaren Entschluss wieder zum Vorschein: »Miss Hannah More«, sagte er, »für Cheddar muss etwas getan werden.«

Bis spät in die Nacht erörterten sie verschiedene Pläne. Schließlich erklärte Wilberforce: »Wenn Sie die Arbeit übernehmen, übernehme ich die Kosten.« Und genau so meinte er es. Was immer sie unternähmen, um den armen Leuten dort zu helfen, er würde es finanzieren. Wilberforce bestand darauf, dass Hannah sich nicht scheuen sollte, ihn um Geld zu bitten. Das sei in Wahrheit nur Stolz, getarnt als falsche Demut, sagte er. Im Laufe seines Lebens verschenkte Wilberforce mehr Geld, als wir uns vorstellen können, und nun schrieb er den ersten von vielen großzügigen Schecks, um die Arbeit der Mores unter den Armen jener Gegend in Gang zu bringen. Bald darauf gründete Hannah More dort die ersten Schulen, und Wilberforce würde sie weiterhin viele Jahre lang finanzieren.

Im September reiste Wilberforce in das mittelenglische Heilbad Buxton.[87] Sein Freund Dr. Hey hatte ihm eine Kur dort empfohlen. Buxton bot eine neue und ausgesprochen merkwürdige Form der Wasserkur an: »Hautrotationen«, eine Art »Massagebad«, bei dem man ausgestreckt auf einer flachen, tischähnlichen Kupferwanne lag. Sodann wurden die erkrankten Körperteile des Patienten fachkundig mit reichlichen Mengen des wundersamen einheimischen Wassers besprizt. Anschließend reiste Wilberforce für zwei Wochen zur *Yoxall Lodge*, dem Heim der Gisbornes, bevor er zu weiteren Spritzbädern nach Buxton zurückkehrte. Unglaublicherweise schienen diese »Hautrotationen« ihm zu helfen. Er kehrte mehrere Jahre lang jeden Herbst nach Buxton zurück.

Im Januar 1790 fand sich Wilberforce für die neue Sitzungsperiode des Parlaments wieder in Old Palace Yard Nr. 4 ein. Während dieser Sitzungsperiode würde das Parlament, wie am Ende der vorigen beschlossen, weitere Aussagen über den Sklavenhandel anhören. Mit einem geschickten Manöver sorgte Wilberforce dafür, dass statt des gesamten Parlamentes nur ein ausgewähltes Komitee diese Aufgabe übernahm. In diesem Komitee war Wilberforce direkt an der Befragung jedes einzelnen Zeugen beteiligt. Norris wurde erneut befragt und stieß gewaltsame Drohungen gegen Wilberforce aus, als seine Glaubwürdigkeit öffentlich infrage gestellt wurde – was angesichts seiner niederträchtigen Aussagen nicht anders zu erwarten gewesen war. Die Befragungen von Zeugen, die sich für den Sklavenhandel aussprachen, wurden im April abgeschlossen. Danach begannen die Befragungen gegen den Handel, die sich bis Anfang Juni hinzogen.

Wieder reiste Wilberforce nach Buxton. In Buxton hielten sich auch Henry Thornton, der Sohn von John Thornton, auf sowie Familie Sykes, mit der Wilberforce in Hull gemeinsam aufgewachsen war. Marianne Sykes, die mit ihrer Familie dort war, würde später Henry Thornton heiraten. Es ist auffällig, wie diese Freundeskreise in Bath und Buxton und ihren verschiedenen Häusern Zeit zusammen verbrachten. Henry Thornton war Wilberforce' bester Freund geworden, und Wilberforce hatte ihn sehr in seinem Glauben bestärkt. Wir wissen von der Großzügigkeit und Güte von Henrys Vater John Thornton, doch Henry empfand den Glauben seines Vaters als ein wenig zu streng. Wilberforce, den er in Clapham kennengelernt hatte, verschaffte ihm ein freundlicheres und anziehenderes Vorbild des christlichen Glaubens. Laut Wilberforce' Biograf John Pollock war Henry

> ein wenig abgestoßen vom Eifer seines ungehobelten Vaters, dessen Bekannte teilweise Geschäftsmethoden anwandten, die mit ihrer wohlfeilen Lippenfrömmigkeit nicht recht harmonieren wollten. Sein unverheirateter Cousin »Wilber« machte einen ganz anderen Eindruck auf Henry.

Anfang 1791 treffen wir Wilberforce wieder in *Yoxall Lodge* in der Grafschaft Staffordshire an, wo er unermüdlich arbeitete, um sich auf die nächste Sitzungsperiode des Parlaments vorzubereiten. Wilberforce' Mutter und Marianne Sykes folgten ihm dorthin, bekamen jedoch nicht viel von ihm zu sehen. In *Yoxall Lodge* verflochten sich die Namen Macaulay, Wilberforce und Babington miteinander. Thomas Gisborne war, wie wir uns erinnern, Wilberforce' »Schwächling« von einem Nachbarn am St. John's College gewesen, der gewissenhaft studiert hatte, während Wilberforce sich für den Weg der größten Unbekümmertheit entschieden hatte. Inzwischen war Gisborne ein bekannter Prediger und Landpfarrer und zudem ein guter Freund von Wilberforce. Mrs Gisbornes Bruder Thomas Babington hielt sich zu dieser Zeit ebenfalls in *Yoxall Lodge* auf. Er war mit Wilberforce und Gisborne in Cambridge gewesen und gehörte ebenfalls zu Henry Thorntons engsten Freunden.

Wilberforce musste sich nun durch zehntausend Folioblätter voller Aussagen kämpfen, die sich während der monatelangen Zeugenbefragungen angesammelt hatten, und den Inhalt in verdaulicher Form aufbereiten. Die Zusammenfassung dieser Berge von Papier und der endlosen Meilen geschriebener Zeilen war eine gewaltige Aufgabe.

In einem Brief an ihre Mutter schrieb Marianne Sykes, Babington und Wilberforce seien

> in letzter Zeit nie unten erschienen, außer, um ein hastiges Mittagessen einzunehmen, und für eine halbe Stunde, nachdem wir zu Abend gegessen haben. Der Sklavenhandel hat sie für täglich neun Stunden in Beschlag genommen. Mr Babington sagte ihnen gestern Abend, er habe vierzehnhundert Folioseiten zu lesen, um die Widersprüche zu entdecken und die Antworten zu sammeln, die Mr Wilberforce' Aussagen in seinen Reden bestätigten. ... Die beiden Freunde sehen allmählich sehr krank aus, doch sie sind in vorzüglicher Stimmung, und im Moment höre ich sie über ein paar absurde Fragen in der Anhörung lachen, die ein Freund von Mr Wilberforce vorgeschlagen hat.

Wilberforce soll einen »starken Sinn fürs Lächerliche« gehabt haben, und wir können es kaum bezweifeln. Doch in Miss Sykes' Erinnerung aus erster Hand an sein Gelächter über eine lange vergessene Absurdität scheinen die zwei Jahrhunderte, die uns von ihm trennen, zu verschwinden und dies unmittelbar spürbar zu machen. In dem Brief schreibt sie auch, Wilberforce wirke ganz anders als vor seiner »Großen Wandlung«. »Er ist jetzt niemals ausgelassen oder laut«, so Miss Sykes, »doch stets sehr heiter und manchmal lebhaft, und er spricht sehr viel häufiger über ernste Themen, als er es früher tat.«

Von *Yoxall* aus kehrte Wilberforce nach London zurück. Am 18. April 1791 wurde endlich die Debatte über die Abschaffung des Sklavenhandels während der laufenden parlamentarischen Sitzungsperiode eröffnet. Wilberforce erhob sich um fünf Uhr nachmittags und beackerte das Thema vier Stunden lang. Er trat dabei mit großer Bescheidenheit auf. Er sagte, in diesem Kampf erwarte er nun von Gott

> Weisheit und Stärke und Überzeugungskraft, und möge ich mich ihm in vollkommener Unterwerfung ergeben und allen Ruhm ihm zuschreiben, wenn es mir gelingt, und wenn ich scheitere, von Herzen sagen, dein Wille geschehe.

Seine Rede war – wie gewohnt – gut. »Wie immer sie auch ausgehen mag, ich knüpfe mein Glück an ihre Sache und werde sie niemals aufgeben«, erklärte er.

> Bei all der Unterstützung, die ich erhalten habe, wäre eine solche Fahnenflucht in der Tat höchst verachtenswert. Ich habe den unglücklichen Afrikanern bereits die Anerkennung ihres Anspruchs auf den Rang menschlicher Wesen gewonnen, und ich zweifle nicht, dass das Parlament Großbritanniens ihnen nicht länger die Rechte der menschlichen Natur vorenthalten wird!

Eines Tages würden seine Worte Realität werden, doch noch war es nicht so weit. Die Abstimmung erfolgte um halb vier Uhr morgens: 163 Nein-Stimmen, 88 Ja-Stimmen. Wieder einmal war die Abschaffung des Sklavenhandels in England gescheitert.

Noch nicht einmal zwei Monate vor dieser schrecklich niederschmetternden Niederlage jedoch, am 24. Februar desselben Jahres, überbrachte der Postbote Wilberforce einen Brief, der ihm schon in dem Moment, als er ihn öffnete, wie ein geradezu historisches Dokument erscheinen musste. Der Absender war John Wesley, inzwischen siebenundachtzig Jahre alt und nur noch wenige Tage von seinem Tod entfernt. Wahrscheinlich war dies der letzte Brief, den er jemals schrieb:

Verehrter Sir,
hätte die göttliche Macht Sie nicht aufgerichtet als einen Athanasius contra mundum[88], so wüsste ich nicht, wie Sie Ihr herrliches Unterfangen, gegen jene abscheuliche Schurkerei vorzugehen, die der Skandal der Religion, Englands und der menschlichen Natur ist, überstehen könnten. Wenn Gott Sie nicht genau dazu berufen hat, wird der Widerstand von Menschen und Teufeln Sie zermürben. Aber ist Gott für Sie, wer kann wider Sie sein?[89] Sind denn sie alle zusammen stärker als Gott? Oh, werden Sie nicht müde, Gutes zu tun! Gehen Sie im Namen Gottes und in der Stärke seiner Macht weiter voran, bis selbst die amerikanische Sklaverei (die übelste, welche die Sonne je sah) davor verschwinden wird.

Als ich heute Morgen ein von einem armen Afrikaner geschriebenes Traktat las, gab mir besonders der Umstand zu denken, dass ein Mann, der eine schwarze Haut hat und von einem weißen Mann ein Unrecht oder eine Beleidigung erfährt, keine Wiedergutmachung bekommen kann; denn es ist »Gesetz« in unseren Kolonien, dass der Eid eines Schwarzen gegen den eines Weißen überhaupt nichts gilt. Was ist das für eine Schurkerei?

Dass der, der Sie von Jugend an geleitet hat, Sie weiterhin in diesem und in allen Dingen stärken möge, das, verehrter Sir, ist das Gebet
Ihres ergebenen Dieners,
John Wesley

Wilberforce muss sich viele Male während der Jahre und der Kämpfe, die vor ihm lagen, an die Worte dieses Briefes erinnert haben, nicht zuletzt während der Niederlage in jenem April. Wie muss es ihn ermutigt haben, diese Worte des schlachterprobten Veteranen zu lesen, der den guten Kampf gekämpft, mit Geduld den Wettlauf vollendet und am Glauben festgehalten hatte. Kurz bevor er zu seiner Ruhe einging, hatte er sozusagen seine Hand seinem geistlichen Sohn entgegengestreckt und ihm den Stab für diese Etappe des Wettlaufes *contra mundum* übergeben. Und so setzte William Wilberforce den Lauf fort, angefeuert von einer großen und wachsenden Wolke von Zeugen.

13. KAPITEL

DER GUTE KAMPF

»... allmählich.«
HENRY DUNDAS

Die Niederlage vom April 1791 schmerzte zutiefst, doch im Rückblick wirkte sie regelrecht niederschmetternd. 1791 hatte man es noch nicht absehen können: Doch die politischen Voraussetzungen für die Abschaffung des Sklavenhandels waren so günstig wie nie zuvor. Es sollten Jahre bis zu einer ähnlich vorteilhaften Konstellation vergehen. Eine große Chance war vertan und die politischen Umstände verschlechterten sich zusehends.

Anders war es um die Haltung der Öffentlichkeit bestellt. Unter Nichtpolitikern gewann der Abolitionismus mehr und mehr Zuspruch. Das britische Volk fand – beinahe zum ersten Mal in seiner Geschichte – seine eigene Stimme und den Menschen wurde plötzlich bewusst, dass sie überhaupt als Volk existierten. Die zurückliegende Entwicklung in den amerikanischen Kolonien und die gegenwärtige in Frankreich waren eng mit diesem Trend zu mehr Menschenrechten und Demokratie verknüpft.

Die öffentliche Meinung zur Abschaffung des Sklavenhandels hatte sich rasch gewandelt. Noch wenige Jahre zuvor hatte die Mehrheit tatsächlich nichts von dem Grauen des Sklavenhandels gewusst, doch nun waren der Handel und seine vielfältigen Abscheulichkeiten in aller Munde. Überall hingen Poster der *Brookes* wie auch Abbildungen von Josiah Wedgwoods flehendem Afrikaner in Ketten. Cowpers Gedicht *The Negro's Complaint* war sogar vertont worden und wurde auf den Straßen gesungen. Im selben Jahr gewann ein neunzehnjähriger Dichter namens Samuel Taylor Coleridge eine Goldmedaille in Cambridge für seine *Ode Against the Slave Trade* (»Ode gegen den Sklavenhandel«).[90] Ein Boykott gegen westindischen Zucker hatte weite Verbreitung gefunden, teilweise begünstigt durch den irrigen Glauben, er enthalte buchstäblich das Blut derer, die ihn geerntet hatten. Und da während der amerikanischen Revolution die Briten allen amerikanischen schwarzen Sklaven, die auf ihrer Seite kämpften, die Freiheit schenkten, kamen viele Schwarze frei und waren nach England ausgereist. Schwarze Gesichter, zuvor ein äußerst seltener Anblick, sah man mit einem Mal sehr häufig in England, und ihre Gegenwart verlieh dem ganzen Thema ein menschliches Gesicht und rückte es in greifbare Nähe.

Ebenso, wie die Tendenz zu Demokratisierung und Staatsreformen der Sache des Abolitionismus diente, unterstützte die Sache des Abolitionismus die britische Bevölkerung dabei, ihren aufkommenden politischen Einfluss zu nutzen, als Unterschriften gegen den Sklavenhandel gesammelt wurden. In den Monaten nach der abolitionistischen Niederlage von 1791 trafen im Parlament 517 Petitionen für die Abschaffung des Sklavenhandels ein (und nur vier dagegen). Sie wurden wie antike Schriftrollen aufgerollt. Wenn man sie entrollte, kamen auf diesen Dokumenten die Unterschriften Tausender britischer Untertanen zum Vorschein, die nie zuvor geahnt hatten, ihre Namen oder Meinungen könnten jemals tatsächlich etwas bewirken. Unzählige Namen britischer Untertanen fanden auf diese Weise erstmalig Zugang zum Parlament. Schon der Gedanke, einfache Bürger könnten dabei mitreden, was auf ihrer großen Insel geschah, erschien beinahe beispiellos in der britischen Geschichte.

Doch die wachsende Bewegung für mehr Demokratie und Menschenrechte erwies sich als zweischneidiges Schwert. So sehr die Entwicklungen in Frankreich egalitären Gedanken in England Nahrung gaben, so sehr wurden auch jene blutigen Exzesse in Frankreich und den französischen Kolonien mit englischen Reformbestrebungen jeder Art in Verbindung gebracht, insbesondere mit dem Abolitionismus. Der Gärungsprozess und die Umwälzung in Frankreich hatten eine Zeit lang eine gute Anschubhilfe geleistet. Nun jedoch schlug das Pendel zur anderen Richtung aus.

In demselben Jahr, und vielleicht gerade zur rechten Zeit, hatte Henry Thornton Wilberforce eingeladen, zu ihm in sein Haus *Battersea Rise* nach Clapham zu ziehen. Thornton nannte es eine *chummery* – einen Ort, an dem Junggesellen zusammenleben. Dort sollten sie für die nächsten vier Jahre gemeinsam wohnen und sich die Haltungskosten des Hauses teilen. Gleich nebenan bezog Edward Eliot ein Haus namens *Broomfield Lodge*, und in einem dritten Haus ließ sich Charles Grant nieder. So entstand die Clapham-Gemeinschaft, die bisweilen auch Clapham-Sekte, Clapham-Kreis, Clapham-Heilige, Claphamiten genannt und mit weiteren Bezeichnungen belegt wurde, in guter wie in schlechter Absicht. Doch das große Experiment, dessen sich die Geschichte unter dem Namen »Clapham« erinnert, kam nicht zufällig zustande. Es war durchaus Henry Thorntons Absicht, einen Ort zu schaffen, wo er und seine gleich gesinnten Freunde einander ermutigen und Gesellschaft leisten konnten, abseits der schmutzigen und hektischen Londoner Innenstadt. Clapham lag nur vier Meilen davon entfernt, doch es war gleichsam eine andere Welt. Je schwieriger die Auseinandersetzungen wurden, in die Wilberforce über die Abschaffung des Sklavenhandels geriet, desto wichtiger wurde es, dass er diesen Ort hatte, an den er sich zurückziehen konnte. Er brauchte den Zuspruch von Freunden, die so dachten wie er und die gemeinsam mit ihm kämpften und beteten. John Venn, Henry Venns Sohn, wurde dazu überredet, die dortige Pfarrstelle zu übernehmen, und erntete für seine Predigten, die er jeden Sonntag dort hielt, begeisterte Kritiken. Granville Sharp lebte im Dorf Clapham, und andere aus ihrer Clique kamen zu kurzen und längeren Besuchen. Wenn er nicht in Clapham war, hielt Wilberforce sich meist in Bath auf, wo er mit vielen aus demselben Kreis verkehrte, vor allem mit Hannah More, deren unübertroffen schlagfertiger Witz seine Stimmung stets aufhellte.

Nun, in der neuen parlamentarischen Sitzungsperiode von 1792, kündigte Wilberforce erneut an, er werde einen Antrag auf Abschaffung des Sklavenhandels stellen. Für ihn stand fest, er werde dies unermüdlich immer wieder tun, bis das Ziel erreicht sei. Die Welle öffentlicher Zustimmung zur Abschaffung schwoll weiter an. Aus allen Winkeln des Landes kamen Petitionen. Doch die Geschehnisse in Frankreich in all ihrer Abscheulichkeit hatten zugleich in britischen politischen Kreisen – zu denen natürlich all diejenigen gehörten, die im Parlament abzustimmen hatten – als Reaktion eine Gegenströmung ausgelöst. Unter ihnen breitete sich nun eine deutliche Abneigung gegen Reformen und gegen den Abolitionismus aus.

Spätestens seit dem Sturm der Pariser Massen auf das Palais des Tuileries, den Sitz des französischen Königs, am 25. Juli 1792, besaß das Wort Freiheit nicht mehr den gleichen harmlosen, schönen Klang wie vorher. Vor der Französischen Revolution war sie ein attraktives romantisches Ideal gewesen, im schlimmsten Fall eine harmlose Marotte. Während der amerikanischen Revolution hatten die amerikanischen Patrioten lange Stöcke mit aufgesteckten Mützen getragen – sogenannte phrygische Mützen als Symbol für die Freiheit – und dieses Bild hatte in Frankreich seinen Widerhall gefunden. Es hatte etwas bezaubernd Frisches an sich, eine Art unangreifbarer Würde. Nun jedoch hatten die Dinge jene monströse Wendung genommen, vor der Lord North, der König und die anderen *High Tories* schon immer gewarnt hatten. Das Bildnis der schönen jungen Frau, die für die *Liberté* stand, manchmal mit einer entblößten Brust dargestellt, verwandelte sich in den Augen vieler britischer Politiker in eine blutrünstige, wild starrende Harpyie*, eine dämonische Hexe, eine Kali-Gestalt** mit französischem Anstrich, deren Blutlust eine Bedrohung für Gesetz und Ordnung in jeder Form war. In ihren Augen waren die revolutionären Kräfte trunken geworden von Macht. Man musste sie aufhalten, und alles, was nach »Freiheit« oder »Demokratie« roch, musste zurückgedrängt werden.

In diesem gesellschaftlichen Klima kam die abolitionistische Bewegung nun praktisch zum Erliegen. Die Gezeiten hatten sich gewendet. Für die po-

---

* In der griechischen Mythologie ein Sturmdämon in der Gestalt eines Mädchens mit Flügeln und Vogelkrallen.
** Hinduistische Göttin, die den zerstörerischen Aspekt der Göttin Durga verkörpert.

litische Elite ging es nur darum, die britische Zivilisation zu verteidigen. Die Verfechter des Abolitionismus konnten nicht in die Zukunft blicken, und ihre Siegeshoffnungen waren so lebendig wie eh und je. Es schien sich ja noch immer alles auf das lang erhoffte Ziel zuzubewegen. Und doch war es, als ob kurz vor dem Bug die Gegenströmung immer stärker wurde.

Als die öffentliche Wahrnehmung die christliche abolitionistische Bewegung in England mit den Vorgängen in Frankreich in Verbindung brachte, hatte das verheerende Auswirkungen. Viele der führenden Persönlichkeiten der abolitionistischen Bewegung waren Christen, doch Thomas Paine in Amerika und der Pöbel jenseits des Kanals waren leidenschaftlich anti-christlich. Vieles von dem, was Paine schrieb, war sogar in aggressiver Weise gotteslästerlich, selbst nach heutigen Maßstäben. So wurde die moralische Autorität, die der Abolitionismus einige Jahre lang genossen hatte, rasch ausgehöhlt, und die wackeren britischen Politiker, besonders konservative Torys wie Edmund Burke, zogen sich auf rein defensive Positionen zurück. Sie fühlten sich gedrängt, die britische Kultur und Zivilisation um jeden Preis zu schützen, und wagten es nicht mehr, sich für irgendwelche Reformen einzusetzen – zumindest für den Augenblick. Es war eine große Tragödie. Was konnte Wilberforce tun?

Zum einen hätte er vielleicht Thomas Clarkson im Zaum halten können, dessen naive Liebäugeleien mit den Jakobinern von der gegnerischen Seite bemerkt und rasch als Beweis dafür aufgefasst worden waren, der Abolitionismus sei gefährlich. Isaac Milner schrieb nach einem langen Gespräch mit Clarkson an Wilberforce: »Ich wünsche ihm bessere Gesundheit und einen besseren politischen Verstand.« Es war schlimm genug, dass Frankreichs revolutionärer Nationalkonvent Wilberforce – zusammen mit George Washington, Joseph Priestley,[91] Thomas Paine[92] und Jeremy Bentham[93] – zu Bürgern Frankreichs ernannt hatte. Wilberforce gelang es rasch, diese »Ehre« abzuwehren, indem er einem Komitee beitrat, das zum Ziel hatte, französische Geistliche im Exil zu unterstützen. Davon gab es natürlich viele, zumal das Exil eine der wenigen Möglichkeiten war, die ihnen blieb, ihr Leben zu erhalten. Einer dieser Priester auf der Flucht war der freundliche Abbé Lageard, der Pitt, Wilberforce und Eliot während ihres Aufenthalts in Reims einige Jahre zuvor bei sich aufgenommen hatte.

Noch schädlicher für das abolitionistische Anliegen waren vielleicht die blutigen Massaker auf der Insel Saint-Domingue. Wilberforce wurde an diesem Punkt dringend dazu geraten, seinen Antrag auf Abschaffung des Sklavenhandels zu verschieben. Doch er entschied sich dagegen; er würde voranmarschieren, trotz aller Widerstände. Und so erhob sich Wilberforce 1792 abermals und beantragte die Abschaffung des abscheulichen Sklavenhandels. In seiner Eröffnungsrede am Abend des 2. April rief er in höchster Bewegung die berühmten Worte aus: »Afrika! Afrika! Deine Leiden sind das Thema, das mein Herz zum Stillstand gebracht und gepackt hat – deine Leiden, die keine Zunge ausdrücken kann; die keine Sprache beschreiben kann.«

Und wieder unterstützten ihn Fox und Pitt zur Linken und zur Rechten mit ihrer legendären Beredsamkeit. – Doch diesmal begann der Schotte Henry Dundas, der die Atmosphäre im Unterhaus erspürte, von einer Regulierung des Handels zu sprechen – so, als wäre eine Regulierung der verbrecherischen Praxis dasselbe wie ihre Abschaffung. Er sprach davon, die Plantagenbesitzer zu zwingen, die Sklaven besser zu behandeln, ihnen Anreize dazu zu schaffen. Er nannte das den »moderaten« oder »mittleren« Weg, der alle Probleme lösen könne; und er beschwor die Parlamentarier, die den Sklavenhandel befürworteten, sich seine Worte zu Herzen zu nehmen.

Als er ausgesprochen hatte, erhob sich Fox und stürzte sich mit seiner ganzen beträchtlichen Redekunst auf Dundas, indem er sich über den Gedanken der Mäßigung in Mord und Gräueltaten lustig machte. »Ich glaube, dass [der Sklavenhandel] unklug ist«, sagte Fox.

Ich weiß, dass er unmenschlich ist. Ich bin sicher, dass er ungerecht ist. Ich finde ihn so unmenschlich und ungerecht, dass die Kolonien, wenn sie nicht ohne ihn kultiviert werden können, besser überhaupt nicht kultiviert werden sollten. ... Solange ich eine Stimme habe, mit der ich sprechen kann, wird diese Frage nie zur Ruhe kommen ... und wenn ich und meine Freunde sterben sollten, bevor sie ihr herrliches Ziel erreicht haben, so hoffe ich, dass es nie an Männern mangeln wird, die noch leben, um ihre Pflicht zu tun, und die weiterwirken werden, bis das Übel ganz und gar ausgemerzt ist.

Es war eine kraftvolle Rede von Fox, ein knisterndes Feuer der Wahrheit und Klarheit, und sie war dringend notwendig. Seine Worte warfen viel Licht auf die moralische Feigheit der »Regulierung« und die träge Bosheit der »Mäßigung«. Doch der schlaue Schotte ließ sich nicht davon beirren. Es war nicht das erste Mal, dass Dundas Wasser auf die Flammen goss. Er wusste, dass man nicht gleich das ganze Feuer auslöschen musste. Manchmal reichte es schon, genügend Rauch zu erzeugen. Dann verließen die Zuschauer den Brandherd, und das schwelende Feuer konnte weiterflackern und die ganze Nacht hindurch ringsherum das selige Nichts erleuchten! So erhob sich Dundas also und schüttete geschickt das eine Wort *allmählich* in Fox' Flammen. Er machte das äußerst raffiniert. Ja zur Abschaffung des Sklavenhandels – ja! Aber nur nichts übereilen – o nein! Wahre Staatskunst verlange Klugheit und Umsicht. Also ja – aber *allmählich*. Wilberforce dachte bei diesem Wort wahrscheinlich an die Sklaven, die sich auf der *Middle Passage* in Qualen wanden, geschlagen, gedemütigt, sehnsuchtsvoll auf den Tod wartend. *Allmählich*. Es war, als wären diese drei Silben, diese trügerisch friedlichen Schwefelblasen, aus dem toten Bauch der Hölle selbst durch Dundas' Mund heraufgebrodelt. Und alle stürzten sich darauf. Warum sollten sie auch nicht? Eine allmähliche Abschaffung des Sklavenhandels bedeutete Abschaffung und zugleich auch wieder *nicht* Abschaffung – was konnte sich ein Politiker noch mehr erträumen? So konnte man zum ersten Mal den Sklavenhandel formell und in aller Deutlichkeit verurteilen, musste jedoch nichts Wirksames dagegen unternehmen – ein Geniestreich.

Nachdem Dundas das Wort *allmählich* ins Spiel gebracht hatte, war Pitt an der Reihe. Sie hatten schon die ganze Nacht hindurch debattiert. Draußen war es immer noch stockdunkel, aber es war bereits nach fünf Uhr morgens, als Pitt sich erhob und zu sprechen begann. Er redete eine Stunde lang und hielt in dieser Stunde eine der größten Ansprachen seines Lebens. Wer je daran gezweifelt hatte, er stehe ganz und gar hinter der Abschaffung des Sklavenhandels, würde nie wieder daran zweifeln. »Wie sollen wir hoffen«, so fragte er,

> wenn es denn überhaupt möglich ist, Vergebung vom Himmel zu empfangen für die enormen Missetaten, die wir begangen haben, wenn wir uns weigern, die Mittel zu nutzen, die uns die Vorsehung in ihrer Gnade noch vorbehalten hat, um die Schande und Schuld abzuwaschen, die uns nun bedecken? ... Sollten wir nicht die Tage und Stunden zählen, die wir duldend verstreichen lassen, bis ein solches Werk vollbracht ist?

Seine Rhetorik schwang sich zu immer großartigeren Höhen auf.

Und dann passierte etwas Außergewöhnliches. Als Pitt sich dem Höhepunkt seiner Rede näherte, strömte vom Horizont her der goldene Hymnus der Morgendämmerung durch die Fenster der Kammer herein, und der große Saal bauschte sich wie ein Segel, das vom Morgen gefüllt wird. Es war ein Augenblick voller Transzendenz, an den sich die Anwesenden noch nach Jahrzehnten erinnerten, und allen Schilderungen zufolge nutzte Pitt den Moment auf brillante Weise, als hätte er selbst das Sonnenlicht für seine eigenen Zwecke bestellt. Aus seinem riesigen Vorrat klassischer Lyrik fischte er im Nu zwei passende Zeilen aus Vergil heraus, die davon sprachen, wie das Licht die Finsternis über Afrika vertrieb. Es war ein herrlicher Schluss seines Plädoyers, und diejenigen, denen der Vergleich möglich war, sagten, es habe ihn wahrhaft zum ersten Mal in die einsamen Höhen der Redekunst seines berühmten Vaters aufsteigen lassen.

Doch als Pitt sich wieder setzte, war aus irgendeinem Grund der politische Wunsch, Kompromisse zu schließen und die Sache auf die lange Bank zu schieben, nicht völlig aus dem Raum vertrieben worden. Pitts großartige Rede und der goldene Auftritt der Sonne hatten es für einen Moment so scheinen lassen, als wäre es damit vorbei. Doch in Wirklichkeit war dieser Wunsch nie verschwunden. Er hatte die ganze Zeit über vor der Tür gekauert wie ein hungriger Hund, zufrieden damit, so lange wie nötig zu warten, bis er seinen Wunsch bekam. Als Pitt sich setzte, erkannte das Tier seine Chance und schlüpfte herein – und ehe man sich versah, hatte er sozusagen die Wurst vom Tisch geschnappt und war damit verschwunden. Und so wurde mit 230 zu 85 Stimmen ein Antrag zur allmählichen Abschaffung des Sklavenhandels angenommen. Wilberforce blieb nichts übrig, als sich zu wundern, wie es dazu hatte kommen können, und den leeren Teller auf dem Tisch anzustarren, auf dem eben noch die Wurst gelegen hatte. Drei Wochen später wurde konkretisiert, was »allmählich« bedeutete: bis zum Januar 1796.

Viele beglückwünschten Wilberforce nun von Herzen dazu, dass die Abschaffung des Sklavenhandels endlich »bewilligt« war. Doch Wilberforce war verwirrt. War dies tatsächlich doch eine Art Triumph, für den er dankbar sein musste? Oder war es das elende und jämmerliche Scheitern eines Vorhabens, das sie seit 1787, als es so schien, als könne der Sklavenhandel auf der Stelle abgeschafft werden, immer wieder versucht hatten umzusetzen? Jahr um Jahr waren seither Zehntausende von Menschen dem Leben entrissen worden, das sie hätten führen können, fort von den Familien und Freunden, die sie hätten haben können, und den Träumen, die sie hätten träumen können, und waren der Tortur der *Middle Passage* ausgesetzt und zu einer lebenslänglichen Strafe in dem unmenschlichen, hoffnungslosen Gulag der westindischen Sklaverei verurteilt worden. Wilberforce dachte an all diese Menschen in ihrem Leid, die ja nach dem Bilde Gottes geschaffen waren, und er spürte die schreckliche Last des alljährlichen Scheiterns. Und nun sollte dieser böse Albtraum weitere vier Jahre andauern.

Es erschien ihm absurd, dass er nun von seinen Kollegen mit Glückwünschen überhäuft wurde. Worüber sollte er jubeln? Wo sollte er Trost schöpfen? Vier Jahre kamen ihm wie eine Ewigkeit vor. Und dieses »allmähliche« Gesetz bot nicht einmal eine Garantie dafür, dass in vier Jahren die Abschaffung des Sklavenhandels tatsächlich verabschiedet würde. Wie sich herausstellen sollte, kam es dann auch nicht dazu. Etwa um diese Zeit schrieb Cowper ein Gedicht, um Wilberforce zu ermutigen. Gebrauchen konnte er solchen Zuspruch gewiss. Es trug den Titel *Sonnet to William Wilberforce, Esq.*:

Thy country, Wilberforce, with just disdain,
Hears thee, by cruel men and impious, call'd
Fanatic, for thy zeal to loose th' enthrall'd
From exile, public sale, and slav'ry's chain.
Friend of the poor, the wrong'd, the fetter-gall'd,
Fear not lest labour such as thine be vain.
Thou hast achiev'd a part; hast gain'd the ear
Of Britain's senate to thy glorious cause;
Hope smiles, joy springs, and tho' cold caution pause
And weave delay, the better hour is near,
That shall remunerate thy toils severe
By peace for Afric, fenced with British laws.
Enjoy what thou hast won, esteem and love
From all the just on earth, and all the Blest above!

Dein Land, Wilberforce, hört mit gerechter Verachtung,
wie du von Grausamen, Gottlosen Fanatiker geheißen
für deinen Eifer, Unterjochte zu befreien
aus Verbannung, Verkauf und der Sklaverei Ketten.
Freund der Armen, Übervorteilten, Gefesselten,
Fürchte nicht deiner Mühe Vergeblichkeit.
Hast einen Teil erreicht, beim britischen Senat
Gehör gefunden für deine herrliche Sache;
Hoffnung lächelt, Freude blüht auf, wenngleich kalte Vorsicht
    hemmt
und verzögert, so naht doch die bessere Stunde,
deine schweren Mühen zu lohnen
durch Frieden für Afrika, geschützt durch Britanniens Gesetz.
Freue dich des Erreichten: Achtung und Liebe
aller Gerechten auf Erden und aller Seligen droben!

14. KAPITEL

WAS WILBERFORCE ERDULDETE

»Ich leide beständig unter dem Sklavenhandel.«
WILLIAM WILBERFORCE

Nicht jeder, der Verse schrieb, nutzte sein lyrisches Talent, um Wilberforce zu preisen. James Boswell, der berühmte Biograf Dr. Johnsons, hatte 1784 noch gerühmt, die »Krabbe« Wilberforce habe sich in einen »Wal« verwandelt. 1787 hatte er an jenem denkwürdigen Abendessen im Hause des storchengleichen Bennet Langdon teilgenommen. Nun vollzog er eine scharfe Kehrtwende und wandte sich gegen den Abolitionismus – und frontal gegen Wilberforce. Er übte auch nicht gerade Zurückhaltung in diesbezüglichen Äußerungen. Wohl die einzige Ähnlichkeit zwischen Cowpers noblem Tribut und Boswells wutschäumend-bissiger Knittelvers-Attacke liegt darin, dass sich die Verse irgendwie reimen:

Go Wilberforce with narrow skull,
Go home and preach away at Hull.
No longer in the Senate cackle
In strains that suit the tabernacle[*];

---

[*] In bewusster Anspielung auf die Stiftshütte, die Kultstätte des Volkes Israel während seiner vierzigjährigen Wüstenwanderung, nannten manche Nonkonformisten ihre Versammlungshäuser *Tabernacles* (Stiftshütten).

Wilberforce mit elf Jahren (1770) im *Van Dyke*-Kostüm im Haus seiner Tante und seines Onkels, Hannah und William Wilberforce, in Wimbledon. Der Künstler John Russell nannte ihn den »süßen jungen Wilberforce« und sagte, schon in diesem Alter habe »seine Seele den Anschein einer Bekehrung« gehabt.

Ein Porträt des Abolitionisten als junger Mann: Wilberforce mit

Ein weitverbreitetes Porträt zeigt Wilberforce 1810, im Alter von einundfünfzig Jahren, drei Jahre nach der Abschaffung des Sklavenhandels.

Der englische Dichter William Cowper (1731–1800) wurde von Wilberforce besonders geschätzt. Mit *The Negro's Complaint* (»Des Negers Klage«) setzte er sein dichterisches Talent gerne für die abolitionistische Sache ein. Cowpers enger Freund John Newton schlug ihm vor, Choräle zu schreiben, um seine Depressionen zu lindern; gemeinsam verfassten sie einige hundert.

John Newton, der »alte afrikanische Lästerer«, ehemaliger Sklavenschiffskapitän und Verfasser des Chorals *Amazing Grace*. Er kannte Wilberforce als kleinen Jungen, und Wilberforce »verehrte ihn wie einen Vater«. Jahre später riet Newton Wilberforce nach dessen »Großer Wandlung«, »zum Wohl der Nation« in der Politik zu bleiben.

George Whitefield (1714–1770), eine Ein-Mann-Heilsarmee, besaß einen enormen Einfluss im England und Amerika des achtzehnten Jahrhunderts. Er konnte zu zwanzig- bis dreißigtausend Menschen auf einmal predigen, wie sein Freund aus Philadelphia, Benjamin Franklin, nachwies.

John Wesley (1703–1791), der große Evangelist des achtzehnten Jahrhunderts, ist hier drei Tage vor seinem Tod abgebildet, während er seinen berühmten Brief an Wilberforce schreibt: »Wenn Gott Sie nicht genau dazu berufen hat, wird der Widerstand von Menschen und Teufeln Sie zermürben. Aber ist Gott für Sie, wer kann wider Sie sein?«

Madame de Staël (1766–1817), Nestorin der High Society, Salongastgeberin und Kulturpäpstin, war von Wilberforce höchst angetan und nannte ihn »den geistreichsten Mann in ganz England«.

1783 reiste Wilberforce mit Pitt und Eliot nach Frankreich. In Fontainebleau traf er den glücklosen Monarchen Ludwig XVI., den er als eine »unbeholfene, merkwürdige Gestalt in gewaltigen Stiefeln« beschrieb.

Hannah More (1745–1833), Porträt von 1789. More, eine der engsten Verbündeten von Wilberforce bei seinen beiden »großen Zielen«, stand im Zentrum der Londoner literarischen Welt. Samuel Johnson rühmte sie als »die kunstfertigste Verseschmiedin der englischen Sprache«. Später nannte Cobbett sie wegen ihrer religiösen Schriften gehässig den »Alten Bischof in Petticoats«.

Granville Sharp (1735–1813) war der schlimmste Albtraum eines jeden Feindes der Gerechtigkeit und einer der wichtigsten Akteure in der abolitionistischen Bewegung. Sharp, der ein engagierter Christ, ein Sprachgenie und ein versierter Musiker war, konnte zwei Flöten gleichzeitig spielen und unterzeichnete oft mit G♯ (mit *sharp* bezeichnet man im Englischen Noten, die um einen Halbton erhöht sind).

König Georg III. (1738–1820) war ein Muster ehelicher Treue, ganz im Gegensatz zu den meisten Adligen seiner Zeit, insbesondere seinen Söhnen. Er und seine Frau, Königin Charlotte, scheinen eine wirklich glückliche Ehe geführt zu haben und hatten fünfzehn Kinder, mehr als jeder andere britische Monarch. Anfangs stand der König Wilberforce' abolitionistischen Bemühungen wohlwollend gegenüber und pflegte ihn zu fragen: »Wie geht es Ihren Negern?«, doch als Wilberforce später Stellung gegen den Krieg mit

Seine Geschniegelte Majestätsbeleidigung König Georg IV. (1762–1830), der die Nähte der gesellschaftlichen Schicklichkeit immer wieder zum Platzen brachte.

Oben: William Pitt der Jüngere (1759–1806), ein enger Freund von Wilberforce, wurde mit vierundzwanzig Jahren Großbritanniens jüngster Premierminister. Pitt drängte Wilberforce dazu, die Sache der Abschaffung des Sklavenhandels im Parlament zu vertreten, doch ihren Erfolg erlebte er nicht mehr.

Rechts: Hickels Gemälde von Pitt bei seiner Ansprache vor dem Unterhaus anlässlich der französischen Kriegserklärung 1793. Wilberforce sitzt hinter Pitt in der zweiten Reihe, gleich rechts von der Emporenstütze. Charles James Fox sitzt mit Hut und Stock direkt gegenüber von Pitt, in der ersten Reihe der Oppositionsbank.

Charles James Fox (1749–1806), ein wortgewaltiger Freund des Abolitionismus, aber politischer Opportunist und Meister der Ausschweifung. Als Mitschuldiger an den Abwegen des Prinzen von Wales und aufgrund seiner bahnbrechenden Bemühungen um die allgemeine britische Dekadenz des späten achtzehnten Jahrhunderts wurde Fox zum bestgehassten Feind König Georgs III. Er bildete die Whig-Hälfte der dickhäutigen Monstrosität namens »Fox-North-Koalition«. Er schien wie geschaffen, vom großen britischen Filmschauspieler Robert Morley dargestellt zu werden, doch leider wurde ihm diese Ehre nie zuteil.

Lord Frederick North (1732–92), eine kampflustige, sphärenförmige Gestalt, hier abgebildet, bevor er seinen endgültigen Leibesumfang erreichte, führte Großbritanniens Vorgehen gegen die amerikanischen Kolonien an und ist als der Mann bekannt, der sie verlor. Anfangs war Wilberforce für die Kunst berühmt, North nachzuäffen, bis ein Kollege ihn dazu überredete, von dieser Gewohnheit abzulassen. North trug wegen seiner tiefen Stimme den Spitznamen Boreas (»Nordwind«), und als er von Cornwallis' Niederlage bei Yorkstone hörte, soll er gesagt haben: »Oh! Es ist alles vorbei! Es ist alles vorbei!«

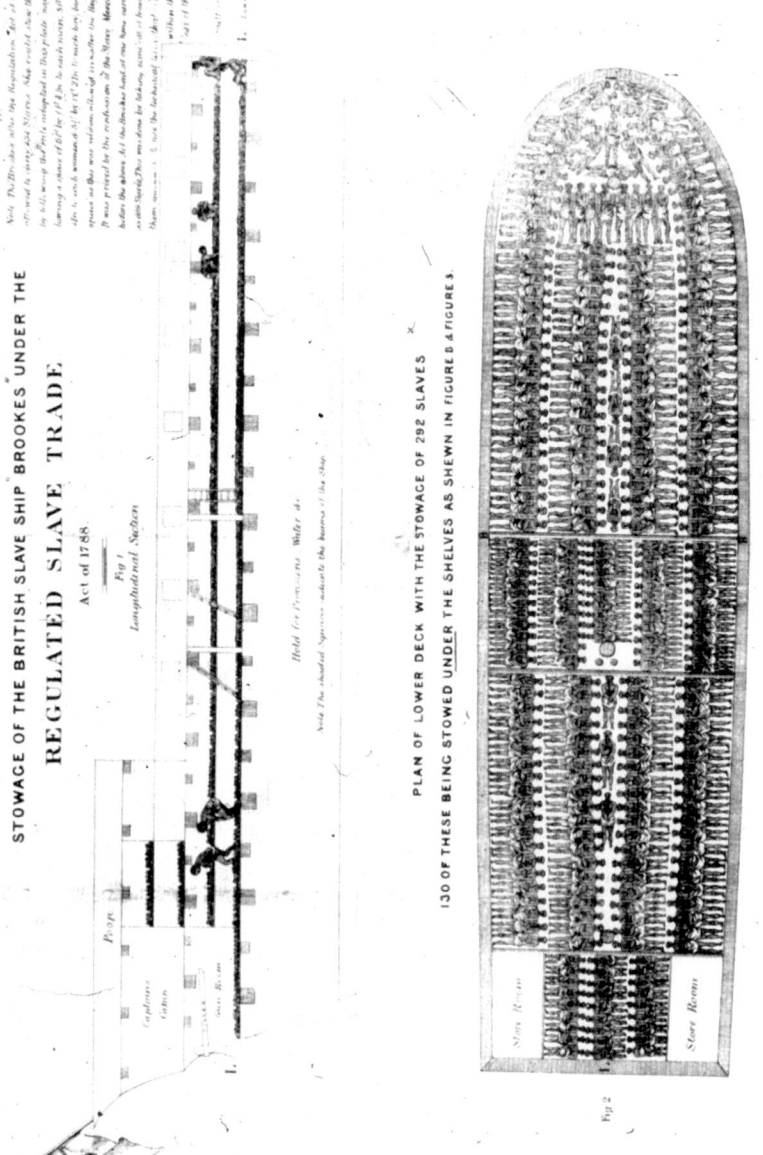

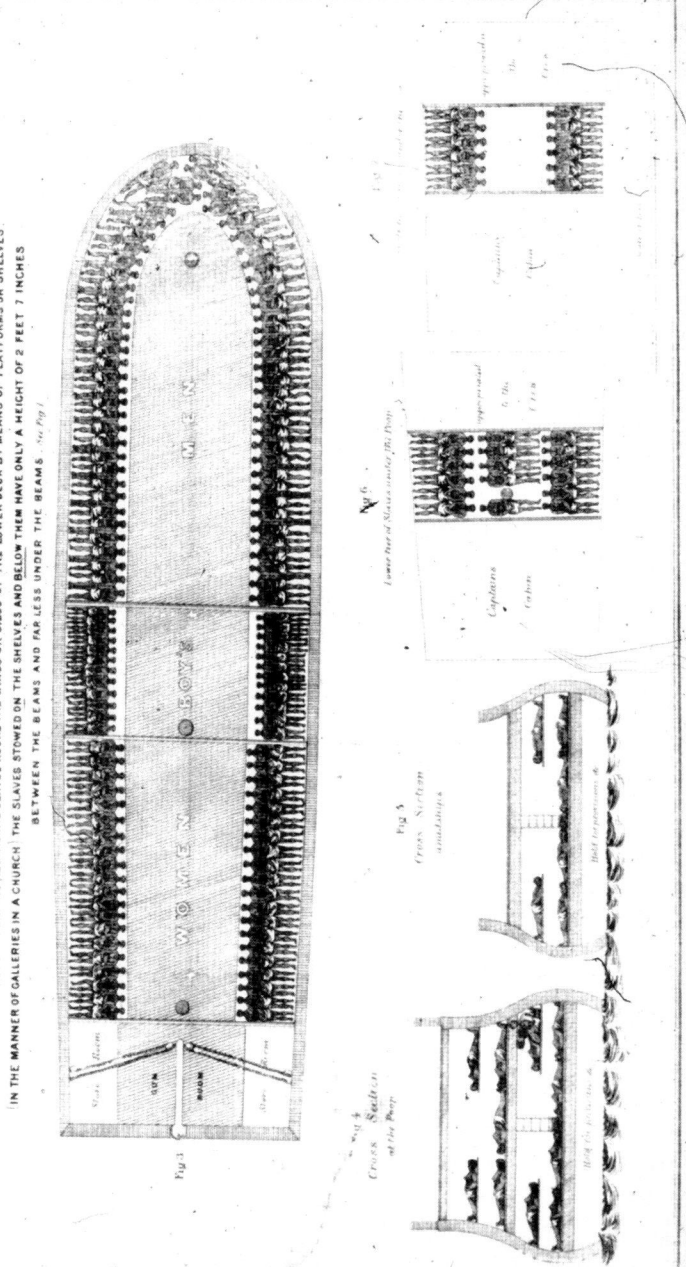

Diese Abbildung, die den Schiffsbauch des Sklavenschiffes *Brookes* zeigt, erregte Aufsehen in ganz England. Viele Sklavenschiffe waren in Wirklichkeit noch weitaus überfüllter.

Die »legale« Ertränkung von 132 Afrikanern, die über Bord des berüchtigten Sklavenschiffs *Zong* geworfen wurden, brachte die abolitionistische Bewegung in England ins Rollen. Lord Mansfield, der Richter, sagte, es sei »als ob Pferde getötet worden wären«.

Das Bild, das tausend Schiffe aufhielt. Josiah Wedgwoods anrührende Anti-Sklaverei-Gemme wurde auf Broschen, Hutnadeln, Manschettenknöpfen, an Uhrketten, auf Armbändern und selbst Briefsiegeln abgebildet. Sie brachte die Botschaft des Abolitionismus in ganz Großbritannien unters Volk und war ein Vorläufer der Logos, Wahlkampfanstecker und Autoaufkleber unserer Zeit.

I hate your little whittling sneer,
Your pert and self-sufficient leer.
Mischief to trade sits on your lip.
Insects will gnaw the noblest ship.
Go, Wilberforce, begone, for shame,
Thou dwarf with big resounding name.

Geh, Wilberforce, mit engem Schädel,
geh heim und predige in Hull.
Hör auf, im Senat herumzugackern
in Versen wie fürs Tabernakel;
ich hasse deine schnipp'sche Fratze,
dein freches, dünkelhaftes Grinsen.
Dein Mund schädigt den Handel.
Insekten nagen am edelsten Schiff.
Geh, Wilberforce, geh hin in Schande,
du Zwerg mit groß klingendem Namen.

Andere bekannte Persönlichkeiten empfanden es ähnlich, darunter der große englische Nationalheld Lord Nelson, wenngleich er Wilberforce auch nicht in Versen denunzierte, was er vermutlich für unmännlich hielt. »Ich bin noch von der alten Schule«, sagte er,

> und wurde gelehrt, den Wert unserer westindischen Besitzungen zu schätzen ... und weder draußen auf dem Feld noch im Senat sollen ihre Rechte beschnitten werden, solange ich noch einen Arm habe, um zu ihrer Verteidigung zu kämpfen, oder eine Zunge, um meine Stimme gegen die verdammenswerte Lehre von Wilberforce und seinen heuchlerischen Verbündeten zu erheben.

Wer sich gegen den Geist seiner Zeit und gegen »die große Göttin Profit« stellt, vor der Wesley gewarnt hatte, muss einen empfindlich hohen Preis dafür zahlen. In den Auseinandersetzungen um die Bürgerrechte in den Vereinigten Staaten im letzten Jahrhundert hatten Jackie Robinson und Martin Luther King*, um nur zwei Beispiele zu nennen, unzählige verbale Attacken und viele Morddrohungen zu erdulden. King kam bekanntlich im Alter von neununddreißig Jahren bei einem Attentat ums Leben, und für Robinson war die Belastung so groß, dass er offenbar vorzeitig alterte und bereits mit zweiundfünfzig Jahren starb. Auch Wilberforce' Leben und seine Persönlichkeit wurden während seiner Kampagne für die Abschaffung des Sklavenhandels etliche Male bedroht.

Wilberforce war ein winziger, gebrechlicher Mann; umso größer muss seine Tapferkeit veranschlagt werden, seinen Gegnern zu trotzen. Einmal wurde er von dem übergeschnappten Sklavenschiffskapitän Rolleston zum Duell herausgefordert. Wilberforce war aus moralischen Gründen leidenschaftlich gegen das Duellieren und wandte sich einige Jahre später gegen seinen besten Freund Pitt, als dieser an einem Duell teilnahm. Doch die spürbare Belastung einer solchen Herausforderung und der Notwendigkeit, sie vor den Augen der Öffentlichkeit abzuwehren, muss Wilberforce sehr schwergefallen sein. Er wusste, dass viele ihn deswegen einen Feigling nennen und ihm vorwerfen würden, dieser winzige, zerbrechliche Mann verstecke sich hinter seinem Christentum, um seine Mannhaftigkeit in einem solchen Wettkampf nicht verteidigen zu müssen.

Einer anderen Herausforderung sah sich Wilberforce gegenüber, nachdem er im Unterhaus 1792 den Namen eines brutalen Sklavenschiffskapitäns aus Bristol aufdeckte, der ein fünfzehnjähriges afrikanisches Mädchen zu Tode gepeitscht hatte. Aufgrund von Wilberforce' Aussage wurde Kapitän Kimber wegen Mordes vor Gericht gestellt. Doch durch ein offensichtliches krasses Fehlurteil wurde er freigesprochen – wieder ein schmerzlicher Verlust für die Abolitionisten. James Boswell saß während des ganzen Pro-

---

* Sowohl Jackie Robinson (1919–72), der erste schwarzafrikanische Baseballspieler, als auch der Baptistenpastor Martin Luther King (1929–68) setzten sich für eine rechtliche Gleichstellung der Schwarzen in den USA ein.

zesses gegen Kimber auf der Empore und freute sich diebisch über den Ausgang. Wahrscheinlich schrieb er sein gehässiges Gedicht um diese Zeit.

Nach dem Prozess schickte Kimber Wilberforce einen Brief, in dem er fünftausend Pfund, eine öffentliche Entschuldigung und eine staatliche Position verlangte, »die mir ein behagliches Auskommen sichert«. Wilberforce, der wusste, dass dieser Mann dieses brutalen Mordes schuldig war, schrieb ihm eine kurze Absage. Doch Kimber lauerte fortan Wilberforce auf der Straße auf und gebärdete sich immer bedrohlicher. An einem Vormittag erschien er zweimal an Wilberforce' Haus. Wilberforce' Butler beschrieb ihn als »von wüstem Äußeren«, und seine Freunde waren besorgt. Auf einer Reise nach Yorkshire bestand einer von ihnen darauf, mit einer griffbereiten Pistole an Wilberforce' Seite zu reiten. Wilberforce selbst meinte, sollte es tatsächlich zu einem Gewaltakt gegen ihn kommen, so wäre dies »nützlich und nicht schädlich für die Sache« – eine verblüffende und vielsagende Aussage, die allerdings nicht dazu geeignet war, seine Freunde zu beruhigen. Schließlich gelang es einem Parlamentsmitglied aus Bristol, Kimber von seinem Drohverhalten abzubringen.

Die westindischen Interessenträger hatten in ihrem Vorrat von Foltergeräten auch jede nur vorstellbare Lüge, sowohl sehr stumpfe als auch äußerst spitze. Sie alle wurden gegen Wilberforce und jeden eingesetzt, der sich ihnen entgegenstellte. Mit besonderer Boshaftigkeit wurden Lügen gegen den Arzt James Ramsay eingesetzt, dessen Aufsatz über die Gräuel der westindischen Sklaverei die ganze abolitionistische Kampagne erst richtig in Gang gebracht hatte. Ihn verabscheuten die Sklavenhändler besonders und hatten ihn sich als erstes Ziel auserkoren. Es wurden so viele krasse Unwahrheiten über ihn öffentlich in Umlauf gebracht, dass es ihm nicht gelang, sie alle zu widerlegen, zumal er bei schlechter Gesundheit war. Es ist sehr wahrscheinlich, dass ihn diese Belastung schließlich das Leben kostete. Der Rädelsführer der Attacke gegen Ramsay im Parlament hieß Crisp Molyneux und besaß eine Sklavenplantage auf Saint Kitts. Als er die Neuigkeit hörte, brüstete sich Molyneux gegenüber seinem Sohn: »Ramsay ist tot«, sagte er. »Ich habe ihn umgebracht.«

Es ist ein außergewöhnlicher und glücklicher Umstand, dass es Wilberforce nie viel ausmachte, was über ihn gesagt wurde – und es wurde in der Tat allerhand gesagt und wiederholt und in vielen Fällen auch fest geglaubt. Auf einer seiner unermüdlichen Reisen begegnete Clarkson in einer Kutsche einem Mann, der ihm von einer dunklen und bislang unbekannten Seite von Wilberforce' Charakter erzählte. Er sei »zweifellos in der Öffentlichkeit ein großer Menschenfreund«, räumte der Mann ein, »aber ich weiß zufällig ein wenig von seiner privaten Geschichte und kann Ihnen versichern, dass er ein grausamer Ehemann ist und seine Frau schlägt.« Wilberforce freilich war zu diesem Zeitpunkt noch Junggeselle – zum Glück für seine Frau.

Wilberforce scheint es schließlich sogar gelernt zu haben, über die Dinge zu lachen, die ihm nachgesagt wurden, oder sie zumindest nicht zu beachten. Während er noch Junggeselle war, ging weithin ein Gerücht um, seine Frau sei eine »Negerin«. Oft war auch die Geschichte zu hören, er habe insgeheim eine »Kammerzofe« geheiratet. Einer von Wilberforce' Wahlmännern, ein Mann, der tatsächlich seine eigene Köchin geheiratet hatte, schickte Wilberforce einen Brief, in dem er ihm herzlich dazu gratulierte, dies getan und damit »den allgemeinen Vorurteilen der Gesellschaft« getrotzt und seinen »eigenen Weg zum Glück« verfolgt zu haben.

1793 kam schließlich der Krieg über England. Die Beziehungen zu Frankreich hatten sich spürbar verschlechtert. Im Januar jenes Jahres hatten die Revolutionäre ihren früheren König Ludwig XVI. zur Guillotine gezerrt. Im Februar 1793 erklärte Frankreich Großbritannien den Krieg. Und am Sechsundzwanzigsten jenes Monats lehnte das Unterhaus, zweifellos unter dem Eindruck der Kriegserklärung, es ab, die Entscheidung für eine allmähliche Abschaffung des Sklavenhandels aus dem Vorjahr zu bestätigen. Es ging tatsächlich wieder rückwärts.

Je mehr die Jakobiner tobten, plünderten und mordeten, desto größer wurde in der britischen Politik die Angst vor allem, was nach Menschenrechten oder Freiheit oder Gleichheit roch. Es herrschte eine spürbare Angst, die Unruhen in Frankreich könnten über den Kanal schwappen, mit der ganzen

Gewalt eines Tornados über die britische Insel hereinbrechen und alles zerschmettern und auflösen, was sie kannten und liebten. Das Wort »Menschenrechte« in den Mund zu nehmen, war von 1793 an plötzlich tabu. Jeder, der es dennoch tat, musste damit rechnen, als Freund der Französischen Republik und als Feind König Georgs und Englands selbst etikettiert zu werden.

Wilberforce und der Abolitionismus wurden zu Opfern dieser neuen Geisteshaltung. Und als die Abschaffung des Sklavenhandels im Oberhaus zur Sprache kam, hielt denn auch der Prinz von Wales, Sohn Georgs III., mit Worten nicht hinter dem Berg – er nannte Wilberforce einen »Republikaner im Herzen«, womit er auf die Französische Republik anspielte. Bei der Debatte um diese Frage kam es auch zur Jungfernrede des Herzogs von Clarence, des lasterhaften dritten Sohns des Königs. Clarence erklärte, »die Befürworter der Abschaffung des Sklavenhandels« seien »entweder Fanatiker oder Heuchler«, und er nannte Wilberforce kühn beim Namen. Clarence war ein erbitterter Feind des Abolitionismus – auf Jahre hinaus. Er hatte selbst bei der *Royal Navy* in Jamaika gedient und gab zu, dort »ein schrecklich liederliches Leben« geführt zu haben.

Nach dieser jüngsten Niederlage für den Abolitionismus gingen Gerüchte um, Wilberforce sehe die bedrohlichen Schriftzeichen an der Wand und würde sich aus dem Kampf zurückziehen. Doch weit gefehlt. Zwei Tage nach der Debatte im Oberhaus, am 13. April, schrieb er einen Brief, der deutlich macht, wie er darüber dachte.

Bei der Frage, was politisch zweckdienlich ist, scheint mir immer Raum zu sein, Zeiten und Unzeiten in Betracht zu ziehen – zu einer Zeit, in einer Situation mag es richtig sein, nach vorn zu drängen, zu einer anderen Zeit und in einer anderen Situation, uns mit unseren Bemühungen zurückzuhalten. Doch im gegenwärtigen Fall, in dem es darum geht, tatsächlich Schuld auf sich zu laden, kann ein Mann, der Gott fürchtet, darüber nicht nach Belieben entscheiden. Ihnen gegenüber werde ich eine starke Aussage machen, welche das Motiv, das ich angedeutet habe, sowohl erklären als auch rechtfertigen wird. Wenn ich dächte, die sofortige Abschaffung des Sklavenhandels riefe einen Aufstand auf unseren Inseln hervor, so würde ich dennoch keinen Augenblick lang in meinem ernsten Bemühen nachlassen. Seien Sie deshalb gewiss, dass ich diese große Sache erst recht nicht zum Spielball der Laune machen oder sie Motiven der politischen Opportunität oder persönlichen Empfindungen opfern werde.

Die Frage des Sklavenhandels war für Wilberforce nicht bloß eine »politische« Frage. Die Ungerechtigkeit des Handels stand ihm so deutlich vor Augen, dass er niemals nachgeben würde, nicht einmal an diesem Tiefpunkt im Frühjahr 1793. Ja, schon einen Monat nach seiner Niederlage preschte er erneut voran und versuchte es mit einer neuen Taktik. Nun brachte er ein Gesetz ein, das es britischen Schiffen verbieten würde, Sklaven in andere Länder zu transportieren. Ein halber Laib Brot war immer noch besser als gar keiner. Diese sogenannte *Foreign Slave Bill* war ein politischer Geniestreich und brachte etwas außerordentlich Cleveres und bislang Undenkbares zustande: Sie spielte die Sklavenhändler gegen die Plantagenbesitzer aus. Die Plantagenbesitzer überlegten sich nämlich, dass die Preise für Sklaven sinken würden, wenn britische Sklavenschiffe keine Sklaven mehr auf anderen Märkten verkaufen konnten. Das konnte nur in ihrem Interesse sein. Also unterstützten sie das Gesetz.

Hier zeigte sich Wilberforce' cleverer politischer Verstand in voller Aktion: immer auf der Suche nach einem Hebel, mit einem Gespür dafür, wann und wie er handeln musste und wann nicht. Um ein Haar wäre dieser Gesetzentwurf bei seiner dritten Lesung verabschiedet worden, doch er scheiterte schließlich an zwei Stimmen. Wilberforce freilich ließ sich nicht beirren. Ein Jahr später, im Februar 1794, brachte er die *Foreign Slave Bill* erneut ein. Diesmal wurde sie im Unterhaus tatsächlich mit achtzehn Stimmen Mehrheit angenommen. Dann jedoch erlitt sie im Oberhaus erneut eine zermürbende Niederlage.

Sicherlich hinterließen all diese Niederlagen Jahr um Jahr ihre Spuren. Thomas Clarkson, der fürs Erste mehr als genug an Entmutigung und Niederlagen hatte einstecken müssen, zog sich jetzt aus der Sache zurück. Er würde für zwölf Jahre abtauchen.

Doch im Jahr darauf traf ein tatkräftiger neuer Rekrut ein, der seinen Platz einnahm und allen müden Kämpfern neuen Mut machte. James Stephen verließ in jenem Jahr endgültig die Westindischen Inseln und ließ sich nun in London nieder. Er hatte seine Familie mitgebracht und wurde nun zu einem der aktivsten Mitglieder der Clapham-Gruppe, besonders im Kampf gegen den Sklavenhandel. Auch drei westindische Eingeborene brachte Stephen mit nach London: Schildkröten. Und diese Schildkröten machte er Wilberforce zum Geschenk. Wenige Jahre später würde Wilberforce verheiratet sein und mehrere Kinder haben, und viele exotische Tiere würden sein Haus in Clapham bevölkern. Es würde dort Hasen und zahme Füchse und Vögel geben. Doch im Moment war er noch Junggeselle und hatte genug damit zu tun, bei sich auf eine gesunde Ernährung zu achten – wie sollte er da noch die Versorgung dreier Schildkröten von der anderen Seite der Erde übernehmen? Also reichte Wilberforce die drei westindischen Schildkröten an seinen Freund, den Bischof von Durham, weiter. Dieser wiederum gab sie seiner Köchin, die sie ihrerseits mehreren Kellnern übergab, die sie wiederum fünfundfünfzig Gästen des Bischofs bei einem großen Bankett servierten, die sie dann alle mit großem Genuss verspeisten und die allesamt, wie der Bischof Wilberforce in seinem Dankesschreiben mitteilte, Unterstützer des Abolitionismus waren.

Als das Jahr 1794 seinem Ende entgegenging, begann Wilberforce, in der entscheidenden Frage des Krieges mit Frankreich von der Linie seiner Partei – und der von William Pitt – abzuweichen. Der Sturz Robespierres und das Nachlassen des Terrors schienen es zu ermöglichen, Großbritannien vor einem Angriff zu schützen, auch ohne dass Frankreich vernichtend geschlagen wurde. Die Bedrohung war nicht mehr so ernst. Wilberforce war der Meinung, die Fortsetzung des Krieges an diesem Punkt habe vor allem mit dem gewinnsüchtigen Ziel zu tun, sich Frankreichs Zuckerinseln in Westindien einzuverleiben. Und die Fortsetzung des Krieges diene nicht nur der Gewinnsucht, sondern werde auch sicherlich dem britischen Sklavenhandel in der Region Vorschub leisten. Deshalb sei es an der Zeit für Friedensverhandlungen. Dies im Unterhaus zu beantragen, würde praktisch als Verrat aufgefasst werden, als Fürsprache für den Feind und als ein Überlaufen zur Opposition, gegen Pitt. Wilberforce war politisch unabhängig, gewiss, doch es kam sehr selten vor, dass er sich in Widerspruch zu seinem lieben Freund und Verbündeten William Pitt setzte. Der Gedanke behagte ihm überhaupt nicht. Doch er erschien ihm nun unvermeidlich.

In seinem Tagebuch vom 27. November notierte er:

Ich bilde mir meine Meinung vorsichtig und besonnen und darum langsam, was das beste Vorgehen Großbritanniens in der gegenwärtigen kritischen Notlage betrifft.

In der letzten Dezemberwoche führte Wilberforce mehrere Gespräche mit seinen Freunden und entschied dann schließlich über sein Vorgehen: Er würde sich gegen den Krieg aussprechen. Aber es wühlte ihn zutiefst auf. Wilberforce wusste, die Opposition, besonders Fox, den er für rein politisch motiviert und somit für zutiefst prinzipienlos hielt, würde sich auf seine Stellungnahme stürzen und sie politisch gegen Pitt einsetzen. Der Gedanke, Pitt zu schaden, war schwer zu ertragen. Doch Wilberforce hatte das Gefühl, ihm bleibe kaum eine andere Wahl. Er konnte kein reiner Parteisoldat sein; er sah sich in der ernsten Pflicht, im besten Interesse der Nation zu handeln. Er würde sich allein nach seinem Gewissen richten.

Leider fasste Pitt die Stellungnahme seines Freundes gegen die Fortsetzung des Krieges als Verrat auf. Wilberforce bemerkte oft, Pitt habe nur zweimal in seiner Laufbahn nicht schlafen können: das erste Mal während der Meuterei am Ankerplatz Nore im Mündungsgebiet der Themse[94] – einer langwierigen Kraftprobe, welche die ganze Nation in Atem hielt – und nun wegen dieses öffentlichen Bruchs mit seinem alten Freund. Die Entscheidung hatte reale Folgen, und Wilberforce erlebte alles andere als eine leichte Zeit. Bei der königlichen Nachmittagsaudienz schnitt ihn der König, der ihm und dem Abolitionismus bisher gewogen gewesen war, und würdigte ihn keines Blickes. Wilberforce lebte in einer Welt, in der es schon beinahe keine Metapher mehr war, vom König »geschnitten« zu werden. Und noch schmerzlicher als ein buchstäblicher Schnitt war für Wilberforce, dass der König sich von diesem Moment an entschieden gegen die Abschaffung des Sklavenhandels wandte. Vorbei waren die Tage, als der König Wilberforce in freundlichem und ermutigendem Ton gefragt hatte: »Wie geht es Ihren Negern?« Es war ein sehr schwerer Verlust, aber die Zeiten waren hart. Jetzt wurden über Wilberforce sogar Gerüchte in die Welt gesetzt, die ihn als einen in der Wolle gefärbten Jakobiner erscheinen ließen. »Ihr Freund Mr Wilberforce«, sagte ein Parlamentarier aus dem Lager von Fox zu Lady Spencer, »wird Ihro Gnaden eines schönen Morgens mit großem Vergnügen der Guillotine übergeben.« Selbst wenn Wilberforce während dieser Zeit Freunde in York besuchen wollte, weigerten sich manche wegen seines öffentlichen Widerspruchs gegen den Krieg, ihn zu empfangen.

So war Wilberforce nun für einen kurzen Moment der Liebling von Fox und den Whigs. Doch binnen Kurzem würden sie über ihn herfallen, weil er Pitts drakonische Aussetzung der Habeas-Corpus-Akte* unterstützte. Bis zum Ende seiner Laufbahn setzte er sich immer wieder bei einer Vielzahl von Fragen und Abstimmungen zwischen die Stühle, sodass beide politische Seiten abwechselnd über ihn herfielen.

Wilberforce hatte sich erstmals im Januar 1795 gegen den Krieg geäußert, und die anfängliche Entfremdung von Pitt war sehr unangenehm. Doch schon Ende März brachte ihr gemeinsamer Freund Bob Smith sie bei einem Abendessen zusammen. Im April sahen sie sich zweimal wieder – einmal bei

---

* Habeas-Corpus-Akte, ein Erlass, nach dem eine inhaftierte Person vor Gericht gebracht werden muss, um die Rechtmäßigkeit ihrer Inhaftierung zu überprüfen. Falls ihre Haft sich als unrechtmäßig erweist, muss sie freigelassen werden. Dieses Privileg wurde in Krisenzeiten gelegentlich ausgesetzt, so auch 1794.

Pitt und einmal über ein Wochenende in Eliots Haus in Clapham – und der Bruch heilte bald. Bis zu einem gewissen Grad veränderte er vermutlich ihre Freundschaft für immer, doch Wilberforce bereute niemals den Standpunkt, den er eingenommen hatte.

Im Mai stellte sich Wilberforce abermals gegen die Regierung, diesmal bezüglich der Frage einer kräftigen Anhebung des »Taschengeldes« des verschwenderischen Prinzen von Wales.

Als das Jahr 1796 anbrach, drängte es Wilberforce mehr denn je, einem Gesetz zur Abschaffung des Sklavenhandels zum Durchbruch zu verhelfen. Dies war immerhin das Jahr, in dem die »allmähliche« Abschaffung des Sklavenhandels hätte wirksam werden sollen. »Vor diesem großen Anliegen«, schrieb er zu Beginn des Jahres,

> verblassen alle anderen in meinen Augen. ... Wenn es Gott gefällt, mich so sehr zu ehren, so möge ich sein Werkzeug sein, einem Verhalten von solcher Bosheit und Grausamkeit Einhalt zu gebieten, wie es noch nie zuvor ein christliches Land mit Schande beladen hat.

Ohne Frage sahen die Chancen für eine Abschaffung des Sklavenhandels wieder sehr vielversprechend aus. Seit wie vielen Jahren hatte er nun schon seine Gesetzentwürfe eingebracht? Und jedes Jahr war die Niederlage eine Überraschung für ihn gewesen. Nun, am 18. Februar, stellte Wilberforce erneut seinen Antrag. Und wieder einmal gähnten die weltverdrossenen Politiker, warnten vor den schrecklichen Gefahren übertriebener Eile und empfahlen, diese ganze lästige Sache mit der Abschaffung des Sklavenhandels zu verschieben, bis der sich endlos hinziehende Krieg gegen Frankreich endlich hinter ihnen liegen würde. Die Äußerungen eines Parlamentariers namens Jenkinson, der die Frage bis zum Ende des Jahres »vertagen« wollte, brachten Wilberforce offenbar in Rage, und er erhob sich, um zu sagen, wie er darüber dachte.

Die trockene, gelassene Art und Weise, wie Gentlemen über die Leiden anderer zu sprechen vermögen, grenzt ans Unerträgliche ... Die Frage vertagen! Wird denn die unselige Verwüstung Afrikas vertagt? Wird das vielfältige Elend dieses entsetzlichen Geschäfts – wird das Werk des Todes vertagt? Nein, Sir, ich werde diesen Antrag nicht hinauszögern, und ich rufe das Haus auf, die Geduld des Himmels nicht zu beleidigen, indem es diesen überfälligen Akt der Gerechtigkeit noch weiter hinausschiebt!

Weiter entzündete sich Wilberforce' Zorn an den Äußerungen einiger aus dem westindischen Kontingent, die Sklaven würden »anständig« versorgt und bekämen Essen, Kleidung und Unterkunft. »Was!«, rief er.

Sind das etwa die einzigen Ansprüche eines vernunftbegabten Wesens? Sind die Empfindungen des Herzens nichts? Wo bleiben gesellschaftlicher Verkehr und familiäre Zärtlichkeit. ... Weit davon entfernt, dem ehrenwerten Gentleman für die Speisung, Bekleidung und Unterbringung zu danken, deren er sich rühmt, protestiere ich gegen die Art und Weise, wie er davon gesprochen hat, die Menschen zu Tieren degradiert und alle Eigenschaften unserer gemeinsamen Natur beleidigt.

Man sieht an diesen Äußerungen, wie Wilberforce Jahre später in den Ruf kam, das »Gewissen« der Nation zu sein. Ein Gewissen erinnert uns an das, was wir bereits als richtig erkannt haben. Wilberforce begriff, dass Großbritannien als Nation sein Gewissen weitgehend verloren hatte oder taub dafür geworden war. In jeder äußerlichen Hinsicht nahm es für sich in Anspruch, eine christliche Nation zu sein, doch es handelte nach Prinzipien, die der christlichen Sicht vom Menschen als einem unsterblichen Wesen, geschaffen nach dem Bilde Gottes, zutiefst widersprachen.

Freilich taten viele Mitglieder des Parlaments nicht einmal so, als ob sie christlichen Überzeugungen anhingen, obwohl jeder zur Mitgliedschaft in der *Church of England* verpflichtet war. Einer davon war Banastre Tarleton aus Liverpool, einer der rücksichtslosesten und prinzipienlosesten Gegner der Abschaffung des Sklavenhandels, was einiges heißen wollte. Der schneidige Tarleton, durch eine Kriegsverletzung an der Hand verstümmelt, hatte sich im amerikanischen Revolutionskrieg einen Namen als grausamer Schlächter gemacht, der Gefangene und Zivilisten tötete und viele Taten von sadistischer Grausamkeit vollbrachte. Unter anderem zwang er die Witwe eines amerikanischen Generals, dem Leichnam ihres exhumierten Mannes eine Mahlzeit zu servieren. Tarleton führte das berüchtigte Waxhaw-Massaker an Soldaten der Kontinentalarmee aus Virginia an, das so schrecklich war, dass viele, die sich bislang neutral verhalten hatten, zu eifrigen Unterstützern der Revolution wurden.[95] Eben dieser sklavereibegeisterte Charmeur stellte nun den Antrag, die Debatte über die Abschaffung des Sklavenhandels zu vertagen. Doch Tarletons Antrag unterlag mit sechsundzwanzig Stimmen.

Die zweite Lesung des Gesetzes war für den 3. März 1796 geplant. Doch einer seiner Gegner stellte an diesem Tag vorzeitig den Antrag, mit der zweiten Lesung zu beginnen – vor einem fast leeren Haus. Fast wäre es ihm dadurch gelungen, die Abolitionisten unvorbereitet zu erwischen. Wilberforce jedoch bekam Wind von dem feigen Hinterhalt und eilte von seinem Haus in Old Palace Yard Nr. 4 – praktisch nebenan – hinüber in die Kammer und gewann Zeit, indem er so lange sprach, bis genügend Unterstützer der Abschaffung des Sklavenhandels herbeigerufen werden konnten. Und so wurde die Gesetzesvorlage bei der zweiten Lesung mit dreiundsechzig zu einunddreißig Stimmen angenommen. Der Erfolg war jetzt praktisch zum Greifen nahe, doch Wilberforce – obwohl optimistisch –, wagte es nicht, jetzt schon an den Durchbruch zu glauben. Dazu hatte er schon zu viel hinter sich. Dennoch schien an diesem Punkt dem Sieg kaum noch etwas im Weg zu stehen. Wilberforce selbst wusste, dass es nun endlich genügend Unterstützer für die Abschaffung des Sklavenhandels gab, damit das Gesetz verabschiedet werden konnte.

Aber es kam nicht dazu – und man könnte mit einem gewissen Recht die Schuld an dieser neuerlichen deprimierenden Niederlage der Abolitionisten zwei Italienern auf den Buckel binden. Denn am selben Abend hatte sich in London der Vorhang zur Premiere einer komischen italienischen Oper mit dem Titel *I Due Gobbi* (»Die beiden Buckligen«) gehoben, und das vor vollem Haus. Der längst vergessene Komponist Portogallo und der Sänger der Hauptrolle, Vignoni, wussten nicht, was sie taten. Doch diese ansonsten nicht weiter bemerkenswerte Aufführung hielt tatsächlich eine Handvoll derer, die für die Abschaffung des Sklavenhandels gestimmt hätten, davon ab, ihre ernsten Pflichten und Rechte in der Kammer wahrzunehmen. Denn die Gegner der Abolitionisten, nie um einen fiesen Trick verlegen, hatten einigen Abolitionisten Freikarten für diese Aufführung angeboten. Auf diese schändliche Weise gewannen die Befürworter des Sklavenhandels mit vier Stimmen, vierundsiebzig zu siebzig.

Für Wilberforce war diese Niederlage unsäglich deprimierend. »Zehn oder zwölf von denen, die mich unterstützt hatten, unterwegs auf dem Land oder zum Vergnügen«, notiert er in seinem Tagebuch. »Allein in der Oper genug, die es hätten wenden können. Sehr aufgebracht und erzürnt über unsere Gegner.« Vermutlich war Wilberforce weniger aufgebracht und erzürnt als betrübt. Er trauerte um die Sklaven und ihre unermesslichen Leiden, die nun, wer weiß wie lange?, weitergehen würden, und er war betrübt, dass die sogenannten Freunde, deren Stimmen jenen Leiden so leicht ein Ende hätten machen können, einen Abend in der Oper für wichtiger gehalten hatten. Wilberforce neigte nicht zu Selbstmitleid oder Depressionen. Wer ihn kannte, erlebte ihn als stets heiteren Charakter, doch gerade diese Niederlage traf ihn mit voller Wucht. Vielleicht war er endlich von Angesicht zu Angesicht dem begegnet, wovor John Wesley ihn gewarnt hatte: der Bosheit des Bösen. Und vielleicht sah er nun auch die Banalität des Bösen, um es mit Hannah Arendts Worten auszudrücken: den quälenden Gedanken, die Leiden von Männern, Frauen und Kindern würden aufgrund der Trägheit einer Handvoll Politiker immer noch weitergehen. Doch genau auf solchem Boden wuchs das Krebsgeschwür des Sklavenhandels.

An jenem Abend notiert er in seinem Tagebuch: »Ich leide beständig unter dem Sklavenhandel.« Wer kann sich vorstellen, was ihm durch den Kopf ging, als er nach neun Jahren intensiver Bemühungen die Verabschiedung des Gesetzes so knapp verfehlt hatte und wusste, dass es mit jedem Jahr nicht leichter, sondern schwieriger würde? Es kann nicht verwundern, dass diese besonders zermürbende Niederlage Wilberforce' Gesundheit in Mitleidenschaft zog. Er wurde sehr krank und brauchte lange, um sich zu erholen. Sein treuer Freund Isaac Milner kam von Cambridge hinunter, um sich um ihn zu kümmern.

15. KAPITEL

ZWEIFACHE LIEBE

»*Iacta est alea.*«*
WILLIAM WILBERFORCE

William Wilberforce' Bekehrung zum Christentum 1785 – seine »Große Wandlung« – war für ihn fraglos das zentrale und wichtigste Ereignis seines Lebens. Denn der Glaube an Jesus Christus galt ihm als die zentrale und wichtigste Sache im Leben überhaupt. Somit ist es kaum verwunderlich, dass es Wilberforce auch zentral und wichtig war, anderen seinen Glauben mitzuteilen. Er bemühte sich nach Kräften, wo er auch war und mit wem er auch redete, das Gespräch auf die Frage nach der Ewigkeit zu bringen. Wilberforce fertigte sich Listen mit den Namen seiner Freunde an und machte sich neben jedem Eintrag Notizen darüber, wie er sie am besten in ihrem Glauben bestärken beziehungsweise wie er sie zum Glauben führen konnte. Er notierte sich Themen, um mit seinen Freunden über geistliche Fragen ins Gespräch zu kommen. Er nannte sie *launchers* (»Starter«) und war immer auf der Suche nach Möglichkeiten, sie an den Mann oder die Frau zu bringen.

Manchmal scheiterten seine Bemühungen, seine Freunde in ein Gespräch über Wesentliches zu verwickeln, und gelegentlich kamen sich die Empfänger seiner Freundlichkeit vielleicht eher als Zielscheiben seines Eifers vor. In vielen Fällen jedoch trugen Wilberforce' Gespräche große Frucht, und manche, die nicht geahnt hatten, es sei möglich, ein aufrichtiger Christ und dennoch

---

* S. S. 251

witzig und charmant zu sein, wurden durch Wilberforce inspiriert. Wenn jemand, der so brillant und umgänglich und wohlhabend wie er war – und überdies ein enger Freund des Premierministers! –, seinen Glauben so ernst nehmen konnte, dann mochte vielleicht doch etwas daran sein.

Vielleicht hat Wilberforce durch sein öffentliches Auftreten am meisten dazu beigetragen, »das Gute in Mode zu bringen«, wie er einst sein Ziel formuliert hatte. Als eine unbestreitbar einnehmende Persönlichkeit, die sich nicht leicht in eine Schublade stecken ließ (nicht, dass es nicht viele versucht hätten), wurde Wilberforce so etwas wie eine Ikone für hingegebenen christlichen Glauben. Dabei war er keineswegs ein moralisierender Langweiler. Sein scharfer Verstand, seine Heiterkeit und sein Wohlstand, sein Charme und seine offensichtliche Hingabe machten es schwer, sich einen Reim auf ihn zu machen. Für eine Nation, die hingegebenen Glauben vor allem durch die schwarz gewandeten Gestalten John Wesleys, John Newtons und George Whitefields kannte, war Wilberforce zweifellos eine faszinierende, schillernde Figur.

1793 begann Wilberforce ein Traktat über die Grundlagen dessen zu schreiben, was er über den Glauben zu sagen hatte. Doch wie es ihm mit seinen Briefen und Reden oft erging, entwickelte das Werk eine Eigendynamik und wuchs weit über die ursprüngliche Idee hinaus. Das Traktat wurde nie so geschrieben, wie Wilberforce es anfangs geplant hatte. Schließlich kam bei ihm der Gedanke auf, seine Flut von Gedanken in einem Buch festzuhalten, in dem er immer wieder seine Einfälle niederschrieb.

Der hyperaktive Verstand eines Wilberforce ließ sich niemals leicht kanalisieren und unterwarf sich nicht ohne Weiteres einer vorgegebenen Struktur. Ihn zeichnete eine unwiderstehliche wilde Schönheit aus, und es scheint, als habe er sein ganzes Leben damit verbracht, ihn zu zähmen, ohne ihn zu brechen. Vielleicht machte dies sein Genie aus – dass er dieses wunderbare Geschöpf eben nicht brach und gerade nicht versuchte, dem Klischee eines typisch trübseligen Methodisten zu entsprechen, vor dem die Menschen seiner gesellschaftlichen Kreise zurückgeschreckt wären wie vor all den anderen. Dass er auf diese Weise sich selbst treu blieb, war auf eigentümliche Art ein Akt der Selbstdisziplin, für den wir Wilberforce Achtung, ja Dankbarkeit schulden. Viele Jahre später beschrieb seine Freundin Maria Edgeworth seinen Konversationsstil:

> Seine Gedanken fließen so reichlich und aus so vielen Quellen, dass ihre Bahnen sich oft kreuzen; und manchmal wäre man völlig hilflos, wenn man darüber berichten sollte. Da er buchstäblich alle seine Gedanken auszusprechen scheint, sobald sie ihm kommen, bringt er alles hervor, was ihm auf beiden Seiten einer Frage in den Sinn kommt. Das verwirrt oft seine Zuhörer, aber für mich ist es ein Beweis der Freimütigkeit und Aufrichtigkeit; und es ist zugleich amüsant und lehrreich, zu sehen, wie er so die Dinge laut abwägt. Er ist sehr lebhaft und neigt zu seltsamen Verrenkungen: gleichgültig. Sein nachsichtiges, wohlwollendes Temperament fällt einem besonders auf: Er tut überhaupt nicht so, als wäre er einem an Frömmigkeit oder Strenge überlegen.

Seine Gedanken über den christlichen Glauben zwischen die Deckel eines Buches zu zwängen, bedeutete für einen Mann mit einem solchen Verstand unweigerlich eine ebenso schwere Aufgabe wie Katzen zu hüten oder Rauch zu schaufeln. Doch er wusste, er musste es tun. Seine Botschaft war im Grunde recht elementar: Das schlichte Christentum, wie es in der Bibel und in den Lehren der anglikanischen Kirche bezeugt war und das fast jeder angeblich bejahte, war in der britischen Gesellschaft nur noch selten anzutreffen. Die meisten Leute, die in die Kirche gingen und sich selbst für »anständige christliche Leute« hielten, wussten in Wirklichkeit wenig oder gar nichts über den Glauben, den sie zu praktizieren behaupteten, und praktizierten keineswegs das Christentum der Bibel oder der anglikanischen Kirche. Und sie waren sich dessen oft überhaupt nicht bewusst.

Als Hauptproblem sah Wilberforce die anglikanischen Geistlichen selbst, die zumeist nicht hinter den Grundaussagen des orthodoxen christlichen

Glaubens standen, aber mit ihrer Meinung hinter dem Berg hielten, um ihr Einkommen und ihre Stellung nicht zu gefährden. Wilberforce wollte seinen Lesern keine Standpauke halten oder sie dazu drängen, seinen Glauben anzunehmen. Doch er wollte ihnen vor Augen führen, was ihnen von der Kanzel herab vorenthalten wurde. Er wollte die wahre Identität dieser Geistlichen offenlegen: unaufrichtige Mitglieder einer Kaste, die an einem guten Job hingen und anscheinend meinten, sie wüssten es ohnehin besser als die Leute auf den Kirchenbänken. Wilberforce wollte sich direkt an die Leute auf jenen Kirchenbänken wenden und ihnen sagen, was viele von ihnen bereits argwöhnten: Der Kaiser trug keine theologischen Kleider und hatte sich hinter albernen Feigenblättern bloßer Sittlichkeit versteckt. Wilberforce wollte auf den logischen Bruch hinweisen, wollte die riesige Kluft aufzeigen, die das »echte Christentum«, wie er es nannte, von dem »religiösen System« trennte, das stattdessen vorherrschte. Diese Grundaussage kam schon in dem langen Titel des Buches unmissverständlich zum Ausdruck: *A Practical View of the Prevailing Religious System of Professed Christians, in the Higher and Middle Classes of This Country, Contrasted With Real Christianity* (»Eine praktische Betrachtung des herrschenden religiösen Systems vorgeblicher Christen in den höheren und mittleren Schichten dieses Landes, im Gegensatz zum echten Christentum«).

Der Stil des Buches, der Wilberforce' Redestil ähnelte, war untypisch für die Zeit. Wie seine Reden im Unterhaus war das Buch im Gesprächsstil geschrieben und sprang ebenso von einem Gedanken zum nächsten, im Gegensatz zu der viel geschliffeneren und klarer gegliederten Redekunst von Pitt und Burke und anderen Meistern der Rhetorik. Pollock nennt es einen »schlüpfrigen Aal von einem Buch«, aber das war ja gerade sein Charme – und der des Verfassers. Das Buch ist jedenfalls nicht schwerfällig und im Gegensatz zu den meisten anderen religiösen Traktaten aus jener Zeit auch zwei Jahrhunderte später noch sehr gut lesbar. Es beschreibt einfach, was das Christentum ausmacht, um dann zu zeigen, wie die Realität des religiösen Glaubens in der britischen Gesellschaft aussah. Wilberforce wollte den gewaltigen Unterschied zwischen Theorie und Praxis herausstellen und das

Augenmerk der Öffentlichkeit darauf lenken. Mit Erfolg, wie die bemerkenswerte Rezeption des Buches zeigt. Als Wilberforce im Februar 1797 an den Verleger, einen Mr Cadell, herantrat, zeigte dieser keinerlei Interesse. Doch als Cadell begriff, dass Wilberforce das Buch nicht anonym veröffentlichen wollte, wie es in jenen Tagen so viele taten, sondern vorhatte, seinen einigermaßen berühmten Namen damit zu verbinden – nun, da sah die Sache schon ganz anders aus. Dennoch ließ er sich nur auf eine Auflage von fünfhundert Exemplaren ein. Wilberforce war einverstanden, und das Buch erschien am 12. April. Innerhalb weniger Tage waren alle Exemplare verkauft. Nach sechs Monaten war es fünfmal neu aufgelegt und 7500-mal verkauft worden.

Wilberforce erklärte, das echte Christentum habe sich vor allem deshalb aus England verflüchtigt, weil es mit dem gesellschaftlichen Gefüge verwoben war und man deshalb leichter darüber hinwegsehen und es für selbstverständlich halten konnte. »Das Christentum insbesondere«, schrieb er, »gedieh stets unter Verfolgung. Denn dann hat es keine lauwarmen Bekenner.« Wilberforce traf den Nagel auf den Kopf. Das Christentum wurde in England zu jener Zeit nicht nur nicht verfolgt, vielmehr war die ganze Nation offiziell christlich – wenn auch nur dem Namen nach. Auf Englands Kanzeln standen genau solch »lauwarme Bekenner«, die lauwarm einen lauwarmen Glauben bekannten, der niemanden begeisterte und niemanden herausforderte, da ihm der unverzichtbare Geschmack des anderen fehlte, der dem christlichen Glauben zutiefst anhaftet.

Wilberforce' Hauptvorwurf gegen das falsche Christentum seiner Zeit war, dass es Echtheit vortäuschte und nur wenige es wagten, das Kind beim Namen zu nennen. Wilberforce konnte diesen abgeschmackten Abklatsch des Originals nicht ausstehen und bemühte sich, zu zeigen, dass es überhaupt kein Christentum war. Ein mühsamer Kampf.

Wilberforce war klar: Wenn Großbritannien seinen Glauben ernst nähme, wenn es tatsächlich an die Lehren glaubte, an die es angeblich glaubte, hätte es den Sklavenhandel oder Sklaverei an und für sich niemals geduldet. Er wusste: Wenn Großbritannien zu begreifen begänne, was echtes Christentum bedeutete, würde es an den Leiden der Armen Anteil nehmen und eine Verpflichtung ihnen gegenüber empfinden, wie auch gegenüber Gefangenen und anderen Leidenden. Anteilnahme war stets Kennzeichen echten Christentums, doch im Großbritannien der letzten Jahre des achtzehnten Jahrhunderts fehlte sie weitgehend. Wie Wilberforce wusste, waren die oberen Schichten selbstgefällig und hatten an die Stelle des echten Christentums gedankenlos eine Philosophie gesetzt, die mehr Ähnlichkeit mit dem Weltbild östlicher Religionen aufwies, in denen die Leiden der Armen eine wichtige Auswirkung der karmischen Gerechtigkeit waren, in die man sich nicht einmischen durfte.

In seinem Buch rief Wilberforce Großbritannien im Grunde dazu auf, Buße zu tun und zu seinem wahren Glauben zurückzukehren, zu dem Glauben, den es jenseits der Jahrhundertwende aufgegeben hatte. Das echte Christentum, an das die Briten zu glauben behaupteten, war etwas Wunderbares, Erfrischendes und Schönes; doch sie hatten nur die lauwarme Version bekommen. Es war ein gewinnender und beispielloser Appell an eine Nation, besonders an ihre mittleren und oberen Schichten, und letzten Endes entfaltete es eine außerordentlich große Wirkung. Wilberforce wusste, dass viele Leute keine Ahnung hatten, was echtes Christentum war. Obwohl sie in die Kirche gingen, hatten sie es nie zu Gesicht bekommen, und obwohl sie Hunderte von Predigten gehört hatten, war es ihnen nie verkündigt worden. Wilberforce nutzte die Kanzel seiner nationalen Bekanntheit, um ihnen zu sagen, dass er an dieses echte Christentum glaube und ihm sein Leben geweiht habe. Er sprach sozusagen eine herzliche Einladung aus, sich ihm anzuschließen.

Viele Menschen würden Wilberforce beim Wort nehmen, sowohl zur Zeit seiner Erstveröffentlichung als auch noch Jahrzehnte später. Vielen Lesern war es ein großer Trost, zu erfahren, dass selbst wenn ihre eigenen Geistlichen nicht verstanden, was Christentum war – oder es vielleicht verstanden, aber nicht viel davon hielten –, zumindest dieser eine Mann, dieser Wilberforce, es verstand und empfahl. Kein Geringerer als Edmund Burke schöpfte auf seinem Sterbebett Trost aus dem Buch. Henry Thornton schrieb darüber an Hannah More. »Haben Sie gehört«, fragte er sie, dass Burke einen Großteil seiner zwei letzten Lebenstage damit verbrachte, Wilberforce' Buch zu lesen, und viel Trost daraus schöpfte und, wenn er noch lebte, Wilberforce dafür danken würde, ein solches Buch in die Welt gesandt zu haben?

Wilberforce' Buch erschien am 12. April 1797. Zu diesem Zeitpunkt hielt er sich in Bath auf und notierte lakonisch in seinem Tagebuch: »Mein Buch erscheint heute.« Wilberforce wusste, dass der Verleger Mr Cadell geglaubt hatte, eine Veröffentlichung des Buches sei kaum der Mühe wert: »Er betrachtete mich offensichtlich als liebenswerten Enthusiasten.«

Wie wir jedoch bereits erfahren haben, konnten die Buchhändler gar nicht so schnell neue Exemplare von Wilberforce' Buch auf ihre Regale stellen, wie der ungezogene Ausreißer wieder davon verschwand und geradewegs in die offenen Arme eines weiteren Lesers flog, der nach geistlicher Nahrung lechzte. Es war ein außergewöhnliches Phänomen, und der Verleger war völlig überrumpelt. Auch der Verfasser war die ganze Woche über sichtlich außer sich, trunken und verwirrt in einem Maße, das schwer nachzuempfinden ist, wenn man nicht gerade verliebt ist. Wilberforce konnte die ganze Woche über kaum denken oder schlafen. Doch wir wollen den Leser nicht länger in die Irre führen: Es waren nicht die fünfhundert den Regalen entflogenen Bücher, die Mr Wilberforce Schlaf und Seelenfrieden raubten. Es war eine liebliche Jungfer. Ihr Name war Barbara Spooner. Sie war zwanzig Jahre alt, und es war Liebe auf den ersten Blick.

Niemanden überraschte es mehr als ihn selbst, doch William Wilberforce war verliebt. Er war inzwischen siebenunddreißig, und man konnte nicht behaupten, er sei von robuster Gesundheit gewesen. Der »kleine Bursche mit den schleierdünnen Darmwänden« hatte oftmals schreckliche Beschwerden und nahm immer noch regelmäßig erhebliche Mengen Opium, um sie zu lindern. Sein von jeher trübes Augenlicht hatte sich weiter verschlechtert, und es gab Zeiten, in denen er so gut wie nichts mehr sehen konnte. Sein Körperbau ließ ihn schon fast erdentrückt wirken. An eine Romanze war schon seit vielen Jahren einfach nicht mehr zu denken. Sieben

Jahre zuvor hatte Dorothy Wordsworth, die Schwester des großen romantischen Dichters William Wordsworth, gegenüber einer gemeinsamen Freundin Interesse an Wilberforce geäußert, sich dann aber für seiner unwürdig gehalten. Wilberforce seinerseits hatte nie eine besondere Zuneigung zu ihr erkennen lassen. Gerade zu der Zeit, als Dorothy sich für ihn interessierte, verrät uns ein Brief, dass Wilberforce starke romantische Gefühle gegenüber einer anderen hegte, einer gewissen »Miss H.«. Die geheimen Buchstaben, die sich hinter dem Punkt nach jenem Neugier weckenden Initial verstecken, deuten vermutlich auf eine gewisse Miss Hammond hin, eine Schwägerin Henry Addingtons, der Pitt 1801 als Premierminister folgen sollte. Wie es scheint, hatte Wilberforce mit dieser Miss H. in wichtigen Fragen – vermutlich theologischer Natur – unüberbrückbare Meinungsverschiedenheiten, sodass er sich letzten Endes entschied, ihr keinen Heiratsantrag zu machen, obwohl er zugab, dass die Versuchung stark war und die Entscheidung ihm schwerfiel. Bald war sie mit einem anderen verheiratet.

Wilberforce hatte diese ganze Erfahrung als einen Hinweis darauf aufgefasst, dass er seinen gegenwärtigen Familienstand wahrscheinlich bis an sein Lebensende beibehalten werde, wie es ja auch der Apostel Paulus allen Gläubigen nahelegte. »Ich bezweifle, dass ich meinen Stand je ändern werde«, schrieb er im Winter 1796 an einen Freund. »Der Stand der öffentlichen Angelegenheiten veranlasst mich im Einklang mit anderen Gründen, zu glauben, dass ich meine Reise allein vollenden muss.« Darüber hinaus war er überzeugt davon, er würde diese Reise deutlich früher beenden, als es der normale Gang der Natur vorsieht. Er glaubte ernsthaft, er werde vermutlich eines gewaltsamen Todes sterben, wenn irgendein Feind des Abolitionismus eine der unzähligen Drohungen wahrmachen würde, die er erhalten hatte, seit er zum wichtigsten Vorkämpfer der Sache geworden war. »Ich versichere Dir«, fuhr er fort,

> dass ich das in meinem eigenen Fall für sehr wahrscheinlich halte. Sodann bedenke, wie äußerst beschäftigt ich bin. Was hätte ich machen sollen, wäre ich in den letzten drei Wochen ein Familienvater

gewesen, der sich von morgens bis abends sorgen muss? Aber ich darf nicht an solche Dinge denken, es lässt mich meinen einsamen Stand zu empfindlich spüren.

Doch Anfang 1796 hatte sich die Gleichung seines Lebens geändert. Einer seiner liebsten Weggenossen, Henry Thornton, heiratete – und zwar Marianne Sykes, die seit ihrer gemeinsamen Kindheit in Hull mit Wilberforce befreundet gewesen war. Dies brachte ein unerträgliches Durcheinander mit sich. Seit fast fünf Jahren hatte Wilberforce zusammen mit Thornton in *Battersea Rise* in Clapham gewohnt, und von ihrer *chummery* aus hatten die beiden Freunde sich als vielbeschäftigte Junggesellen gemeinsam in vielfältiger Weise engagiert – natürlich für die Abschaffung des Sklavenhandels, und auch für die verschiedenen Projekte zur »Reformation der Sitten«. Nun plötzlich jedoch war seine alte Freundin Marianne, die frisch gebackene Mrs Thornton, an seine Stelle getreten. Es ist sehr wahrscheinlich, dass diese Veränderung seiner Situation und der Verlust Henrys an die Ehe Wilberforce dazu veranlassten, selbst erneut an eine Verehelichung zu denken und sich zu fragen, ob er denn tatsächlich »seine Reise allein vollenden« solle.

Jedenfalls hatte Wilberforce im April 1797 seinen Kurs geändert und war wieder offen für eine Heirat. Ja, weit mehr: Er war geradezu interessiert an dem Gedanken. Während er sich in jenem Monat in Bath aufhielt, vertraute er seine Überlegungen einem anderen seiner besten Freunde an, Thomas Babington. Mehr, so erscheint es im Rückblick, war auch gar nicht nötig; denn fiel Babington nicht just in diesem Moment genau das richtige Mädchen für seinen liebsten Wilber ein? (Wilberforce' enge Freunde nannten ihn durchweg Wilber.) Babington jedenfalls erzählte nun Wilberforce von einer wunderhübschen jungen Dame, zwanzig Jahre alt, die es seit Kurzem mit ihren religiösen Ansichten sehr ernst nahm und deren Familie verstört und verschreckt auf ihre plötzliche Bekehrung zu einer Sichtweise reagierte, die sich beunruhigend methodistisch anhörte. Ihr Name war Barbara Ann Spooner, das dritte von zehn Kindern des Isaac Spooner, eines wohlhabenden Bankiers aus Birmingham.

Die Spooners wohnten in Elmdon Hall und besaßen ein zweites Haus in Bath. Doch plötzlich tänzelte ihre Barbara nicht mehr auf jeden Ball und zu jeder gesellschaftlichen Zusammenkunft, wie es sich eigentlich gehörte. Was hatte denn der ganze Aufenthalt in Bath überhaupt für einen Sinn, außer dort passenden Junggesellen die eigenen heiratsfähigen Töchter vorzuführen? Und gleich hinter Barbara wartete schon eine kichernde Schlange von Spooner-Mädchen, die zu verheiraten waren, sobald die Erstgeborene untergebracht war. Doch nun war sie Methodistin geworden. Ihre Eltern fürchteten sicherlich, sie werde als alte Jungfer enden – ihre wunderschöne Barbara! Es ist kein Wunder, dass Jane Austen mehrere ihrer Romane in dieser Zeit in Bath spielen ließ. Man kann förmlich hören, wie Mrs Spooner ihrem geliebten Gatten mit schrillen Klagen über ihre beispiellose Tragödie in den Ohren liegt: Oh! Mr Spooner! Unser liebes Mädchen ist Methodistin geworden – *Methodistin!* Und dabei ist sie die Hübscheste von allen! Oh! Was sollen wir denn jetzt tun? Oh! Mr Spooner. Ich sage Ihnen, wir sind ruiniert – *ruiniert!* Rufen Sie den Apotheker! *Oh!*

Nicht lange danach schrieb Barbara – vermutlich auf Babingtons Anregung hin – einen Brief an Mr William Wilberforce und bat ihn um seinen Rat in »geistlichen Dingen«. Wie es schien, verursachten ihre neuen religiösen Ansichten – für die Mr Wilberforce, wie sie wisse, großes Verständnis haben würde – gewisse Spannungen mit dem Rest ihrer Familie. Wilberforce' Neugier wurde durch ihren Brief geweckt, und am 13. April, dem Gründonnerstag und einen Tag nach dem Erscheinen seines Buches, notiert Wilberforce: »Babington hat mir Mrs Spooner wärmstens als Gattin empfohlen. Wir sprachen darüber.«

Der 14. April war Karfreitag, und Wilberforce zeigt sich in seinem Tagebuch in einem seltenen Zustand geistlicher Zufriedenheit:

Ich danke Gott, dass ich nun in einem gewissen Maße so empfinde, wie es diesem Tag angemessen ist. Ich bin gewiss, dass ich wahre Zerknirschung der Seele aus dem Bewusstsein meiner eigenen äußersten Unwürdigkeit empfinde, eine demütige Hoffnung auf die

Güte Gottes in Christus; innere Bewegung, wenn ich ihn betrachte, der in diesem Moment am Kreuze hing; ein Verlangen danach, mich ihm zu weihen, der mich so teuer erkauft hat; ein gewisses Maß jener universellen Liebe und Güte – die der Anblick des gekreuzigten Christus zu erwecken imstande ist. Oh, wenn schon die Kontemplation hier solche Wirkungen auf mein hartes Herz haben kann, was wird erst der Anblick Christi in seiner Herrlichkeit hiernach hervorrufen!

Wenn man an wahllose Zufälle glaubt, dann war es auf jeden Fall ein außerordentlicher Zufall, dass er just an dem Tag, nachdem er ein für ihn sehr seltenes Empfinden des Friedens mit Gott verbucht hatte, der Frau begegnete, auf die er so viele Jahre lang betend gewartet hatte. Denn am nächsten Tag, dem Samstag vor Ostern, traf Wilberforce zum ersten Mal mit seiner zukünftigen Frau zusammen. Sie dinierten auf einer Gesellschaft, und noch bevor alle Gänge serviert waren, war Wilberforce ihr von Kopf bis Fuß verfallen. Acht Tage später verlobten sie sich, und einen Monat später heirateten sie – und innerhalb von zehn Jahren bekamen sie sechs Kinder, vier Jungen und zwei Mädchen. Doch wir greifen vor.

In seinem Tagebuch notiert Wilberforce an jenem Abend nach dieser ersten Begegnung die Worte: »Erfreut über Miss Spooner.« Dann scheint ihm wohl der Gedanke zu kommen, das sei ein wenig untertrieben, und er unterstreicht es: »Erfreut über Miss Spooner.«

Am Ostersonntag schreibt Wilberforce:

[Während des Gottesdienstes] sehr abgelenkt durch mein eigenes Nachsinnen über Miss Spooner, und beim Essen bedauerlich abschweifende Gedanken. ... Bin in Gefahr, mich in ein Geschöpf meiner eigenen Vorstellungskraft zu verlieben.

Man schmunzelt unwillkürlich über seinen Geist, der so charakteristisch ungestüm vorprescht und dann sogleich wieder wie angewurzelt stehen bleibt, um reumütig kehrtzumachen, bevor er dann wieder ungestüm vorprescht, abrupt innehält und wieder kehrtmacht. Am Ende dieses Tages schreibt er: »Was für einen herrlichen Sonntag durfte ich verbringen, wie fröhlich beim Abendessen und wie verliebt.« In jener Woche sah er sie fast jeden Tag und lag nachts meist in Gedanken an sie wach. Am Samstag schreibt er:

> Vormittag. Mit Miss Spooner zur Trinkhalle. ... Abendessen bei den Spooners – gefesselt von Miss Spooner. Mein Herz dahin, halte mich aber von offenen Bekundungen zurück, wie Henry [Thornton] und H. [Hannah] More mir geraten haben, wenn sie auch unvollkommene Richter sind.

Am Sonntag erreicht die Welle ihren höchsten Punkt:

> Nach einer traurigen Nacht voller Gedanken an Miss Spooner zum Gebet erhoben. Mit Miss Spooner zur Trinkhalle, Randolph's. Sehr aufgewühlt, und schließlich schrieb ich ihr, zu hastig, fürchte ich, eröffnete Miss Spooner etwas zu hastig, fürchte ich, meine Geistesverfassung, und sie aß mit uns. Nachmittag. Babington riet mir, noch zwei oder drei Tage abzuwarten. Ich verärgert, hatte mich schon durchgerungen. Gab aber schließlich nach. Gingen zu Miss Babington und stellten fest, dass mein Brief schon weg war. Am Abend bekam ich eine formelle günstige Antwort – blieb die ganze Nacht wach.

Am selben Tag schreibt er in ein gesondertes Tagebuch:

> Diese letzte Woche erscheint wie ein Monat. Ach – ich fürchte, ich war zu eifrig in Bezug auf irdische Dinge. Es kommt mir vor, als hätte ich ein Fieber gehabt. Ich habe jedoch ständig zu Gott gebetet, er möge mich leiten, und sein Wort gelesen – hatte gestern beschlossen zu warten, bevor ich einen Entschluss über Miss Spooner fasse,

aber sie fesselte mich gestern Abend vollkommen durch ihr Verhalten gegenüber ihren Eltern, den Lillingstones, mir selbst und den Babingtons. Solche Freimütigkeit und angeborene Würde, solche heitere schelmische Arglosigkeit aus gutem Gewissen, solches Vertrauen und solche Zuneigung zwischen ihr und ihren Eltern ... ihre Bescheidenheit und ihr Anstand. ... ich konnte vor Gedanken an sie nicht schlafen und war heute Morgen in der Kirche und danach sehr aufgeregt, schrieb einen langen ausschweifenden Brief an sie, den sie gerade mit einer günstigen Antwort erwidert hat. *Iacta est alea.** Ich glaube tatsächlich, dass sie wunderbar zu mir passt, und es gibt viele Umstände, die den Schritt geraten erscheinen lassen. Ich vertraue darauf, dass Gott mich segnen wird; ich werde jetzt zu ihm beten.

Es war vorbei. Wilberforce hatte ihr die Ehe angetragen und war erhört worden, und nun musste jeder seiner Freunde alle Einzelheiten darüber erfahren. Pollock sagt, dass Wilberforce' Freunde ein »ohrenbetäubendes Glockengeläut der Freude« zu hören bekamen. In ganz Bath ging die Kunde um, während zugleich das Phänomen seiner Buchveröffentlichung Stadtgespräch war. Es war, als hätte er auf eine kühne Liebeserklärung sogleich eine zweite folgen lassen, und es ergab sich, dass auf beispiellose und unerwartete Weise zwei äußerst glückliche Ereignisse zusammenfielen. Enthusiasten konnten nicht umhin, die Hand Gottes am Werk zu sehen – aber auch »liebenswerte Enthusiasten« sahen, dass sie im Spiel war.

Wilberforce rief Milner aus Cambridge und Thornton aus London herbei, um ihnen seine Barbara vorzustellen, und sie eilten pflichtschuldig herbei, um die freudige Wendung selbst in Augenschein zu nehmen und ihrem kleinen Freund auf die Schultern zu klopfen. In seinem Brief an Milner hatte Wilberforce auch erwähnt, Barbara sei krank und bedürfe seiner ärztlichen Hilfe. Doch als die beiden Freunde nach ihren hundert Meilen langen Reisen

---

* Lateinisch; »Der Würfel ist gefallen.«

in Bath eintrafen, trafen sie Barbara bei strahlender Gesundheit und Wilberforce im Aufbruch nach London an. Pitt hatte ihn in einer wichtigen Angelegenheit im Zusammenhang mit dem österreichischen Kredit[96] zurückbeordert. Wilberforce hatte seinen Freunden eine Nachricht gesandt, um sie unterwegs abzufangen und wieder nach Hause zu schicken, doch damals erreichten solche Sendungen eben nicht immer ihre beweglichen Ziele.

Auf jeden Fall waren sie froh, dort zu sein, und freuten sich unbändig für ihren Freund. Ebenfalls amüsiert über die glückliche Wendung schrieb ihm Hannah More, die sich ihr ganzes Leben lang allein der Literatur gewidmet hatte und unverheiratet war:

> Ich vermute, würde ich nun mein Papier mit irgendeinem anderen Thema füllen als dieser schönen Barbara, so würden Sie mich für eine langweilige, prosaische, pedantische, gefühllose alte Jungfer halten, die von dem Buch schwafelt, wenn sie doch von der Frau reden sollte.

Am 30. Mai wurden William Wilberforce, siebenunddreißig Jahre alt, und Barbara Ann, zwanzig, älteste Tochter von Isaac Spooner, Esquire, aus Elmdon Hall in der Grafschaft Warwick, in einer typisch stillen Zeremonie in der Pfarrkirche Saint Swithin's in Bath getraut.

»Papiere unterzeichnet, gegen elf zur Kirche und getraut«, vertraute er seinem Tagebuch an.

> Miss Anne Chapman und Miss Lillingstone als Brautjungfern, und meine liebste Barbara, gefasst, doch innerlich aufgewühlt – im Gottesdienst plötzlich sehr bewegt und zu Tränen gerührt. Ich den ganzen Tag über nur sonderbare Gefühle. Abendessen bei Mr Spooner. Am Abend nach Beacon Hill. Meine liebste B wünschte sich, dass ich mit ihr gemeinsam betete.

Er schließt mit den Worten: »Oh, dass ich ihrer würdig sein möge.«

Es kann wohl kaum angezweifelt werden, dass ihre Ehe von Anfang an von gegenseitiger Liebe und Zuneigung geprägt war. Nach vier Tagen reisten sie nach Cowslip Green, um Hannah More und ihr bewunderndes Schwesternquartett zu besuchen. Wilberforce hatte schon Jahre zuvor bemerkt, sollte er jemals heiraten, würde er seine Flitterwochen dort verbringen und mit seiner Gattin eine Tour durch Hannahs Mendip-Schulen unternehmen, bei deren Gründung er sie unterstützt hatte und die More gemeinsam mit ihren Schwestern leitete. Er dachte, eine Besichtigung dieser Gegend mit all ihrer Armut, verbunden mit der großen Menschenliebe der More-Schwestern, wäre ein passender Beginn einer Ehe und würde diese noch inniger Gott weihen. Wann immer er Cowslip Green besucht hatte, wirkte es wie ein Gegenmittel gegen jegliche weltliche Denkweise und jedweden selbstsüchtigen Ehrgeiz, und er wollte sein Eheleben durch einen Besuch bei den Armen auf dem richtigen Fuß beginnen.

An dem Tag, an dem er und seine junge Frau sich allein auf den Weg nach Cowslip Green machten, schrieb er seinem Freund Matthew Montagu:

> Sie möchte sich so weit wie möglich von der flatterhaften Menge zurückziehen und sich bemühen, »ihr eigenes Herz zu bewahren« und das Glück ihrer Mitgeschöpfe zu fördern. Ich wusste wirklich nicht, dass es eine solche Frau gibt. Es scheint eine völlige Übereinstimmung in unserer Vertrautheit, unseren Interessen und Beschäftigungen zu bestehen.

Die nächsten fünfunddreißig Jahre belegen die überwältigende Wahrheit dieser frühen Beobachtung. Sicherlich kamen wie in allen Ehen im Lauf der Zeit verborgene Unterschiede zum Vorschein, aber wenn die Liebe der Sünden Menge deckt, dann doch wohl auch, wenn es nur wenige sind.

Es gab Leute, die seine Beziehung als unter Wilberforce' gesellschaftlichem Stand ansahen. Henry Thornton überliefert uns, dass ihr Vermögen mit nur fünftausend Pfund sehr bescheiden war, verglichen mit dem, was Wilberforce nach der Erwartung anderer vielleicht hätte erreichen können.

Doch natürlich hatte Wilberforce andere Variablen in die Gleichung eingeführt, was seine Freunde sicherlich wussten. Henry Thornton urteilte:

> Die Verbindung ist nicht das, was die Welt für eine gute Partie halten würde ... das heißt, er hat auf manche Dinge, welche die Welt am höchsten schätzt, nicht bestanden, weil er es für unverzichtbar hielt, dass die Dame gewisse andere Qualitäten haben sollte.

Henry Duncombe schrieb:

> Sie werden meine Gedanken vielleicht für altmodisch und sonderbar halten, aber ich freue mich sehr, dass Sie Ihre Partnerin nicht unter den adeligen Schönheiten des Landes erwählt haben. Sagen Sie das jedoch bitte nicht Lady C.

16. KAPITEL

DAS GOLDENE ZEITALTER VON CLAPHAM

»... und das in Clapham.«
ZACHARY MACAULAY

Nach ihrer einwöchigen Hochzeitsreise nach Cowslip Green zu den fünf More-Schwestern begaben sich unsere Jungverheirateten nach London und die frisch vermählte Miss Wilberforce zog zu ihrem Gatten in das Haus in Old Palace Yard Nr. 4, da die Sitzungsperiode des Parlamentes noch andauerte. Pitt hatte ihnen angeboten, anschließend in seinem Haus *Holwood Estate* unterzukommen, doch sie entschieden sich stattdessen, Edward Eliots Haus *Broomfield* in Clapham zu mieten. Eliot befand sich im *West Country*, wie man die heutige Region Südwestengland umgangssprachlich manchmal nennt, und war zu dieser Zeit sehr krank. Als die Sitzungsperiode endete, beschlossen die William Wilberforces – nun behaglich im Plural –, hinauf nach Hull zu reisen, um Barbara Wilberforce' Mutter vorzustellen und sie öffentlich in der Grafschaft zu präsentieren, die ihr Ehemann im Parlament vertrat.

Doch auf dem Weg dorthin erhielten sie eine schreckliche Nachricht: Wilberforce' Schwager, Dr. Clarke – der Mann seiner Schwester Sally – war mit fünfundvierzig Jahren plötzlich verstorben. Barbaras erster Besuch in Hull fand somit in einer Trauerzeit statt. Wilberforce' Mutter war ebenfalls bei sehr schlechter Gesundheit und würde im folgenden Jahr sterben. Dr. Clarke war Pfarrer in Hull gewesen, und Wilberforce zog nun die Fäden, um seinen guten alten Freund Joseph Milner dorthin zu vermitteln. Doch Milner starb einige Wochen später ebenfalls. Und im darauffolgenden September, als Wilberforce und seine Frau nach Bath zurückkehrten, traf die wohl schwerste Todesnachricht ein: Einer der ältesten Freunde Wilberforce', Edward Eliot, starb. Er war einer der Ersten gewesen, der Wilberforce zum Glauben geführt hatte.

Wilberforce und Barbara kauften nun Eliots *Broomfield Lodge*, wo sie für die nächsten zehn Jahre lebten. Ihr Einzug in *Broomfield Lodge* läutete eine Art Goldenes Zeitalter von Clapham ein, zehn Jahre, in denen Wilberforce dort mit Barbara lebte und während derer sie ihre sechs Kinder zur Welt bringen würde. Der Höhepunkt dieser Zeit würde schließlich die Verwirklichung der Abschaffung des Sklavenhandels sein.

Die inoffizielle Gemeinschaft von Clapham hatte natürlich schon zuvor existiert. Wilberforce hatte dort mit Henry Thornton, Edward Eliot und Charles Grant gewohnt – viele andere in der Nähe. Doch nun begann eine neue Ära.

Bevor wir jedoch von einem sogenannten Goldenen Zeitalter von Clapham sprechen, sind ein paar allgemeinere Worte über Clapham angebracht. Wir hören oft von Wilberforce und der »Clapham-Sekte« oder von Wilberforce und den »Clapham-Heiligen«. Diese Begriffe tauchen vielfach in Büchern auf, doch ganz genau genommen hat es so etwas wie die Clapham-Sekte nie gegeben. Die falsche Bezeichnung »Clapham-Sekte« wurde höchstwahrscheinlich nach Wilberforce' Tod geprägt. Sie ist irreführend, denn eine Sekte ist eine Gruppe, deren Theologie irgendwie von der Norm abweicht, während die Leute von Clapham theologisch etwa so abweichlerisch waren wie das Apostolische Glaubensbekenntnis. Überdies bezeichnet das Wort Sekte normalerweise eine Gruppe mit einer offiziellen Mitgliedschaft, und die Leute von Clapham waren ganz und gar informell, einfach nur eine Gruppe von Freunden mit gemeinsamen Interessen. Einige von ihnen, die dem Parlament angehörten, stimmten zu gewissen Fragen gemeinsam ab und teilten eine ähnliche evangelikale Sichtweise. Diese Verbindung führte dazu, dass sie manchmal als »die Heiligen« bezeichnet wurden.

Diese Gruppe von Leuten, die am Ende des achtzehnten und zu Beginn des neunzehnten Jahrhunderts in Clapham wohnten und denen wir größtenteils bereits begegnet sind, wurde Clapham-Gemeinschaft, Clapham-Gruppe und Clapham-Kreis genannt; letztere Bezeichnung sollte für unsere Zwecke genügen. Wie immer wir sie nennen, es lässt sich ohne Übertreibung sagen, dass sie im Laufe weniger Jahrzehnte unter der inoffiziellen Führung von William Wilberforce ganz buchstäblich und nur teilweise unbeabsichtigt die Welt für immer veränderten.

Auch wenn er keine Ahnung hatte, was genau daraus werden würde, war die Gemeinschaft eigentlich Henry Thorntons Idee. Thornton dachte, die Schaffung einer Art Gemeinschaft – die sich vor allem um Wilberforce sammelte – würde in zweierlei Hinsicht nützlich sein. Erstens würde sie den Glauben eines jeden stärken, der dort lebte, und zweitens einen Raum schaffen, in dem sie gemeinsam planen, gemeinsam träumen und sich gegenseitig trösten und in ihren gemeinsamen Anstrengungen, vor allem für die Abschaffung des Sklavenhandels, ermutigen könnten. Solche Gemeinschaften bildeten oft den Kern großer Bewegungen.

Thornton war klug genug, um zu wissen, dass in den Kreisen, in denen sie sich bewegten, hingegeben gläubige Menschen nicht in der Mehrzahl waren. In den höheren Schichten der britischen Gesellschaft jener Zeit brauchte man einen Rückzugsort, wo man nicht für seltsam gehalten oder als »methodistisch« abgestempelt wurde. Zu solch einem besonderen Ort sollte sich Clapham entwickeln.

Doch er hätte nie genau voraussehen können, was sich aus seiner wunderbaren Idee ergeben würde. »Insgesamt«, schrieb Thornton 1793,

> hege ich Hoffnungen, dass aus unserem Clapham-System etwas Gutes entstehen kann. Mr Wilberforce ist ein Licht, das nicht unter den Scheffel gestellt werden sollte. Die Wirkung seiner Gespräche ist groß und bemerkenswert. ... Es überrascht mich nicht, festzustellen, wie viel Glaube jeder zu haben scheint, der unser Haus betritt.

Das idyllische Dorf Clapham war damals ein Vorort von London, nur vier Meilen von Westminster entfernt. Wenn wir vom Clapham-Kreis oder von Clapham reden, sind das keine rein geografischen Bezeichnungen. Sie stehen vor allem für ein verschlungenes Geflecht von Freundschaften und Familien, die sich alle in einem fröhlichen und leidenschaftlichen evangelikalen Drang, Gott zu dienen, verbunden wussten, insbesondere dadurch, dass sie dem Grauen des Sklavenhandels ein Ende machen wollten. Um das volle Ausmaß ganz zu begreifen, in dem die Mitglieder des Clapham-Kreises untereinander verheiratet und verschwägert und verbunden waren, brauchte es ein eigenes Kapitel oder sogar ein weiteres Buch.

Dieses *happy bird's nest** begann mit Henrys Vater John Thornton, der bereits im Jahre 1754 durch die Verkündigung des großen Predigers George Whitefield ein Evangelikaler geworden war. Er hatte schon in Clapham gewohnt, als 1756 Henry Venn, damals ein bekannter Evangelikaler und Geistlicher der *Church of England*, seinen Pfarrdienst dort begann. Wir erinnern uns, dass John Thorntons Schwester Hannah William Wilberforce' Onkel – der ebenfalls William Wilberforce hieß – geheiratet hatte. Als der junge Wilberforce im Alter von neun bis elf Jahren bei ihnen wohnte, war er durch sie mit der bemerkenswerten Gemeinschaft von Evangelikalen in Berührung gekommen, zu der auch John Newton gehörte. Thornton war einige Jahre später auch dafür verantwortlich gewesen, Newton aus dem ländlichen Olney in die Pfarrei St. Mary Woolnoth in London zu vermitteln, wo er sich, wie bekannt, mit Wilberforce traf, als dieser seine »Große Wandlung« durchlebte.

Man könnte also sagen, dass John Thornton sowohl geografisch als auch geistlich den Brückenkopf in Clapham errichtete. Er war, im Bild gesprochen, der erste Punkt, der gemeinsam mit Henry Venn dann zu einer Linie wurde. Diese verband sich mit einer anderen Linie, dann wieder mit einer anderen, bis daraus ein neundimensionales Spinnennetz aus Linien gewor-

---

* Eine Anspielung auf das Gedicht *The Happy Bird's Nest* (»Das fröhliche Vogelnest«) von George Moses Horton (ca. 1798 – ca. 1880), der als erster afroamerikanischer Sklave Gedichte gegen die Sklaverei schrieb.

den war, das zu entwirren einen zum Wahnsinn treiben könnte – versuchen wir es also erst gar nicht.

John Thornton hatte drei Söhne, die alle Parlamentarier wurden und alle in Clapham lebten. Doch es war sein Sohn Henry, der gezielt darüber nachzudenken begann, dass so etwas wie der Clapham-Kreis möglich sein könnte. Nach dem Tod seines Vaters kaufte er *Battersea Rise* und lud Wilberforce 1792 dazu ein, bei ihm einzuziehen, sodass die *chummery* entstand.

Battersea Rise war das prächtige Haus im Queen-Anne-Stil[97] an der Westseite des Claphamer Parks, das zum Zentrum der Clapham-Gemeinschaft werden sollte. *Battersea Rise* war ein grandioses Anwesen, aber Henry Thornton besaß eine Menge Geld, und nachdem er dem Haus noch zwei Flügel hinzugefügt hatte, jeder so groß wie das ursprüngliche Haus selbst, verfügte es über insgesamt vierunddreißig Schlafzimmer.

Das zentrale Merkmal von *Battersea Rise* war die ovale Bibliothek. Die Form des Ovals war im ausgehenden achtzehnten Jahrhundert groß in Mode. Das bekannteste Beispiel ist natürlich das *Oval Office* im Weißen Haus. Die ovale Form wurde für ganz besondere Räumlichkeiten verwendet, da sie es einem Würdenträger ermöglicht, einen Kreis von Bewunderern um sich zu scharen, ohne Einzelne von ihnen zu bevorzugen.

Die ovale Bibliothek im *Battersea Rise* hatte William Pitt selbst entworfen, der zwar nicht dem Clapham-Kreis angehörte, aber natürlich enge Beziehungen zu vielen seiner Mitglieder hatte, vor allem zu Thornton, Eliot und Wilberforce. Pitt hatte Thornton gegenüber erwähnt, er habe schon immer einmal eine Bibliothek entwerfen wollen. Aus unserer modernen Sicht mag es überraschen, dass Pitt diesen Wunsch hegte, doch gegen Ende der Aufklärung war es nichts Ungewöhnliches, dass intelligente, wohlhabende junge Männer solche Pläne verfolgten. Die Liebe zur Vernunft, typisch für die Aufklärung, bot viele Anregungen für die Architektur, und die Menschen des achtzehnten Jahrhunderts griffen auf römische und griechische Bauten zurück, um sich inspirieren zu lassen. US-Präsident Thomas Jefferson entwarf bekanntlich sein Wohnhaus in Monticello als auch die Universität von Virginia in Charlottesville, und George Washington beaufsichtigte alle Entwürfe für die riesige Stadt, die nach seinem Tod seinen Namen tragen würde. Zuvor hatte er, während er auf dem Schlachtfeld die Kontinentalarmee anführte, brieflich die Renovierung seines Landsitzes Mount Vernon bis ins kleinste Detail überwacht, bis hin zu Zierleisten und Anstrichfarben. Pitt befand sich also in guter Gesellschaft. Und natürlich vollbrachte er, wie praktisch bei allem, was er anfasste, ein herausragendes Werk.

Drei Wände des geräumigen, hohen Zimmers waren mit Büchern bedeckt; die vierte eröffnete durch hohe Glastüren den Blick hinaus auf ehrwürdige Ulmen, Tannen und riesige Magnolien. Dahinter sah man die Rasenflächen des Grundstücks, und jenseits der Rasenflächen erstreckten sich malerische Felder.

Diese Bibliothek wurde zum Brennpunkt und wichtigsten Versammlungsort des Clapham-Kreises. Hier hielten sie ihre »Kabinettssitzungen«, und sie enthielt Marmorbüsten sowohl von Fox als auch Pitt, vermutlich, um Thorntons politische Unabhängigkeit zu unterstreichen. Marmorbüsten von Pitt und Fox erscheinen aus dem Abstand von zwei Jahrhunderten höchst stilvoll und passend, obwohl die Vorstellung heute schwerfällt, Marmorbüsten von noch lebenden Freunden und Bekannten um sich zu drapieren. Damals freilich entsprach das ganz der Mode, besonders, wenn man die politischen Führer der Nation zu seinen Freunden zählte.

Thornton erbaute noch zwei weitere eindrucksvolle Häuser auf dem Gelände: Das erste, *Broomfield*, für Edward Eliot; das zweite, *Glenelg*, für Charles Grant. Nachdem 1787 Eliots Frau und Pitts Schwester, Harriot, gestorben war, wohnte Ersterer bis zu seinem Tod 1798 weiter dort mit seiner Tochter, die ebenfalls Harriot hieß. Nach seinem Tod kauften Wilberforce und Barbara das Haus. Charles Grant war Parlamentsabgeordneter für Inverness-shire [sic!] und ein Direktor der *East India Company*. 1793 übernahm Henry Venns Sohn, John Venn, die Pfarrstelle in Clapham. Er spielte sowohl eine Schlüsselrolle durch seine sonntäglichen, sehr gehaltvollen und geschliffenen Predigten, mit denen er die Claphamer »verwöhnte«, als auch durch seine Position als geistlicher Leiter. Venn hielt solch wertvolle Predigten, dass die Claphamer einen großen Teil ihres geistlichen Wachstums und ihrer Reife auf ihn zurückführen konnten. Der Wilberforce-Biograf Robin Furneaux berichtet uns, was geschah, als ein Gastprediger nach Clapham kam:

> Vor der Clapham-Sekte zu predigen, muss gleichbedeutend gewesen sein damit, in der Scala zu singen oder auf dem Center Court in Wimbledon zu spielen. Doch der unglückliche Ersatzmann erkannte nicht die Qualität seiner Zuhörerschaft. ›Er entschied sich dafür, aus dem Stegreif zu sprechen‹, lautete das vernichtende Urteil, ›und das in Clapham‹.

Die von Furneaux zitierte bissige Bemerkung stammt aus der Feder Zachary Macaulays. Er wusste von der Prägekraft einer sorgfältig ausgearbeiteten Predigt und war »zutiefst enttäuscht« über solch schlampige Vorbereitung – und das in Clapham.[98]

Granville Sharp lebte im Dorf Clapham, und James Stephen, der engagierte Anwalt von Saint Kitts, zog ebenfalls dorthin. Ebenso Zachary Macaulay, der Sklavenaufseher auf Barbados gewesen war, dann aber, angewidert von der Brutalität der Sklaverei, nach England zurückgekehrt war, um sich der abolitionistischen Sache anzuschließen. Eine weitere prominente Gestalt, John Shore, 1. Baron Teignmouth, der kürzlich aus Indien zurückgekehrt war, zog ebenfalls dorthin. Alle diese Männer und ihre Frauen waren Evangelikale; alle lebten dafür, den Sklavenhandel und die Sklaverei abzuschaffen, und alle engagierten sich in verschiedenen Bereichen für die »Reformation der Sitten«.

Aber dies ist lediglich eine Liste derer, die tatsächlich dort wohnten. Eine Liste derjenigen, die zu Besuch kamen oder bei denen die Claphamer einkehrten, wenn sie auf Reisen waren, wäre ebenso lang, und wenn wir von »Clapham« sprechen, sprechen wir eigentlich von ihnen allen. Die Namensliste dieser Auswärtigen ist ebenso illuster wie die der Einwohner. Niemand hätte eine zentralere Rolle bei ihren verschiedenen Anliegen oder bei dem, was wir mit »Clapham« meinen, spielen können als Hannah More, die oft zu Besuch kam. Und dann war da noch Charles Simeon aus Cambridge. Ernest Marshal Howse zufolge befand sich das »intellektuelle Zentrum von Clapham« in Cambridge. Simeon, den manche auch »St. Charles von Cambridge« nannten, war eine besonders wichtige Gestalt in der evangelikalen Bewegung dieser Zeit und hatte enge Verbindungen zur Clapham-Gruppe.

Sir James Stephen, der berühmte Sohn des Claphamers James Stephen, der später über Clapham schrieb, würde Wilberforce den »Agamemnon der Heerschar«[99] nennen, »die wahre Sonne des Claphamer Systems«. Rein von der körperlichen Statur her könnte Milner der »Telamonier Ajax«* der Gruppe gewesen sein, ebenfalls aus Cambridge, auch wenn er Ajax intellektuell gewiss um Längen überragte.

Milner war inzwischen *Dean*** von Carlisle und wurde auch mit *Dean Milner* angesprochen. Er war häufig zu Gast bei den Wilberforces in *Broomfield*, wo man ihn oft nach mehr Essen rufen hörte, was teilweise mit seiner Größe und seinem Appetit zu tun hatte – teils aber auch mit dem chaotischen Haushalt der Wilberforces.

Thomas Gisborne, der viele Jahre zuvor Wilberforce' Zimmernachbar im St. John's College gewesen war, hatte wieder Kontakt zu Wilberforce aufgenommen und entwickelte sich ebenfalls zu einem nicht mehr wegzudenkenden Mitglied in ihrem Kreis. Gisborne hatte sich einen Ruf als einer der besten Prediger in England erworben. Sein Landhaus *Yoxall Lodge* in der mittelenglischen Grafschaft Staffordshire bildete eine Art zweites Clapham. Er hatte die Schwester von Thomas Babington geheiratet, eines weiteren ehemaligen Kommilitonen am St. John's College; Babington selbst hatte die Schwester von Zachary Macaulay geheiratet.

Um den Leser vollends zu verwirren, könnten wir jetzt das Beziehungsgeflecht der Claphamer zu einem unauflöslichen gordischen Knoten zusam-

---

* In der griechischen Mythologie war Ajax der Große, der auf der griechischen Seite gegen Troja kämpfte, für seinen außergewöhnlich großen Körperbau und seine Stärke bekannt; auch Milner zeichneten diese Eigenschaften aus.
** In der anglikanischen Kirche trug der Dekan (englisch: *Dean*) einer Kathedrale die Gesamtverantwortung für alle Gottesdienste, die dort stattfanden.

menziehen, indem wir aus Howses Buch *Saints in Politics* (»Heilige in der Politik«) zitieren:

> Wie wir gesehen haben, war Henry Thornton der Cousin von Wilberforce; Gisborne heiratete Babingtons Schwester; und Babington heiratete Macaulays Schwester. Außerdem heiratete Charles Eliot John Venns Schwester; [James] Stephen heiratete Wilberforce' Schwester [Sally]; und nachdem nun alle verfügbaren Schwestern vergriffen waren, heiratete Macaulay eine Schülerin von Hannah More. Bald fügte auch die nächste Generation ihre Verbindungen hinzu, und der Sohn von James Stephen heiratete die Tochter von John Venn. ...

In diese intellektuell und geistlich üppig grünende Umgebung kam nun Barbara Wilberforce aus dem entschieden weniger grünen Elmdon Hall. Es muss ein wenig überwältigend gewesen sein für diese zwanzigjährige Frau, die sich nicht einmal eine annähernde Vorstellung davon gemacht haben kann, worauf sie sich einließ. Und dieses sogenannte Goldene Zeitalter von Clapham, wie wir es bezeichnet haben, begann ganz buchstäblich mit einem Knall. Dieser buchstäbliche Knall – so müssen wir leider berichten – kam aus der Pistole des Premierministers der Nation, William Pitt. Und die abgefeuerte Pistole war auf ein Mitglied des Parlaments gerichtet. Es gab auch einen Knall aus einer anderen Pistole, die auf Pitt gerichtet war, und dann noch zwei weitere, einer aus jeder der zuvor erwähnten Pistolen. Die Wilberforce' hatten gerade erst einige Tage zuvor *Broomfield* mit ihren Möbeln eingerichtet, und Barbara war bereits im siebten Monat schwanger mit ihrem ersten Kind, William. An jenem Montagmorgen, dem 28. Mai 1798, war Wilberforce gerade dabei, sich anzukleiden, als sein Sekretär Ashley mit der erschreckenden Nachricht eintrat, Mr Pitt habe sich duelliert.

Diese Enthüllung war äußerst erschütternd für Wilberforce, der Duelle aus mehreren Gründen hasste. Zum einen betrachtete er ein Duell als einen barbarischen Frevel gegen Gott. Aus seiner Sicht war ein Duell der gesetzlich sanktionierte, kaltblütige Mord an einem Menschen und zugleich ein

Akt, der grundsätzlich zu dem Zweck vollzogen wurde, nicht als Feigling zu gelten, eine Motivation, die ironischerweise an und für sich schon ein wenig feige war. Wilberforce wusste, dass das Duellieren sehr viel mit menschlichem Stolz im negativen Sinne zu tun hatte, und sehr wenig oder gar nichts mit Ehre. Er selbst hatte einige Jahre zuvor die Herausforderung eines Gegners des Abolitionismus zurückgewiesen. Dass ausgerechnet Pitt – mitten in einem äußerst ernsten Krieg, in dem es um den Bestand der Nation ging – sein Leben in einem Duell aufs Spiel setzte, war entsetzlich. Pitt wusste um Wilberforce' Einstellung, und bemühte sich, die Angelegenheit zu verschleiern, bis sie ausgestanden war. Bei seinem Gegner im Duell handelte es sich um einen Parlamentarier der Whigs namens Tierney, der gegen Pitts Politik opponierte und ihn ständig wegen des Krieges mit Frankreich angriff. Pitt riss schließlich der Geduldsfaden, und er beschuldigte Tierney sinngemäß, den Feind zu unterstützen.

Es lohnt sich, hierzu die Schilderung von Furneaux zu zitieren:

> Am 25. Mai warf Pitt Tierney vor, er sabotiere bewusst die Verteidigung des Landes, eine Bemerkung, die vom *Speaker*[100] für unzulässig erklärt wurde. Als Pitt eine Entschuldigung verweigerte, sprach Tierney eine Herausforderung aus, die Ersterer sofort akzeptierte. Karikaturisten war Pitts dünne, fast leichenhafte Figur eine Freude, aber Tierney war ein dicker kleiner Mann. Witzbolde im Parlament schlugen deshalb vor, um den Wettkampf gerechter zu gestalten, solle Pitts Figur mit Kreide auf Tierney aufgemalt werden, und Treffer außerhalb dieses Umrisses sollten nicht gezählt werden.

Die Duellanten feuerten zweimal aufeinander, aus der eigenartig kurzen Distanz von zwölf Schritten. Pitt feuerte seine zweite Kugel absichtlich in die Luft. Dennoch muss man sich angesichts des Umstandes, dass sie bei dieser kurzen Entfernung nicht beide zu Tode kamen, die Frage stellen, inwieweit solche Duelle eigentlich nur Schaukämpfe waren. Wilberforce' Empörung tat das jedoch keinen Abbruch. Pitt gab damit nicht nur der Nation ein schreckliches Beispiel und setzte das Leben des Staatsoberhauptes zu einem äußerst kritischen Zeitpunkt aufs Spiel, er hatte die schreckliche Tat auch noch am Sabbat vollbracht. Wir – die wir sonntags alles Mögliche tun – können es nicht nachvollziehen, wie heilig und unantastbar dieser Tag für Wilberforce war. Für ihn war der Sabbat von Gott ausgesondert worden, und ihn zu übertreten, wie Pitt es getan hatte, hieß, Gott selbst die Zunge herauszustrecken. Aus Wilberforce' Sicht war Pitts Tat etwas Groteskes, etwa so, als hätte er sich vom Hochaltar der Saint Paul's Cathedral aus an einer Stierhetze beteiligt.[101]

Doch schon bevor er von dem Duell hörte, war Wilberforce von Pitt enttäuscht. Pitts Eifer für die Abschaffung des Sklavenhandels schien abgekühlt zu sein, und gerade an jenem Freitag, dem Fünfundzwanzigsten – demselben Tag, an dem er im Unterhaus seine Konfrontation mit Tierney hatte –, hatte Pitt Wilberforce verärgert, indem er ein Gesetz über Sklaventransporte aufschob. Pitt mochte verständlicherweise politisch abgelenkt und im Widerstreit verschiedener Prioritäten gewesen sein. Er versuchte, das Land zusammenzuhalten, während ein Krieg tobte, die Revolution der Jakobiner die wenigen Meilen über den Kanal auf England überzuspringen drohte und auf hoher See ein erbitterter Feind zu bekämpfen war. Doch Wilberforce' Unbehagen ging tiefer. Pitt schien so beschäftigt zu sein, dass er die Leiden der Sklaven vergessen hatte. Wilberforce wurde den Geschmack der Schrecken der Sklaverei nicht mehr los, nicht einmal in den Zeiten, in denen die Abschaffung des Sklavenhandels politisch unmöglich erschien, wie gerade jetzt. Er konnte den Gedanken nicht mehr abschütteln, und er lebte und atmete für das große Ziel, ihm ein Ende zu machen. Er wich keinen Zentimeter zurück und stemmte sich dagegen, wann immer sich eine Gelegenheit dazu bot. Deshalb machte es ihm zu schaffen, dass Pitt kürzlich das Gesetz über Sklaventransporte verzögert hatte. Und nun das.

Wilberforce beschloss auf der Stelle, im Unterhaus einen Gesetzentwurf einzubringen, der das Duellieren unter Strafe stellen würde. Es war an der Zeit, und er hielt es für ungemein wichtig, der Öffentlichkeit ein Signal zu senden, dass ein solches Verhalten weder lobenswert noch akzeptabel war, ob nun ihr Premierminister sich dessen befleißigt hatte oder nicht. Pitt war verständlicherweise ziemlich verärgert, als er von Wilberforce' Absichten hörte. Er war der Meinung, unter den gegenwärtigen politischen Umständen könne ihn ein solches Gesetz so schwer diskreditieren, dass es ihn durchaus sein Amt kosten konnte. Jedenfalls schrieb er Wilberforce einen langen diesbezüglichen Brief. Wilberforce widerstrebte es, seinem guten Freund zu schaden, und so ließ er sich überzeugen, einen Rückzieher zu machen. Wie immer versöhnten sich die beiden alten Freunde wieder. Doch Wilberforce hatte seinen Standpunkt deutlich gemacht.

Nur wenige Wochen danach starb Wilberforce' Mutter. Wilberforce war nach Hull gereist, um bei ihr zu sein. »Meine liebe Mutter musste im Tod nicht leiden«, schrieb er an Barbara,

> und ich bin gewiss, dass sie glücklich ist. Die Veränderung, die über die letzten acht Jahre allmählich in ihr vorging, war höchst erfreulich für alle, die sie liebten. ... Es war eine ernste und berührende Szene für mich, als ich gestern Abend im Zimmer meiner Mutter stand und das Bett sah, in dem ich geboren wurde, in dem mein Vater und meine Mutter starben und auf dem sie nun in ihrem Sarg lag.

Als er mit dem Leichnam seiner Mutter allein im Zimmer war, betete er. Welche Dankbarkeit muss dort aus seinem Herzen geströmt sein, in dem Wissen, dass sie, die einst die Anfänge seines Glaubens so sehr gefürchtet hatte, selbst eine Wandlung gemacht und seine Schönheit erkannt hatte. Und welche Dankbarkeit muss er empfunden haben in dem Wissen, dass er Gottes wichtigstes Werkzeug dabei gewesen war, ihr die Augen zu öffnen. Vierzehn Tage nachdem er seiner Mutter Lebewohl gesagt hatte, war Wilberforce wieder zu Hause, um ihr Enkelkind, seinen ersten Sohn, zu begrüßen.

Alle sechs Kinder der Wilberforces kamen im Laufe der nächsten neun Jahre in *Broomfield* zur Welt. Der kleine William wurde 1798 geboren, Barbara 1799, Elizabeth 1801, Robert 1802, Samuel 1805, und Henry William erblickte 1807 das Licht der Welt. Nach dem sechsten Kind sah Mrs Wilberforce, dass sie gut waren, und ruhte.

Der Clapham-Kreis engagierte sich in einer schier endlosen Zahl von Unternehmungen, doch im Mittelpunkt stand stets der Kampf für die Abschaffung des Sklavenhandels und für die Sklaven. Eines der Projekte, die der abolitionistischen Bewegung am meisten am Herzen lagen, war die mit großen Mühen und Schwierigkeiten verbundene Gründung einer freien und selbstverwalteten Kolonie ehemaliger Sklaven in Sierra Leone. Die Anfänge dieses Vorhabens reichten bis vor Wilberforce' Engagement für den Abolitionismus zurück. Am 10. Mai 1787, zwei Tage vor dem berühmten Gespräch unter der Eiche in Holwood, war vor der Küste von Sierra Leone ein Schiff voller ehemaliger Sklaven vor Anker gegangen. Aber natürlich hatten die Vorarbeiten zu diesem Experiment, und man kann es nicht anders bezeichnen, schon lange davor begonnen.

Wie bereits berichtet, war Granville Sharp 1772 zum ersten Mal in Lord Mansfields Gerichtssaal erschienen und hatte den ehrenwerten Richter dazu gebracht, beinahe wutschäumend seine gepuderte Perücke in die Ecke zu schleudern. Mansfield war gezwungen worden, im Fall Somerset ein Urteil zu sprechen, und dieses Urteil hatte tatsächlich die Freiheit aller Sklaven in ganz England bewirkt. Wie Cowper schrieb:

Kein Sklave kann in England atmen; dringt
die Luft in seine Lungen, ist er frei.[102]

Doch genau wie Mansfield vorhergesehen hatte, ließen sich diese neu befreiten Menschen nicht ohne Schwierigkeiten in die Bevölkerung und die Gesellschaft eingliedern. Ganz so einfach war es dann doch nicht. Es reichte nicht, dass sie eine Lunge voll britischer Luft einatmeten, ihre Fesseln abwarfen und sich irgendwo häuslich niederließen. Zur Zeit des Somerset-Urteils lebten vierzehntausend Schwarze in England, und ihre Integration in die Gesellschaft erwies sich in der Tat als schwierig. Der *negro beggar* (»Bettelneger«)

wurde, wie Sir Reginald Coupland berichtet, ein vertrauter Anblick in ganz England. Von 1776 an vergrößerte sich ihre Zahl um die vielen amerikanischen Sklaven, die ihre Ketten abgeworfen hatten, indem sie sich während des Krieges den britischen Streitkräften angeschlossen hatten.

Deshalb war 1786 ein *Committee for Relieving the Black Poor* (»Komitee zur Hilfe für arme Schwarze«) gegründet worden. Zu den Beteiligten gehörte ein Dr. Smeathman, der einige Jahre lang in Sierra Leone an der Westküste Afrikas gelebt hatte und nun vorschlug, für diese Afrikaner dort eine Kolonie zu gründen. Die meisten Abolitionisten waren der Ansicht, der Kontinent Afrika selbst sei durch den Sklavenhandel geschädigt worden und man stehe tief in seiner Schuld. Sie wollten nicht nur den Sklavenhandel abschaffen, sondern auch etwas von dem zurückgeben, was die Briten und andere Nationen sich genommen hatten.

Die Gründung einer erfolgreich funktionierenden Kolonie freier Schwarzer in Afrika sahen sie als einen hervorragenden ersten Schritt zu diesem Ziel, und zwar in zweierlei Hinsicht. Erstens würde sie zeigen, dass Schwarze keine Wilden waren, unfähig, sich selbst zu regieren, wie die rassistische Sklavereilobby es behauptete, sondern Menschen, die ebenso viel leisten konnten wie die Europäer, die sie versklavt hatten. Und zweitens würde eine solche Kolonie ihren Beitrag dazu leisten, eine blühende afrikanische Wirtschaft auf die Beine zu stellen, die mit etwas anderem handelte als mit versklavten Menschen. Diese Kolonie würde einen Brückenkopf der Freiheit und Selbstverwaltung auf dem dunklen Kontinent bilden, deren freiheitliches Licht mit der Zeit bis in die entlegensten Winkel der »afrikanischen Düsternis« dringen würde.

Für moderne Ohren mag sich der Gedanke, die Schwarzen zurück nach Afrika zu schicken, rassistisch anhören, doch die Absichten der Abolitionisten waren so rein, wie menschliche Absichten es nur sein können. Ihre Hochachtung und ihre Hoffnungen für die Schwarzen waren zu jener Zeit geradezu revolutionär. Ziel war es, diese heimatlos gewordenen Männer und Frauen zu segnen und in einem gewissen Maß an ihnen und ihrem Kontinent wiedergutzumachen, was ihnen zu Unrecht geraubt worden war.

Am 10. Mai 1787 gingen ein paar Hundert Schwarze und etwa sechzig Weiße in der St. George's Bay in Sierra Leone an Land und begannen mit dem noblen Experiment. Das Leben war zermürbend schwer für die entstehende Kolonie. Ähnlich wie in einer anderen Kolonie von Pilgern im vorausgegangenen Jahrhundert auf der anderen Seite des Atlantiks starben etwa die Hälfte derer, die angekommen waren, innerhalb eines Jahres. In beiden Fällen wüteten Krankheiten, und eine schlechte Wahl des Zeitpunkts erschwerte die Anpassung an das fremde Klima. In Sierra Leone tauchte nicht plötzlich ein Squanto aus den Wäldern auf, um Mais anzupflanzen und damit die meisten der Probleme der Kolonisten zu lösen.* Und natürlich gab es an beiden Orten feindselige Einheimische. In Sierra Leone gehörten dazu britische und französische Sklavenhändler, die die kraftvolle Symbolik dieses tapferen und fragilen Unternehmens erkannten und ihr Möglichstes taten, um es im Keim zu ersticken. Und 1789 wurde die entstehende Stadt von einem benachbarten afrikanischen Häuptling in Schutt und Asche gelegt.

Zu diesem Zeitpunkt wurde der Ruf der belagerten Kolonisten in Clapham gehört, und nun traten die Schar der Claphamer und ihr Agamemnon William Wilberforce auf den Plan.[103] Der Abolitionismus konnte mit dem Erfolg dieser Kolonie viel gewinnen, und so würden sie ihr Möglichstes tun, um ihr zum Erfolg zu verhelfen. Granville Sharp, den es immer sehr in den Fingern juckte, Unruhestifter in die Schranken zu verweisen, gürtete seine Lenden für die Schlacht. 1790 wurde die *St. George's Bay Association* gegründet, gab sich eine Satzung und erhielt die Anerkennung des Parlaments. Die *Sierra Leone Company*, wie sie später genannt wurde, erkor Granville Sharp zu ihrem Präsidenten und Henry Thornton zum Vorstandsvorsitzenden, und zwei ih-

---

* Als die Pilgerväter 1620 in Neuengland landeten, standen sie vor enormen Herausforderungen, und das Überleben der Gemeinschaft war ungewiss. Zu ihrer Überraschung kam ein amerikanischer Ureinwohner (Tisquantum oder Squanto) zu ihnen, der dank seiner früheren Reisen bereits Englisch sprechen konnte und ihnen zeigte, wie sie Getreide anbauen, Fische fangen und mit ihren Booten in den dortigen Gewässern navigieren konnten.

rer ersten Direktoren waren Charles Grant und William Wilberforce. Es gab viel zu tun.

1792 trafen tausend frische Rekruten aus Nova Scotia in Sierra Leone ein.[104] Die Sierra Leone Company brachte 240 000 Britische Pfund Kapital auf, und auf der Landkarte erschien eine neue Stadt namens *Freetown* (»Freie Stadt«). Mehrere Schulen wurden gebaut und erfolgreich geführt; sowohl ein Krankenhaus als auch eine Kirche wurden errichtet. Der Clapham-Kreis kannte das Wort Entmutigung nicht – und das war gut so, denn Gründe, sich ernsthaft entmutigt zu fühlen, gab es zuhauf. Ständig ereigneten sich neue Katastrophen, darunter aggressive Ameisenheere, die das Wort Entmutigung ebenfalls nicht kannten. Auch die Verstärkung aus Nova Scotia erwies sich nicht als der Wirbelsturm von Optimismus und Arbeitsfreude, den man sich von ihr versprochen hatte. Die Leute schienen immun zu sein gegen die fiebrige Begeisterung für die Kolonie, die ihre Direktoren in Clapham beseelte. Die Leute aus Nova Scotia wagten es sogar, Beschwerden zu haben, und sandten eine Delegation nach Hause, um sie vorzutragen. Als sie darauf nicht die gewünschte Reaktion bekamen, inszenierten sie einen halbherzigen Aufstand. Und so ging es weiter.

Der Clapham-Kreis jedoch wollte sich nicht der Mutlosigkeit geschlagen geben. Nun würden sie einen ihrer Besten an jene ferne Küste entsenden, Zachary Macaulay, eine brillante und fähige Persönlichkeit, fleißiger und zudem weniger anfällig für Verzweiflung als sie alle zusammen. Doch selbst er würde bald an den Rand seiner Kräfte kommen. 1794 griffen französische Revolutionstruppen, unterstützt von einem amerikanischen Sklavenschiffskapitän, Freetown an, plünderten und verbrannten nach Herzenslust, schlachteten das Vieh und zerstörten die Ernte. 1795 erlitt Macaulay einen Nervenzusammenbruch. Er kehrte nach England zurück, doch in charakteristischer Weise reiste er an Bord eines Sklavenschiffes, um aus erster Hand zu erfahren, wie das war. In England verliebte er sich in Selina Mills, eine junge Lehrerin, die mit den More-Schwestern in ihren Mendip-Schulen arbeitete, das ja auch zu den Projekten des Clapham-Kreises zählte. Sie verlobten sich. Doch Macaulay kehrte 1796 als Gouverneur nach Sierra Leone zurück und blieb drei weitere Jahre dort, bevor er nach England zurückkehrte, um zu heiraten.

Die Kolonie, die Macaulay 1799 verließ, stand erheblich besser da als diejenige, die er bei seiner ersten Ankunft vorgefunden hatte. Die Kolonie hatte jetzt 1 200 Einwohner, und es herrschte zumindest eine gewisse Stabilität. 1808 wurde Sierra Leone schließlich der britischen Krone übergeben.[105] Wenn es auch immer noch vielfältige Schwierigkeiten zu bewältigen gab, stellte die Kronkolonie doch ein lebendiges, einzigartiges Beispiel eines von Sklaven selbst verwalteten Landes dar, das zu einem kraftvollen Symbol und Werkzeug für die abolitionistische Sache wurde.

17. KAPITEL

HÄUSLICHES LEBEN IN CLAPHAM

»... jenes geflügelte Wesen in seinem luftigen Fluge ...«
MARIANNE THORNTON

Sollte sich in unserer Vorstellung ein Bild des häuslichen Lebens in Clapham einnisten wollen, in dem es friedlich und wohlgeordnet zugeht, so sollten wir es unverzüglich als falsch daraus verbannen. Die Vielzahl von Aktivitäten, ehrenamtlichen Organisationen, Kindern, Besuchern, Haustieren und Bediensteten trotzt jeder genaueren Beschreibung, und im Mittelpunkt befand sich, einer stets beschäftigten Hummel oder einem blitzschnell schwirrenden Elektron gleich, William Wilberforce. Die meisten erhaltenen Schilderungen von Clapham wirken wie eine in die georgianische Zeit verlegte Version des Films *You Can't Take It With You*.* An die Stelle von Ann Miller, die in Pirouetten durch das Zimmer wirbelt, und einiger lauter Explosionen aus dem Keller setzen wir die großen Bühnenauftritte diverser unnachahmlich schillernder Figuren aus dem Freundeskreis wie Hannah More, Granville Sharp und Isaac Milner.

Marianne Thornton, die in *Battersea Rise* wohnte, zeichnet uns ein Bild von Milner am Tisch der Wilberforces: »Er war ein rauer, lauter und recht ungehobelter Mann«, schreibt sie,

---

* Diese Filmkomödie des amerikanischen Regisseurs Frank Capra erschien 1938 auf Deutsch unter dem Titel »Lebenskünstler«.

doch er pflegte in den vielen Wilberforce-Häusern, die er besuchte, auf eine Weise, wie es kein anderer wagte, alles zu sagen, was er dachte, und um alles zu bitten, was er wollte. Das wahre Band, das ihn und Mr W. einte, war, dass er ein tief religiöser Mann war, und wie klug er war, wie seine akademischen Ehren in Cambridge zeigen. »Nun, W., hör gut zu, denn keine Macht auf Erden wird mich dazu bringen, zu wiederholen, was ich jetzt sage«, so war stets sein rauer Ausruf, wenn Mr W. hinter einem Kind, einer Katze oder einer Blume oder einem neuen Buch herhuschte, während sie sich getroffen hatten, um über etwas Wichtiges zu sprechen. Beim Frühstück bei W., währenddessen er meistens seine Besucher empfing, fand sich eine höchst außergewöhnliche Mischung von Gästen ein, und es herrschte ein ebenso merkwürdiger Mangel an den allgemeinen Gepflogenheiten des Lebens. Um einen Yorkshire-Ausdruck von ihm zu gebrauchen – es wurde von jedem erwartet, sich selbst durchzuschlagen.[106] Er war so kurzsichtig, dass er über seinen eigenen Teller hinaus nichts sehen konnte, welchen Mrs W. sorgsam mit allem füllte, was er wollte, bis die Stentorstimme des Deans sich brüllend vernehmen ließ: »Hier gibt es nirgendwo etwas zu essen«, und wenn er dann wünschte, dass die Dienstboten Brot und Butter brachten, fügte er hinzu: »Und bringt reichlich ohne Grenzen«, während Mr W. einstimmte und sagte: »Danke, herzlichen Dank, Milner, dass du dich um diese Dinge kümmerst, Mrs W. ist nicht kräftig genug, um sich mit diesen häuslichen Dingen zu befassen.«

Selbst nachsichtigen Schilderungen zufolge war Barbara Wilberforce nicht die beste Gastgeberin, aber sie scheint eine äußerst hingebungsvolle Ehefrau und Mutter gewesen zu sein. Sie zog sechs Kinder auf und kümmerte sich gewissenhaft um die Bedürfnisse eines Ehemannes, der zuweilen so viel Energie hatte wie weitere sechs und dann wieder bettlägerig und von seiner Vielzahl von Krankheiten geplagt war. Wir können uns nur ausmalen, was diese zurückhaltende junge Frau davon hielt, wenn der Riese Milner nach mehr Essen brüllte. Oder von der endlosen Parade exzentrischer Freunde und Besucher, die ihr Mann aus allen vier Himmelsrichtungen anzog wie ein Magnet. Der Dichter Robert Southey schrieb:[107] »Seine Frau sitzt inmitten all dessen wie die Geduld auf einer Gruft,[108] und er wirbelt herum, als wäre jede Ader in seinem Leib voller Quecksilber.« Die meisten jedoch hielten Barbara für eine nervöse Frau, deren dunkle »Zigeuner«-Augen in Russells Porträt eine innere Anspannung verraten. Wilberforce scheint zu beschäftigt gewesen zu sein, um ihre Ängste nachhaltig zu lindern. Auch schien es keinem von beiden zu gelingen, die Bediensteten dazu anzuhalten, etwas Ordnung in die Situation zu bringen.

Wilberforce hatte einen alten Kutscher, der sehr gerne trank und – ganz gleich, ob betrunken oder nüchtern – einen wilden Fahrstil pflegte. Wilberforce war mehrere Male kurz davor, ihn zu entlassen, und dann doch wieder zu freundlich, um irgendjemanden vor die Tür zu setzen, wenn es nicht ganz unumgänglich war. Doch seine Empfindungen gegenüber dem Kutscher fanden ihren Ausdruck in den witzigen Bemerkungen, für die er im privaten Bereich so berühmt war.

Eines Tages, als er einen Freund besuchte, stellte er fest, dass die Haushälterin seines Gastgebers eine außerordentlich übellaunige Frau war. Daraufhin kommentierte Wilberforce:

> Wissen Sie, bei den Indern ist es Sitte, Tiere von kurioser Gegensätzlichkeit gegeneinander kämpfen zu lassen. Ich hätte große Lust, unseren alten Kutscher und diese bezaubernde Dame in einem Zweikampf gegeneinander aufzustellen.

Von Wilberforce' legendärem Witz und Humor sind nur wenige Beispiele erhalten, aber hier und da blitzt etwas davon auf. Nach einem Besuch des berühmten Pavillons in Brighton, den Georg IV. erbaut hatte, beschrieb Wilberforce ihn als »schön ... obwohl er ganz danach aussieht, als wäre die Saint Paul's Cathedral herab ans Meer gekommen und hätte einen Wurf Kuppeln zurückgelassen«. Oft muss Wilberforce' Humor von den schweren Sorgen um die Abschaffung des Sklavenhandels und der Dringlichkeit anderer parlamentarischer Geschäfte geradezu erdrückt worden sein. Wenn er dann zu Hause in seinen eigenen vier Wänden war, ließ er offenbar seinem Geist die Zügel schießen und gönnte es sich, mit den Kindern und den Tieren zu spielen, als wäre er eines von ihnen.

Nach allen Schilderungen scheint es tatsächlich so, als ob Wilberforce höchstpersönlich dem Chaos Leben einhauchte. Waren die Kinder aufgedreht, so scheint es ihr Vater gewesen zu sein, der sie zuerst angestachelt hatte und der sie wieder »aufziehen« würde, sobald sie sich beruhigt hatten. Man hat den Eindruck, dass in Wilberforce' Taschen nebst seinen vielen Büchern eine Menge Energie und Chaos steckten. Der Rest der Familie war im Vergleich dazu weniger wild und interessant, zumindest, wenn sie erst einmal das Erwachsenenalter erreicht hatten. Als Marianne Thornton unmittelbar nach seinem Tod erfuhr, dass Robert und Samuel Wilberforce gemeinsam an einem Buch über ihren Vater arbeiteten – aus dem schließlich die berühmte fünfbändige Biografie wurde, in deren tiefer Schuld alle späteren Biografen stehen –, äußerte sie sich entsetzt bei dem Gedanken, dass diese beiden recht nüchternen Charaktere sich daran versuchten, das Bild ihres Vaters, dieses unbezwingbaren Elfengeistes, festzuhalten. Von ihnen zu erwarten, »jenes geflügelte Wesen in all seinem luftigen Fluge« einzufangen, war ihrer Meinung nach, als verlangte man »von einem Maulwurf, über einen Adler zu sprechen«.

Wilberforce nahm das häusliche Chaos seines Familienlebens sogar mit sich auf Reisen. 1818 besuchte er den *Lake District* und hielt sich mit Southey in Keswick auf. »Auch Wilberforce war mit seinem ganzen Haushalt hier«, schrieb Southey,

> und was für ein Haushalt. Der Grundsatz der Familie scheint zu sein, dass, sofern die Bediensteten Glauben haben, gute Werke nicht von ihnen zu verlangen seien, und die völlige Unordnung, die infolgedessen herrscht, ist eine wahre Farce. Der alte Kutscher gehört eigentlich auf die Bühne.[109]

276 ✣ WILBERFORCE

Es ist unmöglich, einen Schnappschuss von Wilberforce' Leben zu irgendeinem Zeitpunkt zu bekommen, etwa so, als versuchte man, eine Reißzwecke in einen Wirbelsturm zu stecken. Er dachte und bewegte sich so schnell, seine Interessen waren so vielfältig, seine Besucher gaben sich die Klinke in die Hand und seine Feder wirbelte nur so über die Briefbögen an seine unzähligen Adressaten, dass sein Aufenthalt in *Broomfield* gewissermaßen einem einzigen verschwommenen Fleck gleicht, der sich über ein Jahrzehnt erstreckt. Doch es ist unterhaltsam, den Film hier und da anzuhalten, nur um zu sehen, was sich dort zeigt. Am Morgen des 30. Juli 1804, zum Beispiel, verrät uns Wilberforce' Tagebuch, dass er mit einem gewissen Mr Norton frühstückte, der ein Häuptling der Mohawk-Indianer, ein Cherokee und ein schottischer Anglikaner war, alles in einer Person. Norton besuchte Clapham anlässlich der ersten Betätigung der *British and Foreign Bible Society* (»Britische und Ausländische Bibelgesellschaft«),[110] eines weiteren von Wilberforce' unzähligen Projekten. Wilberforce und die Seinen würden die Übersetzung des Evangeliums in die Mohawk-Sprache finanzieren und Mr Norton mit Bibeln über den Atlantik zu seinen Landsleuten schicken. Im Tagebuch heißt es:

> Morgens Frühstück – mit Freunden darüber, das Evangelium zu den Indianern zu schicken. Mr Nortons Mohawk-Tanz – Venn, Dealtry, Cookson, John Thornton – langes Gespräch. Wir sind alle äußerst eingenommen von Mr Norton, dem Mohawk-Häuptling (Teyoninhokarawen); von seiner Mischung aus Bescheidenheit und Selbstsicherheit: seinem klaren Verstand und seinem offensichtlich schlichten gesitteten Auftreten. Möge dies eine Gelegenheit sein, die mir die Vorsehung in den Weg legt, jenen misshandelten Menschen das Evangelium zu senden. Er tanzte seinen Kriegstanz noch einmal gemäßigter.

Diese Szenerie des kultivierten Chaos war auf ihre Weise schön und gut, doch James Stephen, der Wilberforce' Schwester Sally heiratete, nachdem ihr erster Mann verstorben war, scheute sich nicht, Wilberforce für seine offensichtliche Zerstreutheit zur Rede zu stellen. Stephen, wir erinnern uns, glühte vor Leidenschaft, den Sklavenhandel zu beenden, und es störte ihn, wenn er sah, wie Wilberforce ständig seine Energie in so viele Richtungen zugleich einsetzte. Er sah mit eigenen Augen, dass sein lieber Freund sich um jeden Gast und um jeden Brief, der mit der Post kam, kümmerte, auch wenn es manchmal besser gewesen wäre, dies auf einen anderen Zeitpunkt zu verschieben und seine Aufmerksamkeit der Aufgabe zuzuwenden, die jetzt am wichtigsten war. Die Kritik scheint zumindest zur Hälfte berechtigt gewesen zu sein, besonders im Hinblick auf die Berge von Korrespondenz, die Wilberforce unentwegt beantwortete.

»Millionen seufzen in hoffnungslosem Elend«, sagte Stephen,

nur weil Wilberforce' Briefpartner ihn nicht für unfreundlich oder unhöflich halten soll. Wärst Du Lord Wellington und ich Masséna, so würde ich versuchen, Deine ganze Aufmerksamkeit von meinen großen Truppenbewegungen abzulenken und Deine Armee unbemerkt zu ruinieren, indem ich Deine Zeltpflöcke herauszöge und an Deinen Flanken ein paar Hütten niederbrennte.

Ein anderes Mal sprach er über Wilberforce' planlose Lebensweise:

Dein großer Fehler war stets ein Mangel an Vorbereitung... dass Du so hoch aufgestiegen bist, liegt daran, dass Du noch viel höher stehen könntest, wenn Du es tun würdest, d. h., wenn Du Dir die Zeit nehmen könntest und würdest, Dein Material zu analysieren.

Wilberforce nahm sich derartige Kritik stets ernstlich zu Herzen und übte sich in mancher Hinsicht in außerordentlicher Selbstdisziplin; doch in anderer Hinsicht war er ein hoffnungsloser Fall. Wie Southey uns bereits berichtete, exportierte Wilberforce das Chaos sogar, wenn er und seine Familie Clapham verließen. Allerdings gelang es Wilberforce, viel Ruhe und Frieden zu finden, wenn er in der Stille betete und über der Heiligen Schrift meditierte – Aktivitäten in der Einsamkeit, die er mit eindrucksvoller Beharrlichkeit pflegte –, wie auch auf den vielen langen Spaziergängen und Wanderungen, die er auf dem Land unternahm und zu denen er meist Bücher mitführte, die er unterwegs las. In der Einsamkeit gab er seiner Seele ein gewisses Gleichgewicht zurück.

Im September fuhren die Wilberforces mit ihren vier Kindern nach Lyme in Dorsetshire, der heutigen Grafschaft Dorset. Dies war eine der seltenen Gelegenheiten, in denen es Wilberforce gelang, wirklich einmal von seinen vielen wichtigen Engagements und vor allem von dem ermüdend belanglosen gesellschaftlichen Leben wegzukommen. Überall sonst, wo er hinkam, wurde er rasch aufgespürt. Bei Wilberforce schlug das Pendel weit in Richtung Großzügigkeit aus, und aus Angst, unfreundlich zu erscheinen, kam ihm offenbar das Wort »Nein« nur selten über die Lippen. In Lyme jedoch fand er irgendwie wirklich zur Ruhe.

»Dieser Ort«, schrieb er an einen Freund,

> gefällt mir großartig: eine schroffe Küste, ein herrlicher Seeblick – oft verhüllen Wolken die Ränder der Klippen; eine sehr vielfältige Bodenfläche; ein mildes Klima und entweder frischer Wind oder geschützte Spaziergänge, wie es einem gerade passt. Ich gönne mir täglich zwei oder drei Stunden im Freien und habe schon mehr als einen einsamen Spaziergang mit einem Testament, einem Cowper oder einem Psalter als Begleiter genossen. Wir hatten nicht einen einzigen Besucher, seit wir gekommen sind. ... Ich war noch nie an einem Ort, wo ich so sehr über meine Zeit verfügen konnte, und ich in solchem Maße leben konnte, wie es mir beliebt.

Wilberforce verbrachte viel Zeit damit, im Freien zu lesen und »machte manchen herrlichen Spaziergang entlang der heiser rauschenden Küste, um über bessere Dinge zu meditieren, als der arme blinde Homer ahnte oder besingen konnte«.

Oder als Pitt ahnte oder besingen konnte, wenn er es recht bedachte. Der arme Pitt! Wilberforce empfand die Entfremdung von seinem Freund schmerzlich, so unmerklich und unausgesprochen sie auch war. Wilberforce' Liebe zu seinem Freund änderte sich nie, doch die Strömung seines eigenen Lebens hatte ihn unerbittlich fortgezogen. Natürlich war Wilberforce immer mehr von Leuten umgeben, die aufrichtige Christen waren wie er selbst. Als Junggeselle hatte er noch Zeit für Freunde wie Pitt gehabt, aber die Ehe hatte das verändert, und der Umzug nach Clapham hatte ein Übriges getan. Und bald purzelten beinahe jährlich mit Ungestüm Kinder ins Bild, die alle noch freien Augenblicke ausfüllten. Pitt war unverheiratet geblieben und hatte sich enger an andere angeschlossen, etwa an Dundas und Bischof Pretyman[111], die den Methodisten mit großer Geringschätzung gegenüberstanden.

1805 kam ein Finanzskandal ans Licht, in den Dundas verwickelt war, und Wilberforce' wahrer Wert für die Nation als ein Mann, der wahrhaftig »Prinzipien über die Partei« stellte, sollte sich zeigen – und ebenso leider auch die Kluft zwischen ihm und seinem geliebten Freund Pitt.

Dundas (inzwischen Lord Melville, nachdem er 1802 in den Adelsstand erhoben worden war) war Erster Lord der Admiralität in Pitts Regierung.* Fünf Jahre zuvor, als er Schatzmeister der Navy gewesen war, hatte er weggeschaut, als einer seiner Untergebenen Gelder unterschlagen hatte. Ein Bericht aus dem Februar 1805 belastete ihn nun. Wilberforce war zufällig gerade in Pitts Büro zugegen, als der Bericht eintraf. »Ich werde nie vergessen, wie er ihn an sich riss«, schrieb Wilberforce, »und wie begierig er in die Blätter schaute, ohne sich auch nur Zeit zu nehmen, sie aufzuschneiden.« Pitt und Dundas waren sich im Lauf der Jahre nahegekommen, und während es sicherlich nicht Wilberforce' Art war, eifersüchtig auf Dundas zu sein, hatte er dennoch kein gutes Gefühl bei dem Einfluss, den Dundas auf seinen lieben Freund hatte. Zum Beispiel hatte Dundas Pitt zum Trinken animiert, womit Pitt über die Jahre seine Not bekam. Und nun dies.

---

* Der Erste Lord der Admiralität trug die Gesamtverantwortung für die Finanzierung und Ausrüstung der britischen Marine.

Als Melville nicht ohne Aufhebens zurücktrat, witterte die Opposition eine Gelegenheit, Pitt politisch zu schwächen – und ergriff sie. Am 8. April beantragte Samuel Whitbread ein Misstrauensvotum gegen Melville. Wilberforce fand sich zwischen den Stühlen wieder. Er wollte sich nie an etwas beteiligen, was seinem Freund schaden würde, doch nur wenig empörte ihn mehr als Korruption in einem hohen Amt. Die Indizien waren zunächst nicht schlüssig, doch als Wilberforce die ganze Nacht hindurch den Debatten zuhörte, wurde ihm klar, dass es nichts Handfestes gab, womit sich Melvilles Verhalten hätte verteidigen lassen. Wilberforce wartete lange auf eine solche Verteidigung, doch sie kam nie. Melville war offensichtlich schuldig, und Pitts Auftreten bestätigte das. Er schien zu wissen, dass Melville schuldig war. Offenbar rechnete er sich jedoch Chancen aus, die Krise unbeschadet zu überstehen, wenn sie es nicht verpfuschten, und dann wäre alles wieder gut.

Als Wilberforce schließlich um vier Uhr morgens ans Rednerpult trat, hatte er immer noch nichts gehört, was Melville entlastet hätte. Pitt hatte versucht, Blickkontakt mit Wilberforce aufzunehmen, als dieser sich erhob, um ihn von seiner Rede abzubringen, die er, so fürchtete Pitt, nun halten würde. Doch Wilberforce wusste, er könne sich nicht guten Gewissens durch seine Freundschaft mit Pitt von seiner Verpflichtung gegenüber der Nation abhalten lassen. Und so wich Wilberforce Pitts Blick aus und sagte, wie er über die Situation dachte. Er sprach wortgewandt und mit Nachdruck und genügend moralischer Autorität, um Pitt am Boden zu zerstören. »Ich muss bekennen, dass es mir unmöglich ist, heute Nacht das Haus zu verlassen«, sagte Wilberforce, »ohne meine Stimme für das [Misstrauens-]Votum abzugeben.« Diejenigen, die Pitt im Auge behielten, während dieser Wilberforce beobachtete, sagten, er sei sichtlich erregt gewesen, ein für ihn untypisches Verhalten. Wilberforce fuhr fort:

> Wir haben hier eine schlichte, klare Tatsache, die durch keine nachträgliche Erhellung aus der Welt geschafft werden kann. ... Lord Melville erklärt hier öffentlich unter Eid, dass er den krassen Ge-

setzesbruch eines Untergebenen zum Zwecke der persönlichen Bereicherung geduldet hat. Ich finde wirklich keine Worte, die stark genug wären, um meinen äußersten Abscheu gegenüber einem solchen Verhalten auszudrücken.

Wilberforce sah keinerlei Alternative. Spräche man Melville für das, was er eindeutig getan hatte, nicht das Misstrauen aus, so würde dadurch ein verheerender Präzedenzfall geschaffen. Es würde, sagte Wilberforce, »jeder Form von Korruption Tür und Tor öffnen, und es gebe keinerlei Gewissheit mehr für die treue Ausübung irgendeiner öffentlichen Verantwortung.«

Ohne Frage gab Wilberforce' Rede, sicherlich die beste der Nacht, all denen, die unbehaglich zwischen den Stühlen saßen, einen kräftigen Schubs. Bei der Abstimmung passierte das schier Unmögliche: Es ging unentschieden aus, 216 zu 216. Angesichts dieses Ergebnisses fiel es dem Sprecher des Unterhauses, Abbot, zu, die Entscheidung zu fällen.[112] Abbot wurde sichtlich blass, als ihm seine Verantwortung klar wurde und er spürte, wie die harten Blicke aus den 864 Augen des Unterhauses ihn auf seinem Stuhl festnagelten. Er schwieg eine halbe Ewigkeit lang. Dann endlich gab er seine Stimme ab. Seine Entscheidung fiel gegen Melville aus, und sie landete wie eine Bombe inmitten der festgefahrenen Situation und löste augenblicklich einen Tumult aus. Viele sprangen nun auf und riefen »Rücktritt! Rücktritt!«, an Pitt gerichtet.

Das war zu viel für Pitt. Er brach in Tränen aus. Es sah dem Premierminister ganz und gar unähnlich, und es war das einzige Mal, dass irgendjemand je gesehen hatte, wie er im Amt seine Emotionen zeigte. Er zog seinen Hut über sein Gesicht, um seine Tränen zu verbergen, doch seine Feinde jubelten schamlos über seine Niederlage, eine Horde von Whigs, johlend wie blutbeschmierte Wilde bei einer dionysischen Orgie. Einer von ihnen, höflicher, aber nicht weniger grausam, tauchte die Szene in das Licht einer Fuchsjagd und rief: »View Holloa!« – der Ausruf, wenn ein Fuchs aus seiner Deckung getrieben wurde – und dann: »Wir haben den Fuchs erlegt!« Ein paar Freunde bildeten eine Phalanx um Pitt, um ihn vor den höhnischen Fratzen der

Schadenfreude seiner Feinde abzuschirmen. Aber es war ein niederschmetternder Moment.

Wilberforce war über den Ausgang nicht glücklich, aber sein Gewissen und die unausweichliche Logik der Situation wogen schwerer als seine Gefühle gegenüber seinem Freund. Viele waren der Auffassung, Wilberforce' Verrat und diese verheerende politische Niederlage seien die Ursache für Pitts Krankheit gewesen, die zu seinem frühen Tod führte. Wilberforce war sich sicher, dem sei nicht so. Es kann kaum bezweifelt werden, dass Pitt sich von Wilberforce verletzt und verraten fühlte. Doch Pitt kannte Wilberforce zu gut, als dass er nicht genau wusste: Wilberforce war völlig außerstande, die Rolle des Brutus* zu spielen. Er kannte Wilberforce als ehrenhaften Freund, und dieses Wissen machte die ganze Episode für ihn wahrscheinlich noch schmerzlicher.

Melville trat nun zurück, wurde angeklagt und dann freigesprochen – man befand ihn der Nachlässigkeit schuldig, aber nicht des Betrugs. Interessanterweise wurde durch diesen Rücktritt der Weg für den bereits achtzigjährigen Charles Middleton frei, den Posten des Ersten Lords der Admiralität zu übernehmen. Wenige bezweifelten, dass Middletons gesamtes Leben eine Vorbereitung auf diese Stunde gewesen sei. Bei allen Fähigkeiten Melvilles erforderten die sich rasch entwickelnden Ereignisse auf hoher See nun die sichere Hand, die Middleton mitbrachte. Auch sein gutes Einvernehmen mit Nelson war nicht unbedeutend; ja, es war wahrscheinlich ausschlaggebend für die entscheidende Schlacht bei Trafalgar.

Die Übernahme dieses Amtes durch Middleton war eine außergewöhnliche Wendung. Dass dieser Mann, den Wilberforce verehrte und liebte und als einen Freund und Bruder im Glauben kannte – und der stets in der ersten Reihe der abolitionistischen Bewegung gestanden hatte –, nun in seinem vorgerückten Alter den Oberbefehl über die Seestreitkräfte seiner Majestät

---

* Marcus Junius Brutus war ein römischer Politiker, der sich gegen Julius Cäsar verschwor. Im Dezember 1806 warf ein Baronet aus Yorkshire, Sir John Legard, William Wilberforce sogar in einem Brief vor, er habe die Rolle des Brutus gespielt.

übernehmen würde – zu dieser überaus ernsten Stunde, als die Zukunft des britischen Weltreiches für die nächsten hundert Jahre von ihm abhing, war geradezu gewaltig.

So hart dieser Vorfall beide traf, einen unheilbaren Bruch mit Pitt bedeutete er nicht. Wilberforce traf in jenem Herbst etliche Male mit ihm zusammen, und alles war wie vorher. Im November kam die freudige Nachricht von Trafalgar. Middleton – nun Lord Barham – wurde mit der Nachricht geweckt: »Mylord, wir haben einen großen Sieg errungen, aber Lord Nelson ist tot!« Als Wilberforce davon hörte, übermannten ihn seine Gefühle. »So überwältigt«, schreibt er, »dass ich wegen der Tränen nicht weiterlesen konnte.«

Jedes britische Schulkind hat unzählige Male von den mythischen Heldentaten und Einzelheiten jenes Tages gehört und kann sie auswendig hersagen: wie Nelson an Bord der HMS *Victory* vor der Schlacht an seine Flotte die Nachricht sandte: »England erwartet, dass jeder Mann seine Pflicht tut«; wie er während der Schlacht durch die Musketenkugel eines Heckenschützen, der in der Takelage des französischen Schiffs *Redoubtable* stand, tödlich verwundet wurde; dass seine letzten Worte lauteten: »Gott sei Dank, ich habe meine Pflicht getan«; wie der Leichnam des gefallenen Helden für die lange Heimreise in einem Fass Brandy konserviert worden war und dass sein Leichnam heute unter der Saint Paul's Cathedral in einem Sarg aufbewahrt wird, der aus dem Holz des Mastes der *L'Orient* gezimmert wurde, eines französischen Schiffs, das bei der Schlacht versenkt worden war. Sollte irgendjemand Gefahr laufen, die Bedeutung Nelsons und Trafalgars für das britische Leben zu übersehen, so dürfte Nelsons fünfeinhalb Meter hohe Statue auf der nach ihm benannten Granitsäule eine hilfreiche Erinnerungsstütze sein, die sich in der Mitte des treffend benannten *Trafalgar Square* – der zentralen Nabe ganz Londons – mehr als fünfzig Meter hoch in die Luft erhebt, flankiert von vier massiven Bronzelöwen, gegossen aus der ehemals französischen Bronze der napoleonischen Kanonen.

Für Pitt jedoch bedeutete die ruhmreiche Nachricht von Trafalgar nur einen vorübergehenden Aufwind. Am 2. Dezember ereignete sich die vernichtende Niederlage bei Austerlitz, wo Napoleons Armeen Österreich und Russland überwältigten. Der Schlag erwies sich für Pitt letzten Endes als tödlich. Er hatte einen Großteil der vorausgegangenen zwei Jahre in fieberhafter diplomatischer Aktivität verbracht, um die Dritte Koalition aufzubauen – eine Allianz mit Österreich, Russland, Schweden und Neapel – und es war ihm endlich gelungen. Und nun, nach all diesen Mühen, waren die Armeen der Koalition besiegt und vernichtet. Pitts ohnehin schlechte Gesundheit erlitt durch Austerlitz einen Schlag, von dem er sich nie wieder erholte.

Als Wilberforce am 21. Januar 1806 nach London zurückkehrte, wurde er benachrichtigt, Pitt sei sehr krank. Tags darauf schreibt er:

> Sehr beunruhigt und bestürzt über Pitt, daher in die Stadt. Hörte schlechten Bericht. Suchte Rose auf, der völlig überwältigt war. Er war lange in Putney gewesen, um mit dem Bischof von Lincoln [Pretyman] zu sprechen. Ärzte sagten, alles sei hoffnungslos.

Bevor Wilberforce seinen Freund auch nur besuchen konnte, war es vorbei. Um vier Uhr morgens, am 23. Januar, starb William Pitt der Jüngere mit sechsundvierzig Jahren.

Bischof Pretyman war ein typischer Geistlicher der anglikanischen Kirche seiner Zeit. Er hegte tiefen Argwohn gegenüber den Evangelikalen und hatte seit Pitts Zeit in Cambridge seinen Freund ängstlich von anderen Einflüssen abgeschirmt. Jahre später schrieb Wilberforce an Henry Bankes, er könne »nie verzeihen, dass [Pretyman] unserem armen alten Freund Pitt niemals ein Gebet nahelegte ... bis etwa sechs Stunden vor seinem Ableben.«

In einem Brief an Muncaster drückt er seine Empfindungen aus:

> Dieses jüngste Ereignis betrübt mein Herz, statt es zu erweichen. Es hat etwas zutiefst Bedrückendes. ... Ich gebe zu, dass ich mir tausend Mal (ich kann nicht mehr zählen, wie oft) gewünscht und erhofft habe, ihm wäre eine ruhige Pause vergönnt, vielleicht am

Abend seines Lebens, in der er und ich ungestört über das wichtigste aller Themen miteinander hätten reden können. Aber der Vorhang hat sich geschlossen – für immer.

Es brach Wilberforce das Herz. Sein lieber Freund war fort – für immer. Und er wusste nicht, wohin er gegangen war.

18. KAPITEL

SIEG!

»Gott wird dieses Land segnen.«
WILLIAM WILBERFORCE

Wilberforce war nun siebenundvierzig Jahre alt, aber für jemanden, der Teil einer regelrechten Jugendbewegung gewesen war – eines Jungenclubs, der das Parlament übernommen hatte –, war er damit praktisch ein alter Mann. Und so fühlte er sich auch. Sein seit jeher gebrechlicher Körper, der, soweit er denken konnte, von Schmerzen und Beschwerden geplagt gewesen war, war der eines weitaus älteren Mannes. Die ständigen Opiumgaben, die ihm seine Ärzte wegen seines entzündeten Darms aufdrängten, hatten seine Augen in Mitleidenschaft gezogen, schon machten sich die Krümmung seiner Wirbelsäule und das verräterische Hängen seines Kopfes bemerkbar, die ihn in späteren Jahren kennzeichnen würden. Als Junge von einundzwanzig Jahren war er frisch von den leuchtend grünen Rasenflächen von Cambridge ins Parlament eingezogen – aber wie hatten ihn die Jahre und die Kämpfe altern lassen! Und nun war, wie um die Signale noch deutlicher zu machen, Pitt gestorben, sein Verbündeter und Freund seit jenen sorglosen Tagen. Und das ausgerechnet an den Begleiterscheinungen einer Altmännerkrankheit: der Gicht.

Seit 1787 hatte Wilberforce eins ums andere Jahr seinen Gesetzentwurf eingebracht, und eins ums andere war er damit an verschiedensten Hindernissen gescheitert. Nach zwanzig langen Jahren hatte er das Boot immer noch nicht in den Hafen gesteuert, obwohl er doch unermüdlich immer und immer wieder im Zickzack gekreuzt und laviert hatte. Stets war irgendeine

Schwierigkeit aufgetaucht, hatte in letzter Minute irgendein unüberwindliches Hindernis den Erfolg verhindert. Wilberforce war müde. 1796 war der Erfolg für die Abolitionisten zum Greifen nahe gewesen, wie in einem quälenden Traum. Umso niederschmetternder hatte deshalb die Niederlage gewirkt. Damals war Wilberforce kurz davor gewesen, für immer aus dem Dienst an der Öffentlichkeit auszuscheiden. Doch der Zuspruch keines Geringeren als des betagten Patriarchen John Newton hatte ihn davon abgehalten, Gott sei Dank. Nun, zehn lange Jahre später, glätteten sich plötzlich die Wellen, und der Hafen, nach dem er sich seit zwei Jahrzehnten sehnte, schien ihn endlich mit offenen Armen aufnehmen zu wollen.

Nach Pitts Tod wurde William Grenville der neue Premierminister. Grenville war vor zwanzig Jahren der dritte Mann unter jener berühmten Eiche gewesen, als Wilberforce den Entschluss fasste, den abolitionistischen Kampf anzuführen. Es war schon außergewöhnlich, wie sich die Fäden der Ereignisse verwoben. Gerade jetzt, als Grenville an die Spitze des Staates trat, schlug die öffentliche Meinung wieder zugunsten der Abschaffung des Sklavenhandels um. Grenville selbst sah die Möglichkeit, Geschichte zu machen, doch Wilberforce, Veteran aus zwanzig solchen Schlachten, war weit weniger optimistisch.

»Es lag auf der Hand, dass ihm der Triumph nicht in den Schoß fallen würde«, schrieben Wilberforce' Söhne Robert und Samuel:

Die Herzöge von Clarence und Sussex [beides Söhne des Königs] sprachen sich offen gegen die Vorlage aus, womit sie nach allgemeinem Verständnis die Meinung der gesamten königlichen Familie zum Ausdruck brachten. Doch das Eis der Vorurteile schmolz rasch dahin.

Und so war es auch. Grenville würde die Strategie verfolgen, die übliche Vorgehensweise umzukehren und den Gesetzentwurf diesmal zuerst im Oberhaus einzubringen, wo er stets auf die größten Widerstände gestoßen war. Und er würde als Premierminister den Antrag höchstpersönlich verlesen.

Am zweiten Tag des neuen Jahres 1807 wurde das Gesetz »für die Abschaffung des Sklavenhandels« zum ersten Mal im Unterhaus verlesen. Der Herzog von Clarence, bis zum Ende ein Befürworter der Sklaverei, schaffte es, die zweite Lesung des Gesetzes um einen Monat hinauszuzögern. Doch der Monat verging, wie es alle Monate bisher zu tun pflegten, und am Donnerstag, dem 5. Februar, begann am Abend die zweite Lesung mit der lang erwarteten Debatte.

Wilberforce war die ganze Zeit über dabei und schaute von der Empore aus zu. Zweifellos saß er von Anfang bis Ende auf heißen Kohlen. Grenville eröffnete die Debatte mit einer ungewöhnlich wortgewaltigen Rede – er konzentrierte sich nicht auf die wirtschaftliche Machbarkeit und Ratsamkeit der Abschaffung des Sklavenhandels, sondern zielte überraschenderweise direkt auf die moralische Frage des Sklavenhandels selbst. »Können wir es dulden«, fragte er, »dass dieser abscheuliche Menschenhandel weitergeht und solch unendliches menschliches Leid hervorbringt?« Er endete mit einer Lobrede auf Wilberforce und nannte das Gesetz

> eine Maßnahme, die unter Millionen heute lebender Menschen Glück ausbreiten wird und um derentwillen Millionen noch ungeborener Menschen sein Andenken in Ehren halten werden.

Die Debatte fand erst um fünf Uhr morgens ein Ende, und als die Abstimmung erfolgte, geschah das schier Unglaubliche. Die Abolitionisten hatten gewonnen, und das mit einem erstaunlichen Vorsprung von 64 Stimmen, 100 zu 36. Nach Wilberforce' Erinnerung schloss

> Lord Grenvilles Rede ... mit einem sehr schönen Kompliment an mich, und etliche Adlige begegnen mir nun mit einer ganz neuen Höflichkeit. Wie bemerkenswert, zu sehen, dass sowohl Pitt als auch Fox gestorben sind, bevor die Abschaffung erfolgte, und wie nun Lord Grenville ohne besondere Unterstützung vom Hof sie so triumphal durchsetzt! Aber wiegen wir uns nicht zu sehr in Sicherheit.

Die dritte Lesung des Gesetzes im Oberhaus war für den folgenden Dienstag, den 10. Februar, angesetzt.* Wilberforce erlaubte sich wiederum nur einen vorsichtigen Optimismus, denn er wusste, dass das Gesetz jeden Augenblick durch irgendeine parlamentarische Finesse wieder einmal um ein Jahr oder auch um mehrere Jahre in die Zukunft katapultiert werden konnte, wie es schon so oft zuvor geschehen war. Doch das Gesetz wurde überraschend schnell verabschiedet und noch am selben Abend vom Oberhaus in Windeseile direkt ans Unterhaus weitergeleitet. »Unser Erfolg«, schreibt Wilberforce, »übertraf meine Erwartungen gewaltig.«

Die Verabschiedung des Gesetzes im Unterhaus erschien wahrscheinlich, und inzwischen konnte jeder die historische Handschrift an der Wand erkennen. Wilberforce jedoch wollte sich diesen Luxus immer noch nicht gestatten. Am folgenden Tag schreibt er, er habe »Glückwünsche von allen [erhalten], als wäre alles schon getan. Doch ich bin mir nicht sicher. Möge es Gott gefallen, uns den Erfolg zu schenken.«

Doch selbst Wilberforce hatte sein Herz jetzt nicht mehr völlig im Griff. Ganz langsam begann er zu glauben, begann er zuzulassen, dass Zuversicht in ihm aufkeimte. War es möglich? Würde es jetzt vielleicht endlich geschehen? Einen ersten Funken von Optimismus sehen wir bei Wilberforce aufblitzen, als er über Grenvilles Einschätzung nachdenkt, wie viele Stimmen im Unterhaus auf ihrer Seite stehen:

> Lord Grenville nicht zuversichtlich, wenn er die Liste der Abolitionisten ansieht; doch ich glaube, wir werden auch dort gewinnen. Mehrere Westindische auf unserer Seite. Wie beliebt der Abolitionismus jetzt ist! Gott kann die Herzen der Menschen wenden.

---

* Dies ist das Stadium, in dem im Oberhaus eine Gesetzesvorlage, die nach der Debatte über ihre allgemeinen Prinzipien die nötigen Änderungen erfahren hat, noch einmal diskutiert und zur Abstimmung gebracht wird. Wenn beide Häuser des Parlaments sich dafür aussprechen und der König seine Zustimmung erteilt, wird die Gesetzesvorlage Gesetz.

Allein der Gedanke, dass zwei westindische Pflanzer für die Abschaffung des Sklavenhandels stimmen könnten! Als Gruppe waren sie stets die standhaftesten Gegner der Abolitionisten gewesen. Für Wilberforce muss es regelrecht schwindelerregend gewesen sein, wenn er daran dachte – aber wie typisch für ihn, dass er jeden Übermut sofort in Schach hielt, als hätte er Angst davor: Zwei Tage später schreibt er während seiner üblichen sonntäglichen Andacht:

> Die Entscheidung der großen Frage naht. Möge es Gott, der die Herzen aller in seiner Hand hält, gefallen, sie zu wenden wie im Oberhaus; und möge er mir einen geraden Blick und ein schlichtes Herz schenken, das danach verlangt, Gott zu gefallen, meinen Mitgeschöpfen Gutes zu tun und meine Dankbarkeit gegenüber meinem anbetungswürdigen Erlöser zu bezeugen.

In dem Tagebucheintrag am Vortag der zweiten Lesung gestattet sich Wilberforce endlich, den Sieg ins Auge zu fassen, der ihm bevorsteht:

> Gewiss hatte ich nie mehr Anlass zur Dankbarkeit als jetzt, wo ich dabei bin, ein großes Lebensziel zu erreichen, auf das eine gnädige Vorsehung vor sechsundzwanzig oder siebenundzwanzig Jahren meine Gedanken lenkte und auf das sie 1787 oder 1788 meine Bemühungen ausrichtete. O Herr, lass mich dich von ganzem Herzen preisen; denn gewiss stand nie jemand so tief in deiner Schuld wie ich; wohin auch immer ich schaue, bin ich mit Segnungen überschüttet. Oh, möge meine Dankbarkeit dem wenigstens annähernd entsprechen.

Es spricht Bände über die innere Haltung dieses Mannes, dass er sich selbst der Verehrung unwürdig erachtete, die ihm vermutlich bald entgegenschlagen würde, und dass er sich aufrichtig danach sehnte, nicht von Stolz aufgebläht zu werden, sondern stattdessen alles Lob von sich selbst nach oben spiegelte zu dem, der ihn überhaupt erst in diesen langen, ehrenvollen Kampf geführt und ihm die müden Arme gestützt hatte. Er war fest entschlossen, Gott die Ehre zu geben, wenn die Ehre denn nun endlich fällig wurde.

Die zweite Lesung des Gesetzes im Unterhaus war für den 23. Februar anberaumt. Was für einen Wirbel widersprüchlicher Gefühle muss er empfunden haben, eine Art Kitzelfolter der Anspannung auf den Tag hin, an dem sich die Hoffnungen zweier Jahrzehnte erfüllen würden.

Wir sind nur selten in der Lage, etwas Außergewöhnliches zu würdigen, während wir uns mitten in den Ereignissen wiederfinden; wir können dann nicht drinnen und draußen gleichzeitig sein und uns selbst beobachten. Wie können wir also die Empfindungen der Unterhausabgeordneten an jenem Tag ermessen, die die Bedeutung dessen, was nun bevorstand, genau kannten? Es war, als wären sie durch einen Wald gegangen und plötzlich auf einen Fluss gestoßen und hätten mit einem Mal erkannt, dass dieser Fluss vor ihnen, an dessen Ufern sie nun standen, der Strom der Geschichte selbst war. Was sollten sie tun? Wie war ihnen dieses unschätzbare Geschenk zuteilgeworden, so dicht dabei zu sein, es mit ihren eigenen Augen zu sehen, dieses herrliche lebendige Etwas, von dem sie geglaubt hatten, es existiere nur in Geschichten und alten Büchern? Es war, als sähen sie den Äquator leuchtend rot und schimmernd quer durch ein Feld in Afrika laufen. Ihre Erregung war mit Händen zu greifen. Und wer wollte jetzt nicht hineinwaten und das Wasser berühren, um anderen zu erzählen, er sei dort gewesen, er habe den Saum des Gewandes der personifizierten Geschichte mit eigener Hand ergriffen!

Und so wollte eingedenk des beispiellosen Momentes, in dem sie jetzt lebten und dessen Luft sie atmeten, nahezu jeder Mann dort, und besonders die jungen, das Wort ergreifen und sich in die Kette derer einreihen, die an diesem herrlichen Tag beteiligt waren. Und wie viele ergriffen das Wort! Alle stürmten herbei, um sich ins Getümmel zu stürzen. Kaum hatte ein Parlamentarier seine Rede beendet, sprangen sechs oder acht andere auf, um als Nächste an die Reihe zu kommen. Es war höchst ungewöhnlich für dieses Gremium, aber man spürte, wie die Intensität immer weiter anstieg. In seiner

Jungfernrede rühmte der junge Lord Mahon Wilberforce als einen, »dessen Name mit niemals verblassender Ehre noch an unsere letzten Nachfahren weitergegeben werden wird«! Es wurde bald mehr, als er ertragen konnte. Und dann kam Romilly, der Zweite Kronanwalt.[113] Romilly liebte und bewunderte Wilberforce nicht nur für seine abolitionistischen Bemühungen, sondern auch für seine Anstrengungen für eine Reform des Strafrechts und seinen hingebungsvollen Einsatz für die Armen. Seine Rede, in der er den eitlen Größenwahnsinnigen auf der anderen Seite des Kanals der bescheidenen Gestalt gegenüberstellte, die nur wenige Meter von ihm entfernt saß, wurde legendär. Seine Sätze luden die Atmosphäre auf und brachten den Raum endgültig zum Rasen. »Wenn ich den Mann an der Spitze der französischen Monarchie betrachte«, sagte er,

umgeben von all seinem Machtgepränge und all seiner Siegesbeute, wie er Königreiche an seine Familie und Fürstentümer an seine Anhänger verteilt und wie er, wenn er auf seinem Throne sitzt, den Gipfel menschlicher Ambitionen und den Höhepunkt irdischen Glücks erreicht zu haben scheint – und wenn ich diesem Mann in sein Gemach oder zu seinem Bette folge und bedenke, wie tief die Stachel sitzen müssen, die durch die Erinnerung an das Blut, das er vergossen, und die Unterdrückung, die er begangen hat, seine Einsamkeit quälen und seine Nachtruhe vertreiben –, und wenn ich mit jenen Stacheln der Reue die Empfindungen vergleiche, die meinen ehrenwerten Freund von diesem Haus zu seinem Heim begleiten werden, nachdem mit der Abstimmung dieser Nacht das Ziel seiner unermüdlichen humanen Anstrengungen erreicht sein wird; wenn er sich in den Schoß seiner glücklichen und entzückten Familie zurückzieht, wenn er sich auf seinem Bette niederlegt und an die unzähligen Stimmen denkt, die sich in allen Teilen der Welt zu seiner Seligpreisung erheben werden, wie viel mehr reine und vollkommene Glückseligkeit muss er dann genießen in dem Wissen, so viele Millionen seiner Mitgeschöpfe vor Leid bewahrt zu haben.

Doch als Romilly von Wilberforce' Empfang zu Hause sprach, wurde es für Wilberforce zu viel. Bis dahin hatte er äußerst gefasst dagesessen, doch nun übermannten ihn seine Gefühle, und er vergrub sein Gesicht in seinen Händen und weinte.

Romillys bewegende Ansprache, die nun ins Stocken geriet und sich mit den Tränen ihres Subjekts verband, überwältigte den ganzen Saal. Es war, als wäre irgendwo im Herzen der Schöpfung ein Damm gebrochen. Jeder, der die immer stärker aufgeladene Atmosphäre spürte, hatte quasi auf irgendein unbewusstes Stichwort gewartet, auf irgendetwas, was die Elektrizität erdete – und Wilberforce' Tränen waren dieses Signal gewesen. Fast gleichzeitig verlor jeder Mann in der Kammer seine Fassung und wurde von der Flut der Emotion davongetragen. Alles erhob sich von den Bänken, und drei ohrenbetäubende Hochrufe auf Mr Wilberforce ertönten; sie hallten von diesen historischen Wänden wider und erfüllten sie mit Weihe, und alles ging im allgemeinen Tumult unter.

Es war eine erlesene tragikomische Kette von Ereignissen, zugleich erhaben und absurd: Romillys letzte Worte hatten Wilberforce überwältigt, der zu weinen begann, und seine Tränen wiederum überwältigten den ganzen Saal, der spontan in lautstarke Hochrufe und Beifall ausbrach – und zweifellos übermannten diese Ströme des Lobes, die aus allen Richtungen und von der dicht besetzten Empore herab auf ihn niederprasselten, Wilberforce noch mehr, sodass sich neue Tränen Bahn brachen – die dann wieder den Saal zu weiteren ohrenbetäubenden Hochrufen und Beifallskundgebungen anstachelten! Das winzige Rinnsal aus Wilberforce' Augen hatte eine sintflutähnliche Apokalypse ausgelöst, wie sie das Unterhaus noch nicht erlebt hatte. Doch es war nicht eine Apokalypse des Gerichts, sondern der Gnade. Es war, als würde die ganze Nation – als würde das ganze britische Weltreich rund um den Globus – in dieser Flut von Tränen und Hurrarufen getauft und geheiligt und für immer für ihre heutige Tat ausgezeichnet.

Wenig später würde das Unterhaus mit 283 zu 16 Stimmen die Abschaffung des Sklavenhandels beschließen, und der Kampf wäre offiziell gewonnen. Aber greifen wir noch nicht vor. Betrachten wir ihn noch ein wenig länger, hier in seinem größten Moment: einen Mann, dem jenes höchste und seltenste Privileg zuteilwird, seinen eigenen Traum hellwach zu erleben. Das Gesicht in den Händen vergraben, in seiner Demut gebeugt und erhoben zugleich, haben wir die Apotheose des William Wilberforce vor uns.

Nach diesem historischen Sieg – bei der dritten Lesung am 16. März würde es keine einzige Gegenstimme geben und am 25. März würde das Gesetz dann schlussendlich die königliche Zustimmung erhalten – kehrte Wilberforce in sein Haus in Old Palace Yard Nr. 4 zurück, wo sich viele seiner liebsten Freunde einfanden, um den Freudentaumel mit ihm zu teilen. Die Claphamer waren alle dort, einschließlich Henry und Marianne Thornton, Zachary Macaulay und die Grants. Auch Granville Sharp war gekommen. Die Atmosphäre muss weit mehr als nur feierlich gewesen sein. Die meisten von ihnen hatten zwanzig Jahre lang auf diesen Moment hingearbeitet, Granville Sharp sogar fünfunddreißig. »Nun, Henry«, scherzte Wilberforce, »was sollen wir als Nächstes abschaffen?« Doch Thornton entging der Witz. »Die Lotterie, glaube ich«, erwiderte er.[114] Doch es ist wahr, dass sie sich nicht lange auf diesen Lorbeeren ausruhten, so wohlverdient sie auch waren. Wilberforce' zweites »großes Ziel« hatte Hunderte kleinerer Kämpfe über jede soziale Frage nach sich gezogen, und sie alle würden für den Rest ihres Lebens mit diesen Kämpfen beschäftigt sein. Und auch die Hauptschlacht für die Sklaven war noch lange nicht vorüber. Vor ihnen lag noch ein langes, gewaltiges Ringen, um die Abschaffung des Sklavenhandels in der Praxis durchzusetzen und dann auf die Befreiung der Sklaven hinzuarbeiten. Heute Nacht jedoch würden sie über ihren Sieg jubeln. Die riesige Mehrheit von 283 zu 16 Stimmen war besonders inspirierend. William Smith war dennoch empört, dass überhaupt jemand gegen die Abschaffung des Sklavenhandels gestimmt hatte. »Lasst uns die Namen dieser sechzehn Missgeburten herausfinden«, sagte er. »Ich kenne vier davon.« Doch Wilberforce erwiderte: »Vergessen wir die elenden 16, denken wir lieber an die herrlichen 283!«

In einem anderen Teil von London wurde an jenem Tag die Siegesnachricht John Newton überbracht. Er war zweiundachtzig und befand sich im letzten Jahr seines Lebens. Wie muss ihm das Herz in der Brust vor Freude fast zersprungen sein, als er das hörte! Die Nachricht verbreitete sich in Windeseile um den Globus. Sir James Mackintosh, zu jener Zeit oberster Richter in Bombay,[115] bemerkte:

> Wir müssen immer wieder unser Staunen darüber zum Ausdruck bringen, dass so viel Anstrengung notwendig ist, um eine solch schreiende Ungerechtigkeit zu beseitigen. Es wäre eher berechtigt, darüber nachzudenken, dass ein kurzer Abschnitt im kurzen Leben eines Mannes, wenn er gut und klug ausgerichtet wird, ausreicht, um das Elend von Millionen für alle Zeiten zu beheben.

Was Wilberforce angeht, so wusste er kaum, wie er mit der neuen Situation umgehen sollte. Seit zwei Jahrzehnten hatte er nichts anderes gekannt, als nach unendlichen Mühen eine niederschmetternde Niederlage nach der anderen einzustecken. An einen Freund schrieb er:

> Ich kann mir den Eifer, der glücklicherweise an die Stelle jener übervorsichtigen, wohlerzogenen lauwarmen Haltung getreten ist, die sich bisher bei diesem Thema immer zeigte, wirklich nicht erklären, es sei denn, ich schreibe sie jener allmächtigen Kraft zu, die das Urteil und die Gefühle der Menschen nach Belieben beeinflussen kann.

Wilberforce war ein brillanter Denker und geschickter Politiker. Er kannte genau die vielen Faktoren, die im Spiel waren, um einen solchen lang erwarteten Sieg zu ermöglichen. Einer davon war die Vereinigung mit Irland 1801,[116] durch die viele abolitionistische Abgeordnete ins Parlament einzogen. Entscheidend war auch, dass in der Öffentlichkeit ständig für den Abolitionismus die Trommel gerührt wurde, gepaart mit einer stärker werdenden demokratischen Bewegung. Und so traurig der Gedanke für Wilberforce auch war, selbst der Tod seines geliebten Freundes Pitt im Vorjahr stellte einen wichtigen Faktor dar. So sehr Pitt auch persönlich die Abschaffung des

Sklavenhandels herbeigewünscht hatte, hatte er doch eine Regierung gebildet, die seine Leidenschaft dafür nicht teilte, sodass ihm in dieser Frage politisch die Hände gebunden waren. Sein Cousin und Nachfolger als Premierminister, William Grenville, hatte nicht nur persönlich einen noch brennenderen Eifer für die Abschaffung des Sklavenhandels, sondern befand sich auch politisch in einer günstigeren Lage, um sie zu bewerkstelligen, da er Mitglied des Oberhauses war, wo der Abolitionismus stets auf die stärksten Widerstände getroffen war. Und natürlich war 1807 das Schreckgespenst des Jakobinertums, das den Briten zuvor die Haare hatte zu Berge stehen lassen, längst ausgetrieben worden.

Wilberforce verstand all diese Faktoren und viele weitere in allen Einzelheiten. Doch für ihn war dieser Sieg vor allem ein Anlass, demütige Dankbarkeit zu äußern. Wie leicht hätte der Erfolg trotz aller günstigen Faktoren wieder einmal verfehlt werden können. Günstige Umstände hatte es schon zuvor gegeben, und der Erfolg war dennoch ausgeblieben. Aber nun war es endlich geschehen, und er konnte es kaum glauben. »Gott wird dieses Land segnen«, sagte er.

Der irische Historiker William Lecky äußerte sein eigenes, oft zitiertes Urteil:

> Der unermüdliche, unaufdringliche und unbeachtete Kreuzzug Englands gegen die Sklaverei kann wahrscheinlich als eine der drei oder vier vollkommen rechtschaffenen Seiten im gesamten Geschichtsbuch der Nationen betrachtet werden.

19. KAPITEL

JENSEITS DES GROSSEN ZIELS

»*Als ob ich einen Schlussstrich zöge ...*«
WILLIAM WILBERFORCE

Man könnte leicht in Versuchung kommen, den Sieg von 1807 als die glanzvolle Krönung aller Anstrengungen von Wilberforce und alles, was noch folgte, als Niedergang zu betrachten. Das wäre verständlich, aber falsch. Wilberforce vergaß nicht, dass sie zwar einen epochalen Sieg über den Sklavenhandel errungen hatten, die Sklaverei selbst jedoch weiterhin blühte und gedieh. Am Morgen nach dem Sieg der Abolitionisten waren immer noch 500 000 Menschen als Sklaven auf den brutalen, gefährlichen Zuckerrohrplantagen der Westindischen Inseln gefangen. Bei ihnen war von dem Siegesjubel nichts zu spüren; sie ahnten nicht einmal etwas davon. Wilberforce und die anderen verloren diese Männer, Frauen und Kinder nie aus dem Blick. Ab sofort und für den Rest seiner Tage widmeten er und seine Kollegen sich dem andauernden Krieg und den Schlachten, die vor ihnen lagen. Es galt, die Abschaffung des Sklavenhandels in der Praxis durchzusetzen, die anderen Großmächte dafür zu gewinnen, den Sklavenhandel ebenfalls abzuschaffen, und die Leiden derer, die noch in der Sklaverei verblieben, zu lindern. Und schließlich gab es in diesem Krieg noch eine letzte große Schlacht zu schlagen: die Schlacht um die Befreiung aller Sklaven und das Ende der Sklaverei.

Man könnte sagen, dass Großbritannien durch die gesetzliche Abschaffung des Sklavenhandels die aufrüttelnde Frage auf den Wedgwood-Gemmen positiv und amtlich beantwortet hatte. Die Menschlichkeit eines Sklaven war festgestellt worden; nun musste sie nur noch respektiert werden. Die unmittelbare, wesentliche Herausforderung im Jahre 1807 würde darin liegen, die Abschaffung des Sklavenhandels durchzusetzen, und im Augenblick sah die Situation dafür vielversprechend aus. Die Amerikaner hatten gerade im selben Jahr ein Einfuhrverbot für Sklaven verhängt (obwohl es natürlich noch über ein halbes Jahrhundert dauern würde, bis Lincoln am 1. Januar 1863 die Befreiung aller Sklaven verkündete), und Dänemark hatte dies bereits 1803 getan. Wegen des andauernden Krieges beteiligten sich Holland, Frankreich und Spanien ebenfalls nicht mehr an dem Handel. Allein Portugal betrieb noch einen umfangreichen Sklavenhandel.

Und so sah sich Clapham nach dem großen Sieg von 1807 in der Lage, seine unmittelbare Aufmerksamkeit dem afrikanischen Kontinent selbst zuzuwenden. Die Gründung der Kolonie früherer Sklaven in Sierra Leone war seit zwei Jahrzehnten ein mühsamer Kampf. Nun jedoch, im selben Jahr, in dem die Abschaffung des Sklavenhandels beschlossen wurde, sollte die Kolonie der britischen Krone übergeben werden. Diejenigen, die auf diesen Moment hingearbeitet hatten, gründeten die *African Institution*, um ihr Werk fortzusetzen. Wilberforce war Vizepräsident und die üblichen Verdächtigen aus Clapham wurden zu ihren Direktoren: Stephen, Smith, Grant, Babington, Macaulay, Sharp und Clarkson. Henry Thornton wurde Schatzmeister, und zum Präsidenten wurde der einunddreißigjährige Herzog von Gloucester erkoren, dessen kindlichen Kopf Isaac Milner vor vielen Jahren in Nizza unbeholfen getätschelt und dabei »Hübscher Junge!« gegurrt hatte. Der Herzog von Gloucester war ein junger Kriegsheld gewesen und durch seine Freundschaft mit Wilberforce und Hannah More zum christlichen Glauben gekommen. Er heiratete eine der Töchter des Königs und stand in krassem Gegensatz zu seinen anti-abolitionistischen Cousins, den Söhnen des Königs, die ihn eifersüchtig als *Silly Billy* abtaten. Er erwies sich als sehr aktiver Präsident der *African Institution*, deren Zweck es nach Wilberforce' eigener Beschreibung war, »die Zivilisation und Entwicklung Afrikas zu fördern«.

Doch als dieses größere afrikanische Unternehmen Fahrt aufnahm, wurde schmerzlich deutlich, dass das unmittelbare Problem darin lag, die Abschaffung des Sklavenhandels durchzusetzen. Diejenigen, die an diesem lukrativen Geschäft beteiligt gewesen waren, hatten nicht vor, es kampflos aufzugeben. Es wurde in großem Umfang geschmuggelt. Britische Sklavenhändler wandten jede List an; insbesondere hissten sie unterwegs die amerikanische Flagge, sodass sie von den Patrouillen der Royal Navy unbelästigt blieben. Unter den falschen Farben der *Stars and Stripes* mussten immer noch Tausende von Afrikanern die *Middle Passage* erdulden und wurden in die westindische Sklaverei verkauft. Am 8. September 1808 schrieb Wilberforce an den künftigen US-Präsidenten James Madison, mit dem er befreundet war, und fügte einen weiteren Brief an den amtierenden Präsidenten Thomas Jefferson bei. Er beschwor Madison, die Sache zu unterstützen. In seinem Brief an Jefferson flehte Wilberforce für die Sache der Männer, Frauen und Kinder, die in die Gefangenschaft verkauft wurden, »die unbekannten Scharen, deren Schicksal von der Entscheidung abhängt, die Sie sich über diesen speziellen Fall bilden werden«. Wilberforce hoffte auf eine angloamerikanische Einigung in dieser Sache. Dazu kam es erst viele Jahre später, doch ein Urteil aus dem Jahr 1809 im Fall eines britischen Schiffes, das von der *HMS Derwent* aufgebracht worden war, machte der Verwendung der amerikanischen Flagge als Deckmantel für die illegalen Operationen der Sklavenhändler wirksam ein Ende. Doch es gab noch andere Flaggen. Bald begannen die Sklavenhändler, für denselben Zweck die spanische Flagge zu verwenden, denn Spanien war Kriegsverbündeter, und die Schiffe der Alliierten durften nicht durchsucht werden. Wilberforce entsandte Lord Wellesley[117] als Botschafter zu den Spaniern, um das Anliegen dort vorzutragen, und so ging es immer weiter. 1810 machte das Parlament den Handel mit Sklaven zu einem Verbrechen, auf das die strenge Strafe von vierzehn Jahren in der britischen Strafkolonie *Botany Bay* in Australien stand. Dennoch wurden weiterhin Sklaven geschmuggelt.

Die Royal Navy würde sich noch viele Jahrzehnte lang als Polizei auf hoher See betätigen. So unglaublich es erscheinen mag, noch in den 1920er-Jahren hatten britische Patrouillen diese ehrenvolle Aufgabe zu versehen. Bis dahin war der Sklavenhandel im großen Stil verschwunden, aber unternehmungslustige Kriminelle finden stets Nischenmärkte. Bis in die 1920er-Jahre durchquerten jedes Jahr zehn oder zwölf Boote, jedes beladen mit fünfzehn bis zwanzig Kindern, hauptsächlich für den Verkauf in die Sexindustrie bestimmt, das Rote Meer von Eritrea hinauf nach Saudi-Arabien.

Als Wilberforce 1807 seinen großen Sieg errang, lag es schon zehn Jahre zurück, dass er Barbara Spooner geheiratet und sie zu ihm nach Clapham gezogen war. Seine Aktivitäten hatten Clapham zu einer Startrampe für viele der kulturellen Reformen gemacht, die das nächste Jahrhundert prägen würden. Nun jedoch, 1808, würde Wilberforce Clapham verlassen, wenn auch nur auf dem Papier.

Der Begriff »Clapham« war schon längst über seine geografische Urbedeutung hinausgewachsen, und wo immer man Wilberforce antraf, da war auch Clapham. Clapham war ein Fest fürs Leben, das eine endlos vernetzte Vielzahl von Freunden und Mitstreitern umfasste. Und die Wilberforces zogen nur drei Meilen weit weg. Sie bezogen für fünfundzwanzig Jahre ein in den 1750er-Jahren erbautes Haus, das in *Kensington Gore* lag. *Gore House* befand sich am Standort der zukünftigen *Royal Albert Hall*, eine Meile entfernt von der *Hyde Park Corner*, mit Blick auf den *Hyde Park*. Die Pendelei zwischen Clapham und Palace Yard war zu einer – auch finanziellen – Belastung geworden. Zu Marianne Thornton sagte Wilberforce, der Umzug werde »tatsächlich fünf- oder sechshundert Pfund per annum sparen«. Kensington Gore war der perfekte Kompromiss: Die Gegend besaß – vor zwei Jahrhunderten – immer noch einen ländlichen Charakter – und lag doch nahe genug am Parlament, sodass Wilberforce von der Arbeit zu Fuß nach Hause gehen konnte. Wenn er allein war, sagte er sich manchmal auf dem Weg den endlos langen hundertneunzehnten Psalm vor.

Die fröhliche Ungezwungenheit, inmitten der Vögel und Blumen und hohen Gräser des Hyde Parks laut Bibeltexte aufzusagen, war typisch für Wilberforce. Die schiere Kraft seiner angeborenen Arglosigkeit und Heiterkeit trug viel dazu bei, die öffentliche Wahrnehmung der Religion in seiner Zeit zu verändern. William Blake hatte erst kürzlich seine Zeilen veröffentlicht, in denen er treffend einen Glauben beschrieb, der sich wie ein schwarz verhangener Leichenwagen mit schallgedämpften Rädern trübsinnig dahinzuschleppen schien:

... priests in black gowns were walking their rounds,
And binding with briars my joys and desires.

... Priester in Schwarz schritten ihre Runden,
umkränzten mein' Freude und Sehnen mit Dornen.

Doch Wilberforce' dankbare Freude und seine überschwängliche Liebe zur Natur und ihrem Schöpfer war etwas völlig anderes und erinnerte an die vollblütige Spiritualität eines Franz von Assisi. Wilberforce liebte es, Gedichte auswendig zu lernen, besonders Cowper und Milton, und auch diese rezitierte er oft im Gehen. Besonders jedoch genoss er es, sich Bibeltexte vorzusagen, und er machte Ernst mit der – aus Psalm 119 selbst stammenden – Bekenntnis: »Ich berge deinen Spruch im Herzen«.

Zweieinhalb Meilen vom Parlament entfernt zu wohnen war in mancher Hinsicht ein großer Vorteil, doch es hatte auch seine Schattenseiten. Mehr als je zuvor konnten nun Leute von überallher, Freunde und Fremde gleichermaßen, auf einen Besuch vorbeikommen, was sie auch fleißig ausnutzten. Lord Erskine[118] machte oft auf seinem Morgenritt Station, und jeder andere, der das Bedürfnis hatte, mit dem großen Mann zu sprechen, brauchte nur zu erscheinen und zusammen mit den anderen Besuchern Platz zu nehmen. Pollock berichtet:

Kensington Gore wurde zu einer Art Umschlagplatz für britische Menschenliebe und moralische Reformen, wobei Wilberforce bereitstand, zu ermutigen, Ratschläge zu geben oder auch zu tadeln, wie zum Beispiel, als die *Society for the Suppression of Vice* (»Gesellschaft zur Bekämpfung des Lasters«)[119] mit dem Gedanken spielte, Täuschungen anzuwenden, um Verurteilungen herbeizuführen.

Die Leute fanden sich einfach ein und erwarteten irgendetwas von dem großen Mann, sei es seinen Segen für ein Unternehmen, seine Unterschrift oder seine Bereitschaft, den Namen Wilberforce für ein Komitee zur Verfügung zu stellen. Nachdem die dort Versammelten eine Weile gewartet hätten, schreibt Polock,

> öffnete sich eine Innentür und Wilberforce stürmte heraus, eine seltsame kleine Gestalt mit immer noch gepuderten Haaren, obwohl die Mode fast ausgestorben war, und einem manchmal schäbigen schwarzen Anzug ohne Schmuck, mit Ausnahme einer Diamantnadel. Er hüpfte schier von Gruppe zu Gruppe und hielt sich sein Augenglas vor, während er Leute begrüßte, ihnen zuhörte und seine Anteilnahme zeigte. Antlitz und Blick spiegelten Mitleid oder Empörung über eine leidvolle Erzählung oder eifrige Zustimmung zu einer neuen Idee wider. Alte Freunde merkten es, wenn der Charakter oder der Vorschlag, die er vor sich hatte, seinen starken Sinn fürs Lächerliche berührten, aber sein Lachen war niemals unfreundlich.

Spencer Perceval, der Tory, der 1809 das Amt des Premierministers von Grenville übernahm, war ein häufiger Gast in *Gore House*. Percevals religiöse Ansichten waren eng mit denen von Wilberforce verwandt – wie es nie mit einem Premierminister zuvor oder danach gewesen war. Bezüglich der Frage, Missionare nach Indien zu entsenden, war sich Perceval mit Wilberforce völlig einig. Wilberforce brauchte dafür alle Hilfe, die er bekommen konnte, denn das Unterhaus war entschieden gegen diese Idee. »Mir ist völlig bewusst«, sagte Perceval, »wie notwendig es ist, seitens der Regierung gegen das anstößige und abscheuliche Projekt vorzugehen, die Verbreitung religiösen Wissens in Indien zu untersagen.« Es muss ermutigend gewesen sein, in einer Sache, die Wilberforce so sehr am Herzen lag, Percevals Rückendeckung zu haben. Die Kampagne für die Zulassung von Missionaren in Indien würde für Clapham epische Ausmaße annehmen. Wie es sich dann jedoch traf, würde Perceval selbst es nicht mehr erleben.

JENSEITS DES GROSSEN ZIELS ٠⊹٠ 303

Perceval war 1809, noch zur Regierungszeit König Georgs III., Premierminister geworden. 1810 war Amelia, die siebzehnjährige Tochter des Königs, gestorben. Während die Söhne des Königs ihm Sorgen und Kummer bereiteten, waren seine Töchter ihm Trost und Freude, und Amelia galt als seine Favoritin. Der Tod seiner geliebten »Emily« verschlimmerte die Krankheit des Königs; er wurde wieder »wahnsinnig« und regierungsunfähig. Der Prinz von Wales, stets Rädelsführer der Meute und unter des Königs Söhnen am wenigsten beliebt, wurde wieder zum Regenten ernannt, wobei seine Vollmachten auf ein Jahr begrenzt wurden. Man ging davon aus, der König werde sich bald wieder erholen, wie schon zweimal zuvor, doch diesmal wurden diese Erwartungen enttäuscht. Und so bildete der Prinzregent, der bei ethischen Fragestellungen eine aggressiv ablehnende Haltung einnahm, einen besonders krassen Gegensatz zu dem aufrechten und religiösen Premierminister Perceval. Doch diese seltsame politische Ehe war nur von kurzer Dauer. Am 11. Mai 1812 aßen Wilberforce und die Thorntons in Babingtons Haus zu Abend. Sie warteten auf Babington, der direkt aus dem Parlament kam. Plötzlich stürmte er herein und berichtete, Perceval sei soeben getötet worden. Ein gewisser Bellingham sei im Foyer des Unterhauses auf den Premierminister zugekommen und habe ihm ins Herz geschossen.

Bellingham war offensichtlich nur eingeschränkt zurechnungsfähig und gab der Regierung die Schuld an seinem finanziellen Ruin. Doch Wilberforce und viele andere, darunter auch Percevals Familie, beteten für ihn. »Oh wunderbare Kraft des Christentums!«, schreibt Wilberforce.

Niemals kann sie, seit unser Erlöser für seine Mörder betete, in lieblicherer Gestalt zutage getreten sein als beim Tode des armen lieben Perceval. Stephen, zuerst so überwältigt von dem Schlag, kam heute Morgen beim Gebet für den unseligen Mörder der Gedanke, dass er als Percevals Freund bekannt war, könne vielleicht Wirkung auf ihn zeigen, und er ging und unternahm einen Versuch, ihn zur Buße zu führen. ... Das arme Geschöpf [Bellingham] war sehr ergriffen, und sehr demütig und dankbar. ... Die arme Mrs Perceval ... kniete mit all ihren Kindern bei dem Leichnam nieder und betete ... für den Mörder um Vergebung.

Nach Percevals Ermordung schienen eine erneute Auflösung des Parlaments und eine weitere Wahl bevorzustehen. Wilberforce war gezwungen, über seine Position als Abgeordneter für Yorkshire und die damit verbundene große Verantwortung nachzudenken. Er hatte den Sitz für Yorkshire nun seit achtundzwanzig Jahren inne. 1784, im Jahr vor seiner »Großen Wandlung«, hatte er das Amt übernommen. Damals war er vierundzwanzig gewesen; jetzt war er zweiundfünfzig und hatte sechs Kinder. Die Anforderungen seiner politischen Stellung zwangen Wilberforce, viel Zeit fern von seiner Familie zu verbringen; viel zu viel Zeit, wie er befand. Einmal, als Wilberforce einen seiner kleinen Söhne auf den Arm nahm, weinte das Kind, und das Kindermädchen des Jungen hatte hilfsbereit erklärt: »Er hat immer Angst vor Fremden.«

Die Aufgabe seines Sitzes für Yorkshire würde ein dramatischer Einschnitt in seinem Leben sein, und der Gedanke daran fiel Wilberforce nicht leicht. So nahm er sich nun vor, dafür zu beten, dass in dieser Sache Gottes Wille geschehen möge. Wilberforce' Glaube war nicht gerade mystisch geprägt – auch nicht »charismatisch«, wie wir es heute vielleicht nennen würden. Er verbrachte im Lauf der Jahre eine eindrucksvolle Zahl von Stunden im Gebet und im Studium der Heiligen Schrift. Dennoch scheint Wilberforce nie auf irgendeine eindeutig übernatürliche Weise Gottes Stimme »gehört« zu haben. Wir lesen auch nirgendwo etwas davon, dass er so etwas wie eine göttlich inspirierte Vision oder einen Traum gehabt hätte. Sein Glaube war außerordentlich nüchtern – und sorgfältig und demütig. Er war ständig voller Dank gegenüber Gott und sich seines Standes vor Gott als Empfänger unverdienter Gnade deutlich bewusst. In ihm steckten genügend anglikanische Zurückhaltung und Calvinismus, dass er auf seinem Sterbebett sagen konnte, er hoffe, er »habe seine Füße auf den Fels gestellt«. Das hört sich so an, als hätte er es nicht gewusst, aber das ist irreführend. Nach allen anderen Hinweisen erscheint es offensichtlich, dass er sich durchaus gewiss war, doch seine Demut gegenüber einem überaus gnädigen Gott – und seine natürliche britische Zurückhaltung – hätten es ihm anmaßend erscheinen lassen, das offen zu *sagen*.

Gewiss glaubte Wilberforce, dass man eine »persönliche« Beziehung zu Gott haben und »wiedergeboren« werden müsse. Er glaubte, alle moralischen Anstrengungen seien ohne die Erfahrung der verwandelnden Gnade, die er während seiner »Großen Wandlung« erlebt hatte, nichts wert. »[Alle] Menschen müssen durch die Gnade Gottes erneuert werden, ehe sie bereit sind, Bewohner des Himmels zu sein«, schrieb er, »ehe sie von jener Heiligung ergriffen sind, ohne die kein Mensch den Herrn sehen wird.« Er hatte eine wunderbar feste und schnörkellose theologische Vorstellung von der Balance zwischen Gnade und Werken und lehnte es ab, in theologischen Sümpfen steckenzubleiben. Gegenüber Babington sagte er es klar und knapp: »Das Blut Jesu Christi reinigt von aller Sünde, und dort ist der Trost, der die tiefste Demütigung mit der festesten Hoffnung verbindet.« Und an seine Cousine Mary Bird schrieb er: »Schau auf Jesus. Weihe Dich mit Leib und Seele seinem Dienst. Ich bete durch Christus zu Gott, er möge Dich fähig machen, dies aufrichtiger und bereitwilliger und ohne Rückhalt zu tun.« Wilberforce verstand, dass Jesus der Retter war, doch, wie er seinem Sohn Henry schrieb: »Du kannst diesen Erlöser wirklich zum Freund haben.« Und aus diesem Grund kam die Freude mit ins Bild und hob ihn über das Klischee des strengen Calvinisten und griesgrämigen Moralisten hinaus. Der Schriftsteller und Historiker Robert Southey schrieb einmal über Wilberforce, er habe

> solch eine beständige Heiterkeit in jedem Blick und jeder Geste, solch eine Lieblichkeit in seinem Ton, solch ein Wohlwollen in all seinen Gedanken, Worten und Taten, dass ... man für ein Geschöpf von so glücklicher und gesegneter Natur nichts als Liebe und Bewunderung empfinden kann.

Was nun die Frage betraf, ob er seinen Sitz für Yorkshire verlassen sollte, betete Wilberforce und rechnete damit, Gottes Willen zu erfahren. Wilberforce' Einfluss war nicht mehr von seiner Machtstellung als Abgeordneter aus Yorkshire abhängig. Nach der Verabschiedung des Gesetzes gegen den Sklavenhandel wurde er in der Öffentlichkeit so gefeiert und verhätschelt, mit Lorbeer bekränzt und mit solch prächtigen Mänteln moralischer Autorität überhäuft, wie man es gerade noch ertragen konnte, ohne zu Marmor und Gold zu erstarren. Wilberforce wurde jetzt eher als das Gewissen der Nation wahrgenommen denn nur als ein politisch einflussreiches Mitglied des Parlaments. Er konnte es sich leicht erlauben, zurückzutreten und von nun an als Abgeordneter eines weit weniger wichtigen Wahlkreises zu dienen, ohne dabei etwas Wesentliches einzubüßen. Seine Arbeitsbelastung sowie seine Verantwortung würden dadurch erheblich erleichtert und er bliebe dennoch dicht am politischen Ball und könnte an den Debatten teilnehmen, die er für wichtig hielt.

Außerdem war Wilberforce' ältester Sohn William inzwischen dreizehn und Wilberforce empfand eine große Verantwortung gegenüber seinen Kindern. Er wollte einen beachtlichen Beitrag zu ihrer Erziehung leisten, und insbesondere zu ihrer ethischen und religiösen Entwicklung. Wilberforce hatte die Gewohnheit, das Für und Wider jeder bedeutsamen Frage ausführlich auf Papier festzuhalten, während er um Gottes Führung betete, so auch jetzt, als er seine Entscheidung traf, ob er seinen Parlamentssitz für Yorkshire behalten solle. Die Blätter, auf denen er die Faktoren dieser schwierigen Entscheidung niederschrieb – an seinem zweiundfünfzigsten Geburtstag, dem 24. August 1811 – sind zusammen mit vielen anderen Schätzen in der Oxforder *Bodleian Library*[120] erhalten. Dort notiert er unter anderem folgendes Argument:

2. Der Zustand meines Körpers und Geistes, besonders des Letzteren, legt mir das *solve senescentem** nahe – insbesondere mein Gedächtnis, für dessen Nachlassen ich ständig schlüssige Beweise finde.

---

* Lateinisch; »Solve senescentem mature sanus equum«, Rat aus den »Episteln« des römischen Dichters Horaz (65–8 v. Chr.): »Löse das alternde Pferd beizeiten vom Joch.«

James Stephen – mit dem Wilberforce ausführlich über dieses Thema sprach, wie er es sicherlich mit den meisten seiner engeren Freunde tat – sagte, seiner Meinung nach sei Wilberforce' Geist so gut wie eh und je, von den Schwierigkeiten mit dem Gedächtnis abgesehen, doch er schrieb an Wilberforce:

> In letzter Zeit habe ich zuweilen Symptome des Verfalls in Deiner körperlichen Erscheinung gesehen oder zu sehen geglaubt, als ob Du schneller älter würdest, als ich es mir wünschen könnte. Auch Deine Stimmung fand ich nicht immer so unbeschwert und ausdauernd, wie sie es früher war.

Aus diesen Gründen riet ihm Stephen dringend, auf einen Sitz mit geringeren Anforderungen zu wechseln.

Diese Entscheidung traf Wilberforce schließlich auch und beschloss, auf die Wiederwahl in Yorkshire zu verzichten und einen kleineren Wahlkreis, Bramber im südenglischen Sussex,[121] zu übernehmen. So konnte er im Parlament bleiben, aber mit erheblich weniger Aufgaben. Wie immer tadelte er sich selbst, bevor er die Entscheidung traf, während er sie traf und nachdem er sie getroffen hatte.

> Mir kommt es vor, als ob ich einen Schlussstrich zöge, dabei ist mir, als hätte ich so wenig getan, und es scheint noch Dinge zu geben, die zu versuchen wünschenswert wäre, bevor ich das Parlament verlasse, sodass ich mich vor dem Rückzug scheue wie vor der Auslöschung.

Natürlich geht es jedem so, dass einem auch die richtigen Entscheidungen schwerfallen können. Nach achtundzwanzig Jahren als *Knight of the Shire* von Yorkshire konnte man von ihm nicht erwarten, dass er Lanze und Schild ohne Bewegung und inneren Aufruhr an den Nagel hängte. Er dachte an all die Kämpfe der letzten drei Jahrzehnte zurück und an all die Wahlen, die er erlebt hatte. Als die nächsten Parlamentswahlen stattfanden und er zum ersten Mal in seinem Erwachsenenleben nicht daran teilnahm, befiel ihn eine verständliche Wehmut.

Ich komme mir ein wenig wie ein altes Jagdpferd im Ruhestand vor, das beim Grasen in einem Park das Gebell der Hunde hört, die Ohren spitzt und kaum stillhalten und sich davon abhalten kann, loszugaloppieren und sich ihnen anzuschließen.

20. KAPITEL

INDIEN

»... neben dem Sklavenhandel der schwärzeste Fleck auf dem moralischen Charakter unseres Landes.«
WILLIAM WILBERFORCE

Nachdem er seinen einflussreichen und prominenten Sitz für Yorkshire gegen den weit weniger bedeutenden Sitz für Bramber eingetauscht hatte, ging Wilberforce erheblich seltener hinunter ins Unterhaus. Es war ihm ernst damit, mehr Zeit mit seiner Familie zu verbringen. Im Gegensatz zu dem politischen Klischee, das heute daraus geworden ist, war dies zu Wilberforce' Zeiten ein ganz unerhörter Gedanke. Seine öffentliche Erklärung, er wolle mehr Zeit für seine Kinder haben, sandte an das gesamte Land eine eindrucksvolle, der allgemeinen Kultur entgegenstehende Botschaft über die Bedeutung von Familie und Vaterschaft. Ihre Auswirkungen würden weit bis ins nächste Jahrhundert hinein und auf beiden Seiten des Ozeans spürbar bleiben. Wilberforce' Gewohnheit, jeden Tag zweimal mit seiner Familie zu beten – wobei jeder während dieser etwa zehn Minuten vor einem Stuhl niederkniete –; als auch seine Achtung vor dem Sabbat als »Familientag« wurden zum Vorbild für viele im Großbritannien des neunzehnten Jahrhunderts.

Doch auch, wenn er im Parlament jetzt eine geringere Rolle spielte, hatte Wilberforce weiterhin mit einer Vielzahl außerparlamentarischer Verbände und Initiativen alle Hände voll zu tun. Zumeist hingen sie mit der »Reformation der Sitten« zusammen. Und es gab noch ein anderes Anliegen, das ihn im Jahre 1813 erneut ins Getümmel des Parlaments lockte. Neben der

Abschaffung des Sklavenhandels war es für ihn das wohl wichtigste Einzelthema, und die Art und Weise, wie er und Clapham sich in diesem Kampf engagierten, wies viele Parallelen zu ihrem abolitionistischen Kampf auf. Die politische Auseinandersetzung, in die es ihn nun zog, betraf ein seit Langem bestehendes Gesetz, das Missionaren die Einreise nach Indien verbot. Wilberforce würde an der Spitze der Claphamer mit allen Kräften versuchen, dieses Gesetz abzuschaffen. Was dabei herauskam, sollte gewaltige geschichtsträchtige Auswirkungen auf das Bild haben, das sich die Briten von sich selbst und ihrer Rolle in der Welt machten. Dies trug ebenso entscheidend wie die Abschaffung des Sklavenhandels dazu bei, für die kommenden Generationen eine grundlegend andere nationale Identität zu schmieden.

Seit vielen Jahren und mit dem Segen der britischen Krone hatte die Britische Ostindien-Kompanie Indien weitgehend eigenständig verwaltet und dabei ordentliche Profite für sich selbst und ihre Anteilseigner gemacht. Weit entfernt von der Heimat tat sie größtenteils, was ihr beliebte, und behandelte die einheimische Bevölkerung mit einer Haltung, die zwischen Verachtung und Gleichgültigkeit oszillierte. Der einzige Haken an der beispiellos günstigen Situation des Unternehmens war, dass seine Konzession alle zwanzig Jahre vom Parlament überprüft wurde. Beim letzten Mal, als die Konzession zur Erneuerung angestanden hatte, 1793, hatte der junge Wilberforce zwei maßvolle Anträge eingebracht, die vorsahen, dass die Ostindien-Kompanie Lehrer und Geistliche in verschiedene Teile des Landes entsandte. Die Anträge überlebten zwei Lesungen im Unterhaus, doch in dem Moment, als die Direktoren der Kompanie auf die Situation aufmerksam wurden, warfen sie jede Unze ihres beträchtlichen politischen Gewichts in die Waagschale, um sie niederzuschlagen. Lautstark beschwerten sie sich, die Anträge liefen auf die Anwendung von Gewalt hinaus, um der einheimischen Bevölkerung den christlichen Glauben aufzudrängen. So grundlos und schier absurd dieser Vorwurf war, verfehlte er dennoch nicht seine Wirkung. Bei der dritten Lesung des Gesetzes wurden die Anträge abgelehnt.

Ähnlich wie gegenüber der Sklavereilobby während seiner frühen Kämpfe für die Abschaffung des Sklavenhandels war Wilberforce im Umgang mit der Ostindien-Kompanie anfangs naiv. Er ahnte kaum, was er da aufrührte – welche finsteren Abgründe er mit seinen wohlgemeinten Anträgen aufgewühlt hatte. Dieselbe rücksichtslose Geisteshaltung, mit der er es im Kampf gegen den Sklavenhandel zu tun gehabt hatte, war auch hier präsent, eine Art Sozialdarwinismus, viele Jahre bevor dieser Begriff geprägt wurde, in dem der Rassismus abermals eine zentrale Rolle spielte. Mächtige Europäer unterdrückten legal und mit großem Gewinn Menschen mit dunkler Hautfarbe und fühlten sich dazu vollkommen berechtigt. Ja, sie waren bereit, jedes verfügbare Mittel einzusetzen, um ihre Position zu wahren. Ebenso, wie viele Europäer den afrikanischen Kontinent als unerschöpfliche Quelle wohlfeiler menschlicher Arbeitskraft betrachtet hatten – die man plündern und unter dem Daumen halten musste, solange man die Möglichkeit dazu hatte –, so sah auch die Ostindien-Kompanie den riesigen indischen Subkontinent. Alles, was sie an die Menschenwürde ihrer Untertanen erinnerte, war eine klare Bedrohung, und wenn von Missionaren und Geistlichen die Rede war, hörte sich das für sie an wie Säbelrasseln. Ebenso, wie die westindischen Sklavenhalter den Dubliner Benjamin La Trobe[122] und die Böhmischen Brüder wegen ihrer Missionsarbeit unter den afrikanischen Sklaven oder James Ramsay für seinen geistlichen Dienst an den Sklaven von Saint Kitts verabscheut hatten, so verabscheute nun die Ostindien-Kompanie Wilberforce und seine frommen Glaubensbrüder. 1793 schlugen sie seine Bemühungen mühelos nieder. Für die nächsten zwanzig Jahre würden sie sich mit solchen Dingen nicht mehr abgeben müssen.

Während jener Jahre jedoch war er zu einem schlachterprobten Kämpfer gegen ähnliche Gegner geworden, und nun war er auf das, was vor ihm lag, gut vorbereitet. Für Wilberforce war die britische Unterdrückung der Inder »neben dem Sklavenhandel der schwärzeste Fleck für den moralischen Charakter unseres Landes«. In einem Brief an Hannah More bezeichnete er die Ostinder voller Zuneigung als »unsere Mituntertanen (nein, sie stehen zu uns sogar in der engeren Beziehung von Pächtern)«, und er verurteilte die sträfliche Weigerung der Ostindien-Kompanie, auch nur einen Finger zu heben, »um sie aufzuklären und zu reformieren ... unter dem gröbsten, dem finstersten und dem verderblichsten System götzendienerischen Aberglaubens, das nahezu jemals auf Erden existierte.« Damit meinte Wilberforce weniger die hinduistische Theologie als die barbarischen Grausamkeiten der ostindischen Kultur jener Zeit, etwa den verbreiteten Kindermord an neugeborenen Mädchen und die Sitte der *Sati*, bei der eine Witwe bei der Leichenverbrennung ihres Mannes auf seinem Scheiterhaufen gefesselt und lebendig verbrannt wurde. Darüber hinaus war das Kastensystem, das in ganz Indien herrschte, nichts anderes als institutionalisierte Sklaverei, um das Kind beim Namen zu nennen. Er wusste, dass jeder Ansatz von christlichem Gedankengut, der in diese zutiefst rassistische und sexistische Kultur eingeführt wurde, diesem leidenden Volk Hoffnung bringen würde, ganz besonders den Ärmsten und Ohnmächtigsten unter ihnen, die wie üblich am meisten litten. Seiner Meinung nach fiel Großbritannien als der stärkeren und reicheren Nation die Verantwortung zu, den Menschen Indiens zu helfen, besonders, zumal Großbritannien über die Jahrzehnte großen Gewinn aus Indien gezogen hatte. Es war nicht hinnehmbar, vor dem indischen Volk die Augen zu verschließen, und er wusste, dass die Legalisierung der Einreise von Missionaren es mit christlichen Vorstellungen von Menschenrechten und objektiven Gerechtigkeitsmaßstäben in Berührung bringen würde, die letzten Endes die Not erheblich lindern würden.

Was die Ostindien-Kompanie am meisten beunruhigte, war, dass schon eine Spur Christentum Auswirkungen darauf haben würde, wie die Briten mit den Indern umgehen konnten. Zu den Praktiken, die schon durch eine Prise Christentum bedroht wäre, zählte insbesondere die Haltung eines Gefolges minderjähriger »Mätressen«, die in Wirklichkeit legalisierte Sex-Kindersklavinnen waren. 1810 veröffentlichte die Ostindien-Kompanie ein *Vade Mecum* – ihr offizielles Handbuch für die Unterweisung der Dienstboten, in dem sich achtundvierzig Seiten dem Thema der »Mätressen« widmeten. Darin fand sich unter anderem das hilfreiche Zitat eines betagten britischen Gentlemans, der sich sechzehn solcher »Mädchen« hielt und auf die Frage, wie er sie handhabe, fröhlich erwiderte: »Oh, ich gebe ihnen ein bisschen Reis und lasse sie herumlaufen.«

Wilberforce wusste, dass die Behauptung der Ostindien-Kompanie, die Einreise von Missionaren wäre »respektlos« gegenüber der traditionellen indischen Zivilisation, ein schamloser Vorwand war, der nur dazu diente, die Selbstsucht des Unternehmens und seine Gleichgültigkeit gegenüber dem Leiden der Einheimischen zu verschleiern. Beim Essen las er manchmal laut die Namen von Frauen vor, die in letzter Zeit bei den Leichenverbrennungen ihrer Männer lebendig von den Flammen verzehrt worden waren. Zu jener Zeit wurden jedes Jahr allein in der Provinz Bengalen zehntausend Frauen – darunter unzählige Mädchen im Teenageralter und viele, die sogar noch jünger waren – lebendig verbrannt. Wilberforce war über diese grauenvolle Praxis so bestürzt, dass er der Druckausgabe seiner Rede im Parlament die folgende schriftliche Schilderung eines gewissen Mr Marshman[123] hinzufügte, selbst Augenzeuge eines solchen Schauspiels:

> Als jemand uns informierte, dass in der Nähe unseres Hauses gleich eine Frau mit dem Leichnam ihres Mannes verbrannt werden sollte, eilte ich mit mehreren unserer Brüder zu der Stätte; doch bevor wir sie erreichen konnten, stand der Scheiterhaufen bereits in Flammen. Es war ein grauenhafter Anblick. Unter den Anwesenden herrschte eine entsetzliche Gleichgültigkeit und Unbekümmertheit. Etwas Brutaleres als ihr Verhalten habe ich nie gesehen. Die schreckliche Szene hatte nicht den geringsten Anschein einer religiösen Zeremonie. Sie ähnelte einer ausgelassenen Horde von Jungen in England, die sich zusammenrotten, um eine Katze oder einen Hund zu Tode zu quälen. Ein Bambusstab, vielleicht zwanzig Fuß lang, war an einem Ende an einem in den Boden getriebenen Pfahl befestigt und wurde von Männern am anderen Ende über das Feuer gehalten. Während die arme Frau vor ihren Augen bei lebendigem Leibe brannte, herrschte solch ein Durcheinander und eine Unbekümmertheit, solch ein brutales Gelächter, dass es schien, als wäre durch diesen verfluchten Aberglauben jeder Funke der Menschlichkeit erloschen. Was die Grausamkeit noch verstärkte, war die geringe Grö-

ße des Feuers. Es bestand nicht einmal aus so viel Holz, wie wir es verwenden, um ein Abendessen zuzubereiten; nein, nicht dieses Feuer, das doch die Lebenden und die Toten verzehren sollte! Ich sah die Beine des armen Geschöpfes aus dem Feuer herausragen, während ihr Körper in Flammen stand. Nach einer Weile nahmen sie eine Bambusstange von zehn oder zwölf Fuß Länge und schürten es, indem sie die halb verzehrten Leichname hin und her schoben und stießen, wie man ein Feuer aus grünem Holz neu anfachen würde, indem man die noch nicht verbrannten Scheite in die Mitte befördert. Als sie die Beine heraushängen sahen, schlugen sie einige Zeit mit dem Bambusstab darauf ein, um die Bänder zu zerreißen, die ihre Knie festhielten (denn sie wären um nichts in der Welt näher herangetreten, um sie zu berühren). Endlich gelang es ihnen, sie aufwärts in die Flammen hinein zu biegen, als die Haut und die Muskeln nachgaben, und die Gelenkpfannen der Knie und die Knochen-Enden der Beine freizulegen; ein Anblick, der, ich brauche es kaum zu sagen, mich vor Entsetzen erschaudern ließ, besonders, wenn ich daran dachte, dass dieses unglückliche Opfer des Aberglaubens noch vor wenigen Minuten lebendig gewesen war. Zu sehen, wie wilde Wölfe einen menschlichen Leib solchermaßen Glied für Glied auseinanderreißen, wäre schockierend gewesen; doch zu sehen, wie Verwandte und Nachbarn das mit jemandem tun, mit dem sie keine Stunde zuvor noch vertraut gesprochen haben, und das völlig unbekümmert, war fast mehr, als ich ertragen konnte. Sie erwarten vielleicht zu hören, dass dieses unglückliche Opfer die Frau eines Brahmanen von hoher Kaste war. Sie war die Frau eines Barbiers, der in Singapur lebte und an jenem Morgen gestorben war. Er hinterließ den Sohn, den ich erwähnt habe, und eine Tochter von etwa elf Jahren. So hat dieser höllische Aberglaube das gewöhnliche Elend des Lebens noch schlimmer gemacht und diese Kinder an einem Tag ihrer beiden Eltern beraubt. Und dieser Fall ist keineswegs ungewöhnlich. Oft widerfährt dies Kindern, die noch viel hilfloser sind als diese; manchmal sind es Kinder, die Land besitzen, das dann ebenso wie sie selbst dem Gutdünken derer anheimfällt, die ihre Mutter auf den Scheiterhaufen ihres Vaters gelockt haben.

Wilberforce war über die gefühllose Gleichgültigkeit gegenüber solchem Leid zutiefst bestürzt. Dass die britische Regierung so etwas duldete, war schlicht ein Skandal. Auf diesen Kampf hatte Wilberforce seit zwei Jahrzehnten gebrannt. Schon zwei Jahre vor der Parlamentsdebatte 1813 begann Clapham, ernsthaft für den bevorstehenden politischen Kampf mobilzumachen. Die Anstrengungen, die sie nun in das Indien-Gesetz steckten, waren das Urbild der Claphamer Flotte unter vollen Segeln: Grant, Babington, Stephen und Thornton waren alle beteiligt. Zeitweise versammelten sie sich fast täglich in der ovalen Bibliothek von *Battersea Rise* zum »Kabinettsrat«, um Strategien zu planen und Aufgaben zu verteilen. Sie hofften, die unentschiedenen Mitglieder des Parlaments mit derselben Methode zu beeinflussen, die sie während des Kampfes gegen den Sklavenhandel so wirkungsvoll eingesetzt, ja in der Tat erfunden hatten: Sie würden sich mithilfe von Petitionen direkt an das britische Volk wenden.

Und ebenso wie bei der Abschaffung des Sklavenhandels trieben sie einen großen Aufwand, um die Bevölkerung schon im Voraus über das Thema aufzuklären. Macaulay wurde beauftragt, Rundschreiben zu entwerfen und in Umlauf zu bringen; Leserbriefe zum Thema erschienen in den Zeitungen; und unzählige persönliche Briefe wurden geschrieben – buchstäblich Hunderte davon von Wilberforce selbst. In einem Brief an Hannah More schrieb er: »Sie werden mir sicher zustimmen, dass dies nun, da der Sklavenhandel abgeschafft ist, die größte unserer nationalen Sünden ist.« Dann bat er sie konkret um ihre Hilfe dabei, eine Petition unter den Bürgern von Bristol in Umlauf zu bringen. Babington übernahm die riesige Aufgabe, die Hunderte von Petitionen zu organisieren, und Wilberforce schrieb Briefe oder traf sich mit jedem und allen, die etwas zu der Sache beitragen konnten. Indizien und Zeugenaussagen wurden im Voraus vorbereitet. Der Indienexperte von Clapham, Lord Teignmouth, würde vor dem Oberhaus aussagen. Darüber hinaus organisierte Wilberforce eine Reihe von »politischen Frühstücken« zu dem Thema. Alles in allem war es eine historische Herkules-Aufgabe. Und die immer selbstbewusster werdende Stimme des britischen Volkes war nun zum Gebrüll eines Löwen angeschwollen. Bis zum Juni, dem Monat der Debatte, waren 837 Petitionen gesammelt, mit einer halben Million Unterschriften bedeckt, zusammengerollt und gebunden worden, bereit, dem Parlament vorgelegt zu werden.

Am 22. Juni 1813 erreichte die große Kampagne ihren Höhepunkt im Unterhaus. Mehrere der »Heiligen« sprachen, und dann war Wilberforce an der Reihe. Er hielt die Kammer drei Stunden lang in seinem Bann, und allen Schilderungen zufolge war es wieder mal eine der glänzendsten Reden seines Lebens. Er sprach über die Tötung weiblicher Kinder, und er sprach über *Sati*. Er sprach über die Praxis des Gerontizids – die Tötung der »nutzlosen« Alten – und er sprach über die Ermordung derer, die krank waren; er sprach auch über Menschenopfer aus »religiösen« Gründen. Hatten die Briten nicht die Verantwortung, alles in ihrer Macht Stehende zu tun, um den ohnmächtigen Opfern dieser Abscheulichkeiten zu helfen? Er schlug einen deutlich religiöseren Ton an als jemals zuvor oder danach und argumentierte, allein das Christentum könne einen Weg eröffnen, um den Menschen Indiens zu helfen, und es biete den philosophischen Unterbau dafür, das zu tun. Diese Debatte war, wie schon die über den Sklavenhandel, eine Debatte über Weltanschauungen, die sich in ihrem Verständnis aller Dinge frontal gegenüberstanden – und ganz zentral in ihrer Definition, was ein menschliches Wesen ausmachte.

Die Ostindien-Kompanie vertrat – genau, wie es die Sklavereilobby getan hatte – die Auffassung, manche Menschen seien insbesondere aufgrund ihrer Rasse oder ihres Geschlechts von Natur aus und offensichtlich minderwertig und sollten von denen, die von Natur aus und offensichtlich höherwertig waren, entsprechend behandelt werden. Dies sollte geschehen, ohne dass man auch nur einen Anflug von Schuld dabei empfand. So entsprach es ihrer Meinung nach der gegebenen Ordnung. So zu tun, als wären die »Unberührbaren« Indiens weißen britischen Gentlemen gleichgestellt, war ebenso undenkbar wie »primitive« Afrikaner als ebenbürtig zu betrachten. Doch genau daran führte für Wilberforce kein Weg vorbei. Er und seine Verbündeten erklärten, alle Menschen seien vor Gott gleich und nach dem Bilde Gottes geschaffen und müssten deshalb alle gleichermaßen mit Würde behandelt werden. Der Gegensatz zwischen diesen beiden Sichtweisen war krass. Wilberforce sah die Auseinandersetzung über den Umgang der Briten mit den Menschen Indiens – ebenso wie mit den Völkern Afrikas – vor allem als eine Abstimmung über die Bibel und das Christentum selbst.

In seiner Rede sagte Wilberforce:

> Der fähigste unserer Gegner hat uns gesagt, manche Klassen von Eingeborenen stünden ebenso tief unter anderen wie die niedrigen Tiere unter der menschlichen Rasse stehen ..., und eben weil ich diese ungerechte Ungleichheit aus der Welt schaffen, diese armen Geschöpfe aus ihrem gegenwärtigen erniedrigten Zustand auf den rechtmäßigen Stand ihrer Natur erheben möchte, trage ich Ihnen nun deren wahren Charakter vor und erkläre Ihnen ihren wahren Zustand.

Wilberforce gab offen zu, dass ihm als Christ die ewigen Seelen der Inder ein Anliegen waren, doch an diejenigen der Kammer gewandt, die dieses Anliegen nicht teilten, machte er deutlich, dass das Christentum auch dann die Antwort war, wenn es nur um die diesseitigen Lebensumstände der indischen Bevölkerung ging. Das Christentum, sagte er,

> zeigt seinen wahren Charakter ..., wenn es seinen Schutz über jene armen erniedrigten Wesen breitet, auf die die Philosophie mit Verachtung oder vielleicht geringschätziger Herablassung hinabblickt. ... Es wurde von seinem großen Autor als »Frohe Botschaft für die Armen« verkündet und ... ergötzt sich nach wie vor daran ..., den Bedürftigen beizustehen, die Trauernden zu trösten, die Verlassenen zu besuchen.

Weiter antwortete er auf den Vorwurf, die Ankunft von Missionaren werde zu erzwungenen Bekehrungen führen, indem er erklärte, die Worte »Zwang« und »Christentum« seien miteinander unvereinbar.

> Das Christentum ist als das »Gesetz der Freiheit« bezeichnet worden... und am meisten, lassen Sie mich das hinzufügen, werden diejenigen seine Sache vorantreiben, die in seinem eigenen Geist und nach seinem Wesen dafür streiten.

Ein Reporter auf der Presseempore schrieb, Wilberforce habe

> drei Stunden lang gesprochen, doch niemand wirkte ermüdet; in der Tat waren alle angetan, manche von den einfallsreichen Kunstgriffen seiner Redeweise, die meisten jedoch von der glühenden Sprache seines Herzens. So sehr ich auch anderer Meinung war als er, war es mir doch unmöglich, mich nicht an seiner Redegewandtheit zu ergötzen. ... Er spricht niemals, ohne den Wunsch hervorzurufen, er möge noch mehr sagen.

Lord Erskine sagte, die Rede verdiene »einen Platz in der Bibliothek jedes gebildeten Mannes, selbst, wenn er ein Atheist wäre«.

Das Christentum war lange Zeit aus Indien verbannt gewesen, und Wilberforce forderte nun lediglich, es als legal zu dulden – ihm einen Platz am Tisch einzuräumen, wie wir heute vielleicht sagen würden. Wilberforce wusste, dass mehr auch nicht nötig sein würde. Die ostindischen Interessenträger schienen das ebenfalls zu wissen und setzten sich mit aller Kraft dagegen zur Wehr, doch diesmal erlitten sie eine Niederlage. Als schließlich die Abstimmung erfolgte, wurde der Antrag mit neunundachtzig zu sechsunddreißig Stimmen angenommen. Obwohl es zu diesem Zeitpunkt kaum erkannt wurde, hatte Wilberforce eine historische Rede gehalten, gefolgt von einer historischen Abstimmung, die in ihrer Bedeutung der Abstimmung über die Abschaffung des Sklavenhandels sechs Jahre zuvor nicht viel nachstand. Sie markierte einen großen Wendepunkt im Verhältnis Großbritanniens zur Welt. Furneaux schrieb, die Verabschiedung dieses Gesetzes markiere »den Wechsel von der Plünderei zum Paternalismus«. Doch das Gesetz bewirkte noch mehr als nur den Paternalismus einzuläuten, der ja heute als herablassend und sogar rassistisch verstanden wird. In Wahrheit hieß das Gesetz weder Plünderer noch Paternalismus gut, sondern vertrat stattdessen die volle Menschenwürde für alle Angehörigen des indischen Volkes. Hatte der Abolitionismus für die Erkenntnis gestritten, christliche Grundsätze, allen voran die Goldene Regel,* gälten nicht nur im privaten Bereich, sondern auch in der öffentlichen und politischen Welt – und im Allgemeinen dort in Form von kodifizierten Gesetzen –, so ging dieses Gesetz den nächsten historischen Schritt: Es stellte zum ersten Mal in der modernen Menschheitsgeschichte fest, dass die Goldene Regel als Maßstab des Verhaltens nicht nur zwischen Einzelnen, sondern zwischen ganzen Nationen und Völkern erhoben werden müsse.

Mit dieser historischen Abstimmung und in vielen anderen kleineren Dingen hatten die Kultur und das Volk Großbritanniens begonnen, Wilberforce sozusagen um die Ecke zu folgen – in eine neue Welt. Es war, als hätte Großbritannien selbst eine »Große Wandlung« durchlebt oder wäre in unterschiedlichen Stadien dabei, sie zu erleben. Der Gedanke, der für uns heute so offensichtlich ist, dass wir ihn für selbstverständlich nehmen, nämlich dass die Mächtigen die Pflicht haben, den Schwachen und Machtlosen zu helfen, breitete sich unermüdlich durch die gesamte britische Gesellschaft aus, wie der sprichwörtliche Sauerteig den ganzen Teig durchsäuert. Die christlichen Gedanken der Nächstenliebe und dienender Herrschaft würden bald neuen Ausdruck finden in Begriffen wie *Noblesse oblige* und dann später dem sozialen Gewissen. Diese Vorstellungen durchdrangen immer neue Bereiche. Durch die Abstimmung über Indien war der Wandel formell und öffentlich bestätigt worden, ähnlich, wie es einige Jahre zuvor durch die Abschaffung des Skla-

---

* »Alles nun, was ihr wollt, dass euch die Leute tun sollen, das tut ihnen auch! Das ist das Gesetz und die Propheten.« (Bergpredigt; Matthäus 7,12).

venhandels geschehen war. Die eigensüchtigen Vorrechte der Macht waren öffentlich und juristisch verurteilt und diskreditiert worden, und in den internationalen Beziehungen war ein neuer, strahlender Präzedenzfall gesetzt worden.

Am meisten überraschte vielleicht die Tatsache, obwohl durchaus von innerer Logik geprägt, dass diese Veränderungen, die zum großen Teil mit politischen Mitteln herbeigeführt worden waren, auch die Welt der Politik selbst berührten. Solange man zurückdenken konnte, war ein Sitz im Parlament eine Position gewesen, von der aus man schamlos nach dem eigenen Vorteil streben konnte. Nun jedoch begann man, ihn eher als eine Position zu sehen, von der aus man den Armen oder der Nation insgesamt helfen konnte. Man fing an, »kleinliche parteipolitische und persönliche Kämpfe« zugunsten der Arbeit für das öffentliche Wohl beiseitezuschieben. Wilberforce hatte einmal geäußert, das Parlament solle die »moralische Münzstätte der Nation [sein], in der moralische und politische Prinzipien ihren Stempel und ihre Gültigkeit erhalten«. Als Wilberforce ins Parlament einzog, gab es dort drei Abgeordnete, die sich selbst als »ernsthafte Christen« bezeichnet hätten, doch ein halbes Jahrhundert später hatte sich ihre Zahl potenziert.[*] Politik war in der öffentlichen Wahrnehmung zu einer hohen Berufung geworden. Leute, die nur auf den eigenen Vorteil bedacht waren, würde es immer geben – und nur wenige brachten es je fertig, bei ihren Entscheidungen völlig frei von selbstsüchtigen Motiven zu sein –, doch das Ideal, dass Politiker von dieser Motivation frei sein und für das Wohl der Gesellschaft arbeiten sollten, war etwas vergleichbar Neues. Dass es sich durchsetzen konnte, war unübersehbar zu einem beträchtlichen Teil auf Wilberforce' Einfluss zurückzuführen.

---

[*] Zwischen den Jahren 1784 und 1832 zählt der Historiker Ian Bradley insgesamt 120 Abgeordnete zu den Evangelikalen. Ian Bradley, The Politics of Godliness. Evangelicals in Parliament 1784–1832. Dissertation Universität Oxford 1974, S. 15-17, zitiert in: Harald Beutel, Die Sozialtheologie Thomas Chalmers und ihre Bedeutung für die Freikirchen. Göttingen: Vandenhoeck & Ruprecht, 2007, S. 135.

21. KAPITEL

NEUANFANG IN EUROPA

»... *der Vater unserer großen Sache.*«
ABOLITIONISTENVERSAMMLUNG VOM 17. JUNI 1814

Während die Abolitionisten für das Indien-Gesetz stritten, verloren sie den Kampf um das Verbot des Sklavenhandels nicht aus den Augen. James Stephen ging wieder in seiner Rolle als kreativer politischer Clapham-Stratege voll neuer Ideen auf und entdeckte einen brillanten Weg, ein für alle Mal dem illegalen Handel mit Sklaven ein Ende zu bereiten: Jeder einzelne Sklave auf den britischen Westindischen Inseln sollte sich registrieren lassen; so würde illegaler Schmuggel von Sklaven leicht aufgedeckt. Im Januar 1812 stellte sich Premierminister Perceval hinter die Idee und der Kronrat erließ einen königlichen Befehl, die Registrierung auf Trinidad mit sofortiger Wirkung in Kraft zu setzen. Doch eine Sklavenregistrierung über Trinidad hinaus auf den gesamten britischen Westindischen Inseln erforderte die Zustimmung des Parlaments. So machten sich die »Heiligen« von Clapham nun daran, ein Sklavenregistrierungsgesetz zu entwerfen und stürzten sich in den politischen Kampf für seine Verabschiedung.

1814 jedoch veränderte sich die Welt. Napoleon kapitulierte, und der Krieg war vorüber. Die zweiundzwanzigjährigen Kämpfe waren zu einem Ende gekommen, als 100 000 alliierte Soldaten (63 000 davon Russen) in Paris einmarschierten, angeführt von Zar Alexander I. persönlich. Napoleon hatte dessen Angebot angenommen, auf seinen Thron zu verzichten und sich auf die Insel Elba zurückzuziehen. In einem Brief an Hannah More schrieb Wilberforce:

So hat nun die Dynastie Bonaparte aufgehört zu herrschen. ... Das hat Gott vollbracht. Wie könnte ich anders, als mir zu wünschen, mein alter Freund Pitt wäre noch am Leben, um Zeuge dieser entscheidenden Wendung des fünfundzwanzigjährigen Dramas zu sein?

Die Führer der Abolitionisten beschlossen nun, den Vorstoß für das Sklavenregistrierungsgesetz einzustellen, um stattdessen die größere Möglichkeit zu nutzen, die sich plötzlich bot. Sie hegten die Hoffnung, den großen Traum der weltweiten Abschaffung des Sklavenhandels auf dem Wege eines allgemeinen Friedensvertrages zwischen allen europäischen Mächten zu erreichen. Die Aussicht auf einen solchen Erfolg war schwindelerregend. Während des Krieges waren die Franzosen gar nicht in der Lage gewesen, mit Sklaven zu handeln – allerdings nur vorübergehend. Vielleicht könnte man nun mit ihnen die vollständige Abschaffung des Sklavenhandels aushandeln. Und wenn die Franzosen sich erst einmal damit einverstanden erklärten, würde dies wahrscheinlich Druck auf die anderen Großmächte erzeugen, Frankreichs Beispiel zu folgen. Selbst Spanien und Portugal würden diesen Druck spüren. Wilberforce konnte seine Begeisterung über diese Aussicht kaum im Zaum halten:

Oh, die grundsätzliche Abschaffung des Sklavenhandels. Könnte ich doch nur Französisch sprechen, so würde ich sofort nach Paris reisen. Wie edel Kaiser Alexander sich verhalten hat; ich bin hocherfreut, dass Paris verschont wurde.

Wilberforce begann einen langen Brief an Zar Alexander, mit dem er ihn dazu zu bewegen hoffte, den Vorsitz einer internationalen Konferenz für die Abschaffung des Sklavenhandels zu führen. Er schien genau der richtige Mann zu sein, um die Führung zu übernehmen. Weniger bedeutende Mächte wie Venezuela und Argentinien hatten ihren Sklavenhandel schon 1811 aufgegeben, doch nun würden in einem einzigen historischen Augenblick die größten Mächte auf dem Globus gemeinsam in ein neues Zeitalter treten, und das Ende eines viel größeren Krieges – des jahrhundertealten atlantischen Sklavenhandels – würde bald eingeläutet werden.

Mit diesen Hintergedanken richtete Wilberforce seine ganze Aufmerksamkeit auf die Friedensverhandlungen mit König Ludwig XVIII., der die Herrschaft der Bourbon-Dynastie fortführte. Von ihm hing es ab, ob die weltweite Einigung möglich würde. Frankreich würde seinen Sklavenhandel nicht aufgeben wollen, befand sich jedoch natürlich als Kriegsverlierer nicht in einer besonders starken Verhandlungsposition. Und für Großbritannien lag es natürlich in seinem eigenen wirtschaftlichen Interesse, zu verhindern, dass sein langjähriger Feind von einem Handel profitierte, den es selbst kürzlich aufgegeben hatte. Dennoch wollte Wilberforce kein Risiko eingehen und appellierte an das Unterhaus, offiziell beim Prinzregenten vorstellig zu werden und ihn zu bitten, er möge seine Minister anweisen, ihren ganzen politischen Einfluss aufzubieten, damit die Abschaffung des Sklavenhandels Teil der endgültigen Friedensvereinbarung mit Frankreich wurde. Der entsprechende Antrag wurde zu seinem unverhohlenen Entzücken »mit eifriger und triumphierender Einmütigkeit« angenommen.

An seinen Freund Gisborne schrieb er:

> Es wäre zu schockierend, Europa den Segen des Friedens wiederzubringen und unsere Ehrfurcht vor den Prinzipien der Gerechtigkeit und Menschlichkeit zu bekennen und gleichzeitig diesen Menschenhandel mit unseren Mitgeschöpfen einzurichten, denn das würde dort eigentlich geschehen, wo der Sklavenhandel erloschen ist. Wir sind sehr mit dem großen Ziel beschäftigt, alle großen europäischen Mächte dazu zu bewegen, sich auf eine Konferenz für die allgemeine Abschaffung des Sklavenhandels zu einigen. Oh, möge Gott die Herzen dieser Männer wenden! Welch ein großer und herrlicher Abschluss wäre das für das zweiundzwanzigjährige Drama!

Der englische Außenminister Lord Castlereagh hielt sich bereits in Frankreich auf. Falls die Franzosen durchblicken ließen, sie würden die Abschaffung des Sklavenhandels boykottieren, wurde von ihm erwartet, die Rückgabe der französischen westindischen Kolonien davon abhängig zu machen. Die Abolitionisten hatten also noch ein Ass im Ärmel. Wilberforce dachte daran, selbst den Kanal zu überqueren, doch nach gründlicher Überlegung, auch eingedenk der Tatsache, dass er kein Französisch sprach, beschloss er, stattdessen Macaulay zu senden. Er würde jedoch einen Brief an Talleyrand schreiben und ihm die Argumente für die Abschaffung des französischen Sklavenhandels darlegen. Wie es bei Wilberforce öfter vorkam, gingen ihm die Pferde durch und stürmten in wildem Ritt nach vorne, bis der Brief fast Buchlänge erreicht hatte. Wilberforce schrieb auch seinem alten Freund, Marquis de Lafayette, um ihn um Unterstützung zu bitten. Selbst Madame de Staël, die Wilberforce große Bewunderung zollte und ihn nicht nur den religiösesten, sondern auch den »geistreichsten Mann in ganz England« genannt hatte, lieh der Sache ihre Unterstützung.

Doch am 3. Juni erhielt er eine schreckliche Nachricht: Die Franzosen waren von der Abschaffung des Sklavenhandels abgerückt, und Castlereagh hatte, um das Friedensabkommen nicht zu gefährden, nachgegeben. Frankreich hatte sich zwar bereit erklärt, den Sklavenhandel abzuschaffen, aber nur *allmählich* ... innerhalb von fünf Jahren. Der Gedanke, der Sklavenhandel würde noch fünf Jahre weitergehen, war ungeheuerlich genug. Doch Wilberforce' Vermutung, die Franzosen würden ihn wahrscheinlich auch dann nicht abschaffen, war unerträglich. In sein Tagebuch schrieb er:

> Frankreich soll seine Kolonien zurückerhalten ... und den Sklavenhandel in fünf Jahren abschaffen!!! Ach! Ach! Wie können wir hoffen, dass es ... den Handel in fünf Jahren aufgeben wird, wo doch so viel mehr Motive dafür sprechen, daran festzuhalten. Mir sinkt der Mut, aber tun wir, was wir können, und vertrauen wir darauf, dass Gott unsere Mühen segnen wird.

Die Chancen auf eine weltweite Abschaffung des Sklavenhandels hatten sich zerschlagen. Noch Tausende Menschen würden die Qualen der *Middle Pas-*

sage erdulden und das Gift eines Lebens in Sklaverei trinken müssen. Der Gedanke war schwer zu ertragen.

Wenn Wilberforce jemals gern dazu bereit war, die Rolle des Spielverderbers einzunehmen – und deutlich zu zeigen, woran seine tiefste Loyalität geknüpft war –, dann jetzt. An jenem Montag kehrte Castlereagh im Triumph nach Großbritannien zurück, den Friedensvertrag unter dem Arm. Er war jahrelang in Frankreich gewesen, und als er nun nach Hause zurückkehrte und an jenem Abend das Unterhaus betrat, sprangen alle auf und brachen in Hochrufe aus – auf ihn, auf das Dokument, das er mitbrachte, die Verkörperung des triumphalen Endes von einundzwanzig Jahren Krieg. Wer hätte der ungezügelten patriotischen Freude eines solchen Momentes widerstehen können? Der Jubel brach sich donnernd Bahn, und keinen Abgeordneten im Unterhaus, sei er Whig oder Tory, hielt es auf seinem Platz. Keinen außer einem. Als sich die Hunderte Parlamentarier endlich wieder gesetzt hatten, stand Wilberforce auf – und erklärte, warum er nicht beipflichten konnte. Seine Empfindungen und sein Standpunkt seien nicht weniger patriotisch als die irgendeines anderen, sagte er, und dann richtete er den Blick auf Außenminister Lord Castlereagh, der immer noch den Friedensvertrag in der Hand hielt, und fuhr fort:

> Ich kann mich der Erkenntnis nicht erwehren, dass ich in den Händen meines ehrenwerten Freundes das Todesurteil für eine Vielzahl unschuldiger Opfer, Männer, Frauen und Kinder, vor mir sehe. ... Kann man das Elend, das nun durch unser Handeln von Neuem entstehen wird, ohne die tiefsten Empfindungen der Trauer betrachten? ... Was mich betrifft, so erkläre ich freimütig, dass keinerlei Gesichtspunkte mich dazu hätten bewegen können, dem zuzustimmen.

Doch Wilberforce zog keine Schau ab, um politische Wirkung zu erzielen. Als er sich wieder setzte, sah man, dass er nur mühsam die Tränen zurückhielt.

Am nächsten Tag war Wilberforce zum Essen bei Henry Thornton in *Battersea Rise*. Macaulay, der gerade aus Paris zurückgekehrt war, kam ebenfalls. Nach dem Essen las Macaulay laut Talleyrands Antwort auf Wilberforce' langen Brief vor, den er aus dem Stegreif übersetzte. Der Brief war mit Lobhudeleien gespickt, doch der »schmeichelresistente« Wilberforce, wie James Stephen ihn einmal genannt hatte, ließ sich nicht beeindrucken. Er nannte es »alles leere Schmeichelei«.

Wilberforce' einzige echte Hoffnung lag nun bei Zar Alexander, der am 7. Juni gemeinsam mit den meisten anderen europäischen Staatsoberhäuptern nach London gekommen war. Sie alle waren vom Prinzregenten eingeladen worden, um den »glorreichen Frieden«, wie er genannt wurde, zu feiern, wie auch das hundertjährige Bestehen der hannoverschen Herrschaft, die 1714 mit Georg I. begonnen hatte. Es war ein endloser Reigen überschwänglicher Feierlichkeiten, mit Feuerwerken und extravaganten Spektakeln aller Art. Wohin man auch sah, erblickte man die internationalen Berühmtheiten jener Tage – Könige und Königinnen, Fürsten und Fürstinnen und Kriegshelden. Die Briten hatten ihr Leben jahrelang in den Zeitungen verfolgt und voller Begeisterung von ihren großen Schlachten und Kampagnen und höfischen Intrigen gelesen, und nun waren sie alle hier, plötzlich zum Leben erwacht, und purzelten aus den Zeitungsillustrationen geradewegs auf die Londoner Straßen. Russlands Kaiser, Zar Alexander I. Pawlowitsch wohnte im Hotel Pulteney, zwei Meilen von Kensington Gore entfernt, da er die Einladung des Prinzregenten, sein Quartier im St. James's Palace zu nehmen, ausgeschlagen hatte. Er begleitete die Fürstin von Oldenburg, seine Schwester, von einer Galaveranstaltung zur nächsten, und dieselben Menschenmengen, die über den fetten und verhassten Prinzregenten zischten, wenn seine Kutsche vorüberfuhr, versammelten sich nun unter dem Hotelbalkon des Zaren und jubelten, bis er sich zeigte, groß und gut aussehend und prächtig angetan in rotem Anzug und hellblauer Schärpe.

An jenem Samstag, dem 11. Juni, erhielt Wilberforce während eines festlichen Essens mit der Familie in seinem Haus eine Einladung zu einer Audienz beim Zaren, eine seltene Ehre für einen Bürgerlichen jener Zeit. Die Einladung war für den folgenden Tag ausgestellt. Und so stand Wilberforce am nächsten Morgen früh auf – um sechs Uhr dreißig –, »damit ich zu Gott um Segen für meine Unterredung beten möge«. Er legte sein Hofgewand – ein winziges, samtgrünes Kostüm, das man noch heute in Hull sehen kann, wo es in seinem Elternhaus ausgestellt ist – und das dazugehörige Schwert an und begab sich solchermaßen ausstaffiert zum Gottesdienst in die *Lock Chapel* an der *Hyde Park Corner*.[124] Noch vor Predigtende musste er sich hinausschleichen, um rechtzeitig zu seiner Audienz zu kommen. Den Rest des Weges ging er zu Fuß.

Er kam pünktlich, aber der Kaiser von Russland, der an diesem Morgen die orthodoxe Kirche besucht hatte, ließ auf sich warten. Wilberforce wartete mit mehreren Höflingen des Kaisers, darunter Adam Jerzy Fürst Czartoryski und der Großherzog von Oldenburg, bis der Zar mit seiner Schwester, der Großherzogin, erschien.

Zar Alexander war Mitte dreißig und ein russisch-orthodoxer Christ,[125] der offen für pietistisches Gedankengut war, wenn auch mit einem Hang zur Mystik und zu apokalyptischem Denken, dem Wilberforce skeptisch gegenüberstand. Der Zar glaubte sich von Gott dazu berufen, ganz Europa Frieden zu bringen, brütete manchmal über der Heiligen Schrift auf der Suche nach »Zeichen« und besuchte Gebetsversammlungen, die theologisch ein wenig fragwürdig waren.

Doch von alledem würde Wilberforce heute nichts mitbekommen. Als man ihn endlich in die Gegenwart des Zaren führte, schickte Wilberforce sich an, dem vorgeschriebenen Protokoll entsprechend sich niederzuknien und die Hand des Zaren zu küssen, doch Alexander hinderte ihn daran und schüttelte Wilberforce stattdessen herzlich die Hand. Sie sprachen über die Abschaffung des Sklavenhandels, und Wilberforce drückte seine tiefe Sorge aus, dass die Franzosen den Sklavenhandel wahrscheinlich nicht wie angekündigt nach fünf Jahren aufgeben würden. Wilberforce berichtet, dass der Zar, der Englisch sprach, »herzhaft erwiderte, wir müssen sie zwingen, und sich dann korrigierte, wir müssen sie daran binden«. Der Zar war freundlich und schien den aufrichtigen Wunsch zu haben mitzuhelfen, den Sklavenhandel in Europa zu beenden, doch Wilberforce wurde auch deutlich, dass nur England eine Vorreiterrolle in dieser Frage übernehmen könne.

Am folgenden Tag wurde Wilberforce zu Castlereagh gerufen, doch wie es leicht der Fall ist, wenn sich Staatsoberhäupter in einer Stadt treffen, »kam plötzlich etwas dazwischen«, und Castlereagh konnte den Termin nicht einhalten. Wilberforce wurde an den Premierminister Lord Liverpool weiterverwiesen. Laut Wilberforce' Aufzeichnungen sagte Liverpool zur Erklärung der zurückliegenden Verhandlungen, die Franzosen hätten

> Anstoß daran genommen, sich von uns diktieren zu lassen, und seien der Überzeugung, all unsere Beteuerungen, den Sklavenhandel selbst abgeschafft zu haben, oder sie aus Gründen der Religion, der Gerechtigkeit, der Menschlichkeit zur Abschaffung zu drängen, seien nichts als Unfug und bloße Heuchelei.

Als Nächstes begab sich Wilberforce zu einer Versammlung der African Institution. Romilly sprach und schlug vor, eine große öffentliche Versammlung aller »Freunde des Abolitionismus« einzuberufen, um eine Petition zur Ergänzung des Friedensvertrages ans Parlament oder den Prinzregenten zu beschließen. Wilberforce nörgelte, niemand würde daran teilnehmen, da doch alle völlig aus dem Häuschen seien vor lauter Glanz und Glamour der europäischen Staatsoberhäupter. Doch er irrte sich. Vier Tage später platzte die *Freemason's Tavern*[126] aus allen Nähten von Menschen aller Bevölkerungsschichten, vom Landadel und der Geistlichkeit bis hin zu Parlamentariern und Lords. Als Wilberforce eintraf, konnte er sich kaum durch das Gedränge schieben. Er wirkte sehr schwach. Sein Kopf war auf die Brust herabgesunken, wie es im Lauf der Jahre, so zeigen seine späteren Porträts, immer mehr der Fall sein würde. Beim Gehen stützte er sich auf seinen Freund, den Bankier John Harwood aus Bristol. Obwohl erst Mitte fünfzig, wirkte Wilberforce bereits sehr alt, wenn ihm das auch irgendwie gut stand, da er bereits zu diesem Zeitpunkt jenen ikonenhaften Status erreicht hatte, der normalerweise viel älteren Menschen vorbehalten ist. Als einige im dichten Gedränge merkten, dass Wilberforce unter ihnen war und versuchte, hindurchzukommen, bildeten sie rasch eine Gasse für ihn, sodass er nach vorne zum Podium gelangen konnte. Als sich seine Ankunft herumsprach, brach der ganze Raum in Beifall und Jubel aus, die mehrere Minuten lang anhielten – Wilberforce fragte Harwood, was es denn mit dem ganzen Jubel auf sich habe, was habe er denn verpasst? – bis der vorzeitig zur grauen Eminenz Geadelte endlich auf dem Podium erschien und seinen Platz einnahm.

Als er an der Reihe war, zu der Menge zu sprechen, stand Wilberforce auf, und vor aller Augen erblühte der gebrechliche kleine Mann zu dem leidenschaftlichen und kraftvollen Redner, den sie immer gekannt hatten – und er inspirierte die dicht gedrängte Versammlung zu einer Resolution: Sie würden dem Parlament eine Petition vorlegen, den Friedensvertrag abzuändern und die Klausel zu widerrufen, die es den Franzosen gestattete, den Sklavenhandel weitere fünf Jahre fortzusetzen. Die Parlamentarier im Raum waren zumeist Whigs, und sie beschlossen in einer großen Geste der politischen Überparteilichkeit, auf die Vorlage ihrer eigenen Petition im Parlament, die ihre Kollegen von den Torys hätte in Verlegenheit bringen können, zu verzichten. Stattdessen sollte Wilberforce sie vortragen, den sie nun in bewegender Weise als den »Vater unserer großen Sache« feierten.

Nun folgte eine große Petitionskampagne. Bis Mitte Juni waren aus allen Dörfern und Städten quer durch die britischen Inseln 806 Petitionen gesammelt worden, mit einer Million Unterschriften bei einer Gesamtbevölkerung von einundzwanzig Millionen. Wieder einmal hatte das Volk, das vor nicht allzu langer Zeit noch keine Stimme besessen hatte, für diejenigen gesprochen, die immer noch kein Stimmrecht besaßen – ja: laut gerufen. Das Parlament würde auf ihren Ruf hören müssen, und am 27. Juni, als sich das Unterhaus versammelte, musste es auch auf die Stimme von Wilberforce hören.

Als er an jenem Tag das Wort ergriff und das Parlament drängte, die Klausel, die den Franzosen fünf weitere Jahre des Handels mit Menschen zubilligte, aus der Friedensvereinbarung zu streichen, klang er, besonders gegen Ende seiner völlig unvorbereiteten Rede, wie man sich das personifizierte Gewissen einer Nation vorstellen würde:

Wenn die Häupter der heute Lebenden zur Ruhe gebettet sind und die Tatsachen, die jetzt solch starke Empfindungen auslösen, von der Feder des kühlen, unparteiischen Geschichtsschreibers berichtet werden; wenn sichtbar wird, dass eine Gelegenheit wie die gegenwärtige ausgeschlagen wurde, dass die erste Handlung des wieder eingesetzten Königs von Frankreich die Wiedereinsetzung eines Handels mit Sklaverei und Blut war – welches Urteil wird man sich dann wohl über die Anstrengungen bilden, die dieses Land unternommen hat; und über die Wirkung, die diese bei jenem Volk erzielt haben, das doch unter solch gewichtigen Verpflichtungen steht? Sicherlich wird man weder den britischen Einfluss noch die französische Dankbarkeit sehr hoch veranschlagen können.

Die Vertragsänderung wurde im Unterhaus wie erwartet verabschiedet, und im Oberhaus ebenso. Nun blieb Castlereagh nichts anderes übrig, als an den Verhandlungstisch zurückzukehren und noch einmal die Franzosen unter Druck zu setzen, nachdrücklicher, als er es zuvor getan hatte, denn die britische Bevölkerung hatte die Regierung unter Druck gesetzt, die wiederum nun ihn unter Druck setzte. Die Auseinandersetzung verlagerte sich nach Paris und Wien, und die Hauptakteure waren Castlereagh und der Herzog von Wellington, ein standhafter Vertreter des Abolitionismus, der jetzt britischer Botschafter in Paris war. Auch Thomas Clarkson trat nun wieder auf den Plan, und Stephen und Macaulay sammelten erneut Material über die Gräuel des Sklavenhandels, um es den Franzosen zu präsentieren. Die alte Truppe war wieder zusammen und tat, was sie immer getan hatte, und Wilberforce rührte von jenseits des Meeres wie eh und je die Trommel für die ganze Sache, schrieb endlose Briefe an alle Beteiligten und versetzte Berge mit seinem Glauben und seinem Federkiel.

Auch Stephen und Macaulay waren gründlich wie eh und je. Als Wellington all die kraftvollen, bewegenden und unwiderlegbaren Beweise zur Kenntnis nahm, die sie gesammelt hatten, konnte er sich nicht vorstellen, dass die Franzosen sich nicht davon überzeugen lassen würden. Doch er brauchte sich gar nichts vorzustellen, denn er würde schon bald das Vorrecht haben, mit eigenen Augen zu sehen, wie die Franzosen darüber die Achseln zuckten und höhnisch grinsten. So entsetzlich es für alle gewesen sein muss, die für die Abschaffung des Sklavenhandels gekämpft hatten und immer noch kämpften, waren die Franzosen unbelehrbar dagegen. Wie das britische Parlament zwanzig Jahre zuvor brachte die neu eingesetzte französische Regierung der Bourbon-Dynastie den Abolitionismus mit der revolutionären Französischen Republik in Verbindung, die sie verabscheute. Und ebenso mit den Engländern, die sie ebenso verabscheute. Letzten Endes ließ sich nur wenig ausrichten. So viele Anstrengungen waren unternommen worden, und alles nur, um dort aufzuhören, wo sie einst angefangen hatten. Die Verhandlungen gingen weiter, doch vergeblich. Die Franzosen warfen den Abolitionisten diesen oder jenen winzigen Bissen zu, etwa das Versprechen, den Handel nur südlich des Nigers zu betreiben. Es war eine Schande. Doch noch schändlicher war ein Bericht, den Wilberforce in jenem Oktober erhielt: Neunzehn Sklavenschiffe schickten sich an, mit englischer Hilfe von Le Havre aus in See zu stechen. »Wie gern würde ich die Engländer eines Tages schnappen, wenn sie an Land sind, und sie zur Sklavenarbeit nach Neusüdwales schicken«, schrieb er in einem seltenen Aufwallen von Zorn.

Ich wüsste nicht, dass mich in all meiner langen Erfahrung mit dem Abolitionismus jemals Trauer und Empörung schmerzhafter überfallen hätten. Oh, möge es Gott gefallen, ihnen jenen blutigen Becher aus der Hand zu stoßen, den sie sich mit solcher Gier zu leeren anschicken. Vor meinem geistigen Auge erscheinen sie tatsächlich wie Dämonen, die sich mit grausiger, wilder Freude an ihren wüsten Orgien ergötzen.

Auch die internationale Versammlung auf dem Wiener Kongress war kaum vielversprechender. Russland und Österreich stimmten gemeinsam mit Preußen einem internationalen Verbot des Sklavenhandels zu, aber sie hatten sich ohnehin nur in geringem Maße daran beteiligt. Indessen spielten die großen Sklavenhandelsmächte Spanien und Portugal auf Zeit und baten um eine achtjährige »Gnadenfrist«, um in ihren Kolonien die »Vorräte aufzustocken«. Im Februar 1815 wurde in Wien eine zahnlose Erklärung verabschiedet, die den Sklavenhandel verurteilte. Wilberforce und seine betenden Gefährten hatten sich unermüdlich bis zum letzten Blutstropfen eingesetzt und waren doch gescheitert. Dann, im März, geschah etwas, das wie ein Wunder wirkte. Napoleon entkam seinem Exil auf Elba, landete in Cannes und erhob plötzlich wieder Anspruch auf die Macht. Er wusste, dass ganz Europa bald wieder gegen ihn in Stellung gehen würde, und mit einem geschickten vorauseilenden Versuch, seinen Erzfeind Großbritannien zu beschwichtigen, verkündete er sogleich die sofortige Abschaffung des Sklavenhandels im ganzen französischen Reich. Für den Abolitionismus war das eine wunderbare Wendung, unerwartet wie Schneefall im Sommer; andererseits machte sich Verwirrung breit, denn selbst der standhafteste Freund des Abolitionismus konnte sich kaum den Krieg zurückwünschen. Hundert Tage lang herrschte in ganz Europa wieder Aufruhr. Die Alliierten hatten ihren Sieg zu früh erklärt. Der Herzog von Wellington legte nun seine Rolle als britischer Botschafter am Hofe König Ludwigs XVIII. ab und streifte sich seine alte Militäruniform über. Er schrieb seinen Namen für immer in die Geschichtsbücher ein, indem er eine Streitmacht von mehreren Zehntausend britischen, deutschen und niederländischen Soldaten auf die vom Regen aufgeweichten Klee- und Roggenfelder nahe des Dorfes Waterloo führte, nur wenige Meilen südlich von Brüssel. Der preußische Generalfeldmarschall Gebhard Leberecht Fürst von Blücher führte seine Truppen, nachdem er Grouchy ausgewichen war, nach Norden, um zu Wellington zu stoßen. Hätte der heftige Regen Napoleons Angriff nicht aufgehalten, so wäre Blücher zu spät gekommen. Doch der Regen hielt Napoleon auf und Blücher traf rechtzeitig ein. Wellington triumphierte, und Napoleon erlebte endlich sein Waterloo.

Mit Napoleons endgültiger Niederlage endete eine so lange Zeit kriegerischer Auseinandersetzungen, dass es für Wilberforce ein zutiefst bewegender Moment war, als die Nachricht London erreichte. Der amerikanische

Erfinder Samuel Morse, dem wir den Telegrafen und die Morsezeichen verdanken, war ein Freund von Wilberforce und gerade an diesem Tag bei ihm in Kensington Gore zum Essen geladen. Zachary Macaulay war ebenfalls dort, wie auch Charles Grant und seine beiden Söhne. Als Morse eintraf, war er gerade zu Fuß durch den Hyde Park gegangen und hatte gesehen, wie sich überall Menschentrauben bildeten. Es ging das Gerücht, Napoleon sei gefangen genommen, und der Krieg vorüber. Doch vorsichtig, wie er war, konnte Wilberforce es nicht glauben. »Es ist zu schön, um wahr zu sein«, sagte er. »Es kann nicht wahr sein.«

Wäre es doch wahr, würden dann nicht die Kanonen im Hyde Park Salut schießen, um es offiziell zu verkünden? Während des ganzen Abendessens diskutierten sie die Nachricht fieberhaft, und hinterher ging es im Salon weiter, bis sie endlich das von Menschenhand gemachte Gewitter der Kanonade hörten und sahen. Morse überliefert uns seine Erinnerung an den Moment. »Ich saß an einem Fenster, das hinaus in die Richtung des fernen Parks blickte«, schreibt er.

Plötzlich erregten ein Blitz und ein ferner dumpfer Kanonenschuss meine Aufmerksamkeit, doch der Rest der Gesellschaft bemerkte nichts davon. Ein weiterer Blitz und Schuss gaben mir die Gewissheit, dass die Kanonen im Park feuerten, und ich machte sogleich Mr Wilberforce darauf aufmerksam. Er rannte zum Fenster und riss es auf, gerade rechtzeitig, um den nächsten Blitz zu sehen und den Schuss zu hören. Die Hände schweigend gefaltet, die Wangen von Tränen überströmt, stand er einige Momente völlig in Gedanken versunken da, und ehe er ein Wort sprach, umarmte er seine Frau und seine Töchter und schüttelte jedem im Raum die Hand. Es war eine unvergessliche Szene.

Für den Abolitionismus gab es eine noch bessere Neuigkeit. Die Bourbon-Regierung, die nun wieder eingesetzt wurde, nahm Napoleons Erlass über die Abschaffung des französischen Sklavenhandels nicht wieder zurück. Durch seinen glorreichen Sieg auf dem aufgeweichten Schlachtfeld von Waterloo hatte Wellington in den Augen Europas gewaltig an Ansehen gewonnen. Dies hatte, neben anderen Dingen, die Wende gebracht. Castlereagh hatte erneut Druck auf Talleyrand ausgeübt, und am Ende sah sich der französische König gezwungen, die Abschaffung des Sklavenhandels ein für alle Mal zu bestätigen. Am 31. Juli 1815 schrieb Castlereagh an Wilberforce:

> Ich habe die Freude, Ihnen mitzuteilen, dass das lang ersehnte Ziel erreicht ist und dass Lord Liverpool als Bote die bedingungslose und völlige Abschaffung des Sklavenhandels in allen französischen Besitzungen überbringt.

Dies war eine der wenigen heiligen Stunden in Wilberforce' Leben, in denen er für einen Moment von seinen endlosen Mühen ruhen und sich über das Erreichte freuen konnte; in denen er seinen Blick von dem vielen, was noch zu tun war, abwenden und betrachten konnte, was bereits getan war, und er sah, dass es gut war.

Es war ein triumphaler Moment für Wilberforce, und die ganze Welt schien das zu wissen. Als der Abolitionismus überall auf der Welt immer mehr Zuspruch gewonnen hatte, und besonders jetzt, war Wilberforce' Stern in der ganzen europäischen Gesellschaft in unerreichbare Höhen emporgestiegen. Jeder wünschte ihm zu begegnen, denn er schien ein lebendiges Stück Geschichte zu sein. Man bejubelte und feierte ihn als die Verkörperung des Abolitionismus, so wie man dreißig Jahre zuvor Franklin als den Geist der Aufklärung bejubelt hatte. Doch im Gegensatz zu Franklin – der seine Berühmtheit mit augenzwinkerndem Stolz betrachtete und sich gelegentlich sichtlich in ihrem Glanz sonnte – war Wilberforce darüber schrecklich verlegen und beschämt und hielt sie wie eine Schlange mit spitzen Fingern auf Armeslänge von sich.

Doch es half nichts, er wurde mit Aufmerksamkeit überhäuft. Madame de Staël wandte jede erdenkliche List an, um Wilberforce zu einem ihrer berühmten Bankette zu locken, und jeder Fürst und jede Fürstin in Europa wünschten sich, ihn zu treffen und ihm ihre Achtung zu erweisen. Der König von Preußen schenkte Wilberforce ein wertvolles Porzellanservice, und der preußische Generalfeldmarschall Blücher erwies Wilberforce eine außergewöhnliche Ehre, indem er seinen Adjutanten direkt vom Schauplatz des Sieges in Waterloo entsandte, um die Geschichte der Schlacht dem Prinzregenten und dann Wilberforce vorzutragen. Obwohl Wilberforce in der Tat »schmeichelresistent« war, wie Stephen gesagt hatte, war er gewiss nicht ungerührt von solcher Aufmerksamkeit und auch nicht undankbar dafür.

22. KAPITEL

FRIEDE UND UNRUHE

»... das moralische Gewissen der Nation.«
UNBEKANNT

Und so brach 1815 endlich ein dauerhafter Friede an, der die zerfurchte Stirn des großen Kontinentes glättete. Napoleon war sicher nach St. Helena verbannt und würde keine weitere Gelegenheit mehr haben, die Welt zu erobern. Und das edle Anliegen des Abolitionismus war zwar noch nicht vollständig verwirklicht, hatte sich jedoch unbestreitbar in großen Schritten auf sein Ziel zubewegt.

Für Wilberforce jedoch wurden diese positiven Nachrichten von persönlichen Hiobsbotschaften überschattet. Im Januar erlag sein bester Freund Henry Thornton der Tuberkulose. Zurück blieben seine Frau und neun Kinder. Obwohl schon John Thornton die Grundlagen gelegt hatte, aus denen sich später Clapham entwickeln sollte, hatte vor allem sein Sohn als Architekt der Gemeinschaft gewirkt; nicht nur durch den Bau der drei großen Häuser, die den geografischen Mittelpunkt bildeten. Er hatte überhaupt erst die Idee zu der Gemeinschaft gehabt und die darin verborgenen Möglichkeiten erkannt. Er hatte Wilberforce, Edward Eliot, Charles Grant und Henry Venn dorthin gelockt, in der Hoffnung, andere würden in ihrem Kielwasser folgen; und seine Hoffnung war nicht enttäuscht worden. Thornton hatte auch Wilberforce' beste Freundin aus Kindheitstagen, Marianne Sykes, geheiratet. In vieler Hinsicht hatte er Wilberforce den fehlenden Bruder ersetzt. Wilberforce ging hin, um Abschied von seinem aufgebahrten Freund zu nehmen.

Ich stand einige Zeit und betrachtete seine arme, ausgemergelte Gestalt. Ich kann nicht von Antlitz sprechen, denn das war nicht mehr. ... Ich sagte mir selbst, was durch den Engel zu einer der treuen Nachfolgerinnen unseres Erlösers gesagt wurde, Er ist nicht hier, Er ist ins Paradies gegangen.[127]

Als die Krankenschwester, die Thornton gepflegt hatte, anfing zu weinen, sagte Wilberforce: »Dies ist nicht unser Freund. Dies ist nur das irdische Gewand, das er abgeworfen hat. Der Mann selbst, der lebendige Geist, ist schon dabei, mit Unsterblichkeit bekleidet zu werden.« Er freute sich aufrichtig darüber, dass sein Freund nun an einem besseren Ort war. Dennoch machte ihm der menschliche Verlust zu schaffen. In einem Brief an Marianne schrieb Hannah More:

Armer Wilberforce, er hat einen großen Teil von sich selbst verloren – seine rechte Hand in allen großen und nützlichen Unternehmungen. Wahrhaft schweren Herzens wird er nun hinunter zum Unterhaus gehen ohne seinen vertrauten Freund.

Bald jedoch erkrankte auch Marianne an Tuberkulose. Als er sie in jenem September besuchte, erschrak Wilberforce über ihr Aussehen. Die Frau, die er seit ihrer gemeinsamen Kindheit in Hull gekannt hatte, war dem Tode nah. »Ich fürchte, ich bin zu einer zu günstigen Meinung über Mrs Thorntons Fall verleitet worden«, teilte er Macaulay mit, »und ich habe im Gespräch mit ihr, so deutlich ich konnte, die Vormundschaft für ihre Kinder im Falle ihres Todes zur Sprache gebracht.« Sie selbst sagte zu Wilberforce: »Gott führt mich sanft zu jenem seligen Ort, den er denen bereitet hat, die ihn lieben.« Am 12. Oktober starb sie.

Zwei weitere enge Freunde von Wilberforce, John Bowdler[128] und Dr. Buchanan[129], starben nur kurze Zeit später. In einem Brief an Hannah More schreibt er: »Oh, mögen die Warnungen ihre Wirkung entfalten und uns bereit machen für den Ruf!«

Im Jahr darauf traf ihn mit dem Tod seiner Schwester Sally ein weiterer schwerer Schlag. James Stephen, der schon seine erste Frau durch Krankheit verloren hatte, war untröstlich. Er hatte Sally verehrt, und nun war sein zutiefst leidenschaftliches Wesen von Trauer regelrecht erschüttert. Wilberforce stand ihm während dieser Zeit mit Trost zur Seite, und ihre Freundschaft war von da an enger als je zuvor. Wilberforce empfand keinerlei Verzweiflung angesichts des Todes, denn er wusste, er war nur ein Übergang. Was wirklich zählte, war der ewige Zustand eines Menschen.

Doch so entschlossen er auch den Blick auf die ewigen Dinge richtete, reagierte er doch niemals kalt und mechanisch und wurde nicht stumpf gegenüber der empfindlicheren, menschlichen Seite des Verlustes. Nach dem Tod seiner Schwester schreibt er: »Wie berührend ist es, einen Menschen, den wir unser ganzes Leben lang gekannt haben und den wir besorgt vor zu rauen Winden zu beschützen bestrebt waren, allein im kalten Erdboden zurückzulassen!«

Der Kampf für die Abschaffung des Sklavenhandels wurde, wie so viele Auseinandersetzungen, ebenso in den Köpfen der Menschen ausgefochten wie in den Hallen des Parlaments. Die meisten Leute konnten sich, wie Wilberforce wusste, nicht vorstellen, dass Schwarze freie Bürger sein könnten, denen man die gewaltige Aufgabe zutrauen durfte, sich selbst zu verwalten. Doch wenn diese Skeptiker es mit eigenen Augen sahen, würde ihnen keine andere Wahl bleiben. Deshalb war Sierra Leone ein überaus wichtiges Symbol und all der unendlichen Mühe wert, die es verursachte. Doch 1811 präsentierte der Inselstaat Haiti – das frühere Saint-Domingue – der Sache des Abolitionismus eine zweite unübersehbare Gelegenheit, der Welt zu zeigen, dass schwarze Afrikaner ihre eigenen Herren sein konnten, und das sogar im Hinterhof der Sklavenhalter.

In jenem Jahr gelangte Henri Christophe, ein früherer Sklave, der in den Reihen der Revolutionsarmee aufgestiegen war, plötzlich an die Spitze des Landes. Er hatte sich als König Henri I. krönen lassen und war allen Schilderungen zufolge ein äußerst tüchtiger Mann, der über enorme Fähigkeiten,

Intelligenz und Weitsicht verfügte. Christophe war ein großer Bewunderer der Engländer – besonders wegen ihrer Führungsrolle im Kampf um die Abschaffung des Sklavenhandels – und nahm sich Georg III. sogar als Vorbild für seine Kleidung und sein Auftreten. Er verabscheute auch die Franzosen, unter anderem wegen ihrer zögerlichen Haltung zur Abschaffung des Sklavenhandels. Christophe machte sich daran, einen Modellstaat zu schaffen, der komplett von ehemaligen Sklaven geführt wurde; die Weißen waren ja während der Unruhen der vorausgegangenen Jahre ermordet oder vertrieben worden.

Doch aus dem Blutvergießen war eine große Verheißung gewachsen: Die Sklaverei war abgeschafft, und ein schwarzer ehemaliger Sklave war nun König von Haiti. 1815 wandte sich Christophe an Wilberforce und bat ihn um Hilfe beim Aufbau eines Bildungswesens. Außerdem hoffte er, sein gerade flügge gewordenes Land würde von England offiziell anerkannt werden, auch als Schutz vor den Franzosen, die, wenn es nach ihnen ginge, bei der ersten Gelegenheit Haiti verschlingen würden, *comme ça*.

Wilberforce und ganz Clapham verstanden die symbolische Bedeutung dieses jungen Staates, und sie wollten ihr Möglichstes tun, ihm zum Erfolg zu verhelfen. Und Haiti hatte einen fliegenden Start hingelegt: Christophe machte sich eifrig und geschickt daran, Schulen und Krankenhäuser zu bauen und ehrgeizige landwirtschaftliche Experimente durchzuführen. In seinem ersten Schreiben an Wilberforce bat er ihn um Hilfe dabei, Dozenten zu finden. Macaulay wurde eilends Richtung Norden nach Edinburgh geschickt, um Professoren für klassische Sprachen, Mathematik und Chirurgie aufzuspüren. Diese sollte er dann überreden, den Ozean zu überqueren, um frühere Sklaven zu unterrichten, auf einer Insel, deren weiße Bewohner kürzlich alle ermordet oder, wenn sie Glück gehabt hatten, aus dem Land vertrieben worden waren. Doch Macaulay ging unermüdlich zu Werk wie eh und je, und binnen Kurzem waren die schottischen Professoren gefunden, überzeugt und an Bord der Schiffe nach Haiti gebracht worden. Es war nie die Art der Männer und Frauen von Clapham gewesen, sich bei ihren heiligen Missionen beirren zu lassen. Hatten sie einmal ihre Hand an den Pflug gelegt, so blickten sie nicht mehr zurück. Von nun an boten sie Christophe jede Art von Hilfe und kümmerten sich sogar um kleinste Einzelheiten. Selbst Christophes persönlicher Stab wurde von ihnen handverlesen. Und wie immer schrieb Wilberforce Briefe und abermals Briefe, um stets freundlich, aber beharrlich nach allen vier Himmelsrichtungen um Unterstützung für dieses jüngste seiner großen Anliegen zu werben. Clapham schickte Christophe alles von Virusimpfstoffen mitsamt Anleitungen für die Durchführung der Impfungen bis zu besonderen Neuen Testamenten mit parallelen französischen und englischen Übersetzungen, die sie vorbereitet hatten. Auch ein Exemplar der *British Encyclopædia* war dabei, und Wilberforce sandte beständig Briefe mit Ratschlägen zu allem, was mit dem großen Projekt zu tun hatte. Unter anderem appellierte er an Christophe, etwas zu tun, was viele wohl als skandalös empfunden hätten: Er überzeugte ihn davon, auch den Frauen auf Haiti Bildung zu ermöglichen.

Eines Tages während dieser Zeit wurde ein gewisser Mr Prince Saunders, ein Schwarzer aus Boston, bei Wilberforce vorstellig, weil er nach Sierra Leone gehen wollte. Doch Wilberforce hatte eine bessere Idee: Er schickte ihn zurück über den Atlantik nach Haiti. Ein halbes Jahr später kehrte Saunders mit einer Botschaft von Christophe nach London zurück: »Sagen Sie den Freunden der farbigen Menschen alles, was Sie in Haiti gesehen und gehört haben.« Die Begeisterung über das, was dort offenbar geschah, und über die darin verborgenen Möglichkeiten war berauschend. Wilberforce bemerkte gegenüber Macaulay: »Ach, ich wünschte, ich wäre nicht zu alt und Du nicht zu beschäftigt, um dorthin zu gehen.« Und Sir Joseph Banks erklärte in einem Brief an Wilberforce:

> Wäre ich fünfundzwanzig wie damals, als ich mich mit Kapitän Cook einschiffte, würde ich ganz sicher keinen Tag verlieren, um nach Haiti aufzubrechen. Der Anblick einer Gruppe von Menschen, die aus der Sklaverei emporsteigt und zügig auf die Vervollkommnung ihrer Zivilisation hin arbeitet, erscheint mir als die köstlichste Speise für die Kontemplation.

FRIEDE UND UNRUHE ✢ 341

Für Großbritannien jedoch waren die Jahre nach dem Krieg äußerst beschwerlich. Der Friedensschluss von 1815 milderte nicht die finanziellen Nöte des Landes, doch weil die Menschen darauf gehofft hatten – und schon seit Jahren auf eine Linderung ihrer Schwierigkeiten warteten –, machten sich großer Unmut über die Regierung und zunehmende soziale Unruhen breit. Die schlechten Ernten jener Jahre hatten die Situation verschärft. Für radikale Agitatoren wie den Populisten William Cobbett, der sich immer wieder zu rassistischen Äußerungen hinreißen ließ, war das ein gefundenes Fressen. Die Furcht, unter den Massen könne dieselbe Gewalt und Anarchie ausbrechen wie einst in Frankreich, war mit Händen zu greifen, und die Gräuel jener Revolution waren der herrschenden Klasse noch gut in Erinnerung. Deshalb ergriff die Regierung eine Reihe von Maßnahmen, die wir aus unserem komfortablen Abstand als zu hart erkennen können. Wilberforce war daran nicht unschuldig. Bei der Verabschiedung der Korngesetze, die den Import billigeren Getreides verboten, und bei dem zu Recht umstrittenen Votum, die Habeas-Corpus-Akte* auszusetzen, stellte er sich auf die Seite der Regierung. Der Getreidepreis war derartig ins Bodenlose gestürzt, dass viele Bauern alles verloren hatten. Doch nach so vielen Kriegsjahren war die landwirtschaftliche Selbstversorgung ein wichtiges Ziel. Die Folge war in jedem Fall, dass die Armen Hunger litten. Sein Votum in dieser und in anderen Fragen trug Wilberforce den Vorwurf ein, er sei ein reicher, realitätsferner Feind des einfachen Arbeiters. Cobbett führte die Verunglimpfungskampagne gegen Wilberforce an, schilderte ihn als den verachtungswürdigsten aller Heuchler und hatte offensichtlich seine helle Freude daran.»Sie scheinen große Zuneigung zu den fetten, faulen, lachenden und singenden Negern zu haben«, schrieb Cobbett in einem berühmten Zitat.»Doch niemals haben Sie für die Arbeiter des Landes auch nur eine Hand gerührt.«

Dieser Vorwurf gegen Wilberforce, er kümmere sich um die Sache der schwarzen Afrikaner, während er die weißen Arbeiter Großbritanniens ignorierte, war empörend und absurd.[130] Der Historiker Howse meinte, genauso

---

* Vgl. Fußnote S. 233.

gut hätte man Kolumbus vorwerfen können, dass er nicht auch Australien entdeckt habe. Doch es ist sogar noch krasser. Bei allem, was Wilberforce für die britische Arbeiterklasse tat, könnte man sagen, dass er tatsächlich auch Australien entdeckte. Sein Einsatz für den Abolitionismus machte ihn so berühmt, dass er alles überschattet, was er, größtenteils im Zuge seines zweiten »Großen Ziels«, der »Reformation der Sitten«, für die britische Bevölkerung tat. So wurden die Ergebnisse vieler seiner Anstrengungen erst nach Jahrzehnten sichtbar. Wo immer Wilberforce Leid oder Ungerechtigkeiten begegnete, erschütterten sie ihn tief. Seine Bemühungen, sowohl innerhalb als auch außerhalb des Parlaments, für die britischen Arbeiter und die ärmeren Schichten Englands lassen sich kaum ermessen. Wilberforce setzte sich dafür ein, die Zahl der Verbrechen zu verringern, die mit dem Strang bestraft wurden. Er setzte sich gemeinsam mit der Quäkerin Elizabeth Fry[131] für eine Strafvollzugsreform für weibliche Gefangene in Newgate ein; und gemeinsam mit Romilly unternahm er viele weitere Anstrengungen für die Reform des Strafvollzugs, etwa für eine Verbesserung des strengen Strafrechts jener Zeit oder dass er auf die Missbräuche und Grausamkeiten in Strafkolonien wie *Botany Bay* aufmerksam machte. Wilberforce sagte über Prügelstrafen in der Armee, dass er diese »verabscheue«. Grausamkeiten jeder Art – ob sie sich nun gegen Sklaven, Gefangene, Seeleute in der Royal Navy oder gegen Tiere richtete – berührten ihn stets und trieben ihn zur Tat. Er arbeitete mit Romilly daran, das Elend der *climbing boys* (»Kletterjungen«) zu beenden – kleiner Jungen, die grausam gezwungen wurden, unter schrecklichen Bedingungen, die sich kaum beschreiben lassen, krumme, enge Schornsteine zu reinigen. Er setzte sich für eine Verbesserung der Gesetze über Kinderarbeit ein und beteiligte sich an der Gründung der *Society for the Relief of the Manufacturing Poor* (»Gesellschaft zur Unterstützung der armen Arbeiter«). Die Liste ließe sich endlos fortsetzen.

Meistens ging Wilberforce aus einer ethischen oder religiösen Perspektive an die Probleme heran, weil er aufrichtig glaubte, dies sei der beste Weg, um leidenden Menschen zu helfen. Cobbett hingegen sah darin nichts als Heuchelei, als moralische Hochnäsigkeit, getarnt als soziales Engagement.

Zum Beispiel vermuteten Cobbett und andere Radikale jener Zeit in Wilberforce' Bemühungen, den Unsitten der Bärenhetze und Stierhetze ein Ende zu machen, die Maßnahmen eines Spielverderbers, motiviert durch kleinliche Missbilligung der deftigen Vergnügungen der ärmeren Schichten, denen doch nur so wenig Zerstreuung vergönnt war. Wilberforce dagegen empfand diese Aktivitäten als groteske Grausamkeiten an wehrlosen Tieren und als Praktiken, die zu der allgemeinen Verrohung jener beitrugen, die sich daran ergötzten, indem sie ihre Vulgarität verstärkten und sie noch gefühlloser gegenüber Leiden und Grausamkeit machten – was wiederum zu weiteren sozialen Problemen führte. Der Mantel der moralischen Autorität, den Wilberforce trug und um den er gewiss weder gebeten noch sich bemüht hatte, lastete oft schwer auf ihm. Er zog nicht nur das Feuer gegnerischer Parteigänger an, sondern gab Wilberforce auch ein Gefühl der Verpflichtung, sich zu bestimmten Fragen zu äußern – etwa zu den Korngesetzen –, wo es vielleicht politisch geschickter gewesen wäre, sich nicht zu äußern. Sein Ruf litt darunter, er empfand es jedoch als aufrichtig und konnte nicht anders, als sich zu äußern und ehrlich auszudrücken, was er für das Richtige für sein Land hielt, selbst wenn dies dazu führte, mit den Leuten in einen Topf geworfen zu werden, die aus egoistischem Klasseninteresse ebenso abgestimmt hatten.

Während Cobbett sich stolz und wortreich als heldenhafter Vorkämpfer der unteren Klassen gab, sollte nicht vergessen werden, dass er zugleich ein eifriger Vorkämpfer der westindischen Sklaverei und somit der erklärte Feind der untersten aller Klassen britischer Untertanen war. Doch da er den glücklichen Vorzug hatte, ein erwiesener und unverhohlener Rassist zu sein, sah Cobbett keine Inkonsequenz in seinem Denken.

Die Liste der Gesellschaften (und ihre Namen), die von Wilberforce oder Clapham gegründet wurden, um denen zu helfen, die sie laut Cobbett angeblich übersahen, ist so lang, dass sie einer gewissen Komik nicht entbehrt. Da gab es das *Asylum for the Support and Encouragement of the Deaf and Dumb Children of the Poor* (»Asyl für die Unterstützung und Ermutigung der taubstummen Kinder der Armen«); die *Society for Bettering the Condition and Increasing the Comforts of the Poor* (»Gesellschaft für die Besserung des Zustands und die

Vermehrung der Annehmlichkeiten der Armen«); die *Institution for the Relief of the Poor of the City of London and Parts Adjacent* (»Einrichtung zur Unterstützung der Armen der Stadt London und angrenzender Gebiete«); die *Society for the Relief of the Industrious Poor* (»Gesellschaft zur Unterstützung der fleißigen Armen«); die *British National Endeavour for the Orphans and Children of British Sailors and Marines* (»Britische Nationale Initiative für die Waisen und Kinder britischer Seeleute und Marinesoldaten«); das *Asylum House of Refuge for the Reception of Orphaned Girls the Settlements of Whose Parents Cannot Be Found* (»Asylhaus der Zuflucht für die Aufnahme verwaister Mädchen, deren elterlicher Nachlass nicht zu finden ist«); das *Institute for the Protection of Young Girls* (»Institut zum Schutz junger Mädchen«) und schließlich die klangvoll benannte *Friendly Female Society for the Relief of Poor, Infirm, Aged Widows and Single Women, of Good Character, Who Have Seen Better Days* (»Freundliche Frauenvereinigung zur Unterstützung armer, gebrechlicher, alter Witwen und alleinstehender Frauen guten Charakters, die schon bessere Tage gesehen haben«).

1818, nach vielen gescheiterten Versuchen, das Sklavenregistrierungsgesetz zu verabschieden, begannen Wilberforce und der Clapham-Kreis endlich, die Sklavenbefreiung als einzige Lösung für das Elend der westindischen Sklaven anzusehen. Beim Sammeln des Materials, um das Parlament davon zu überzeugen, das Registrierungsgesetz zu verabschieden, wurden neue Untersuchungen über die Lage der westindischen Sklaven angestellt. Die Gräuel, die Wilberforce und seine Claphamer Kollegen nun entdeckten, elf Jahre nach der Abschaffung des Sklavenhandels, waren ein Schock für sie. Alle Hoffnungen, die Situation der Sklaven könnte sich in der Zwischenzeit langsam verbessert haben, zerschlugen sich. In seinem Tagebucheintrag vom 7. Januar erwähnt Wilberforce einen Bericht, den er erhalten hatte,

> von dem grauenhaften Mord an einem armen Sklaven – begraben ohne Untersuchung durch einen Leichenbeschauer – dann aber wieder ausgegraben und völlig verstümmelt vorgefunden – dennoch von den Geschworenen hereingebracht.... Der traurige Zustand je-

ner armen, misshandelten Kerle erschüttert mich so sehr, dass es mich nachts wach hält. Oh, möge Gott uns befähigen, der Nation ein angemessenes Bewusstsein ihres Unrechts zu vermitteln, und mögen wir das Werkzeug sein, es wiedergutzumachen!

Das größere Ziel der Abolitionisten war von Anfang an die Befreiung der Sklaven gewesen, doch da der Kampf für die Abschaffung des Handels sich über zwanzig schwierige Jahre endlos hingezogen hatte, war dieses größere Ziel als politische Möglichkeit ein wenig aus dem Blickfeld geraten. Der Gedanke, die Bedingungen für die Sklaven allmählich zu verbessern, hatte Boden gewonnen, in der Hoffnung, dies führe letzten Endes zu ihrer Befreiung. In einem Brief, den Wilberforce im Februar des Jahres an Joseph John Gurney[132] schrieb, erklärt er:

Es war stets und ist immer noch das sowohl wirkliche als auch erklärte Ziel aller Freunde der afrikanischen Rasse, die westindischen Sklaven allmählich in einen freien Kleinbauernstand überführt zu sehen; doch dieses äußerste Ziel sollte schrittweise durch die Umsetzung vielfältiger, hauptsächlich moralischer Anliegen herbeigeführt werden und letzten Endes als das nahezu unmerkliche Resultat der verschiedenen Verbesserungen erscheinen, statt als alleiniges Ziel in den Blickpunkt zu rücken.

Nun jedoch, 1818, erkannten sie die Naivität dieser Hoffnung. Wieder einmal war also der Kurs klar: sofortige Befreiung der Sklaven durch politische Mittel.

Umgehend wurden Einwände vorgebracht, und neue Hindernisse tauchten auf. Veranlasst durch die explosive innenpolitische Lage Großbritanniens 1818, riet Castlereagh Wilberforce dringend davon ab, ausgerechnet jetzt auf die Sklavenbefreiung zu dringen. Doch Abwarten ging Wilberforce gegen den Strich. Als er sich in jenem April krank fühlte, machte er in seinem Tagebuch seinen Empfindungen Luft:

> Ich bin mir mehr und mehr bewusst, dass meine Fähigkeiten, sowohl in körperlicher als auch in geistiger Hinsicht, verfallen, und ich muss versuchen, mit dem wenigen, was noch bleibt, hauszuhalten. Ach, ach, wie bekümmert es mich, dass ich die Lage der westindischen Sklaven nicht vorangebracht habe.

Seine Schuldgefühle darüber verstärken sich, als er am nächsten Tag, wiederum offensichtlich krank und schwach, eine Gelegenheit ausließ, das Thema bei einem Treffen der seit 1807 existierenden *African Institution* zur Sprache zu bringen.

In seinem Tagebuch lässt er seinem Elend ohne Rücksicht auf Grammatik und Zeichensetzung freien Lauf:

> Habe mich noch nie bei irgendeiner öffentlichen Versammlung so blamiert wie heute, so weit ich mich erinnere. War nicht meine Geistesverfassung schlecht, wütend und gereizt, statt zerknirscht und demütig Herr Gnade Gnade ich bin unglücklich und elend und arm und blind und nackt. Oh fülle all meinen Mangel aus und gib mir all die Gnade und Kraft, die ich brauche.

Bedenkt man den zermürbenden Druck, unter dem er stand, so kann es nicht verwundern, dass Wilberforce aus London floh, wann immer er konnte. In jenem Sommer reiste er mit Barbara und seiner Familie nach Westmorland im Nordwesten Englands, wo er viele lange Spaziergänge durch die friedliche, schöne Landschaft unternahm.

> Die Sommerhitze ist gemildert und wir genießen Sonne und Schauer bei genau der richtigen Temperatur, in der man sich angenehm bewegen kann und abends ein kleines Feuer zu schätzen weiß. Ich bin dem Kamin so treu wie ein Heimchen oder ein Lieblingsspaniel und fühle mich um etwas gebracht, wenn das Wetter zu heiß ist, um diese Annehmlichkeit zu genießen.

Doch ganz vergessen konnte Wilberforce seine gewohnten Anliegen nie. Am 20. Juli, einem Sonntag, raufte er sich die Haare über den nachlässigen Dienst eines jener *lukewarm professors* (»lauwarmen Bekenner«) in Grasmere, der

> eine belanglose Predigt im Trab oder eher im Galopp vorlas; letzten Sonntag hielt er eine traurige, unnütze Predigt. Am Nachmittag ging ich zu zwei oder drei Häusern und redete mit den Leuten über Religion.

Das tat Wilberforce oft, wo immer er hinkam. Er evangelisierte oder versuchte, die Flammen dessen zu entfachen, was noch an echtem Glauben in der ausgehungerten Bevölkerung zu finden war. Die Leute hier waren typisch für viele Gegenden in Großbritannien; arme verirrte Schafe ohne einen echten Hirten. Southey gab ihm recht, was den Zustand der Religion in jener Gegend anbetraf. Er nannte die halbherzigen Priester »Heirats- und Taufmaschinen«.

Während dieser Zeit las Wilberforce Bücher, schrieb unzählige Briefe und besuchte viele alte und neue Freunde. Er verbrachte Zeit mit seinem Freund Southey, der in Trauer war, nachdem er kürzlich seinen Sohn verloren hatte; wie auch mit dem romantischen Dichter William Wordsworth, dessen Schwester Dorothy einst Interesse an Wilberforce bekundet hatte. In seinem Tagebuch verzeichnet Wilberforce auch den Besuch eines Romanautors: »Walter Scott kam zum Essen und blieb einige Zeit – Scott sehr unterhaltsam, voller Geschichten, die er vorzüglich erzählt.«

Der Aufenthalt der Wilberforces im Jahr 1818 ging Anfang Oktober zu Ende. In seinem Tagebuch schreibt er, dass sie am 2. Oktober

> Muncaster gegen Keswick austauschten, das wir nach Einbruch der Dunkelheit über Ennerdale-head und Lowes-water erreichten und wo wir eine sehr behagliche Unterkunft fanden. ... Am 3. auf dem See mit dem armen Thomas Hutton, der fünf- oder sechsundsiebzig ist, aber immer noch aktiv.

WILBERFORCE

Wilberforce selbst war inzwischen neunundfünfzig und nahm deutlich wahr, wie die Zeit verging und welche Auswirkungen das für ihn und seine Zeitgenossen hatte.

Ich stellte später fest, dass Mrs I., unsere Gastgeberin, eine hübsche junge Frau gewesen war, die ich von vor zweiundvierzig Jahren als Polly Keen aus Hawkshead in Erinnerung habe; jetzt ist sie eine zahnlose alte Frau mit Kiefern wie ein Nussknacker, aber sehr aufrecht und aktiv.

Das Jahr 1819 kam, und das Klima für die Sklavenbefreiung wurde nicht besser. In jenem Jahr geschah das furchtbare sogenannte Peterloo-Massaker (eine ironische Anspielung auf Waterloo), bei dem eine friedliche Demonstration für Staatsreformen auf dem *St. Peter's Field* bei Manchester von Kavallerie-Truppen aufgelöst werden sollte. Die traurige Bilanz: In dem Gerangel und Durcheinander, das dadurch entstand, starben elf Menschen, und Hunderte wurden verletzt.

Die Brutalität, mit der der Staat vorging, verlieh den Radikalen einen neuen Anschein von Respektabilität und goss Wasser auf ihre Mühlen. Es war klar, dass eine Gesetzgebungsinitiative für die volle Sklavenbefreiung noch länger würde warten müssen. Inmitten der anhaltenden innenpolitischen Auseinandersetzungen bezeichnete ein anderer Radikaler, Francis Place, Wilberforce als eine »hässliche Verkörperung des Teufels«. Es hatte ja auch niemand behauptet, es wäre eine Kleinigkeit, das »moralische Gewissen der Nation« zu sein. Und 1820 sollte es Wilberforce im Rahmen derselben undankbaren Rolle zufallen, mitten in eine unmögliche nationale Seifenoper hineinzugeraten.

Die Affäre um Königin Caroline, die mal zum Brüllen komisch, mal herzzerreißend traurig und oft einfach nur widerwärtig war, fesselte die ganze Nation und erschütterte sie bis ins Mark. Der seltsame Zirkus der Ereignisse begann am 29. Januar, als der alte König, Georg III., starb – taub, blind und ohne Verstand; vor sechzig Jahren, 1760, hatte er den Thron bestiegen.

Nach seinem Tod sollte sein ältester Sohn, der Prinz von Wales, der bereits seit einem Jahrzehnt als Prinzregent herrschte, nun endlich zum König gekrönt werden, und genau diese bevorstehende Krönung sorgte für eine unvergesslich schmutzige Episode der britischen Geschichte. Dass man von einer »Affäre« um Königin Caroline spricht, bezieht sich nicht auf die außereheliche Affäre, die zum Gegenstand eines Prozesses gegen die Königin wurde, sondern auf die Episode im Ganzen. Die Königin hatte wahrscheinlich im Lauf der Jahre etliche Affären, wenn auch nicht annähernd die vierstellige Zahl, auf die es ihr Mann brachte, dessen »Beziehungen« zu Frauen – selbst hundert Anführungszeichen könnten dieses Wort nicht angemessen schützen – denkbar wirr und kompliziert waren. Zehn Jahre lang war Georg IV. insgeheim mit einer Katholikin namens Mrs Fitzherbert verheiratet gewesen, doch er war auch vor, während und nach jener »Ehe« und vor, während und nach seiner fünfundzwanzigjährigen »Ehe« mit Caroline in zahlreiche aufsehenerregende Affären verwickelt gewesen. Und wie bereits erwähnt, hatte er überdies im Lauf der Jahre seinen königlichen Samen großzügig in der weiten Welt ausgesät und nicht wenige Bordelle und liederliche Häuser mit dem Geld der Steuerzahler saniert.

Georgs alles andere als märchenhafte Hochzeit mit Caroline fand 1795 statt. Zu dieser Zeit hatten seine Spielschulden solch schwindelnde Höhen erreicht, dass er sich in der Hoffnung, auf diese Weise der königlichen Schatzkammer mehr Geld entlocken zu können, bereit erklärte, nahezu unbesehen Prinzessin Caroline von Braunschweig-Wolfenbüttel zu heiraten. Sollte aus ihrer Vereinigung ein legitimer Erbe hervorgehen, so würde dadurch das Einkommen des Prinzen erheblich ansteigen. Es mag schlechtere Gründe für eine Heirat geben, doch fallen sie einem nicht auf Anhieb ein. Der Prinz erschien betrunken zur königlichen Hochzeit, und von nun an ging es steil bergab. Er machte kein Hehl daraus, dass er seine Braut korpulent und langweilig fand, von ihrer mangelnden hygienischen Finesse ganz zu schweigen. Auch Caroline glaubte nicht, mit ihrem Schwerenöter von einem Prinzen einen besonders guten Fang gemacht zu haben. Es erscheint wie ein Wunder, dass sie tatsächlich ein Kind hervorbrachten, und angesichts ihres gegenseitigen Abscheus darf man wohl eine Parthenogenese* nicht völlig ausschließen. Doch eine Tochter kam im folgenden Jahr zur Welt, woraufhin die unglücklichen Eheleute einander Lebewohl sagten und sich eilends in entgegengesetzten Richtungen aus dem Staub machten. Caroline blieb schließlich in Italien hängen wie ein Samenkorn im Blinddarm, während der Prinz in England blieb und sich sozusagen wieder der unendlichen Fuchsjagd zuwandte.

Leider starb ihre Tochter mit siebzehn Jahren, und der Prinz und die Prinzessin lebten fünfundzwanzig Jahre lang völlig getrennt voneinander. Als nun jedoch Caroline vom Tod ihres Schwiegervaters erfuhr, witterte sie Morgenluft. Schneller als ein fliegender Liebesbrief kehrte Caroline nach England zurück, um endlich ihren rechtmäßigen Platz als Königin zu beanspruchen. So lautete zumindest ihr Plan, und Georg IV. wurde aschfahl, als er Wind davon bekam.

Ein Vierteljahrhundert lang hatte er völlige Freiheit auf dem Hühnerhof gehabt, doch nun kehrte die alte Henne heim, um zu brüten. Rasch wurden Botschafter entsandt, um sie mit einer Abfindung zum Verzicht zu bewegen, aber Caroline war nicht in der Stimmung, sich vorenthalten zu lassen, was sie für ihren rechtmäßigen Anspruch hielt. Angestachelt von ihrem Anwalt Henry Brougham[133], der eine politische Gelegenheit witterte, lehnte sie alle Angebote ab, die ihr gemacht wurden, um sie von ihrem Vorgehen abzuhalten.

Georg IV. war bei der Bevölkerung wegen eines Jahrzehnts voller als repressiv empfundener staatlicher Maßnahmen so verhasst, dass seine Feindin nur die Lieblingsheldin des Volkes werden konnte. Und so wurde Prinzessin Caroline, die man völlig zu Recht für eine Frau hielt, der schweres Unrecht geschehen war, unversehens zum Liebling der englischen Massen. Bei jeder Gelegenheit tranken sie auf ihre Gesundheit, und sie jubelten ihr zu, als sie unerschrocken in London einzog, um einzufordern, was ihr zustand. Sie er-

---

* Griechisch-neulateinisch; sogenannte Jungfernzeugung, bei der aus unbefruchteten Eizellen Nachkommen entstehen.

götzten sich sogar an dem Umstand, dass sie Schutz und Geborgenheit in den braun gebrannten Armen eines italienischen Playboys gefunden hatte, denn dessen braune Haut verriet Manneskraft und war somit eine schallende Ohrfeige ins mehlwurmblasse Gesicht ihres verabscheuten Königs.

Außerdem ging das Gerücht um, Spione des Königs hätten einige Zeit lang Caroline auf dem Kontinent verfolgt und angeblich die Einzelheiten ihrer ehebrecherischen Aktivitäten in einer sogenannten »grünen Tasche« gesammelt. Wenn sie sich weigerte, ihren Anspruch auf den Thron zurückzunehmen, würde der König sie vor Gericht stellen, die Beweise für ihren Ehebruch vorlegen und sich öffentlich von ihr scheiden lassen.

Wilberforce beobachtete die Entwicklung und wusste, dass sie zu großen Problemen führen würde. Ihm war klar, dass Brougham Prinzessin Caroline als politische Waffe – eher Keule als Degen – gegen den König und die Tory-Regierung benutzte. Die Kontroverse konnte die Nation in eine gefährliche Spaltung führen und in der Öffentlichkeit einen erheblichen Aufruhr auslösen. Wenn der König sich in die Enge getrieben fühlte und beschloss, seine Trumpfkarte auszuspielen – nämlich die Königin für ihren Ehebruch vor Gericht zu stellen –, würde die Öffentlichkeit mit dem Unrat ihrer beiderseitigen Untreue und ihres bittern Hasses überschwemmt werden. Wilberforce wollte der Nation eine solche öffentliche Schlammschlacht möglichst ersparen.

Wilberforce galt vielen als graue Eminenz und unparteiische politische Gestalt höchsten Ranges, deren Bemühungen in dieser Episode zum Wohle des Landes dringend benötigt wurden. In seinem Tagebuch notiert Wilberforce: »Ich beschloss, wenn möglich, die Untersuchung zu verhindern; ein Ziel, das nur durch eine gütliche Einigung zu erreichen war, die keiner Seite Anlass zum Triumph geben würde.«

So sprang also Wilberforce in die Bresche. Er brachte im Unterhaus einen Antrag ein, um, wie ein Parlamentarier schrieb

aus reinen Motiven der Nächstenliebe der Öffentlichkeit *die abscheulichen und widerlichen Einzelheiten* der grünen Tasche des Königs und der grünen Tasche, die womöglich die Königin gegen den König mitbringen würde, zu ersparen.

Ein Prozess würde eine Büchse der Pandora voll venerischer Furien öffnen. Doch der König und die Königin schienen kaum einen Pfifferling darauf zu geben, welchen Schaden sie durch ihr Verhalten der Nation zufügen konnten. Das letzte Angebot des Königs war eine hohe Geldsumme, für die er von der Königin verlangte, für immer fortzugehen. Sie durfte den Titel »Königin« führen, wo immer sie sich aufhielt, und sollte eine königliche Jacht, eine Fregatte usw. zu ihrer Verfügung haben. Doch ein Zugeständnis verweigerte der König ihr: Er war strikt dagegen, dass ihr Name in den offiziellen Gebeten der Liturgie der anglikanischen Kirche verlesen wurde.[134] Wie so mancher raffinierte Heuchler in der Geschichte wurde Georg IV. nun zu einem liturgischen Kleinkrämer, der Mücken seiht und Kamele verschluckt. Für ein paar Worte in einer Liturgie, die ihm ohnehin nichts bedeutete, setzte er das Schicksal der britischen Nation aufs Spiel.

Wilberforce würde alle Hände voll zu tun haben, aber er hatte vor, zum Wohl des Landes beide Seiten dazu zu bewegen, an diesem kleinen Punkt nachzugeben. Er warf alle Würde, moralische Autorität und politische Unabhängigkeit, die er sich im Lauf der Jahre angeeignet hatte, in die Waagschale. Doch keine Seite rückte von ihrem Standpunkt ab. Schließlich sicherte Brougham Wilberforce vertraulich zu, wenn er und eine Delegation des Unterhauses die Königin aufsuchten, würde sie in der liturgischen Frage nachgeben. »Sie wird Ihrer Bitte zustimmen«, schrieb Brougham an Wilberforce. »Dafür verbürge ich mich.«

Und so entstaubte Wilberforce sein samtgrünes Hofgewand, schnallte sein zeremonielles Schwert um und machte sich mit einer Delegation auf den Weg zur Königin. Vor ihrer Residenz hatte sich eine ungestüme Menschenmenge versammelt, wie es im Zuge dieser Ereignisse oft geschah, was die Sache noch unangenehmer und gefährlicher machte. In einem Brief an Barbara berichtet Wilberforce, die Menge habe keine Steine geworfen, ein

Wunder, das wohl kaum die beruhigende Wirkung gehabt haben dürfte, die er mit seiner Erwähnung beabsichtigte. Doch Wilberforce und die Delegation ließen sich nicht abhalten, stiegen die Treppe hinauf und traten vor die Königin. Pollock beschreibt die Königin hier als »liederlich stinkend«, und wie es scheint, hatte sie in Vorbereitung auf die feierliche Begegnung getrunken. Wilberforce beschreibt sie als »äußerst würdevoll, aber sehr streng und hochmütig«. Doch wie immer sie auch wirkte und was immer Brougham persönlich versprochen hatte, die Königin gab keineswegs nach. Für all seine Mühe erntete Wilberforce nur eine öffentliche Blamage und den Vorwurf der Presse, sich eingemischt zu haben. Man muss es ihm hoch anrechnen, dass er von Broughams falschen Versprechen nie etwas erwähnte.

Wilberforce befürchtete sehr, dass die politischen Auseinandersetzungen, die durch diese Affäre aufgerührt wurden, in einen Bürgerkrieg münden könnten. Immer noch drohten Menschenmengen mit Gewalt. Ein Pulk stellte sich Lord Anglesey in den Weg, dem gefeierten und hoch dekorierten Kriegshelden, der den Kavallerieangriff bei Waterloo angeführt und dort durch einen Kanonenschuss sein Bein verloren hatte. (»Bei Gott, Sir«, soll er dem Herzog von Wellington zugerufen haben, »ich habe mein Bein verloren!« »Bei Gott, Sir«, erwiderte Wellington, »das haben Sie!«) Die Menge verlangte, Anglesey solle seine Loyalität gegenüber der Königin erklären. »Gott schütze die Königin!«, rief er. »Mögen alle eure Frauen so sein wie sie!«

»Was immer geschieht«, schrieb Wilberforce, »es wird mir immer ein Trost sein, daran zu denken, dass ich mein Bestes getan habe, um all die Übel zu verhüten, die geschehen könnten.« Doch die schlimmsten Befürchtungen trafen ein: Neben der Gewalt auf den Straßen bahnte sich tatsächlich ein öffentlicher Prozess an, in dem der König versuchen würde, Caroline zu diskreditieren und eine Scheidung zu erwirken, indem er die zuvor erwähnten »abscheulichen und widerlichen Einzelheiten« aus der grünen Tasche ans Licht zerren würde. Italienische Dienstboten würden als Zeugen aussagen, und die ganze Nation würde mit Einzelheiten über Bettfedern und befleckte Betttücher unterhalten werden.

So begann nun ein Medienzirkus, wie wir ihn heute öfter erleben. Unentwegt kamen Berichte über den Prozess in allen abgeschmackten Einzelheiten in Umlauf. Das Bild, das uns von der Königin während dieser Vorgänge übermittelt wird, ist unwiderstehlich gruselig. Der Whig-Politiker und Tagebuchschreiber Thomas Creevy schrieb an einen Freund:

> ... ihr Aussehen und ihr Benehmen für Dich zu beschreiben, übersteigt meine Fähigkeiten bei Weitem. ... Die größte Ähnlichkeit mit dieser viel geschmähten Prinzessin hätte nach meiner Erinnerung noch ein Spielzeug, das Du Fanny Royds zu nennen pflegtest.

Der moderne Nachfahre dieses antiken holländischen Spielzeugs ist ein Stehaufmännchen; wie seine Vorfahrin verbindet es eine birnenförmige Gestalt mit einem stark beschwerten Hinterteil, um unermüdlich in aufrechter Position zu bleiben. Creevy äußerte sich auch über die verblüffende und unpassende schwarze Perücke, die die Königin über ihrem natürlich blonden Haar trug. Die »wenigen verstreuten Locken«, die er entdeckte, schienen ihm nicht »das Eigentum ihrer Majestät« zu sein. Die Königin trug während des Prozesses einen Schleier, doch ihr Gesicht schien rot zu glühen.

> Ich bekenne freimütig, dass ich in meinem Urteil gegenwärtig stark abgeneigt bin, die Strafbill [gegen sie] anzunehmen. ... Das Urteil unseres Erlösers in Matthäus 5,32, ›Wer sich von seiner Frau scheidet, es sei denn wegen Ehebruchs, der macht, dass sie die Ehe bricht‹, scheint mir diese Frage sehr stark zu betreffen.

Aus seiner Sicht war jedenfalls »mehr gegen sie gesündigt [worden], als dass sie sündigte«, und er war der Meinung, es sei in der Tat der König gewesen, der sie in diese groteske Situation hineinmanövriert hatte. Während des Prozesses jedoch stellte sich heraus, die Königin hatte, während sie mit ihrem italienischen Liebhaber Bergami im Ausland lebte, 50 000 Pfund pro Jahr bezogen. Das missfiel der Öffentlichkeit, und plötzlich begann der Stern ihrer

Majestät zu sinken. Ihr Whig-Anwalt verpatzte das Ende seines achtstündigen Schlussplädoyers, indem er ungeschickt auf den Evangelienbericht von der »Frau, die beim Ehebruch ertappt wurde«, verwies.[135] Das war ein entsetzlicher Missgriff, denn bis dahin hatte er peinlichst auf ihrer Unschuld beharrt. Ein Vers in den Zeitungen drückte die Stimmung in der Öffentlichkeit aus:

Most gracious queen, we thee implore
To go away and sin no more,
Or if that effort be too great
To go away at any rate.

Gnädigste Königin, hör unser Begehr',
geh fort und sündige nicht mehr,
oder, macht zu viel Mühsal dieses Wort,
so gehe doch wenigstens bitteschön fort.

»Was für ein Durcheinander haben die Minister und die Ratgeber der Königin und das Oberhaus allesamt aus dieser traurigen Geschichte gemacht«, schrieb Wilberforce. Es war, als ob sich zwei Leute in der Gosse gebalgt hätten. Sieg um welchen Preis? Und auch die Zuschauer hatten von der Schlammschlacht eine ordentliche Ladung Dreck abbekommen.

Am Ende wurde die Königin freigesprochen und erhielt eine Abfindung, um mitsamt ihrem Titel zu verschwinden, was sie auch tat. Ein Teil der Einigung verlangte, sie dürfe nicht an der Krönung im folgenden Juli teilnehmen. Doch als der Tag kam, fuhr sie zum allgemeinen Entsetzen in ihrer Kutsche im Schatten der Westminster Abbey vor und begehrte Einlass. Es war eine Szene. Ihr wurde buchstäblich das Tor vor der Nase zugeknallt. Unglaublicherweise nahm das ihrer Sturheit nichts von ihrem Schwung. Sie stürmte zur nächsten Tür – und dann zur nächsten. Doch immer wieder wurde ihr der Eintritt verweigert. Dreimal zurückgewiesen, entfernte sie sich endlich wieder in ihrer Kutsche und starb zwei Wochen später unter etwas verdächtigen Umständen. Den König freute es sichtlich, und das in geradezu unschicklichem Maße, wie viele fanden. Vor diesem traurigen Ausgang jedoch, als sie freigesprochen worden war, hatte Wilberforce sich gefreut, dass der ganze Unrat nicht allein an ihr hängen geblieben war und dass der König nicht mit der monströsen Heuchelei davongekommen war, wegen ihres Ehebruchs mit Steinen auf sie zu werfen, während er selbst in einem Glaspalast hauste. Die Presse freilich fiel über Wilberforce her, weil es ihm nicht gelungen war, eine Einigung zu vermitteln. Wilberforce notierte:

> Welch eine Lektion dafür, sein Herz nicht an billige Beliebtheit zu hängen, wenn ich nach vierzig Jahren uneigennützigen Dienstes an der Öffentlichkeit von der Masse für einen heuchlerischen Schurken gehalten werde.

Marianne Thornton schildert ihn uns kurz nach seiner gescheiterten Mission bei der »hochmütigen und strengen« Königin. »Er konnte sich immer sehr begeistern, besonders für Blumen«, schrieb sie.

> Als er zur Zeit des Prozesses gegen die verruchte Königin Caroline bei uns wohnte, gehörte er zu einer dreiköpfigen Abordnung des Unterhauses, die sie überzeugen sollte, für eine große jährliche Apanage auf die Krönung zu verzichten. Sie war halb betrunken, glaube ich, als sie dort ankamen, und hätte sie beinahe mit einem Fußtritt die Treppe hinunterbefördert. Mr Wilberforce kam sehr niedergeschlagen und entmutigt zurück und glaubte, sie würde in der Tat die Monarchie ins Wanken bringen. Als er vor dem Essen durch die Glastür der Bibliothek hinaustrat, fiel sein Blick auf eine herrliche Moosrose, die an der Mauer wuchs, und als ich sah, wie sie ihn in ihren Bann schlug, pflückte ich sie ihm. O welche Schönheit, o welche Güte Gottes, uns solche Linderungen in dieser harten Welt zu spenden. Die Glocke läutete zum Essen, aber er war nicht dazu zu

bewegen, hineinzugehen, während er dort stand und seine Blume pries, und als er sie mit allen anderen Worten der Zärtlichkeit und Bewunderung überschüttet hatte, endete er mit: »Und oh, wie anders als das Antlitz der Königin.«

Später in jenem Sommer begegnete Wilberforce einer anderen wohltuenden »Linderung«, ähnlich wie die Moosrose, wenn er auch zu diesem Zeitpunkt unmöglich ihre größere Bedeutung ermessen konnte. Kurz bevor er mit seiner Familie nach Weymouth* aufbrach, wurde Wilberforce eingeladen, die Herzogin von Kent aufzusuchen. »Sie empfing mich«, schreibt er, »mit ihrem hübschen, lebhaften Kind neben sich auf dem Boden mit seinen Spielsachen, zu denen ich bald ebenfalls gehörte.« Es war typisch Wilberforce, sich mit sechzig Jahren auf den Fußboden niederzulassen und mit einem kleinen Kind zu beschäftigen, doch hätte er gewusst, mit wem er da auf dem Fußboden seine Späße trieb, so hätte er vielleicht das *Nunc Dimittis*** gesungen und wäre in Frieden nach Weymouth aufgebrochen. Denn das deutschsprachig erzogene, vierzehn Monate alte Kind mit dem rosigen Gesicht war niemand anders als die zukünftige Königin Victoria, deren engelgleiches Antlitz dem der Königin Caroline so unähnlich war wie jene herrliche Moosrose. Und so begegnete – auf der Miniatur-Bühne des Teppichs in einem prophetisch anmutenden Standbild häuslichen Glücks – das Kind, das der kommenden Ära seinen Namen leihen sollte, dem Mann, der ihr Wesen prägte.

---

* Weymouth an der Küste von Dorset war ein beliebter englischer Urlaubsort, zu jener Zeit besonders bei der Oberschicht.
** Der Gesang des Simeon, nachdem er das Christuskind gesehen hatte, beginnend mit den Worten »Herr, nun lässt du deinen Diener in Frieden fahren« (Lukas 2,29-32). Er gehört zur Liturgie des anglikanischen Abendgottesdienstes.

23. KAPITEL

DER LETZTE KAMPF

»... *Segen und Ehre auf sein Haupt.*«
WILLIAM GLADSTONE

Im Dezember 1820, nach dem Prozess gegen Königin Caroline, reisten die Wilberforces wieder einmal nach Bath. Hier erhielten sie die Nachricht vom Selbstmord Christophes, des Königs Henri von Haiti. Wilberforce und die anderen in Clapham hatten enorm in Haiti investiert und ihre Hoffnungen darauf gesetzt, doch die Situation dort war von jeher außerordentlich schwierig gewesen.

Wilberforce mag in solchen Situationen manchmal etwas zu hoffnungsfroh gewesen sein, doch der haitische König hatte derart eindrucksvolle Führungsqualitäten besessen, dass er – wären die Umstände ein klein wenig anders gewesen – durchaus über die schwierige Situation hätte triumphieren können. Gewiss lastete dieser Gedanke jetzt schwer auf Wilberforce.

Unter Christophe hatte Haiti einen außerordentlich vielversprechenden Anfang genommen, doch im Lauf der Zeit war Christophe immer autoritärer und unbeliebter geworden – und dann hatte er einen Schlaganfall erlitten. Der Herzog von Marmalade (den Wilberforce in einem Brief mit dem Comte de Limonade verwechselte und beider Namen zum »Herzog von Lemonade« vermischte) führte eine Rebellion gegen Christophe an, bis dieser schließlich Selbstmord beging. Die Fortschritte eines ganzen Jahrzehnts waren rasch zunichtegemacht. Diejenigen, die gegen die Abschaffung des Sklavenhandels gewesen waren und sich nun der Sklavenbefreiung widersetzten, waren natürlich begeistert.

Der schottische Arzt Duncan Stewart, der die Aufsicht über Christophes Krankenhäuser geführt hatte, schrieb einige Monate später an Wilberforce:

> Jeden Tag wird etwas bekannt, was zeigt, wie wichtig König Henri für die Haitianer war. Seine größten Feinde räumen nun ein, dass sie nie einen Anführer hatten, der mit solchen geistigen und körperlichen Kräften für die Führung gerüstet war. Hätte er über ein Volk geherrscht, das nicht in der Skepsis des modernen Glaubens geschult und nicht von der Zügellosigkeit der französischen Freigeisterei befleckt gewesen wäre, so hätte Haiti gewiss noch in Jahrhunderten seiner mit Verehrung gedacht.

Im folgenden Sommer suchte noch größeres Leid die Wilberforces heim, als ihre älteste Tochter Barbara an Schwindsucht erkrankte, der Krankheit, die wir heute Tuberkulose nennen. Sie war eine bezaubernde junge Dame, hübsch und erst zweiundzwanzig Jahre alt. Schon mit sechs Jahren hätten ihre Eltern sie beinahe verloren, und nun starb sie nach mehrmonatigem Ringen am 30. Dezember 1821 in London.

Noch in seinen Sechzigern war Wilberforce im Parlament aktiv. 1821 hielt er eine wichtige Rede zur Katholikenemanzipation.[136] »Verfolgung wegen religiöser Anschauungen«, sagte er, »ist nicht nur eines der bösartigsten, sondern auch eines der törichtesten Dinge auf der Welt.« Wilberforce' Ansichten über den Katholizismus waren komplex und wandelten sich, als er älter wurde. Anfangs war er für ihn Inbegriff einer »toten Religion« gewesen, genauso schlimm oder noch schlimmer als die anglikanische Kirche, wie er sie in seinem Buch schilderte. Doch gegen Ende seines Lebens erkannte er, dass die Probleme mit der katholischen Kirche ebenso wie die Probleme mit der anglikanischen Kirche weniger mit ihrer Theologie als mit der praktischen Umsetzung zu tun hatten. Wenn die Geistlichen nicht glaubten, was ihre Kirche lehrte, dann konnten sie es auch kaum an ihre Schäfchen weitergeben oder selbst praktizieren. Wilberforce wäre sicherlich überrascht gewesen, hätte er geahnt, dass zwei seiner Söhne, Henry und Robert, sich eines Tages der hochkirchlichen Oxford-Bewegung anschließen und später sogar der katholischen Kirche beitreten würden.

Doch der Kampf für die Befreiung der Sklaven überragte alles andere. 1823 schien die innenpolitische Lage endlich einen endgültigen Vorstoß zu diesem großen Ziel zu ermöglichen. Als Erstes und Wichtigstes würde Wilberforce zur Feder greifen und das Buch schreiben, das er sein Manifest nannte: *Appeal in Behalf of the Negro Slaves in the West Indies* (»Appell im Namen der Negersklaven auf den Westindischen Inseln«). Wie stets war das Buch mit Freundlichkeit gegenüber denen gewürzt, die er so leicht hätte verteufeln können. Wilberforce wusste, dass es tatsächlich Sklaveneigner gab, die ihre Sklaven freundlich behandelten, und viele andere, die wirklich nichts von den vielen Gräueln ahnten, von denen er schrieb. Sein ganzes Leben lang widerstand Wilberforce der wohlfeilen Versuchung, mit dem Finger auf andere zu deuten und sich als moralisch überlegen zu gebärden. So gelang es ihm, den Zorn mancher Leute zu besänftigen und sie dazu zu bringen, ihm zuzuhören. Bei Cobbett freilich gelang ihm das nie. Für ihn war das Buch

> ein Haufen frömmlerischer Schund; ein Haufen Lügen; ein Haufen jener kühlen, unverschämten Unwahrheit, für welche die Quäker berühmt sind. ... Es gibt keinen Menschen, der über die wirkliche Situation der Schwarzen Bescheid weiß und Sie nicht als völlig ahnungslos im Blick auf das Thema bezeichnen wird, über das Sie schreiben, oder der Sie nicht einen unübertroffenen Heuchler nennen wird.

Viele seiner weniger verhärteten Feinde jedoch hatten sich im Lauf der Jahre tatsächlich vom Abolitionismus überzeugen lassen, und nun hatte dieses Buch eine ähnlich gewinnende Wirkung. Der Besitzer einer westindischen Zuckerrohrplantage schrieb an Wilberforce, das Buch habe ihn »so berührt, dass ich, und sollte es mich meinen ganzen Besitz kosten, ihn bereitwillig aufgeben [würde], damit meine armen Neger nicht nur der Freiheit der Europäer, sondern insbesondere der Freiheit der Christen teilhaftig werden«.

Wilberforce war müde, und er fürchtete, dass für den Kampf, der vor ihnen lag, jüngere Vorkämpfer gebraucht wurden. Er war zwar erst zweiundsechzig, musste aber inzwischen wegen der Verkrümmung seiner Wirbelsäule, die sich erwartungsgemäß verschlimmert hatte, ein Rückenkorsett tragen. Auch war sein Augenlicht schlechter als je zuvor, was teilweise daran lag, dass er jahrzehntelang Opium gegen seine Colitis ulcerosa eingenommen hatte, die ihn ebenfalls immer noch plagte. Inzwischen litt er auch unter schrecklicher Atemnot, und hin und wieder an einer *protrusion a posteriori*, wie er es nannte, einer Beschwerde, die man heute mit Laserstrahlen und Kältemitteln beseitigt. Nach einigen weiteren gesundheitlichen Rückschlägen und einigen Reden, die nicht mehr auf der früheren Höhe waren, wurde Wilberforce klar, dass er nicht die geeignete Führungspersönlichkeit für den endgültigen parlamentarischen Vorstoß zur Sklavenbefreiung wäre. Es wäre klüger, einen Nachfolger einzusetzen – und in seinem Fall vielleicht zu salben. Das Öl tröpfelte auf das Haupt von Thomas Fowell Buxton, einem zutiefst evangelikalen Parlamentarier, der wie Wilberforce politisch unabhängig, im Gegensatz zu diesem aber erst 1786 geboren und damit jung, kräftig und gesund war.

Auch so hatte Wilberforce 1824 den Eindruck gewonnen, es sei wahrscheinlich an der Zeit, das Unterhaus ganz zu verlassen. Von einigen kam der freundliche Vorschlag, eine *Peerage* (»Peerswürde«)[137] und einen Sitz im Oberhaus anzunehmen, doch er entschied sich aus verschiedenen Gründen dagegen.[138] Eine Peerswürde war nicht sein Stil. Ihm gefiel es besser, sich einfach zur Ruhe zu setzen.

Im Jahre 1825, am 22. Februar – wieder einmal Washingtons Geburtstag – verkündete Wilberforce seinen Rückzug aus der Politik. Er empfand tiefes Bedauern dabei, genau wie damals, als er seinen Sitz für Yorkshire verlassen hatte, um den geringeren Sitz für Bramber anzunehmen. Einem Freund schrieb er:

Wenn ich bedenke, dass mein öffentliches Leben nahezu vorüber ist, ... so erfüllt mich tiefste Reue bei dem Bewusstsein, dass ich so schlechten Gebrauch von den Talenten gemacht habe, die meiner Haushalterschaft anvertraut waren. Das Herz kennt seine eigene Bitterkeit. Wir allein selbst kennen die Möglichkeiten, die uns zuteilwurden, und wissen, welchen Nutzen wir vergleichsweise daraus gezogen haben. ... In Dein freundliches Ohr ... hauche ich meine geheimen Betrübnisse. Andere würden vielleicht glauben, ich sei auf Komplimente aus. Nun, es ist ein unaussprechlicher Trost, dass wir einem gnädigen Meister dienen, der jedermann gern gibt und niemanden schilt. ... Ich habe stets nach den Vorgaben meines Gewissens gesprochen und abgestimmt, zum öffentlichen und nicht zu meinem eigenen privaten Wohl. ... Doch mir sind zahlreiche große Unterlassungssünden allzu bewusst, viele Möglichkeiten, Gutes zu tun, die ich entweder gar nicht oder nur sehr unzureichend genutzt habe.

Wie seine Briefe und Tagebücher beweisen, war Wilberforce sehr feinfühlig und empfänglich für die Leiden anderer. Seine Sorge um ihr Wohlergehen hörte auch nicht mit seiner eigenen Gattung auf. Wilberforce' Zuhause war eine Menagerie von Tieren, darunter Kaninchen, Schildkröten und sogar ein Fuchs. 1824 war er – gemeinsam mit seinem Nachfolger im Kampf für die Abschaffung der Sklaverei, Thomas Fowell Buxton – eines der Gründungsmitglieder der *Society for the Prevention of Cruelty to Animals* (»Gesellschaft für die Verhütung der Grausamkeit an Tieren«). Sein Claphamer Freund Lord Teignmouth hinterlässt uns die folgende Schilderung Wilberforce' gegen Ende seines Lebens. »Bei einem seiner letzten Besuche in Bath«, schrieb Teignmouth,

bahnte sich die zwergenhafte kleine Gestalt, nun in ein seltsames Stützkorsett gezwängt, ihren Weg eine der steilen Straßen hinauf, auf denen beladene Karren Kohle vom Hafen am Avon zu Baths

Einwohnern bringen. Zwei rohe Fuhrleute trieben ihr erschöpftes Pferd eine der steilsten dieser Straßen hinauf, als eines der Pferde ausrutschte und stürzte. Der Mann, dem der Karren gehörte, ein stämmiger Vertreter einer grobschlächtigen Rasse, war so wütend über die Unterbrechung, dass er Schläge und Tritte auf das am Boden liegende Tier hageln ließ, vermischt mit heiseren Flüchen. Wilberforce, der in der Nähe war und in seinem Mitleid alles vergaß, sprang herzu, als der Riese gerade die Hand zum nächsten Schlag hob und ging dazwischen, wobei er ihn zugleich mit einer Flut wortgewandter Zurechtweisungen überschüttete. Der Bursche erstarrte in höchster Erregung und stand wütend über die Wortwahl mit einem Gesicht wie eine Gewitterwolke da, als zöge er in Erwägung, seinen Schlag gegen den kümmerlichen Kobold zu wenden, der da vor ihm aufgetaucht war. In diesem Moment trat sein Begleiter, der Wilberforce erkannt hatte, zu ihm und flüsterte seinen Namen. Das Wort wirkte wie ein Zauber. Im Nu hellte sich das finstere Gesicht auf, und die Miene wandelte sich von Wut und düsterem Hass sogleich in staunende Ehrfurcht, als ob sich ihm inmitten seiner brutalen Leidenschaft und Niedertracht plötzlich ein Gegenstand darböte, der die besseren Empfindungen seiner Natur erweckte und sein schlummerndes Mitgefühl hervorlockte.

1826 zogen die Wilberforces auf eine Farm namens *Highwood Hill*,* wo sich bald ihr ältester Sohn William mit Frau und Kind zu ihnen gesellte. William hatte vor, dieses Land zu bewirtschaften, und er überredete seinen Vater, ihm eine beträchtliche Geldsumme zu leihen, sodass er sich in eine nahe gelegene Molkerei einkaufen konnte. William hatte bisweilen eine gewisse Lebensuntüchtigkeit an den Tag gelegt und Wilberforce manchen Kummer bereitet. Einige Jahre zuvor war Wilberforce gezwungen gewesen, ihn vom

---

* *Highwood Hill* liegt in der Nähe von Stanmore in Middlesex, ungefähr zwanzig Kilometer nordwestlich der Londoner Innenstadt.

Trinity College in Cambridge zu nehmen, weil er sich dort nicht zu betragen wusste. Nun jedoch hatte William geheiratet und schien als Landwirt endlich seinen Lebensweg gefunden zu haben. Die anderen drei Jungen, Robert, Samuel und Henry, waren in den frühen Zwanzigerjahren alle gemeinsam in Oxford und zeigten spektakuläre Leistungen. Jeder von ihnen machte einen erstklassigen Abschluss, Robert sogar zwei.

Wo immer Wilberforce lebte – und das zwanzig Kilometer nordwestlich von London in Middlesex gelegene *Highwood Hill* bildete da keine Ausnahme –, begleitete ihn das häusliche Chaos, auch ohne die Nähe zum Parlament und zu seinen vielen Freunden und Bekannten. Ebenso unveränderlich war auch Wilberforce' zitiertes Gespür für andere, das sich sein ganzes Leben lang daran zeigte, dass es ihm schwerfiel, Nein zu sagen oder Dienstboten zu entlassen, die es an ihrer gebührenden Nützlichkeit weit fehlen ließen. »Alles bleibt beim Alten«, schrieb Marianne Thornton, die die Wilberforces in jenem Jahr besuchte.

Im Haus wimmelte es von Dienstboten, die alle lahm oder unfähig oder blind sind oder aus Nächstenliebe behalten werden, ein Exsekretär darf bleiben, weil er dankbar ist, und seine Frau, weil sie die arme Barbara gepflegt hat, und ein alter Butler, von dem sie wünschten, er würde nicht bleiben, aber er hängt ja so an ihnen, und seine Frau, die früher Köchin war, aber jetzt ja so gebrechlich ist. All dies jedoch ist genau so, wie es sein sollte, denn man sieht ihn sehr gern so ganz in seinem Charakter und lässt es willig über sich ergehen, dass man beim Essen das Gedeck nicht gewechselt bekommt und den ganzen Tag über einen Chor von Glocken hört, auf die niemand antwortet, nur um Mr Wilberforce in seinem Element zu sehen.

1827 verließ Wilberforce *Highwood* für einige Zeit, um durch Yorkshire zu reisen und die Stätten seiner frühen Jahre zu besuchen. Er traf einen Ladenbesitzer namens Smart, den er vor einem halben Jahrhundert in Hull gekannt hatte. »Kannte mich, als er selbst noch ein Junge war«, schreibt Wilberforce in sein Tagebuch, »– erinnerte sich an den ganzen gebratenen Ochsen.« Bei dieser nostalgischen Reise wurde Wilberforce oft an seine Sterblichkeit erinnert, denn es schien, als hätten außer dem Ladenbesitzer alle schon vor ihm das Zeitliche gesegnet.

1830 brach die letzte Dekade in Wilberforce' Leben an. Die wenigen Jahre, die ihm noch blieben, brachten die eine oder andere schwere Prüfung mit sich, aber auch manche Freuden. In der Öffentlichkeit zeigte er sich nicht mehr oft. Seinen letzten öffentlichen Auftritt in London hatte er am 15. Mai 1830. Er hatte sich überreden lassen, bei einer Versammlung der *Anti-Slavery Society* (»Anti-Sklaverei Gesellschaft«)[139] den Vorsitz zu führen. Doch dieses Jahr brachte einen schrecklichen finanziellen Rückschlag, der vieles andere überschattete. Die Molkerei, bei der er seinen ältesten Sohn William unterstützt hatte, erforderte nun mehr Kapital, und Wilberforce, den es immer drängte, William zu helfen, unternahm große Anstrengungen, um es zu beschaffen. Er verkaufte eine Menge Wertpapiere und entschloss sich sogar zu dem dramatischen Schritt, sein Elternhaus in Hull zu veräußern. Doch nach alledem war das Geschäft ein Reinfall: Sie verloren alles. Inzwischen über siebzig, war Wilberforce – der früher ein sehr reicher Mann gewesen war – nun nahezu mittellos. Es war ein schwerer Schlag, aber seine Umgebung war tief beeindruckt von seinem Gleichmut, ja seiner Freude inmitten des Dramas. Er hatte sein ganzes Leben lang riesige Geldsummen verschenkt, und die vielen Menschen und Projekte, die aus seiner persönlichen Großzügigkeit Nutzen gezogen hatten, könnte in dieser Welt niemand zählen. Nun jedoch war er gezwungen, sogar *Highwood* zu verkaufen. Für den Rest seines Lebens würde er kein eigenes Haus mehr besitzen. Jeder Fuchs hatte einen Bau und jeder Vogel ein Nest,[140] doch Wilberforce und Barbara waren in ihrem Alter auf die Hilfe ihres zweiten und dritten Sohnes angewiesen. Beide nahmen sie abwechselnd bei sich auf.

Der erlittene Verlust wog so schwer, dass er mich zwingt, von meinem gegenwärtigen Stand hinabzusteigen und meinen Haushalt erheblich zu verkleinern. Aber ich kann nicht umhin, in dieser Fügung zu erkennen, wie gnädig die Schwere des Schlages gemildert wird. Mrs Wilberforce und ich finden ein angenehmes Asyl unter den Dächern zweier unserer eigenen Kinder. Was könnten wir uns Besseres wünschen? Eine freundliche Vorsehung versetzt mich in die Lage, mir wahrhaftig den Ausspruch Davids zu eigen zu machen, dass Güte und Barmherzigkeit mir mein Leben lang gefolgt sind. Und nun, da der Kelch, der mir gereicht wird, ein paar bittere Zutaten enthält, kann doch gewiss kein Trunk verschmäht werden, der aus solcher Hand kommt und so dankenswerte Aufgüsse enthält wie den geselligen Verkehr und die lieblichen Koseworte der Dankbarkeit und Zuneigung unserer Söhne.

1832 traf ihn ein weiterer niederschmetternder Schlag: Seine geliebte Tochter Lizzie starb im Alter von einunddreißig Jahren. Der Verlust traf Wilberforce schwer, doch Lizzies eigene Tochter, noch ein kleines Kind, spendete ihrem Großvater etwas Trost und brachte ihn dazu, über Gott und das Leid nachzudenken: »Ich war gestern sehr beeindruckt davon«, schrieb er,

wie ähnlich in mancher Hinsicht meine eigene Situation der von [Lizzies] lieber kleiner unschuldiger Tochter ist, als sie eine Impfung über sich ergehen lassen musste. Das Kind hielt dem Operateur ohne Argwohn oder Furcht seinen kleinen Arm hin. Doch dann spürte es den Einstich, der schmerzhaft gewesen sein muss, denn das Erstaunen und der Kummer, die sich dann einstellten, waren mit Worten nicht zu beschreiben. Ich hätte nie gedacht, dass sich ein Mund so weit ausdehnen könne, wie ihrer es jetzt tat, bis die Beschwichtigungen der Schwester ihr den gewohnten Gleichmut zurückgaben. Was für ein anschauliches Bild ist das für die Gefühle der Ungeduld, die wir oft verspüren und manchmal auch äußern, wenn wir unter den Fügungen eines Wesens leiden, dessen Weisheit wir doch für unfehlbar zu halten behaupten, dessen Freundlichkeit wir als unverbrüchlich kennen, dessen Wahrheit ebenso gewiss ist, und das uns verkündet hat, dass alle Dinge zum Besten derer zusammenwirken, die ihn lieben, und dass das Ziel des Leides, das er uns zufügt, darin besteht, uns zu Teilhabern seiner Heiligkeit zu machen.

Gegen Ende seiner Tage schien sich Wilberforce' auffällige Gewohnheit, in allen Situationen beständig dankbar zu sein, sogar noch zu steigern. Er kam zu dem Urteil, das gemeinsame Leben mit seinen beiden Söhnen, die beide Geistliche waren, sei ein Segen, den er nicht erfahren hätte, wenn er nicht finanziell ruiniert worden wäre.

Es verschafft mir keine geringe Freude und gibt mir Anlass zu großer Dankbarkeit gegenüber dem Geber aller guten Gaben, die herrliche Szene des Pfarrdienstes und häuslichen Glücks zu betrachten, die sich hier zeigt. Du kannst aus Erfahrung beurteilen, wie ein Vater sich fühlen muss, wenn er die Pastorentätigkeiten seines eigenen Kindes sieht.

Über seinen Sohn Samuel, der später Bischof von Oxford wurde, schreibt er:

Seine Gattin war nicht mit vielen pekuniären [finanziellen] Reizen ausgestattet; doch ich bin gewiss, dass sie ein ausreichendes Auskommen haben werden; und selbst wenn es keine Sünde wäre, was es sicherlich ist, um des Geldes willen zu heiraten, so würde ich es dennoch für eine der niederträchtigsten Taten halten, die ein Gentleman begehen kann. Leben bringt in dieses Haus ein wunderbares Kind, das mit einer Beredsamkeit, die selbst Cicero übertrifft, herzallerliebst vor sich hinplappert und anfängt, Papa und Mama zu lispeln.

Sein letztes Zuhause fand er bei seinem Sohn Robert, der in einem Pfarrhaus in East Farleigh bei Maidstone in Südostengland wohnte. Selbst hier stellten sich Besucher aller Herkunft, Form und Größe ein, um ihm ihren Respekt zu erweisen. Der russische Außenminister, Fürst Czartoriski, mit dem er an jenem Sonntagvormittag im Jahre 1814 auf den Zaren gewartet hatte, stattete ihm einen Besuch ab und brachte seinen vierjährigen Sohn und, wie Wilberforce es in seinem Tagebuch ausdrückte, »einen Zwerg von etwa derselben Größe« mit.

In jenem Frühjahr unternahm die Antisklavereibewegung einen letzten Vorstoß. Vielen war bewusst, dass das große Ziel, auf das sie so lange hingearbeitet hatten, vielleicht tatsächlich noch zu Wilberforce' Lebzeiten zu erreichen war. Das Datum für die Eröffnung der großen und letzten Schlacht im Parlament für die Befreiung aller Sklaven im britischen Empire war endlich anberaumt worden. Am 14. Mai wäre es soweit.

Die Abolitionisten wandten nun abermals die Methode an, die sie erfunden hatten und die ihnen inzwischen sehr vertraut war. Es gab Vorträge und Versammlungen; Briefe wurden geschrieben und Zeitungsartikel lanciert. 200.000 Exemplare eines Traktats, geschrieben von einem jungen Mann, der vor Kurzem die Westindischen Inseln besucht hatte, wurden gedruckt und verteilt. Er berichtete, dass die Prügelstrafen für die Sklaven dramatisch zugenommen hatten, seit die Vorschriften gegen den Gebrauch der Peitsche auf den Feldern in Kraft getreten waren; kurz, es gebe keine Besserung des Elends, sondern nur eine andere Art von Elend, verabreicht von anderen Händen – und die einzige Lösung sei die Sklavenbefreiung. Und wieder wurden Hunderte von Petitionen im ganzen Land in Umlauf gebracht. Noch einmal würde die Bevölkerung des Landes ihre Stimme erheben, und ehe alles vorüber war, würden fast eine halbe Million britischer Untertanen ihren Namen auf die ehrenvolle Liste setzen.

Eine Versammlung, von der aus eine dieser Petitionen offiziell ans Parlament gesandt werden sollte, fand am 12. April in Maidstone statt, nahe bei East Farleigh. Unter den Unterschriften auf dieser Petition würde auch der zittrige Federstrich von William Wilberforce stehen, der nun eine der Stimmen in der großen *vox populi* war, deren Geburtshelfer er zum Teil gewesen war und deren Entwicklung er über die Jahre gefördert hatte. Kürzlich hatten Buxton und Stephen, zwei junge Männer, ihrem Helden in seinem Exil die aufregenden Details dieser letzten Kampagne berichtet und dadurch unbeabsichtigterweise bei diesem ein schwelendes Feuer neu angefacht: Die Scheite, die schon fast erloschen waren, loderten noch einmal zu einer prasselnden Flamme empor. Plötzlich war nicht mehr davon die Rede, Wilberforce gebe sich damit zufrieden, lediglich dieses große Dokument zu unterzeichnen. Wie die jungen Männer, die in jener kalten Februarnacht 1807 berauscht aufgesprungen waren, um das Wort zu ergreifen, weil sie ihre Fingerspitzen in den großen Strom der Geschichte tauchen wollten, der plötzlich direkt vor ihnen brodelte, so ließ sich nun der alte Pilger vier Monate vor dem Ende seiner langen Reise vom Hochgefühl des Augenblicks mitreißen und fühlte sich gedrängt, bei der historischen Versammlung zu erscheinen – und nicht nur zu erscheinen, sondern auch zu sprechen. Wilberforce nahm die beispiellose Ehre an, die ihm jetzt angetragen wurde, die Petition in beiden Häusern des Parlaments persönlich einzubringen.

Als Wilberforce an jenem Tag Mitte April das Wort ergriff, war seine Stimme kaum zu unterscheiden vom silbrigen Fanfaren-Klang damals, mit dem Wilberforce im Schlosshof von York seine Stimme über das Unwetter erhoben und die Aufmerksamkeit der versammelten viertausend Menschen gebannt hatte. Doch auch jetzt war sein Publikum nicht weniger aufmerksam. Zuerst sprach er sich für die Geldsumme aus, die als Entschädigung für die Pflanzer, deren Sklaven befreit werden würden, vorgeschlagen wurde. Die endgültige Summe würde sich auf 20 Millionen Pfund belaufen.

In der abolitionistischen Bewegung gab es Leute, deren Gerechtigkeitssinn verständlicherweise Anstoß an dem Gedanken nahm, dass die Männer, die ihre menschlichen Brüder und Schwestern versklavten, in irgendeiner Weise von ihrem Land für dieses Übel belohnt oder entschädigt werden sollten, doch Wilberforce hatte schon vor langer Zeit gelernt, seinen Gerechtigkeitssinn mit einem gerüttelten Maß an Gnade zu mäßigen. Außerdem wusste er, dass es viel besser war, die Freiheit dieser Männer und Frauen zu erkaufen, als sie aus Rücksicht auf den eigenen Gerechtigkeitssinn weiter in ihren Ketten schmachten zu lassen. »Ich sage, und ich sage es ehrlich und furchtlos«, erklärte Wilberforce,

> dass dasselbe Wesen, das uns gebietet, die Barmherzigkeit zu lieben, auch sagt: »Ihr sollt Gerechtigkeit üben«;[141] und deshalb habe ich keinen Einwand dagegen, den Kolonisten die Unterstützung zu gewähren, die ihnen möglicherweise für etwaiges Unrecht, das sie erlitten haben mögen, zusteht.

Alt, gebeugt, zerfurcht und schwach, wie er nun war, stand er dennoch auf und sprach noch einmal für die große Sache, der er sein Leben gewidmet hatte und deren Ahnherr er geworden war. Es war nur eine kurze Rede, und kaum bemerkenswert, verglichen mit denjenigen, für die er so berühmt geworden war. Doch seine Worte schienen an Gottes Ohr zu dringen. Denn in den letzten Momenten dieser letzten Rede passierte etwas Verblüffendes und Bemerkenswertes. »Ich bin gewiss«, sagte der alte Mann, »dass wir uns nun dem Ende unserer Bahn nähern.« Der Ausdruck erinnerte an die leuchtende Bahn der strahlenden Sonne über den Tageshimmel. Er sprach vom baldigen Ende seiner eigenen Tage, von seinem Verschwinden aus dieser Welt, als ob der Bogenlauf der Sonne endet und ihr Licht erlischt. Doch genau in dem Augenblick, als er den Satz beendete, brach, als wäre es geplant, ein Sonnenstrahl in den Raum und tauchte ihn und den Redner in sein Licht. Es war ein verblüffender Widerhall jenes erstaunlichen Momentes vor einundvierzig Jahren, als am Ende von Pitts großartigem Plädoyer für die Abschaffung des Sklavenhandels das goldene Licht der Dämmerung die Kammer des Unterhauses erfüllt hatte – eine Gelegenheit, die Pitt augenblicklich genutzt hatte und seiner Rede durch ein Zitat von Vergil als einem leuchtendem Edelstein zierte. Das lag viele Jahre zurück. Wilberforce war noch ein junger Mann gewesen, und der Sieg war ihnen sicher erschienen. Doch jenes Lichtzeichen der Gunst war im Rückblick eine falsche Morgendämmerung gewesen, denn es lagen noch fünfzehn lange Jahre der Dunkelheit vor ihnen, bevor der Sklavenhandel abgeschafft wurde. Doch das Licht, das nun den staunenden alten Mann einhüllte, war kein falscher Bote, und Wilberforce wusste es. »Das Ziel steht leuchtend vor uns«, sagte der alte Mann und nutzte den Moment ebenso geistesgegenwärtig, wie Pitt es getan hatte. »Das Licht des Himmels scheint darauf und ist ein Vorzeichen des Erfolgs.«

Im Mai reiste Wilberforce nach Bath und blieb dort bis zum Juli, als sein alter Freund, der Quäker Joseph John Gurney, ihn besuchte. »Ich wurde in eine Zimmerflucht im Obergeschoss geführt«, schrieb Gurney,

> wo ich den christlichen Veteranen auf einem Sofa liegend fand, und mit einem Antlitz, das sein zunehmendes Alter verriet. ... Ich sprach offen mit ihm über die guten und herrlichen Dinge, die ihn, wie ich glaubte, gewiss im Reich der Ruhe und des Friedens erwarteten. Die leuchtende Miene auf seinem zerfurchten Antlitz, mit seinen gefalteten und hoch erhobenen Händen, sprachen von tiefer Andacht und heiliger Freude. »Was mich selbst betrifft«, sagte er, »so habe ich nichts Dringendes außer dem Flehen des armen Zöllners: ›Gott, sei mir Sünder gnädig.‹«[142]

Wilberforce, dem es zugestanden hätte, sich vor Stolz auf seine Leistungen in die Brust zu werfen, betrachtete offensichtlich alles, was er getan hatte, mit großer Demut und war sich aufrichtig und schmerzlich dessen bewusst, was er versäumt hatte.

Doch andere sind nicht zu solcher Bescheidenheit verpflichtet. Nach Einschätzung von Sir Reginald Coupland, der Beit-Professor für Kolonialgeschichte in Oxford war, hatte er

> mehr als irgendein anderer Mensch ... im Gewissen des britischen Volkes eine Tradition der Menschlichkeit und Verantwortung gegenüber den Schwachen und auf der Strecke Gebliebenen, ... deren Geschick in ihren Händen lag, begründet. Und diese Tradition ist niemals gestorben.

Wir wissen gut über die vielfältigen Fehler der Kolonialherrschaft Bescheid. Vor Wilberforce konnte eine Weltmacht wie Großbritannien mit den Völkern Asiens und Afrikas machen, was sie wollte, und zwei Jahrhunderte lang tat sie das auch und behandelte Menschen wie Tiere oder leblose Güter wie Holz, Hanf oder Erz. Doch Wilberforce hatte eine Veränderung angestoßen. Was »Wilberforce und seine Freunde erreichten …«, sagt uns Coupland, »war in der Tat nichts Geringeres als eine moralische Revolution«.

Als Wilberforce' Gesundheitszustand sich verschlechterte, beschloss die Familie, nach London zu reisen und seinen Arzt aufzusuchen. Am 19. Juli trafen sie am Ziel Cadogan Place Nr. 44 ein, zwischen der Brompton Road und der Sloane Street, dem Haus seiner Cousine Lucy Smith. Da das Parlament noch tagte, waren viele Freunde noch in der Stadt und stellten sich ein, um ihn zu besuchen. Wilberforce war voller Dankbarkeit und Zuneigung ihnen gegenüber. Einige von ihnen hatte er seit Jahren nicht gesehen. »Was für ein Grund zur Dankbarkeit«, sagt er, »dass Gott die Menschen immer geneigt gemacht hat, mich so freundlich zu behandeln.«

Am 25. Juli, einem Donnerstagmorgen, brachte Wilberforce' jüngster Sohn Henry einen jungen Parlamentsabgeordneten mit zum Frühstück. Sein Name: William Gladstone.[143] Der dreiundzwanzigjährige spätere Premierminister war Wilberforce nie begegnet, obwohl seine Eltern, die beide Evangelikale waren, ihn gekannt hatten. Gladstone würde bis 1895 in der britischen Politik aktiv bleiben und zu einem festen und bedeutsamen Bestandteil des 19. Jahrhunderts werden. »Er ist heiter und gelassen«, schrieb Gladstone über das Zusammentreffen, »ein herrliches Bild des hohen Alters im Angesicht der Unsterblichkeit. Hörte ihn mit seiner Familie beten. Segen und Ehre auf sein Haupt.«

»Ich gleiche einer Uhr, die fast abgelaufen ist«, bemerkte Wilberforce gegenüber seinem Freund. Doch ein Anblick sollte ihm auf dieser Seite des Vorhangs noch vergönnt sein. Am Freitagabend, dem 26. Juli, erhielt Wilberforce die Nachricht, dass das, wovon und wofür er sein ganzes Erwachsenenleben lang geträumt hatte, Wirklichkeit geworden war: Das Unterhaus hatte soeben durch ein Gesetz die Sklaverei im britischen Weltreich abgeschafft.

Die westindischen Pflanzer würden ungefähr in Höhe des halben Marktwertes ihrer Sklaven entschädigt werden. »Dank sei Gott«, jubelte Wilberforce, »dass ich den Tag noch erlebe, an dem England bereit ist, 20 Millionen Pfund Sterling für die Abschaffung der Sklaverei auszugeben.«

Tom Macaulay, der sein ganzes Leben lang von diesem Kampf und diesen Kriegern umgeben gewesen war, war nun als Parlamentsabgeordneter selbst einer der Kämpfer geworden. Er war der älteste Sohn von Zachary Macaulay und gelangte später mit seiner äußerst populären vierbändigen *History of England* (»Geschichte Englands«) zu Ruhm. Er eilte am nächsten Tag, einem Samstag, herbei, um Wilberforce zu sehen und in den Jubel des Mannes einzustimmen, der mehr als jeder andere lebende Mensch die Bedeutung eines solchen Sieges ermessen konnte. Macaulay schrieb, dass Wilberforce »sich an dem Erfolg ergötzte ... wie der jüngste und eifrigste Parteigänger«. Dass es ihm vergönnt war, ihn noch mitzuerleben, muss für ihn und all diejenigen, die ihn kannten und sich in seinen letzten Tagen um ihn scharten, das größte Wunder gewesen sein.

Wer kann sich vorstellen, was dem alten Mann an jenem Tag durch den Kopf ging? Der Kampf für die Befreiung der Sklaven war wirklich und wahrhaftig vorüber und gewonnen. Jeder Sklave in den unermesslichen Besitzungen des britischen Weltreiches würde bald von Rechts wegen frei sein und musste nie wieder unter einem solchen System bleiben. Ein solch freudiger Samstag, wie Wilberforce ihn an jenem Tag erlebte, kann erst nach tausend Samstagen des Kampfes kommen. Aber er *war* gekommen und der Traum wahr geworden.

Wilberforce fühlte sich fast den ganzen Tag über besser und sonnte sich mit denen, die er liebte, im Glanz dieses vorletzten krönenden Sieges. Doch an jenem Abend wurde er wieder krank, und am Sonntag, dem folgenden und seinem letzten Tag, hatte er eine Reihe von Ohnmachtsanfällen. Barbara und sein jüngster Sohn Henry waren bei ihm, als er sich an jenem Abend ein letztes Mal regte. »Ich befinde mich in einem sehr elenden Zustand«, sagte er. »Ja«, sagte Henry, »aber deine Füße stehen auf dem Felsen.« Nun sprach der Mann, dessen Stimme und dessen Worte die Welt verändert hatten, ein letztes Mal. »Ich wage es nicht, so positiv zu reden«, sagte er. »Aber ich hoffe, es ist so.« Er war demütig und hoffnungsvoll bis zum Ende, und um drei Uhr morgens am Montag, dem 29. Juli 1833, verließ William Wilberforce diese Welt. Wenige Stunden später traf der folgende an seine Söhne adressierte Brief ein:

> Wir, die unterzeichneten Mitglieder beider Häuser des Parlaments, die wir im Blick auf die Öffentlichkeit bestrebt sind, dem Gedenken an den verstorbenen William Wilberforce unseren Respekt zu erweisen, und die wir ebenso gewiss sind, dass öffentliche Ehren niemandem mit höherem Recht verliehen werden können als solchen Wohltätern der Menschheit, bitten hiermit ernstlich darum, er möge in der Westminster Abbey bestattet werden;[144] und wir und andere, die mit uns in diesem Empfinden übereinstimmen, mögen die Erlaubnis haben, an seiner Bestattung teilzunehmen.

Der Brief war von Henry Brougham, dem Lordkanzler, organisiert worden, und er trug seine Unterschrift und die von Wilberforce' altem Freund, dem Herzog von Gloucester. Des Weiteren hatten siebenunddreißig Mitglieder des Oberhauses und fast hundert Abgeordnete des Unterhauses unterzeichnet. Brougham fügte noch eine persönliche Notiz hinzu: »Nahezu alle Mitglieder beider Häuser hätten sich angeschlossen, wenn es die Zeit zugelassen hätte.«

Am folgenden Samstag, dem 3. August, ruhten alle öffentlichen Geschäfte. Ein langer Zug von Trauerkutschen bewegte sich vom Haus am Cadogan Place zur Westminster Abbey. Entlang des ganzen Weges in östlicher Richtung flankierten riesige Menschenmengen die Prozession, und als sie die Abbey erreichte, stießen sämtliche Mitglieder des Parlaments hinzu. Der *Speaker*, der Lordkanzler und der Herzog von Gloucester trugen gemeinsam mit einem weiteren Herzog der Königsfamilie und vier Peers den Sarg, und hinter der schlichten Bahre gingen Wilberforce' vier Söhne sowie weitere Mitglieder seiner Familie und enge Freunde. Der Herzog von Wellington, einige Prinzen aus der Königsfamilie und die höchsten Bischöfe der Kirche nahmen an der Bestattungsfeier teil. Wilberforce' Leichnam wurde im nördlichen Querschiff gebettet, nahe bei denen von Pitt, Fox und Canning. Die Inschrift auf seiner Grabplatte, die wahrscheinlich von Thomas Macaulay verfasst wurde, ist am Ende dieses Kapitels wiedergegeben.

Ein Brief von einem westindischen Geistlichen informierte seine Söhne, dass ein »großer Teil unserer farbigen Bevölkerung, die hier eine wichtige Gruppe bildet, auf die Nachricht von seinem Tod hin in Trauer ging«. In der Biografie über ihren Vater schreiben seine Söhne, dass

> dieselbe Ehre ihm von dieser Klasse von Personen in New York erwiesen wurde, wo auch eine (inzwischen gedruckte) Grabrede über ihn von einer öffentlich für diese Aufgabe ausgewählten Person vorgetragen wurde, und ihre Brüder in den gesamten Vereinigten Staaten aufgerufen wurden, die äußeren Zeichen der Achtung vor dem Andenken ihres Wohltäters anzulegen. Für verstorbene Könige gibt es festgelegte Ehrungen, und die Reichen haben ihre prächtigen Begräbnisse; sein ehrenvolleres Teil war es, ein Volk mit spontaner Trauer zu bekleiden und unter den Segensworten der Armen hinab ins Grab zu gehen.

Ein Jahr später sollte Wilberforce sein größtes Denkmal gesetzt werden, eines, um das er sich ohne Scham bemüht hatte. Sir Reginald Coupland beschreibt es in den letzten Worten seiner Biografie von 1923 so:

> Ein Jahr später, um Mitternacht am 31. Juli 1834, kamen 800 000 Sklaven frei. Es war mehr als nur ein großes Ereignis in der afrikanischen oder britischen Geschichte. Es war eines der größten Ereignisse in der Geschichte der Menschheit.

Der Historiker G. M. Trevelyan schildert, was sich ereignete, als jene neue Ära in der Weltgeschichte tatsächlich anbrach:

In der letzten Nacht der Sklaverei gingen die Neger auf unseren Westindischen Inseln hinauf auf den Berggipfel, um die Sonne aufgehen zu sehen, die ihre Freiheit mit sich brachte, als ihre ersten Strahlen auf das Wasser fielen.

Das Bild dieser Männer und Frauen, dem Sonnenaufgang zugewandt, freigeworden in dem Moment, in dem sie diese aufgehen sahen – als das Licht die Dunkelheit vertrieb –, setzt einen angemessenen Schlusspunkt unter unsere Geschichte. Die Sonnenstrahlen jenes Morgens erleuchteten buchstäblich eine neue Welt, ein unentdecktes Land, das noch niemand zuvor gesehen hatte. Nur manchen war es vergönnt gewesen, im Glauben einen Blick darauf zu erhaschen, sodass sie um seine Existenz wussten. Als an jenem historischen Morgen die Sonne aufging, wurde endlich für alle offenbar, dass diese neue Welt Wirklichkeit war und schon immer jenseits der Berge gelegen hatte, durch die William Wilberforce uns geführt hat.

S. D. G.

Zum Andenken an

William Wilberforce

(Geboren in Hull am 24. August 1759,
gestorben in London am 29. Juli 1833);
fast ein halbes Jahrhundert lang Mitglied des Unterhauses,
und für sechs Parlamente während dieser Zeit
einer der beiden Abgeordneten für Yorkshire.

In einer Zeit und einem Land, fruchtbar an grossen und guten
Männern,
war er unter den Vordersten derer, die den Charakter ihrer Zeit
prägten,
denn neben hohen und vielfältigen Talenten,
neben herzlicher Güte und allgemeiner Freimütigkeit
besass er die bleibende Eloquenz eines christlichen Lebens.

So herausragend er in jedem Bereich seines öffentlichen Wirkens war,
und so führend in allen Werken der Nächstenliebe,
sei es, um die zeitlichen oder die geistlichen Nöte seiner Mitmenschen
zu lindern,
wird sein Name doch stets besonders verbunden sein
mit jenen Anstrengungen,
die durch den Segen Gottes die Schuld
des afrikanischen Sklavenhandels von England nahmen
und den Weg für die Abschaffung der Sklaverei in allen Kolonien
des Empires bahnten:

Bei der Verfolgung dieser Ziele
stützte er sich, nicht vergeblich, auf Gott;
doch im Verlauf musste er manches

AN SCHMÄHUNGEN UND WIDERSTÄNDEN ERDULDEN:
ER ÜBERLEBTE JEDOCH ALLE ANFEINDUNGEN;
UND AM ABEND SEINER TAGE
ZOG ER SICH AUS DEM ÖFFENTLICHEN LEBEN UND DEM BLICK DER ÖFFENTLICHKEIT IN DEN SCHOSS SEINER FAMILIE ZURÜCK.
DOCH ER STARB NICHT VON SEINEM LANDE UNBEMERKT ODER VERGESSEN:
OBERHAUS UND UNTERHAUS VON ENGLAND
MIT DEM LORDKANZLER UND DEM SPEAKER AN IHRER SPITZE
TRUGEN IHN AN SEINEN GEBÜHRENDEN PLATZ
UNTER DEN MÄCHTIGEN TOTEN RINGSUM ZU SEINER RUHE:
BIS ER DURCH DAS VERDIENST JESU CHRISTI,
SEINES EINZIGEN ERLÖSERS UND RETTERS,
(DEN ER IN SEINEM LEBEN UND IN SEINEN SCHRIFTEN STETS VERHERRLICHEN WOLLTE,)
BEI DER AUFERWECKUNG DER GERECHTEN AUFERSTEHEN WIRD.

EPILOG

Alle Kunstwerke haben etwas Halunkenhaftes an sich; nicht im Sinne jenes unverzeihlich albernen Klischees, Kunst müsse immer »grenzüberschreitend« sein, sondern in dem Sinne, dass alle Kunst – die ja definitionsgemäß Anteil an der Ewigkeit und der Unsterblichkeit hat – irgendwie dem alten, tatterigen Chronos und seinem humorlosen Bruder Tod durch die Lappen geht. So haben unweigerlich selbst die erhabensten Werke eines Tizian oder Michelangelo etwas von den *Katzenjammer Kids*[*] an sich.

Natürlich schlägt die Biografie einer Gestalt aus der Vergangenheit in einem noch naheliegenderen Sinne der Zeit ein Schnippchen, indem sie nämlich das Subjekt der Biografie scheinbar wieder zum Leben erweckt. Innerhalb der kleinen Ewigkeit des Buches wird die Hauptfigur wieder lebendig und begibt sich wie in einem Daumenkino erneut durch die *Trompe-l'œil*-Dekaden – um dann natürlich abermals zu sterben. Doch sein Tod am Ende des Buches trifft uns ganz frisch, als hätten wir gerade erst an diesem Morgen aus der Zeitung davon erfahren. Wir betrauern sein Hinscheiden und wünschen uns, wir könnten ihn noch einmal lebendig sehen, ihn noch für einige Seiten bei uns haben, unseren neuen Freund. Und so kommt es, dass wir manchmal durch die verlassenen Gänge eines Epilogs irren und erneut nach demjenigen suchen, den wir gerade verloren haben.

Ich bekenne, dass ich beim Schreiben dieses Buches manchmal das schöne Gefühl hatte, Wilberforce sei anwesend, oder zumindest gar nicht weit weg, als säße er vergnügt zwinkernd an meiner Seite mit seinem verschmitzten Lächeln auf den Lippen, den Kopf spöttisch zur Seite geneigt. In solchen Momenten kam mir die Vorstellung der Vergangenheit und der Zeit an sich

---

[*] *The Katzenjammer Kids* ist der älteste, heute noch verbreitete Comicstrip; er erschien erstmals 1897.

wie ein wackeliges Konstrukt vor, wie eine Wand aus nassem Küchenpapier, durch die ich ganz leicht meine Hand hätte stecken und ihn berühren können. Nachdem ich monatelang seine Tagebücher, Aufzeichnungen und Briefe gelesen hatte, war ich sogar sicher, seine Stimme zu kennen. Wenn man mich lange genug drängt, würde ich unter Freunden vielleicht ausplaudern, dass seine Stimme sich bemerkenswert ähnlich anhört wie die des britischen Schauspielers Leslie Howard, der in dem Film *Pygmalion* von 1938 Professor Henry Higgins spielt. Und merkwürdigerweise auch wie Rex Harrison, der in *My Fair Lady* ebenfalls Professor Higgins verkörperte. Was Wilberforce und Henry Higgins miteinander zu tun haben, ist mir nicht klar, aber die Stimmen dieser Schauspieler – die schnellen Rhythmen ihrer Sprache und ihr nasaler britischer Akzent – erinnern sehr stark an Wilberforce, wie ich ihn durch seine eigenen Worte in meinem Kopf gehört habe. Er sieht sogar allen beiden auf unterschiedliche Weise ein wenig ähnlich, wenn auch seine Nase größer ist und ständig zu schnuppern scheint, ob es irgendwo nach hohlen Phrasen riecht. Ob ich derlei Informationen preisgeben sollte, werden wir sehen; fürs Erste werde ich Stillschweigen bewahren, um mich nicht lächerlich zu machen.

Wer von uns sehnt sich nicht hin und wieder danach, in die Vergangenheit zurückzukehren und Entschwundenes noch einmal berühren und hören zu können? Kaum ein menschlicher Impuls sitzt tiefer als unser Verlangen, die Zeit zu durchschreiten, und kaum einer taugt besser als Beleg dafür, dass die Zeit nicht das Medium ist, für das wir letzten Endes bestimmt sind.

Und bei Persönlichkeiten wie William Wilberforce suchen wir nach einem Bindeglied, irgendeiner greifbaren Verbindung – sei es, dass wir an einem Ort stehen, wo er stand; etwas berühren, das er berührte; oder vielleicht sogar mit einem noch lebenden Nachkommen sprechen und ihm in die Augen schauen. Ob durch Reliquien oder Verwandte, wir suchen immer nach jenem märchenhaften Moment, in dem die tote, graue Fassade der trennenden Jahre zwischen uns endlich Risse bekommt, bröckelt und einstürzt, um die Wirklichkeit zu offenbaren, die sich dahinter verbirgt: Ewigkeit, frisch und grün.

Auf den Galapagosinseln wurde 1830, drei Jahre vor Wilberforce' Tod, eine Schildkröte geboren. Bei Charles Darwins Expedition auf der *Beagle* wurde sie 1835 eingesammelt und nach England gebracht. 1841 brachte der Kapitän der *Beagle* sie nach Australien, wo sie viele Jahre lang in einem Zoo lebte. »Viele Jahre« ist vielleicht ein wenig untertrieben. Die Schildkröte, die später den Namen Harriet erhielt, lebte bis zum Ende des neunzehnten Jahrhunderts und bis ins zwanzigste Jahrhundert hinein. Unfassbarerweise hielt sie das ganze zwanzigste Jahrhundert durch, ließ es hinter sich und kroch noch bis ins einundzwanzigste. Es bedarf keiner Erwähnung, dass Harriet jeden anderen auf der *Beagle* überlebte – und zwei Beatles obendrein. Sie starb an einer Herzerkrankung, während dieses Buch geschrieben wurde, am 23. Juni 2006. Harriets Rekord-Lebenszeit kam mir wie ein Bindeglied zu Wilberforce und seiner Zeit vor, als ich davon las, und das heiterte mich sehr auf.

Aber es gibt noch einen anderen Weg, die Jahre zu überwinden und mit Wilberforce in Kontakt zu treten. John Pollock, der große Wilberforce-Biograf, dessen herausragendes Buch von 1977 *Wilberforce* für mich und viele andere eindrucksvoll zum Leben erweckte, berichtete in jüngerer Zeit von einer außergewöhnlichen Begegnung, die er irgendwann in den 1980ern mit Wilberforce' letztem noch lebenden Urenkel hatte. Pollock schreibt:

> [Der Urenkel, der] zu diesem Zeitpunkt über hundert Jahre alt und blind war, erzählte mir, wie sein Vater als kleiner Junge auf einem Hügel in der Nähe von Bath mit Wilberforce spazieren ging und sie sahen, wie ein bedauernswertes Zugpferd von dem Fuhrmann grausam gepeitscht wurde, während es sich nach Kräften bemühte, eine Ladung Steine den Hang hinaufzuziehen. Der kleine Befreier stellte den Fuhrmann zur Rede, der ihn daraufhin zu beschimpfen begann und ihm sagte, er solle sich gefälligst um seine eigenen Angelegenheiten kümmern, und dergleichen. Plötzlich hielt der Fuhrmann inne und sagte: »Sind Sie Mr Wilberforce? ... Dann werde ich mein Pferd nie wieder schlagen.«

Da war es. Jemand, der heute, während ich dies schreibe, noch lebt,[145] hatte mit jemandem gesprochen, dessen eigener Vater Wilberforce' Hand gehalten hatte. Pollocks Bericht hat mich sehr bewegt, als wäre die große Distanz der Jahre tatsächlich endlich verschwunden, und Wilberforce wäre irgendwie wieder zum Leben erwacht. Bald ertappte ich mich selbst bei dem Wunsch, mit Mr Pollock zu reden. Ob sich das wohl ermöglichen ließ? Ein guter Freund fand, es spreche nichts dagegen, und stellte mir großzügig eine Telefonnummer zur Verfügung.

Erst gestern Morgen rief ich Mr Pollock zu Hause im englischen Devon an. Er ist, während ich dies schreibe, dreiundachtzig und sprach mit mir quer über den großen Ozean hinweg in einem britischen Akzent, der selbst aus einer anderen, nun vergangenen Zeit zu stammen scheint. Ich fragte ihn nach seinem Gespräch mit Wilberforce' Urenkel, und er wiederholte es mir und erklärte, zuerst habe er über einen *Amanuensis* (lat.: Schreibgehilfen) mit dem blinden Mann korrespondiert. Jahre später verabredete er ein Treffen mit dem Greis in seinem Haus in der Nähe von Bath, wo sich die Geschichte von seinem Vater und Wilberforce zugetragen hat. Als ich aus Mr Pollocks eigenem Mund hörte, wie er dem Mann begegnet war, dessen Vater an Wilberforce' Hand gegangen war, schien die Verbindung sich zu vervollständigen, und ich hatte das Gefühl, ihn trotz all der Jahre, die uns trennten – fast zweier Jahrhunderte –, irgendwie berühren zu können.

Und doch sind dies alles nur Schatten der Dinge, die einmal waren. Uns allen, die wir heute hier gemeinsam unterwegs sind und nach William Wilberforce suchen, rufe ich die Worte in Erinnerung, die Wilberforce sich selbst zusprach, als er neben dem Leichnam seines verstorbenen Freundes Henry Thornton stand: »Was sucht ihr den Lebenden bei den Toten? Er ist nicht hier. Er ist auferstanden.«

Ἀληθῶς ἀνέστη[146]

New York City am 15. November 2006, Eric Metaxas

ANHANG

Anmerkungen

1 Der Gesetzesentwurf für die Abschaffung der Sklaverei wurde am 22. Juli 1833 zum zweiten Mal verlesen. Am 24. und 25. Juli wurden seine Bestimmungen erneut im Parlament diskutiert. Zunächst war für die Sklaven ein *Apprenticeship*-System für zwölf Jahre vorgesehen, das dann auf sechs verkürzt wurde. (Das heißt, dass die Sklaven eine festgelegte Wochenarbeitszeit für ihre Herren ohne Entgelt arbeiten mussten, alle darüber hinaus geleistete Arbeit jedoch bezahlt wurde.) Laut Ansicht des früheren britischen Außenministers William Hague dürfte das die Nachricht gewesen sein, die Wilberforce am 26. Juli, drei Tage vor seinem Tod, überbracht wurde. Das Gesetz trat am 1. August 1834 in Kraft. Später wurde das Ende des *Apprenticeship*-Systems zwei Jahre vorverlegt, weil die Sklaven auf den Plantagen immer noch sehr hart behandelt wurden. – Der Geltungsbereich des Gesetzes umfasste das gesamte britische Weltreich mit Ausnahme der Dominien Ceylon, d. h. dem heutigen Sri Lanka, und St. Helena, die erst später hinzukamen.
   Vgl. William Hague, William Wilberforce. The Life of the Great Anti-Slave Trade Campaigner William Wilberforce. London: Harper Perennial, 2008, S. 502f.
2 **Frederick Douglass** (circa 1818 bis 1895) wurde in den USA in die Sklaverei geboren. 1838 flüchtete er, heiratete und wurde ein bekannter Redner, Autor und Abolitionist, der für die Gleichberechtigung von Afroamerikanern und Frauen kämpfte.
3 **Harriet Beecher-Stowe** (1811–96) war eine nordamerikanische Autorin und Abolitionistin. Ihr Roman *Uncle Tom's Cabin* (1852, deutsch »Onkel Toms Hütte«) beschreibt das Schicksal afroamerikanischer Sklaven und entwickelte einen immensen Einfluss weit über Amerika hinaus.
4 **George Eliot** (1819–80) ist das Pseudonym von Mary Anne Evans, einer britischen Autorin und Übersetzerin. Zu ihren Romanen gehören *The Mill on the Floss* (1860; deutsch »Die Mühle am Floss«) und *Middlemarch* (1871–72; auf Deutsch unter gleichlautendem Titel erschienen). Kritisiert wurde sie für ihr freidenkerisches Hinterfragen des christlichen Glaubens und ihre offen gelebte Beziehung zu George Henry Lewes, einem verheirateten Mann mit drei Kindern.

5 Henry David Thoreau (1817–62) war ein amerikanischer Autor, Abolitionist, politischer Philosoph und ein früher Umweltschützer.
6 John Greenleaf Whittier (1807–92) war ein nordamerikanischer Quäker, Dichter and Abolitionist.
7 Lord Byron, Don Juan XIV, 82; in: Lord Byron's sämmtliche Werke. Mit des Dichters Leben und Bildniß. Übers. Adolf Böttger. Leipzig: Wigand, 1839.
8 **Lord Melbourne** (1779–1848): Whig-Parlamentarier ab 1806 und Premierminister 1834 (als er von König Wilhelm IV. entlassen wurde) und von 1835–41. Er hegte keine Sympathie für die abolitionistische Sache und hatte auch für religiösen Eifer nicht viel übrig. Gewissenhaft in seiner Arbeit, scheint er keinen starken persönlichen Glauben gehabt zu haben.
9 *Burke's Peerage* gilt als maßgebliches Nachschlagewerk für historische Ahnentafeln alteingesessener oder adeliger Familien in Großbritannien und umfasst ebenso europäische Königsfamilien wie auch die amerikanischen Präsidenten. Seit 1826 wird es regelmäßig aktualisiert.
10 Die Invasion Englands durch Wilhelm den Eroberer im Jahr 1066 wird oft als Wendepunkt der englischen Nationalgeschichte gesehen. Wer seinen Stammbaum bis in die Jahre vor 1066 zurückverfolgen konnte, behauptete gerne, er sei durch und durch englisch, weil er keine normannischen Vorfahren hatte.
11 Hull beteiligte sich nicht am Sklavenhandel, weil seine wichtigsten Handelspartner in Nordeuropa saßen. Durch seine Lage an der englischen Ostküste befand es sich näher am europäischen Festland als die anderen großen Häfen Englands, London, Liverpool und Bristol. Gleichzeitig waren die Schifffahrtsrouten von Hull zum Atlantischen Ozean länger.
12 **Andrew Marvell** (1620–78) war ein englischer Dichter, dessen lyrische Werke wie z. B. *Upon his Coy Mistress* oder *The Garden* zu den bekanntesten seines Jahrhunderts zählen. Wie seine Zeitgenossen John Donne oder George Herbert wird er zur Gruppe der *Metaphysical Poets* (»Metaphysische Dichter«) gezählt. Gleichzeitig war er Abgeordneter seiner Heimatstadt Hull.
13 D. h. seit der Herrschaft von Georg I., der von 1714 bis 1727 als englischer König regierte.
14 Die *Royal Society*, älteste britische Akademie der Wissenschaften, wurde 1660 in London als Zusammenschluss herausragender Wissenschaftler gegründet. Neue Mitglieder können nur dann gewählt werden, wenn sie von bestehenden Mitgliedern vorgeschlagen wurden. Bis Mitte des 19. Jahrhunderts waren viele Mitglieder Amateurwissenschaftler, die oftmals die Rolle eines *patron* für hauptberufliche Wissenschaftler übernahmen und diese finanziell unterstützten.

15 Wilberforce hatte diese Episode ebenfalls noch im Gedächtnis, interpretierte sie jedoch anders: Er sei »so klein von Gestalt gewesen, dass Milner mich auf einen Tisch stellte, damit ich den Jungen etwas vorläse«. Anne Stott weist in ihrer Wilberforce-Biografie darauf hin, dass beide Versionen etwas für sich hätten, es jedoch vielsagend sei, dass »Wilberforce sich eher an das Negative erinnerte – an die körperliche Schwäche anstatt an die ciceronische Beredsamkeit« (Anne Stott, Wilberforce. Family and Friends. Oxford: Oxford University Press, 2012, S. 9).

16 **George Whitefield** (1714–70) war anglikanischer Geistlicher und der vielleicht größte evangelikale Prediger des achtzehnten Jahrhunderts. Neben seinen ständigen Predigtreisen über die britischen Inseln unternahm er sieben Reisen nach Nordamerika. Durch seine Verkündigung und seinen geschickten Einsatz der Druckerpresse trug er viel dazu bei, den englischsprachigen Evangelikalen das Gefühl zu geben, zu einem Netzwerk zu gehören. Anfangs arbeitete er eng mit den Wesleys zusammen, doch etwa von 1740 an traten zwischen ihnen Meinungsverschiedenheiten zutage, etwa über die Fähigkeit des Menschen, auf das Heilsangebot Gottes zu reagieren (die Wesleys glaubten, Gott habe diese Fähigkeit jedem Menschen gegeben), und der Möglichkeit, ein Christ könne aus der Gnade in die ewige Verdammnis fallen (die Wesleys bejahten dies). Theologisch ausgedrückt war Whitefield Calvinist, während die Wesleys Arminianer waren.

17 Die **Große Erweckung** oder **Evangelikale Erweckung** war eine Welle evangelikaler Überzeugung und Empfindung, die durch die Kirchen und Gemeinschaften ging und zu unzähligen Bekehrungen zu einem lebendigen christlichen Glauben führte. Sie begann in Nordamerika, umfasste aber auch ähnliche Bewegungen in Großbritannien. Ihre Hochphase dauerte durch die 1730er- und 1740er-Jahre an. Sie breitete sich vor allem durch Predigten aus, oft unter freiem Himmel, doch auch persönliche Zeugnisse und Veröffentlichungen spielten eine wesentliche Rolle. Alle gesellschaftlichen Schichten wurden davon erfasst, und sie wirkte in fast alle protestantischen Glaubensgemeinschaften hinein. Es gab Verbindungen zum europäischen Pietismus, der ebenso wie der Evangelikalismus betonte, das Christentum sei eine »Herzensreligion« und beinhalte eine persönliche Beziehung zu Gott durch Jesus Christus. Die Große Erweckung galt zwar als Werk des Heiligen Geistes, wurde jedoch zweifellos dadurch begünstigt, einen wirkungsvollen Publizisten wie George Whitefield in ihren Reihen zu haben. Spätere ähnliche religiöse Bewegungen in Nordamerika wurden ebenfalls als »Große Erweckungen« bezeichnet.

18 **John Wesley** (1703–91) war ein anglikanischer Geistlicher und unermüdlicher methodistischer Prediger und Organisator. Er und sein Bruder Charles erlebten 1738 evangelikale Bekehrungen. John übernahm die Führung bei der Bildung einer evan-

gelikalen Bewegung innerhalb der anglikanischen Kirche, die unter der Bezeichnung Methodismus bekannt wurde. Nach dem Tod der Brüder Wesley entwickelte sich daraus allmählich eine eigene Glaubensgemeinschaft.

19 **Charles Wesley** (1707–88) war ein Methodist, anglikanischer Geistlicher und Choraldichter.

20 **Benjamin Franklin** (1706–90) war ein nordamerikanischer Drucker, Politiker, Diplomat, Erfinder und Wissenschaftler. Er wurde in Boston geboren, verbrachte jedoch einen Großteil seines Lebens in Philadelphia. Auf Franklin gehen viele der Gedanken hinter der amerikanischen Unabhängigkeitserklärung zurück. Später wurde er der erste Botschafter der neuen Nation in Frankreich, obwohl er nicht gut Französisch sprach. Er schloss Freundschaft mit Whitefield, wenn er auch nie eine evangelikale Bekehrung erlebte. Einige Jahre vor seinem Tod ließ er seine Sklaven frei, nachdem er zur abolitionistischen Überzeugung gelangt war.

21 Mark A. Noll schreibt von Franklins Aussage, Whitefield könne von bis zu 30 000 Menschen gehört werden; Mark Noll, A History of Christianity in the US and Canada, Grand Rapids, Michigan: Eerdmans, 1992, S. 93.

22 Engl. *parlour preaching*.

23 **William Cowper** (1731–1800) war ein englischer Dichter. Als Anwalt ausgebildet, litt er von 1763 an unter einer ernsten, aber nur zeitweise auftretenden psychischen Erkrankung. Es scheint sich um eine Form von Depression gehandelt zu haben, die sich unter anderem in der Überzeugung niederschlug, er wäre von Gott für die ewige Verdammnis vorherbestimmt. 1767 zog er nach Olney und unterstützte John Newton in seiner Arbeit als Pastor. Auf Newtons Bitten hin begann Cowper, Choräle zu schreiben, verfasste jedoch auch Naturgedichte.

24 Die evangelikale Bewegung in ihrer modernen Form entwickelte sich von den 1730er-Jahren an, obwohl sie sich sehr stark auf ältere protestantische Denkströmungen stützte, besonders auf den Puritanismus und den Pietismus. Wie David Bebbington, der führende Historiker der Bewegung in Großbritannien, ausführte, besaß sie vier wesentliche Schwerpunkte:

1. Sie betonte die Bekehrung: Evangelikale glaubten, die Säuglingstaufe könne das Heil nicht sichern. Jeder einzelne Mensch müsse sich durch Bereuen seiner Sünde und den Glauben an Christus allein zu Gott bekehren, um das Heil zu erlangen. Wer sich auf diese Weise bekehrte, konnte die freudige innere Gewissheit erlangen, von Gott gerettet zu sein. Diese Betonung der unmittelbaren Erfahrung wies Parallelen zum zeitgenössischen Denken in der Wissenschaft auf, das großen Wert auf Erfahrung und Beobachtung legte.

2. Sie war aktivistisch: Evangelikale glaubten, das christliche Leben müsse guten Werken gewidmet sein, worunter auch die Ausbreitung des Evangeliums zu verstehen war. Diese guten Werke wurden nicht vollbracht, um sich das Heil zu verdienen, sondern weil der bekehrte Mensch Gott für sein Heil dankbar war.

3. Sie stellte die Bibel in den Mittelpunkt: Evangelikale glaubten, die Bibel sei das inspirierte Wort Gottes und darum die höchste Autorität in allen Fragen des christlichen Glaubens und Lebens. Die Verkündigung sollte auf der Bibel beruhen und sich darauf konzentrieren, sie zu erklären und praktisch anzuwenden.

4. Sie stellte das Kreuz in den Mittelpunkt: Während andere christliche Traditionen mehr Gewicht auf die Inkarnation Christi und/oder seine Auferstehung legten, drehte sich das evangelikale Verständnis der christlichen Botschaft und des Werkes Christi um das Kreuz. Christus starb stellvertretend für uns und erduldete die Trennung von Gott, die sündige Menschen verdient hatten.

In Großbritannien waren Evangelikale in allen protestantischen Kirchen vertreten, die die Lehren von der Dreieinigkeit und der Göttlichkeit Jesu Christi bejahten. In der anglikanischen Kirche waren sie stets sehr zahlreich.

25 Der Methodismus existierte bis ins späte achtzehnte Jahrhundert nicht (wie heute) als separate Konfession. Die Methodisten blieben Teil der anglikanischen Kirche. »Methodisten« wurden Menschen genannt, die glaubten, wie Wesley und andere, dass Erlösung durch Buße und Glaube erlangt wird, dass sie unverzüglich erworben wird und dass man sich des Heils gewiss sein kann. Der Begriff »Methodisten« wurde zunächst von deren Gegnern verwendet, dann aber von den Wesleys und anderen als Bezeichnung für sich selbst übernommen.

26 *Ivanhoe* gehört zu den sogenannten »Waverley-Romanen« des schottischen Schriftstellers **Sir Walter Scott** (1771–1832). Scott, der wohl berühmteste und produktivste Autor zu seinen Lebzeiten, gilt als Begründer des historischen Romans. In seinem 1820 erschienenen Roman erzählt er die Geschichte des Ritters Wilfred von Ivanhoe, der für den als verschollen geltenden König Richard Löwenherz (1157–99) kämpft. Der Roman spielt immer wieder auf die brutale Verfolgung der Juden im England des ausgehenden zwölften Jahrhunderts an.

27 Joseph Milner war als Kurat Mitglied der *Church of England,* wurde jedoch als »Methodist« bezeichnet. Vgl. Anmerkung 25.

28 Joseph Milners Werk *History of the Church of Christ* war als Entgegnung auf Edward Gibbons *Decline and Fall of the Roman Empire* gedacht, in dem es sich auf die positiven Aspekte der Kirchengeschichte konzentrierte statt auf die Spaltungen und Irrtümer, die sie entstellten. Es wurde Anfang des neunzehnten Jahrhunderts zu einem Standardwerk der Kirchengeschichte für Evangelikale.

29 **Samuel Johnson** (1709–84) war ein englischer Schriftsteller, Gesellschaftskommentator und Lexikograf; er war das Subjekt der berühmten Biografie *Life of Dr. Johnson*, die sein Freund James Boswell über ihn schrieb.
30 John Pollock urteilt, diese Geschichte sei wahrscheinlich apokryph, da er die lokalen Zeitungen danach durchsucht (die Geschichte erwähnt nicht einen Schulaufsatz, sondern einen Leserbrief) und keine Hinweise darauf gefunden habe. Seiner Meinung nach äußerte Wilberforce erstmals 1780 Interesse an der Problematik der Sklaverei, als er gegenüber seinem Vorgänger im Parlament, David Hartley, der 1776 im Unterhaus einen Antrag gegen die Sklaverei eingebracht hatte, die Hoffnung ausdrückte, er werde zur rechten Zeit in der Lage sein, etwas dagegen zu tun. John Pollock, William Wilberforce. Harwich: Kingsway, 2007, 1. Aufl. Oxford: Lion, 1977, S. 11.
31 Yoxall, wo Gisborne lebenslang als Kurat für den Pfarrbezirk zuständig war, liegt etwa zehn Kilometer nördlich von Lichfield. Wilberforce verbrachte einige Sommer in *Yoxall Lodge*, um Lesestoff nachzuholen und seinen mangelnden Studieneifer in Cambridge wettzumachen. Für die Claphamer wurde es zu einer Art zweiter Heimat.
32 **William Wordsworth** (1770–1850) war ein englischer Dichter, der mit S. T. Coleridge und Robert Southey zur nach dem *Lake District* benannten *Lake School* gezählt wird. Anfangs ein Anhänger der Französischen Revolution, entwickelte er im Laufe seines Lebens eine politisch konservativere Einstellung; im Unterschied zu seinem Freund S. T. Coleridge rebellierte er nie gegen den christlichen Glauben seiner Eltern. Bedeutsam für die Romantik wurde sein Vorwort zur zweiten Ausgabe der *Lyrical Ballads* (1800), in dem er die Prinzipien der neuen Dichtkunst darlegte. 1843 wurde er zum königlichen Hofdichter *(Poet Laureate)* ernannt.
33 **Edward Christian** (1758–1823) war ein Richter und Juraprofessor in Cambridge. Sein Bruder **Fletcher** (1764–93) trat später als Anführer der Meuterei auf der *Bounty* in Erscheinung.
34 **Gerard Edwards** oder Edwardes (1759–1838) wurde 1784 Mitglied des Parlaments und änderte später seinen Familiennamen in Noel. Er heiratete die Tochter von Sir Charles und Lady Margaret Middleton, zwei sozial engagierten Evangelikalen, die nach 1785 versuchten, den neu bekehrten Wilberforce zu überzeugen, sich der abolitionistischen Sache zu verschreiben.
35 **William Pitt (der Ältere)**, 1. Earl of Chatham (1708–78): Britischer Politiker und zeitweise Premierminister, berühmt für seine Redekunst. Er setzte sich für das Recht der amerikanischen Kolonien Großbritanniens ein, sich den ihnen auferlegten Steuerforderungen zu widersetzen.

36 **Vergil** (Publius Vergilius Maro; 70–19 v. Chr.) war einer der größten römischen Dichter, vor allem für seine *Aeneis* berühmt. Er wurde bei den alten Römern viel gelesen und beeinflusste Dante. Aufgrund seiner Bedeutung als lateinischer Autor konnte man davon ausgehen, dass kultivierte englische Zeitgenossen mit seinen Werken vertraut waren.

37 **Demosthenes** (384–322 v. Chr) war ein athenischer Redner, Rhetoriker, Rechtsgelehrter und Staatsmann. Späteren lateinischen Autoren galt er als Meister der politischen Rede, was erklärt, warum klassisch gebildete Engländer dieser Zeit ihn immer noch lasen und sogar als Vorbild für ihre eigenen Reden nahmen.

38 Die Regierung von **Frederick (Lord) North**, der von 1770–82 Premierminister war, tat sich durch ihren rücksichtslosen Umgang mit den Anliegen der amerikanischen Kolonien hervor, die der Haltung Georgs III. entsprach. Sie stürzte, nachdem das Unterhaus eine Resolution verabschiedet hatte, die ein Ende des Krieges mit Amerika anstrebte. North selbst hatte bereits akzeptiert, dass den Kolonien die Unabhängigkeit gewährt werden musste, konnte sich aber wegen des Widerstandes Georgs III. nicht öffentlich in dieser Richtung äußern. Nach seiner Niederlage und dem Sturz des nächsten Premierministers bildete er eine Koalition mit Charles James Fox.

39 **Charles James Fox** (1749–1806) war ein britischer Politiker, der die amerikanische Unabhängigkeit unterstützte und sich dadurch bei Georg III. unbeliebt machte. Er wurde der führende Gegenspieler des jüngeren William Pitt im Unterhaus. Neben anderen umstrittenen Aspekten seines Privatlebens war Fox berühmt für seine Neigung zum Glücksspiel, die dazu führte, dass er bis zum Jahre 1784 bereits zweimal Bankrott erlitten hatte.

40 **Edmund Burke** (1729–97) war ein in Irland geborener Parlamentsabgeordneter, Redner und Schriftsteller. Er sprach sich dafür aus, den amerikanischen Kolonien mehr Freiheiten einzuräumen, hegte aber keine Sympathien für die Französische Revolution oder die Demokratie als idealer Staatsform.

41 In vielen englischen Ortschaften und Städten gibt es Gruppen von freien Bürgern, die im Mittelalter als Einzige das Recht hatten, dort selbstständig Handel zu treiben. Oft trugen sie die alleinige Verantwortung für die örtliche Verwaltung. In Hull stand der Status des Erbbürgers den männlichen Nachkommen der freien Bürger offen, und wie in manchen anderen Wahlbezirken hatten sie allein das Recht, bei Parlamentswahlen ihre Stimme abzugeben.

42 Engl.: »Not just a chip from the old block; he is the old block itself.«

43 Nach dem Rücktritt Norths diente kurzzeitig bis zu seinem Tod 1782 Rockingham als Premierminister. Sein Nachfolger war 1782 bis 1783 der 2. Earl of Shelburne.

44 Die englische Redewendung »He fills a chair« heißt wörtlich übersetzt »Er füllt den Sessel aus« und spielt damit auf North's enorme Leibesfülle an; übertragen bedeutet sie: »Er hat den Vorsitz inne«.
45 **George Selwyn** (1719–91) war ein britischer Parlamentarier.
46 **Brookes's** wurde 1764 als Club für Gentlemen in London gegründet. Bekannt wurde der Club vor allem dafür, dass dort ausgiebig gespielt wurde. Er war aber auch ein Treffpunkt für führende Whig-Politiker.
47 **Horace Walpole** (1717–97) war ein englischer Schriftsteller und Pionier des Schauerromans (s. Anmerkung 76); von 1741 bis 1768 Mitglied des Parlaments. Sein Vater Robert hatte zuvor als Premierminister gedient.
48 **William Grenville** (1759–1834) war der Sohn des Premierministers George Grenville und der Cousin des jüngeren Pitt. Er saß von 1782 an im Parlament und diente von 1791 bis 1801 als Außenminister und von 1806 bis 1807 als Premierminister. Während seiner Amtszeit schaffte das Parlament den Sklavenhandel ab.

Pepper Arden (1744–1804) war ein Anwalt, der von 1782 bis 1784 kurzzeitig die Stellung des Zweiten Kronanwalts innehatte und von 1783 an im Parlament saß.

Edward Eliot (1758–97) war Mitglied des Parlaments und heiratete Harriot, die Schwester des jüngeren Pitt. Nach ihrem Tod 1786 zog er nach Clapham und wurde ein aktives Mitglied des dortigen Kreises.
49 **Madame de Staël** (1766–1817), eigentlich Anne Louise Germaine Baronin von Staël-Holstein, war eine aus der Schweiz gebürtige, französischsprachige Schriftstellerin. Von 1805 an trafen sich in ihrem Schloss Coppet am Genfer See Geistesgrößen aus ganz Europa und debattierten über die geistigen und politischen Grundlagen ihrer Zeit. In den Jahren 1793 und 1813 besuchte sie England und veröffentlichte in London ihr Buch De l'Allemagne (deutsche Ausgabe unter dem Titel »Deutschland« und später »Über Deutschland« erschienen).
50 **Lord Euston**, George Henry FitzRoy (1760–1844) war ein britischer Politiker.
51 **George Berkeley** (1753–1818) war ein Marinekommandant und (von 1783 an) Mitglied des Parlaments.
52 Der Erzbischof von Reims war zu dieser Zeit **Alexandre-Angélique de Talleyrand-Périgord**, Onkel des Bischofs Charles-Maurice de Talleyrand-Périgord, einem Politiker der Revolutionszeit.
53 Der **Marquis de Lafayette** (1757–1834) lebte damals in Paris, nachdem er sich als militärischer Befehlshaber der Kolonisten im amerikanischen Unabhängigkeitskrieg ausgezeichnet hatte. Sein Wohnhaus in Paris entwickelte sich zu einem beliebten Ziel für Amerikaner, die die französische Hauptstadt besuchten.

54 *Silence Dogood* war ein Pseudonym, das der jugendliche Benjamin Franklin gebrauchte, um seine Briefe in der Zeitung seines Bruders, *The New England Courant*, abdrucken zu lassen. *Poor Richard* war ein weiteres Pseudonym Franklins in seinem Bestseller *Poor Richard's Almanac*, Jahrbücher, die von 1732 bis 1758 jährlich erschienen und Vorhersagen, Wetterberichte, nützliche Informationen und sprichwörtliche Redensarten enthielten.

55 **James Boswell** (1740–95) war ein schottischer Schriftsteller und der berühmte Biograf Samuel Johnsons. Seine veröffentlichten Tagebücher sind eine wichtige Quelle für unser Verständnis der Kultur jener Zeit. Nachdem er anfangs den Abolitionismus unterstützt hatte, bezog er später in seinen Schriften dagegen Stellung.

56 **Sir James Stephen** (1789–1859) war der Sohn von James Stephen (siehe Glossar). Er heiratete die Tochter von John Venn. Beruflich war er im öffentlichen Dienst tätig, und sein Aufgabenschwerpunkt lag bei den britischen Kolonien. Seine Essays in *Ecclesiastical Biography* erschienen erstmals 1849 und enthielten Artikel, die zuvor im *Edinburgh Review* veröffentlicht worden waren. Darunter war auch einer über Wilberforce (1838). Ein weiterer Artikel von 1844 machte den Gebrauch der Bezeichnung »Clapham-Sekte« geläufig.

57 **David Garrick** (1717–79), ein berühmter Londoner Schauspieler und Intendant, und **François-Joseph Talma** (1763–1826), ein französischer Schauspieler, waren Vorreiter eines »natürlichen« Schauspielstils, im Gegensatz zu einem eher formalen, der bislang vorherrschte.

58 Ein Mitglied des Parlaments, das eine Grafschaft repräsentierte, im Gegensatz zu einer Stadt oder einem Bezirk. Seit dem Mittelalter hatte jede englische Grafschaft Anspruch auf zwei Sitze im Parlament, und vom sechzehnten Jahrhundert an stand jeder walisischen Grafschaft ebenfalls ein Sitz zu.

59 Die englische Version wird zitiert nach: Ellen Jane Lorenz, Glory, Hallelujah! The Story of the Campmeeting Spiritual. Nashville: Abingdon, 1980, S. 127. Zitiert in: TRE Teil 1, Bd. 10, 1993. Es kursieren verschiedene deutsche Übertragungen des Liedes *Amazing Grace*. Beispielhaft wird diejenige von Anton Schulte abgedruckt, der sich vergleichsweise eng an das Original hält.

60 Der Begriff »animalischer Magnetismus« wurde von dem deutschen Arzt Franz Anton Mesmer (1734–1815) geprägt und bezeichnete die Fähigkeit mancher Menschen, andere zu heilen oder zu beeinflussen, indem sie ihre Lebenskraft oder ihr »Fluidum« (eine magnetische Substanz, von der man glaubte, sie sei überall in der Materie des Universums vorhanden) auf sie richteten. Krankheit wurde auf Blockierungen zurückgeführt, die den freien Fluss dieses Fluidums durch den Körper verhinderten. Körperkontakt, etwa durch Handauflegung, spielte bei diesem Prozess

eine Rolle. Mesmer selbst, der viel Sinn für Effekte hatte, berührte seine Patienten mit einem Stab. Als Synonym für den animalischen Magnetismus wurde der Begriff Mesmerismus gebräuchlich. Die Prozedur führte zu etlichen Heilungen von Menschen mit psychosomatischen Beschwerden, deren körperliche Symptome durch psychische Störungen verursacht waren. Seit den 1780er-Jahren war sie für einige Zeit sehr populär und gab der Entwicklung der Hypnose, des Spiritismus und anderer »alternativer« spiritueller und therapeutischer Praktiken wesentliche Impulse.

61 Derartige Ansichten waren schon in der Reformationszeit von Miguel Servetus und Faustus Socinus geäußert worden, doch in England wurde diese Sichtweise erstmals um die Mitte des siebzehnten Jahrhunderts laut. Während des achtzehnten Jahrhunderts übernahmen viele bestehende presbyterianische (d. h. in der reformierten Tradition stehende) Gemeinden allmählich unitarische Überzeugungen. In der anglikanischen Kirche wurde mit einer Petition ans Parlament versucht, die Anforderung an Geistliche, sich zu den Neununddreißig Artikeln von 1571 als maßgeblicher Formulierung der anglikanischen Lehre zu bekennen, zu lockern. Die Petition wurde abgewiesen, und einer ihrer Unterstützer, Theophilus Lindsey, legte 1747 sein Priesteramt nieder und gründete in London seine eigene Glaubensgemeinschaft. Bis 1813 waren die Unitarier im Gegensatz zu anderen Nonkonformisten in England rechtlich nicht anerkannt und wurden strafrechtlich verfolgt.

62 Das Nizäische Glaubensbekenntnis wurde vermutlich im späten vierten oder frühen fünften Jahrhundert verfasst und ist das einzige Glaubensbekenntnis, das sowohl in der Ost- als auch in der Westkirche akzeptiert wurde. Es bejaht die wichtigsten christlichen Lehren, darunter die Dreieinigkeit, die Göttlichkeit und Menschlichkeit Christi und die Persönlichkeit und Göttlichkeit des Heiligen Geistes. Das Bekenntnis verdankt seinen Namen dem Konzil von Nizäa (325), bei dem die Lehre von der vollkommenen Göttlichkeit Jesu Christi bekräftigt wurde. Das Bekenntnis wurde zwar erst viel später formuliert, doch seine Befürworter betrachteten es als im Einklang mit den Beschlüssen des Konzils. In der anglikanischen Kirche ist es traditionell eines der drei Glaubensbekenntnisse, die in Gottesdiensten verwendet werden, gemeinsam mit dem Apostolischen und dem Athanasischen Bekenntnis.

63 **Philip Doddridge** (1702–51) war ein englischer nonkonformistischer Theologe, Choraldichter und Ausbilder von Geistlichen. *The Rise and Progress of Religion in the Soul* erschien erstmals 1745 und hatte enormen Einfluss als Darlegung des älteren nonkonformistischen Verständnisses des Heilsweges, das auf der evangelistischen Praxis der Puritaner des siebzehnten Jahrhunderts beruhte. Doddridge war in seinen Lehrauffassungen nicht starr, und im Gegensatz zu manchen anderen Nonkonfor-

misten begrüßte er das Aufkommen der evangelikalen Bewegung in den 1730er-Jahren.

64 Die Neununddreißig Artikel (1571) waren die maßgebliche Formulierung der Lehre der anglikanischen Kirche. Zur damaligen Zeit mussten sich Studenten in Oxford und Cambridge zu ihnen bekennen, um ihre akademischen Würden zu erhalten.

65 Der belgische Badeort stand – im Englischen wie auch im Deutschen – Pate für die Bezeichnung Spa im Sinne von Wellnessbad.

66 **Joshua Reynolds** (1723–92) war ein hoch angesehener englischer Porträtmaler und ab 1768 der erste Präsident der Königlichen Akademie der Künste.

67 *An Essay on Human Understanding* von dem englischen Philosophen John Locke (1632–1704). Locke bereitete der evangelikalen Betonung einer Herzensreligion den Weg, indem er Erkenntnis als von unserer Sinneserfahrung abgeleitet beschrieb.

68 Als Vorsitzender eines Ausschusses, der im Auftrag des Unterhauses die Aktivitäten der Ostindien-Kompanie untersuchte, zeichnete Edmund Burke seit 1781 verantwortlich für elf Ausschussberichte, welche die Korruption bei den Aktivitäten sowohl der Kompanie als auch des Generalgouverneurs Warren Hastings anprangerten.

Die Ostindien-Kompanie war im Jahre 1600 gegründet worden, um den Handel mit Ostindien (Vorder- und Hinterindien sowie der Malaiische Archipel) zu entwickeln, wobei sich ihre Aktivitäten mit der Zeit allerdings auf Indien selbst beschränkten. Ab 1784 wurden ihre kommerziellen und politischen Aktivitäten voneinander getrennt, und die politische Rolle, die sie ein Jahrhundert lang ausgeübt hatte, endete 1858, als die britische Krone die Macht übernahm.

69 **Charles-Louis de Secondat, Baron de Montesquieu** (1689–1755) war ein französischer Staatsphilosoph, dessen Gedanken über »Gewaltenteilung« (Exekutive, Legislative und Judikative) als Schutz vor Tyrannei die Gründerväter der Vereinigten Staaten stark beeinflusste.

70 **Adam Smith** (1723–90): schottischer Philosoph und Ökonom, berühmt für sein Werk *Wealth of Nations* (1776). In diesem Buch argumentiert er unter anderem, dass der Harmonie und dem wirtschaftlichen Wohlstand der Gesamtgesellschaft am besten gedient sei, wenn der Handel so wenig wie möglich reguliert werde, sodass der Einzelne auf der Grundlage seines aufgeklärten Eigeninteresses handeln könne. Auch die ärmsten Schichten kämen dann in den Genuss eines sich allmählich verbessernden Lebensstandards.

71 Sir **William Blackstone** (1723–80), Verfasser der *Commentaries on the Laws of England* (1766–70), bis heute ein juristisches Standardwerk in Großbritannien und in gewissem Maße auch in den Vereinigten Staaten.

72 **Alexander Pope** (1688–1744), Mitglied der römisch-katholischen Kirche, gilt als Dichter des englischen Klassizismus. Er schrieb das komische Epos *The Rape of the Lock* (1712; deutsch »Der Raub der Locke«) und übersetzte die Werke des griechischen Dichters Homer. Durch *An Essay on Man* (1733/34; deutsch »Versuch vom Menschen«) machte er sich auch einen Namen als ethischer und philosophischer Dichter.

73 **Lord Melville**, bis 1798 Henry Dundas (1742–1811) war der einflussreichste schottische Politiker seiner Zeit. Als Innenminister ab 1791 gelang es ihm, die Abschaffung des Sklavenhandels hinauszuzögern. Später diente er bis zu Pitts Rücktritt 1801 als Kriegsminister. Nachdem Pitt 1804 erneut Premierminister geworden war, wurde Melville zum Ersten Lord der Admiralität ernannt und übernahm die Verantwortung für die Marine. Im folgenden Jahr jedoch wurden Vorwürfe laut, er habe öffentliche Mittel veruntreut. Als das Unterhaus in einer Abstimmung für eine Anklage gegen ihn durch die Lords entschied, kam es zu einem Bruch zwischen Wilberforce und Pitt, weil Wilberforce sich in einer Rede für einen solchen Schritt ausgesprochen hatte. Melville wurde freigesprochen, bekleidete aber danach kein öffentliches Amt mehr.

74 Original: *The Proclamation for the Encouragement of Piety and Virtue and for the Preventing of Vice, Profaneness and Immorality.*

75 **Jane Austen** (1775–1817) war eine englische Romanautorin, die in ihren Büchern das Leben der Mittelschicht schilderte und großes Geschick bei ihren oft mit feiner Ironie gezeichneten Charakterdarstellungen zeigte. Zu ihren bekanntesten Romanen, die häufig auch verfilmt wurden, gehören unter anderem *Sense and Sensibility* (1811; deutsch »Verstand und Gefühl«), *Pride and Prejudice* (1813; deutsch »Stolz und Vorurteil«) und *Emma* (1816; deutsch »Emma«).

76 **Richard Samuel** (aktiv seit 1770, gestorben 1787) war ein Porträtmaler, dessen wohl bekanntestes Gemälde *The Nine Muses* (»Die neun Musen«) neun Frauen seiner Zeit zeigt, die sich als Künstler oder Intellektuelle einen Namen gemacht hatten und als antike griechische Göttinnen dargestellt werden.

77 Der Schauerroman (engl. *Gothic novel*) ist durch eine geheimnisvolle und romantische Stimmung und oft auch durch angsteinflößende übernatürliche Vorkommnisse gekennzeichnet. Die Handlung spielt üblicherweise vor mittelalterlicher Kulisse wie beispielsweise einem – eventuell schon verfallenen – Schloss oder Kloster. **Horace Walpole**, vierter Graf von Orford (1717–97), eigentlich Horatio Walpole, löste mit seinem Schauerroman unter dem Titel *The Castle of Otranto* (1764; deutsch »Die Burg von Otranto«) einen neuen Trend aus. Der Schauerroman erreichte seine größte Be-

liebtheit gegen Ende des 18. Jahrhunderts als Teil der Romantik und besteht – in unterschiedlicher Form – bis in die Gegenwart hinein.
78 S. S. 50.
79 Vincent Carretta vermutet, dass Equiano Details seiner Lebensgeschichte erfunden hat, insbesondere glaubt er, dass Equiano in Wirklichkeit in South Carolina geboren wurde, nicht in Afrika, und somit niemals die Überfahrt auf einem Sklavenschiff erlebte. Carretta hält dies für einen bewussten Akt dichterischer Freiheit, was unsere Einschätzung der schriftstellerischen Fähigkeiten Equianos bestätigt. Allerdings akzeptieren nicht alle Forscher diese Argumente, und die Debatte ist noch im Gang. Vgl.: Vincent Carretta, Equiano, the African: Biography of a Self-Made Man. Athens & London: University of Georgia Press, 2005; ders., »Questioning the Identity of Olaudah Equiano, or Gustavus Vassa, the African«, in: Felicity A. Nussbaum (Hg.), The Global Eighteenth Century. Baltimore: John Hopkins University Press, 2003, S. 226-35.
80 Die Böhmischen Brüder waren eine pietistische Bewegung, gegründet von Graf Nikolaus Ludwig von Zinzendorf in Herrnhut in Sachsen aus der spätmittelalterlichen *Unitas Fratrum*, die sich seit 1722 auf seinen Ländereien angesiedelt hatte. Sie strebten eine Wiedervereinigung von Christen aus allen großen Traditionen auf der Grundlage einer gemeinsamen Herzenserfahrung Christi an. Schon bald begannen sie, Missionare nach Übersee zu entsenden. Manche Missionare entschieden sich sogar, Sklaven zu werden, um die Sklavenbevölkerung mit dem Evangelium zu erreichen.
81 **Benjamin La Trobe** (1728–86), geboren in Dublin, war ab 1768 Führer der Böhmischen Brüder in Großbritannien. Zu einer Zeit, als diese Bewegung durch enthusiastische Auswüchse viel von ihrer Glaubwürdigkeit verloren hatte, arbeitete er unermüdlich für die Einheit der Christen und die Außenmission der Böhmischen Brüder und wurde von Männern wie John Newton als evangelikaler Mitstreiter begrüßt. Er war mit den Middletons und mit Wilberforce' frühem Informanten James Ramsay befreundet.
82 **Aurelius Augustinus** (354–430) war vermutlich der größte Theologe der römischen Kirche. Er formulierte Maßstäbe, denen ein gerechter Krieg entsprechen müsse, insbesondere, dass er nur zur Selbstverteidigung unternommen werden und das Ziel verfolgen solle, die guten Beziehungen zum Feind wiederherzustellen.
83 Der Kronrat (engl. *Privy Council*) umfasst eine Anzahl herausragender Persönlichkeiten aus verschiedenen Bereichen des britischen öffentlichen Lebens, die den Monarchen in Staatsangelegenheiten beraten.
84 **Josiah Wedgwood** (1730–95) war ein einflussreicher englischer Kunsttöpfer und der Großvater Charles Darwins. Seine Mutter war Unitarierin, und er wurde in dieser

Anschauung erzogen. Die Anti-Sklaverei-Gemme des überzeugten Abolitionisten war einer von mehreren Hunderten solcher Entwürfe, viele mit Darstellungen berühmter Persönlichkeiten. Die Techniken, mit denen er sie herstellte, hatte er selbst entwickelt.

85 Eine Anspielung auf Kolosser 1,16 und Epheser 6,12. Wilberforce' Kampf war sowohl geistlicher als auch politischer Natur.

86 Die von den Wesleys gegründete methodistische Bewegung setzte in großem Umfang Laien (sowohl Männer als auch Frauen) als bevollmächtigte Prediger ein. Ihre Rolle war in erster Linie evangelistisch, und sie waren oftmals viel unterwegs. Damit jedoch stießen sie auf den Widerstand vieler Anglikaner, die das Predigen als die Aufgabe ordinierter Geistlicher ansahen. Manche Geistliche schürten sogar aktiv den Widerstand gegen die Laienprediger. Außerdem betrachteten die Behörden sie mit Argwohn, da sie fürchteten, Laienprediger könnten Aufruhr begünstigen.

87 Das Heilbad Buxton im *Peak District* zog die englische Mittelklasse an, die sich mit Wasser aus den leicht radioaktiven Thermalquellen behandeln ließ und das rege gesellschaftliche Leben genoss.

88 »Athanasius gegen die Welt«, Anspielung auf Athanasius (ca. 296–373), der in der Mitte des vierten Jahrhunderts gegen die Führung der zeitgenössischen Kirche Stellung bezog, als er unbeirrt an der vollen Göttlichkeit Jesu Christi festhielt, während andere zu dieser Zeit mit den Anschauungen des Arius sympathisierten, der gelehrt hatte, Christus sei ein erschaffenes Wesen und nicht im vollen Sinne Gott.

89 Eine Anspielung auf Römer 8,31: »Ist Gott für uns, wer kann wider uns sein?«

90 **Samuel Taylor Coleridge** (1772–1834) war ein englischer Dichter der Romantik, Philosoph und Theologe. Zu seinen bekanntesten dichterischen Werken gehört das balladenhafte *The Rime of the Ancient Mariner* (deutsch »Die Ballade vom alten Seemann«), das die mit William Wordsworth herausgegebenen *Lyrical Ballads* eröffnet. Wie Wilberforce würde auch Coleridge später regelmäßig Opium einnehmen und unter den gleichen nervlichen Nebenwirkungen leiden.

91 **Joseph Priestley** (1733–1804) war ein englischer und italienischer Geistlicher, Chemiker und Sympathisant der Französischen Revolution.

92 **Thomas Paine** (1737–1809) war ein radikaler englischer politischer Schriftsteller, der die Französische Revolution gegen Edmund Burke verteidigte.

93 **Jeremy Bentham** (1748–1832) war ein Philosoph und sprach sich in seinen Schriften für eine Reform der Gesetze und der Gesellschaft aus; Wilberforce bemühte sich, offizielle Unterstützung für Benthams *Panopticon* zu gewinnen, ein Gefängnis, das nach menschlicheren Maßstäben eingerichtet war.

94 In die Nore-Meuterei waren Schiffe der Royal Navy verwickelt, die an einem Ankerplatz namens Nore im Mündungsgebiet der Themse lagen. Sie dauerte vom 12. Mai bis zum 13. Juni 1797. Ihre Brisanz bestand darin, dass die Flotte London blockierte und die Forderungen der Meuterer auch einen Friedensschluss mit Frankreich beinhalteten. Die Regierung ging aus Sorge, die Meuterei könne weitere soziale Unruhen nach sich ziehen, entschieden dagegen vor, und das Parlament erließ wenig später ein Gesetz, wonach das Schüren von Unzufriedenheit unter Seeleuten einem Verrat gleichkam.

95 1780 befehligte Tarleton britische Truppen, die mehr als hundert Soldaten der gegnerischen Kontinentalarmee töteten, die anscheinend versuchten sich zu ergeben und zu großen Teilen unbewaffnet waren; 150 weitere von ihnen wurden schwer verletzt.

96 1797 einigte sich die britische Regierung auf eine Anleihe von 1,62 Millionen Pfund an Österreich unter der Bedingung, dass Großbritannien den Oberbefehlshaber über die alliierten Truppen stelle.

97 Der Queen-Anne-Stil ist ein nach der englischen **Königin Anne** (1665–1714) benannter Architekturstil und besaß seine Blütezeit etwa 1700 bis 1720. Er zeichnet sich durch klassizistische Schlichtheit aus.

98 Furneaux vermutet geistlichen Hochmut hinter dieser Aussage. Doch während *superbia* (Hochmut) tatsächlich eine Versuchung für Christen darstellt – und gewiss auch für die Claphamer –, scheint Macaulay mit seiner Bemerkung, die aus einem Brief an Hannah More stammt, vor allem etwas über die Zentralität biblischer Lehre für den Clapham-Kreis auszusagen. Vgl. Robin Furneaux, *William Wilberforce*. London: Hamilton, 2006, 1. Aufl. 1974, S. 309.

99 Eine Anspielung auf die führende Rolle von Wilberforce. Agamemnon führte laut griechischem Mythos die griechische Streitmacht gegen Troja an; manchmal wurde sogar eine Parallele zwischen ihm als König der Menschen und Zeus als König der Götter gezogen.

100 Engl. *The Speaker of the House of Commons* (»Sprecher des Unterhauses«) hat die Aufgabe, dafür zu sorgen, dass die Verhandlungen dort korrekt und ordentlich vonstatten gehen. Aufgrund dieser Verantwortung muss der *Speaker* in allen Debatten unparteiisch bleiben.

101 Unter englischsprachigen Evangelikalen wurde der Sonntag häufig als der »christliche Sabbat« betrachtet, der für Christen ebenso verbindliche Pflichten mit sich brachte wie der hebräische Sabbat für die Juden. Es gab strenge Regeln darüber, welche Aktivitäten an diesem heiligen Tag, der dem Gottesdienst, dem persönli-

chen Gebet und dem Bibelstudium sowie dem Besuchen der Bedürftigen gewidmet sein sollte, zulässig waren.

102 S. Kap. 8, S. 149.

103 Zu der ernsthaftesten Kritik, die an Wilberforce und seinen abolitionistischen Mitstreitern geübt wurde, gehört der Vorwurf, sie hätten die Fortführung des Sklavenhandels in Sierra Leone gebilligt. Obwohl Sierra Leone inzwischen in den Besitz der Krone übergegangen war, waren die Abolitionisten (über die *African Institution*, die umgehend nach dem *Abolition Act* im Jahr 1807 eingesetzt wurde) verantwortlich für die Verwaltung der Kolonie. Es war erlaubt, Sklaven von Schiffen, die auf rechtmäßige Weise gefangen genommen waren, zwangszuverpflichten bzw. sie als Lehrlinge (*apprentices*) anzustellen (was Zwangsarbeit ohne Bezahlung entsprach), sodass die Landbesitzer sie im Endeffekt kauften. Der ungestüme Führer der Kolonie, Thomas Thompson, war zwar von den Abolitionisten für sein Regierungsamt vorgeschlagen worden; jedoch kam es über dieser und anderen Fragen zum Bruch mit ihm. Er sah das Lehrlingssystem (*apprenticeship system*) als unmenschlich, gesetzeswidrig und als Fortführung des Sklavenhandels durch diejenigen an, die sich eigentlich seiner Abschaffung verschrieben hatten; er schaffte es ab und schenkte den *apprentices* die Freiheit. Als er die Angelegenheit thematisierte, wurde darüber gestritten, ob dieser Missstand der Fehler der britischen Krone oder der *African Institution* sei. Wilberforce verteidigte das *apprenticeship system* als den notwendigen Preis, den man habe zahlen müssen, um den *Abolition Act* durchzubringen. Thompson wurde 1809 als Führer abgesetzt und sein Nachfolger führte das Lehrlingssystem wieder ein. Vgl. Stephen Tomkins, The Clapham Sect. How Wilberforce's Circle Transformed Britain. Oxford: Lion Hudson, 2010 (insbesondere Kapitel 20).

104 Viele dieser Einwanderer waren ehemalige Sklaven, die für die Briten im nordamerikanischen Unabhängigkeitskrieg gekämpft hatten und nach der britischen Niederlage Zuflucht in Nova Scotia suchten. In ihrer neuen afrikanischen Heimat führten ihre demokratischen Ideale jedoch zu Spannungen, weil die britischen Beamten einen stärker hierarchischen Ansatz in der Verwaltung der Kolonie gewohnt waren.

105 Am 20. Januar 1807 reichte Henry Thornton eine Petition ein, die vorsah, Sierra Leone an die englische Krone zu übergeben. Die Petition wurde am 29. Juli genehmigt und trat am 1. Januar 1808 in Kraft. Vgl. S. Tomkins, The Clapham Sect, S. 200.

106 Englisch: »Everyone was expected to fend for themselves.«

107 **Robert Southey** (1774–1843) war Historiker und Schriftsteller; 1813 wurde er zum *poet laureate* ernannt, dem offiziellen Dichter der englischen Krone. Er pflegte eine enge Beziehung zu dem romantischen Dichter S. T. Coleridge und war ebenfalls

ANMERKUNGEN ❖ 399

mit William Wordsworth bekannt (der Kritiker Francis Jeffrey sprach von der *Lake School*). Er war mit Wilberforce von 1817 an befreundet, obwohl er dessen evangelikal geprägten Glauben nicht teilte. Sein berühmtes *Life of Wesley* (1820; deutsch »John Wesley's Leben«) bezeugt seine Sympathie für die englische Staatskirche.

108 »... wie die Geduld auf einer Gruft« (Übersetzung von August Wilhelm Schlegel; englisch »... like patience on a monument«) ist eine Anspielung auf William Shakespeares Komödie *Twelfth Night* (entstanden 1601/02; deutsch »Was ihr wollt«), Akt II, Szene 4. Southey beschreibt damit Barbara Wilberforce' Ruhe inmitten des häuslichen Chaos.

109 Eine etwas sarkastische Anspielung auf die evangelikale Überzeugung, dass wir allein durch den Glauben vor Gott gerechtfertigt sind und unsere guten Werke nichts dazu beitragen. Manche Evangelikale jener Zeit beriefen sich besonders gern auf ihre Freiheit von der Pflicht, gute Werke zu tun, und waren darum etwas nachlässig in ihrer Lebensführung.

110 Die *British and Foreign Bible Society* (»Britische und Ausländische Bibelgesellschaft«), die am 7. März 1804 ihre erste öffentliche Versammlung hatte, war die erste der großen modernen Bibelgesellschaften. Wilberforce wurde Mitglied eines ihrer Komitees und unterstützte ihre Aktivitäten beständig. Nach seiner Überzeugung diente die Verbreitung von Bibeln in der Gesellschaft sowohl dem sozialen als auch dem geistlichen Allgemeinwohl, und ihm gefiel, dass sich hier für Nonkonformisten und Anglikaner die ungewöhnliche Gelegenheit einer Zusammenarbeit bot.

111 **George Pretyman** (1750–1827), ab 1803 George Pretyman Tomline, war von 1787–1820 Bischof von Lincoln und dann von Winchester. Er gab zu, dass er seinen Aufstieg in der anglikanischen Kirche der guten Verbindung zu Pitt verdankte, die er als dessen Tutor in Cambridge aufgebaut hatte, und er diente Pitt von 1783 an als (Quasi)-Privatsekretär und später als Berater in kirchlichen Angelegenheiten. Er war ein orthodoxer Kirchenmann und als solcher ein Gegner des Katholizismus.

112 S. Anmerkung 100.

113 Der Zweite Kronanwalt (*solicitor-general*) für England und Wales ist der Stellvertreter des Kronanwalts, des höchsten Beraters der britischen Krone. Schottland hat seinen eigenen Zweiten Kronanwalt. Diese Beamten beraten nicht nur die Krone und die britischen Ministerien in Rechtsfragen, sondern vertreten sie nötigenfalls auch bei Rechtsstreitigkeiten.

114 Im späten achtzehnten Jahrhundert war eine staatliche Lotterie eingeführt worden, um die Finanzierung des Krieges gegen die amerikanischen Kolonien zu unterstützen, doch auf den Druck der Evangelikalen hin wurde sie 1826 wieder abgeschafft.

115 Sir **James Mackintosh** (1765–1832) war ein Jurist, Politiker und Historiker.

116 Die *Act of Union* (»Unionsakte«) von 1800, die 1801 in Kraft trat, löste das irische Parlament auf und vereinigte Irland mit Großbritannien zum *United Kingdom* (»Vereinigtes Königreich«); zuvor war Irland mit England nur durch Personalunion verbunden gewesen, d. h. durch das gemeinsame Staatsoberhaupt.

117 **Lord Wellesley** (1760–1842), vormals Lord Mornington, war ein britischer Politiker, von 1797 bis 1805 Gouverneur von Indien und 1809 kurzzeitig Botschafter in Spanien, bevor er Außenminister wurde. Sein Bruder war der Herzog von Wellington, berühmt für seinen Sieg bei Waterloo 1815.

118 **Lord Erskine** (1750–1823) war ein Anwalt und Politiker und von 1806 bis 1807 Lordkanzler. Er teilte mit Wilberforce das Anliegen für die menschliche Behandlung von Tieren.

119 Die 1802 in London gegründete Gesellschaft zur Bekämpfung des Lasters war die Nachfolgeorganisation der früheren *Proclamation Society* (1787). Sie wollte durch Anwendung bestehender Gesetze und Agitation für neue Gesetze, die bisher noch nicht regulierte Verhaltensweisen abdeckten, die öffentliche Moral reformieren. Dabei bediente sie sich einer Anzahl bezahlter Agenten. Nach einiger Überlegung wurde jedoch beschlossen, nicht mithilfe von Täuschungen Informationen zu erlangen, die zu einer Verurteilung vor Gericht führen konnten.

120 S. 198.

121 Bramber ist eine kleine Ortschaft in Sussex, etwa fünfzehn Kilometer nordwestlich von Brighton. Bis zur Parlamentsreform 1832 entsandte sie zwei Abgeordnete ins Parlament.

122 Vgl. Anmerkung 80.

123 **Joshua Marshman** (1768–1837) war ein baptistischer Missionar in Indien; setzte sich für soziale Reformen ein.

124 Nach seiner Bekehrung besuchte Wilberforce regelmäßig den Sonntagsgottesdienst in der *Lock Chapel* an der *Hyde Park Corner* in London. Sie war 1764 vom Direktorium des *Lock Hospital* gegründet worden, das sich um die medizinische Versorgung und Läuterung von Prostituierten bemühte, und seither zu einem Zentrum evangelikaler Verkündigung geworden.

125 In Zar Alexanders Offenheit für den Evangelikalismus spiegelt sich die Tatsache wider, dass etliche orthodoxe Würdenträger durch den deutschen Pietismus beeinflusst worden waren, dessen Ausrichtung dem englischen Evangelikalismus verwandt war und dessen Ausbreitung begünstigte.

126 Vom späten achtzehnten Jahrhundert an war die *Freemason's Tavern* im Londoner *Covent Garden* ein beliebter Versammlungsort für eine Vielzahl von Gesellschaften.

127 Eine Anspielung auf Matthäus 28,6, wo von Christus gesagt wird: »Er ist nicht hier; er ist auferstanden ...«

128 **John Bowdler** (1783–1815) war ein englischer Essayist und evangelikaler Schriftsteller. Er stand in Verbindung zu den Claphamern und war besonders eng mit Henry Thornton befreundet.

129 **Dr. Claudius Buchanan** (1766–1815) war Vikar unter John Newton gewesen, bis er 1796 zum Kaplan für die Ostindien-Kompanie ernannt wurde. Als einflussreicher Fürsprecher der Mission setzte er sich für die Ausdehnung des anglikanischen Episkopats auf die britischen Kolonien ein.

130 Kevin Belmonte nennt Cobbetts Vorwurf »eine der großen politischen Lügen der Epoche«. K. Belmonte, Hero for Humanity. A Biography of William Wilberforce, Colorado Springs / Colorado: Navpress, 2002, S. 167.

131 **Elizabeth Fry** (1780–1845) war eine evangelikale Quäkerin, die sich ab 1817 für eine Gefängnisreform einsetzte. Auf diesem Gebiet galt sie in ganz Europa als Expertin. Insbesondere arbeitete sie in Frauengefängnissen wie etwa dem Newgate-Gefängnis in London. Ihr Argument war, dass eine Reformierung des Gefängnisregimes zu einer Reformierung der Gefangenen führen würde. Zu ihren Idealen gehörten geistliche und intellektuelle Bildung und regelmäßige, konstruktive Arbeit für Gefangene.

132 **Joseph John Gurney** (1788–1847) war der Bruder von Elizabeth Fry, evangelikaler Quäker und Menschenfreund. Er unterstützte den Einsatz seiner Schwester für Gefängnisreformen, interessierte sich aber auch für den Bildungsbereich.

133 **Henry Brougham** (1778–1868) war ein englischer Reformer der Politik und des Rechts.

134 Zur anglikanischen Liturgie gehören traditionell namentliche Gebete für die wichtigsten Mitglieder der Königsfamilie. Der erzwungene Ausschluss Carolines von diesen Gebeten war Ausdruck von Georgs Wunsch, sie nicht als Teil der Königsfamilie betrachten zu müssen.

135 Johannes 7,53-8,11.

136 Als Irland 1801 an Großbritannien angeschlossen wurde, wurden Versuche unternommen, den Katholiken größere politische Freiheit zuzusichern; diese wurden jedoch von Georg III. blockiert. Während der 1820er-Jahre kämpften irische Politiker wie Daniel O'Connell für die Katholikenemanzipation, und die öffentlichen Unruhen in Irland nahmen zu. Schließlich sprach sich 1829 das Parlament dafür aus und gewährte Katholiken den Zugang zum Parlament und zu fast allen Staatsämtern. Manche Evangelikale waren dagegen, mit der Begründung, Großbritannien

als protestantische Nation werde für einen solchen Abfall Gottes Gericht erleiden, doch viele andere sprachen sich aus ähnlichen Gründen wie Wilberforce dafür aus.

137 Die Peerswürde wurde vom Herrscher verliehen. Sie berechtigte den so Geehrten, sich »Lord« zu nennen, doch wurde die Peerswürde nur an zukünftige Kinder des Geehrten vererbt, ein Mann in Wilberforce' Alter hätte sie also nicht weitervererben können.

138 Wilberforce hatte sich schon früh einem Club namens »Independents« (»Die Unabhängigen«) angeschlossen, dessen Mitglieder sich verpflichteten, keinerlei Posten oder Belohnungen für geleistete politische Dienste anzunehmen. Er wollte nicht den Eindruck erwecken, er habe sich zu seinem persönlichen Vorteil politisch engagiert. Dies hatte eine Rolle bei seiner Entscheidung gespielt, in der Politik zu bleiben, da er überzeugt war, dies sei seine Pflicht als Christ, der berufen ist, alle seine Talente Gott zu weihen.

139 Die Anti-Sklaverei-Gesellschaft (deren offizieller Name »Die Gesellschaft zur Milderung und allmählichen Abschaffung der Sklaverei in allen britischen Besitzungen« lautete) wurde 1823 in London gegründet. Wilberforce war eines ihrer Gründungsmitglieder. Ihr Ziel war die Abschaffung der Sklaverei im gesamten britischen Herrschaftsbereich. Anlässlich ihrer Gründung verfasste Wilberforce sein Traktat *An Appeal to the Religion, Justice, and Humanity of the Inhabitants of the British Empire* (»Ein Appell an die Religion, Gerechtigkeit und Menschlichkeit der Bewohner des britischen Weltreichs«). Nachdem die angestrebten Gesetze erlassen waren, wurde 1839 eine Nachfolgegesellschaft gebildet, um dasselbe Ziel in aller Welt zu erreichen. Auch sie wurde Anti-Sklaverei-Gesellschaft genannt, heute *Anti-Slavery International*.

140 Jesus gebrauchte diesen Ausdruck gegenüber einem, der sein Jünger sein wollte, um deutlich zu machen, dass er kein eigenes Zuhause hatte (Matthäus 8,20; Lukas 9,58).

141 Vgl. Micha 6,8: »Es ist dir gesagt, Mensch, was gut ist und was der Herr von dir fordert, nämlich Gottes Wort halten und Liebe üben und demütig sein vor deinem Gott.«

142 Der Ausruf des Zolleinnehmers im Gleichnis Jesu (Lukas 18,13). Aus religiöser Sicht galten Zolleinnehmer als »Sünder«, die von Gott nicht angenommen wurden. Jesus machte deutlich, dass ihre einzige Hoffnung auf Heil in der völligen Abhängigkeit von der Barmherzigkeit Gottes lag, während die Pharisäer in diesem Gleichnis von Gott abgewiesen wurden, weil sie auf ihre eigenen Leistungen vertrauten. Wilberforce schloss daraus, dass seine Hoffnung darauf, bei Gott Annahme

zu finden, von Gottes Barmherzigkeit abhing, wie sie sich in Christus erwiesen hatte, nicht von seinen eigenen guten Werken.

143 **William Gladstone** (1809–98) war britischer Premierminister von 1868 bis 1874, 1880 bis 1885, 1886 und 1892 bis 1894. Als lebenslang praktizierender Christ war er hochkirchlich geprägt und einer der größten Politiker der modernen britischen Geschichte.

144 Ein Begräbnis in der Westminster Abbey ist eine Ehre, die den herausragenden Persönlichkeiten Großbritanniens verliehen wird, darunter Wissenschaftler, Musiker, Schriftsteller, Staatsmänner und hohe Militärs.

145 John Pollock ist 2012 verstorben.

146 »Er ist wahrhaftig auferstanden«, die Antwort einer orthodoxen Gemeinde auf den Ostergruß des Priesters: »Christus ist auferstanden!«

Literatur- und Quellenverzeichnis

Wenn die Redensart »auf den Schultern von Riesen stehen« jemals auf etwas oder jemanden zutraf, dann sowohl auf dieses Buch als auch auf seinen Verfasser. Unsere Vorgabe beim Schreiben dieses Buches lag erstens darin, einer Leserschaft, die wenig über Wilberforce weiß, auf interessante Weise seine Geschichte zu erzählen, und zweitens nicht darin, der Wilberforce-Forschung neue Wege zu bahnen. Während wir in aller Bescheidenheit hoffen, das Erstere getan zu haben, erheben wir mit vorwitzigem Selbstbewusstsein den Anspruch, dass uns das Letztere gelungen ist. Ohne die Forschungsergebnisse, die in den vorhandenen großen Wilberforce-Büchern enthalten sind, könnte es das vorliegende Buch schlicht nicht geben. Es steht ebenso in ihrer Schuld, wie ein Radfahrer seine Rekordzeit den Dreißigtonnern verdankt, in deren Windschatten er sich hat ziehen lassen.

Mit diesem Buch verbinden wir die aufrichtige Hoffnung, den Lesern Appetit auf diese anderen Bücher zu machen. Jedes davon wird dem vorliegenden Porträt Tiefe, Breite und Höhe hinzufügen.

Für Literatur zu Einzelaspekten aus Wilberforce' Biografie siehe die entsprechenden Anmerkungen.

Belmonte, Kevin, Hero for Humanity. A Biography of William Wilberforce. Colorado Springs / Colorado: Navpress, 2002.
Ders., Wilberforce, in: Gerhard Krause (Hg.) und Gerhard Müller (Hg.), Theologische Realenzyklopädie, Band 36. Berlin: Walter de Gruyter, 2004, S. 38-42.
Ders., Travel with William Wilberforce. The Friend of Humanity. London: Day One, 2006.
Carey, Brycchan, Home page. 29. Juni 2012 <http://www.brycchancarey.com>
Coupland, Reginald, Wilberforce. A Narrative. London: Collins, 1945, 1. Aufl. Oxford: Clarendon, 1923.
Furneaux, Robin, William Wilberforce. London: Hamilton, 2006, 1. Aufl. 1974.
Hague, William, William Wilberforce. The Life of the Great Anti-Slave Trade Campaigner William Wilberforce. London: Harper Perennial, 2008.
Hochschild, Adam: Bury the Chains. London: Pan, 2005.

Howse, Ernest Marshall, Saints in Politics. The »Clapham Sect« and the Growth of Freedom. London: George Allen & Unwin, 1953.
Lean, Garth, God's Politician. William Wilberforce's Struggle. London: Darton Longman Todd, 2007, 1. Aufl. 1980.
Pollock, John, William Wilberforce. Harwich, Kingsway: 2007, 1. Aufl. Oxford: Lion, 1977.
Reddie, R. S., Abolition: The Struggle to Abolish Slavery in the British Empire. Oxford: Lion, 2007.
Stott, Anne, Wilberforce. Family and Friends. Oxford: Oxford University Press, 2012.
Tomkins, Stephen, The Clapham Sect. How Wilberforce's Circle Transformed Britain. Oxford: Lion Hudson, 2010.
Wilberforce Central, Home page. 29. Juni 2012 <http://www.wilberforcecentral.org>.
Wilberforce, Robert Isaac und Wilberforce, Samuel, The Life of William Wilberforce, 5 Bde. London: John Murray, 1838.
Wolffe, John, The Expansion of Evangelicalism. The Age of Wilberforce, More, Chalmers and Finney. Downers Grove: IVP, 2007.

Zeittafel

1759	24. August: geboren in Hull.
1769–71	lebt bei seinem Onkel und seiner Tante, William und Hannah Wilberforce, in Wimbledon; Schulbesuch in Putney.
1771–76	Schulbesuch in Pocklington, Yorkshire.
1776–80	am *Saint John's College*, Cambridge.
1780	11. September: wird Mitglied des Parlaments für Hull; Reise nach Frankreich.
1784	4. April: wird bei den allgemeinen Parlamentswahlen Mitglied des Parlaments für Yorkshire.
1784–86	bereist vom Herbst 1784 bis zum Herbst 1785 den Kontinent; erlebt seine »Große Wandlung«, die Bekehrung zum evangelikalen christlichen Glauben; Ostern 1786 empfängt Wilberforce erstmalig das Abendmahl. Er zieht sich für einige Zeit zurück, um die zukünftige Richtung seines Lebens zu überdenken.
1786	Weihnachten: mietet das Haus Old Palace Yard Nr. 4 in Westminster als Wohnsitz in London.
1787	Mai: Pitt bittet Wilberforce, im Parlament einen Antrag für die Abschaffung des Sklavenhandels einzubringen.
	Sommer: Wilberforce gründet mit Gleichgesinnten die *Proclamation Society*, nachdem Georg III. am 1. Juni eine königliche Proklamation gegen Laster und Unmoral erlassen hat.
1789	Mai: präsentiert im Unterhaus den ersten von vielen Anträgen auf Abschaffung des Sklavenhandels.
1792	April: Unterhaus beschließt Abschaffung des Sklavenhandels bis zum 1. Januar 1796, doch das Oberhaus verlangt weitere Beweisaufnahme.
	Frühjahr: zieht im Haus *Battersea Rise* in Clapham ein, behält sein Haus in Westminster für die Arbeit.
1796	21. Dezember: beteiligt sich an der Gründung der *Society for Bettering the Condition of the Poor*.
1797	12. April: erste Ausgabe seines *Practical View* erscheint.
	30. Mai: heiratet Barbara Spooner in Walcot, Bath.
1798	die Wilberforces ziehen in die *Broomfield Lodge*, Clapham.
1799	12. April: beteiligt sich an der Gründung der *Society for Missions to Africa and the East* (später *Church Missionary Society*), wird deren Vizepräsident.
1803–04	beteiligt sich an der Gründung der *British and Foreign Bible Society*, wird Mitglied ihres Komitees.

1807	23. Februar: Unterhaus beschließt Abschaffung des Sklavenhandels in den britischen Besitzungen (die Vorlage wird am 25. März Gesetz).
1808	zieht in ein neues Haus in Kensington Gore, London.
1812	gibt Sitz für Yorkshire auf und wird Mitglied des Parlaments für Bramber in Sussex.
1821	verkauft das Haus in Kensington Gore und mietet ein Anwesen in Godstone in Surrey.
1823	31. Januar: Gründung der *Anti-Slavery Society* mit Clarkson und Wilberforce als Vizepräsidenten. Umzug nach Brompton Grove. schreibt *Appeal ... in Behalf of the Negro Slaves*.
1824	Herbst: entscheidet sich gegen die Möglichkeit, sich eine Peerswürde verleihen zu lassen.
1825	Februar: Rückzug aus der Politik.
1826	Umzug nach *Highwood Hill* in der Nähe von *Mill Hill* in Middlesex.
1831	April: *Highwood* wird verkauft.
1833	22. Juli: Gesetzesvorlage zur Sklavenbefreiung in den britischen Besitzungen wird im Unterhaus ohne Abstimmung verabschiedet (Verabschiedung im Oberhaus am 20. August); Sklaveneigner erhalten eine Entschädigung von 20 Millionen Pfund. 29. Juli: stirbt in London. 5. August: Feierliches Begräbnis in der Westminster Abbey.

Britische Premierminister von 1765 bis 1834*

	Amtszeit	politische Richtung
Charles Watson-Wentworth, 2. Marquess of Rockingham (1730–82)	1765–6, 1782	Whig
William Pitt der Ältere (1708–78)	1766–8	Whig
Duke of Grafton (1735–1811)	1768–70	Whig
Lord North (1732–92)	1770–82	Tory
Earl of Shelburne (1737–1805)	1782–3	Whig
Duke of Portland (1738–1809)	1783, 1807–9	Whig
William Pitt der Jüngere (1759–1806)	1783–1801, 1804–6	Tory
Henry Addington (1757–1844)	1801–4	Tory
William Grenville (1759–1834)	1806–7	Whig
Spencer Perceval (1762–1812)	1809–12	Tory
Earl of Liverpool (1770–1828)	1812–27	Tory
George Canning (1770–1827)	1827	Tory
Viscount Goderich (1782–1859)	1827–8	Tory
Duke of Wellington (1769–1852)	1828–30	Tory
Earl Grey (1764–1845)	1830–4	Whig

---

* »Past Prime Ministers«, 2012, The official site of the British Prime Minister's Office, 2. August 2012 http://www.number10.gov.uk/history-and-tour/past-prime-ministers

Bildnachweis

Bildteil

S. 1 (Wilberforce 1770, Gemälde von John Russell, Öl auf Leinwand): Mit freundlicher Genehmigung der National Portrait Gallery, London; S. 2 (Wilberforce mit 29 Jahren): © Bettmann/CORBIS; S. 3 (Wilberforce 1810): Foto von Hulton Archive / Getty Images; S. 4 (William Cowper): Foto von Time Life Pictures / Mansell / Time Life Pictures / Getty Images; S. 4 (John Newton): Foto von Hulton Archive / Getty Images; S. 5 (George Whitefield): Foto von Hulton Archive / Getty Images; S. 5 (John Wesley): Abgedruckt in: A. B. Hyde, The Story of Methodism Throughout the World. Springfield, Massachusetts: Willey & Co., 1889; S. 6 (Madame de Staël): Foto von Hulton Archive / Getty Images; S. 6 (Ludwig XVI.): Foto von Hulton Archive / Getty Images; S. 7 (Hannah More): Foto von Kean Collection / Getty Images; S. 7 (Granville Sharp): Foto von Kean Collection / Getty Images; S. 8 (König Georg III.): Foto von Stock Montage / Getty Images; S. 9 (König Georg IV.): Foto von Hulton Archive / Getty Images; S. 10 (William Pitt der Jüngere): Foto von Hulton Archive / Getty Images; S. 11 (Unterhaus): Foto von Henry Guttmann / Getty Images; S. 12 (Charles James Fox): Foto von Time Life Pictures / Mansell / Time Life Pictures / Getty Images; S. 13 (Lord Frederick North): Foto von Hulton Archive / Getty Images; S. 14f. (Sklavenschiff Brookes): Foto von MPI / Hulton Archive / Getty Images; S. 16 (Massaker auf der Zong): Abgedruckt in: Austa Malinda French, Slavery in South Carolina and the Ex-Slave; or, The Port Royal Mission. New York: Negro University Press, 1969; S. 16 (Josiah Wedgwoods Emblem): Foto von The Colonial Williamsburg Foundation

Karten im Textteil

S. 15 (Englandkarte; aus: Leonhard Euler (Hg.), Geographischer Atlas bestehend in 44 Land-Charten, worauf alle Theile des Erd-Creyses vorgestellet werden. Auf Befehl der Königlichen Academie der Wissenschaften nach den bisher herausgekommenen besten Charten beschrieben, und insbesondere zum Gebrauch der Jugend in den Schulen herausgegeben. Berlin: Johann Michael Kunst, 1760): © akg-images.

S. 16-17 (Londonkarte; PLAN des Villes de LONDRES ET WESTMINSTER et du BOURG DE SOUTHWARK [...]. Kupferstich, unbez., mit Grenz- und Flächenkolorit; Weimar: Bureau d'Industrie 1802): © akg / historic-maps.

Danksagungen

Das Leben ist ein Gemeinschaftsprojekt. Dass Bücher dies ebenfalls sind, ist zwar ein Klischee, jedoch keine Fiktion. Zuallererst möchte ich meiner Schreibkraft danken, hochachtungsvoll, die meine Gedanken ganz buchstäblich niederschrieb, während ich sie dachte; eine Leistung, die kaum zu erklären und doch buchstäblich wahr ist. Ernsthafter und weniger tautologisch danke ich *Walden Media* und *Harper San Francisco*; und konkreter und weniger kollektiv Micheal Flaherty [sic], dem Produzenten des Films *Amazing Grace*, sowie meinem Lektor Mickey Maudlin, der mir das unschätzbare Vorrecht zubilligte, die Geschichte eines der größten Männer zu erzählen, die je unter uns wandelten.

Ich stehe tief in der Schuld meines guten Freundes Os Guinness, der mich als Erster mit William Wilberforce und Clapham bekannt machte und diese Flamme beharrlich am Leben erhielt, lange bevor sich so etwas wie eine Zweihundertjahrfeier oder ein Kinofilm am Horizont abzeichnete.

Außerordentlich dankbar bin ich auch meinen Freunden Richard und Pam Scurry sowie Manos und Camille Campouris. Ohne ihre Selbstlosigkeit, mit der sie die Liebe Christi in meinem Leben zum Ausdruck bringen, hätte ich dieses Buch nicht schreiben können.

Für Unterstützung, Ermutigung und Inspiration in vielfältiger Hinsicht bei der Abfassung dieses Buches und dafür, dass sie für mich so etwas wie ein Claphamer System sind, habe ich vielen Freunden zu danken, darunter (neben vielen anderen nicht Genannten) Jim Lane und den Männern von der *New Canaan Society*; Pastor B. J. und Sheila Weber und der *New York Fellowship*; Pastor Tom Pike und den Leuten von der Episkopalkirche der Pfarrei *Calvary-St.-George's* in Manhattan; Stan und Ginger Oakes und den Mitarbeitern und Studenten des *King's College* in Manhattan; und dem Vorstand, der Belegschaft und den Studenten der *Geneva School* in Manhattan; nicht zu vergessen solch geistigen Leuchttürmen und künstlerischen Genies wie Norman Stone, Tom Howard, David und Susie Young, Jerry Eiseley, Dick Staub, Tim Raglin, und ja, auch Gordon Pennington. Und wer kennt nicht Mark Berner?

Für so schamlose Schlawiner wie Richard Egan, John Hackney und Bob Monteleone habe ich bedauerlicherweise nur noch eine steinerne Miene der Gleichgültigkeit übrig. *Mene, mene, tekel, upharsin* und so weiter. Deppen. Ihr hattet eure Chance.

Schließlich mache ich hiermit gerne Gebrauch von dem Klischee, für das ich früher unzählige andere Autoren verspottet habe: Ich danke meiner liebsten Frau dafür, dass sie das endlose Gewitter der Abfassung dieses Buches durchgestanden hat, und dafür, dass sie – zusammen mit meiner Tochter – über die Eierschalen hinweggetreten und manchmal auch getanzt ist, die überall reichlich verstreut wurden, höchstwahrscheinlich von einer gewissen Person, die sich in diesem Moment sehr bewusst des Passivs bedient. Mögen die Eierschalen nun endlich für immer ausgekehrt werden! Und, mit Gott als unserem Zeugen: Möge es in unserem Leben nie wieder knirschen.

Über den Autor

Eric Metaxas wurde 1963 in New York City geboren und studierte an der renommierten Yale University. Bei der Abschlussfeier am Ende seines Studiums wurden seine belletristischen Leistungen zweifach ausgezeichnet.

In Deutschland wurde Metaxas durch seine viel beachtete große Biografie über Dietrich Bonhoeffer bekannt (»Bonhoeffer. Pastor, Agent, Märtyrer und Prophet«, SCM Hänssler, 2011), die bereits in der vierten Auflage vorliegt. Die amerikanische Ausgabe belegte u. a. den ersten Platz der renommierten New-York-Times-Bestsellerliste und erhielt mehrere Auszeichnungen, darunter Christian Book of the Year (ECPA). Über »Bonhoeffer« berichteten u. a. das Wall Street Journal, Publishers Weekly, der Evangelische Pressedienst (epd), die Südwest Presse und der Norddeutsche Rundfunk.

Bonhoeffer-Experte Prof. Dr. Peter Zimmerling lobte das Buch als »anschaulich und packend geschrieben«, das »gerade für jüngere Menschen ... einen wunderbaren Einstieg in die Beschäftigung mit« Bonhoeffer darstelle.

Metaxas' Buch Everything You Always Wanted to Know About God (but were afraid to ask) wurde unter anderem von Ann B. Davis (»Ich bin von dem Buch absolut begeistert!«) und Timothy Keller, Autor von Warum Gott? Vernünftiger Glaube oder Irrlicht der Menschheit?, (»Es ist schwierig, nicht ins Schwärmen zu geraten«) rezensiert.

Zu seinen humoristischen Texten gehören sein Kult-Klassiker Don't you Believe It! – eine Parodie (in Buchlänge) der beliebten Ripley's Believe It or Not!-Geschichten*, der den Romanschriftsteller Mark Helprin zu der Aussage veranlasste, Metaxas sei der »wahre Erbe von Gary Larson's Far Side«**.

---

* Robert Leroy Ripley (1893–1949) war ein amerikanischer Cartoon-Zeichner und Radioreporter, der Kuriositäten, die er auf seinen zahlreichen Weltreisen fand, unter dem Titel Ripley's Believe It or Not! als Comicstrips und Radioshows veröffentlichte. [Anm. d. Übersetzers]

** The Far Side ist das Hauptwerk des amerikanischen Cartoonisten Gary Larson. Auch auf Deutsch sind zahlreiche Sammelbände von ihm erschienen. [Anm. d. Übersetzers]

Für seine Kurzgeschichten erhielt Metaxas Stipendien für die Künstlerkolonie *Yaddo* und die *MacDowell Colony*, die erste Künstlerkolonie der Vereinigten Staaten.

Als Journalist schrieb er Beiträge für *Atlantic Monthly* und die *New York Times;* seine humoristischen Texte wurden von Woody Allen als *quite funny* bezeichnet. Ebenso schrieb er für die *Washington Post, Christianity Today* und *National Review Online* Buch- und Filmrezensionen, Essays und Gedichte.

1988–92 war Metaxas Chefredakteur bei *Rabbit Ears Productions*. In dieser Eigenschaft schrieb er über zwanzig Kindervideos und -bücher, die von Schauspielern wie Mel Gibson, Robin Williams und Jodie Foster gesprochen wurden. Seine *Rabbit Ears*-Videos gewannen zahlreiche Preise, darunter drei Grammy-Nominierungen für *Best Children's Recording*.

Zu den zahlreichen weiteren, z. T. preisgekrönten Kinderbüchern gehören unter anderem *Prince of Egypt A to Z, Uncle Mugsy & the Terrible Twins of Christmas, Squanto and the Miracle of Thanksgiving* und *It's Time to Sleep, My Love* – mit Illustrationen von Nancy Tillman und einer Erstauflage von 175 000 Exemplaren.

Metaxas arbeitete ebenso als Autor für die computeranimierten Kinderfilme *Veggie Tales*.

2011 erhielt Metaxas die 17. *Canterbury Medal*, die der *Becket Fund for Religious Freedom* verleiht und zu deren früheren Preisträgern unter anderem Chuck Colson und Elie Wiesel gehören.

Metaxas ist Gründer und Moderator von *Socrates in the City – Conversations on the Examined Life*, eine monatlich stattfindende Veranstaltung mit unterhaltsamen und zum Nachdenken anregenden Diskussionen über »das Leben, Gott und andere Nebensächlichkeiten«, in der Gäste wie Dr. Francis Collins, Sir John Polkinghorne, Baroness Caroline Cox, Rabbi Sir Jonathan Sacks und Os Guinness zu Wort kommen (www.socratesinthecity.com).

Metaxas arbeitet als Redakteur für die von Chuck Colson gegründete Radiosendung *Breakpoint* (www.breakpoint.org), eine von über vierhundert amerikanischen Rundfunkstationen ausgestrahlte tägliche Radiosendung, die acht Millionen Zuhörer erreicht.

Eric Metaxas tritt auch international als Redner auf und hat unter anderem Debatten in der *Oxford Union* geführt, dem ältesten Debattierclub der Welt. Beim *National Prayer Breakfast* (»Nationales Gebetsfrühstück«) 2012 in Washington D. C., an dem das amerikanische Präsidentenehepaar Michelle und Barack Obama und Vizepräsident Joe Biden, Kongressabgeordnete und Regierungsmitglieder aus der ganzen Welt teilnahmen, war er der Hauptredner. Zu den bisherigen Rednern gehören u. a. Mutter Teresa, Bono und Tony Blair.

Metaxas ist Gemeindeglied in der Episkopalkirche *Calvary-St.-George's* und wohnt mit seiner Frau und Tochter in Manhattan, New York.

Sie können den Autor über seine Homepage *www.ericmetaxas.com* kontaktieren, die weitere Informationen über ihn und seine Arbeit enthält.

Eric Metaxas

Bonhoeffer
Pastor, Agent, Märtyrer und Prophet
Gebunden, 15 x 21,7 cm, 768 Seiten
Nr. 395.271, ISBN 978-3-7751-7271-6
Auch als E-Book **e**
und als Hörbuch erhältlich, 6 CDs
Nr. 395.492, ISBN 978-3-7751-5492-5

Als noch niemand ahnt, dass Hitler Deutschland zerstören wird, warnt ein junger Pastor im Rundfunk vor dem »Ver-Führer«. Metaxas zeichnet in seiner großen Bonhoeffer-Biografie ein vielschichtiges Bild von Leben und Glauben des Theologen, Agenten und Märtyrers. »Anschaulich und packend geschrieben, stellt das Buch – gerade für jüngere Menschen – einen wunderbaren Einstieg in die Beschäftigung mit ihm dar.« (Prof. Dr. Peter Zimmerling, Theologe und Bonhoeffer-Experte)

Thomas Schirrmacher

Menschenhandel
Die Rückkehr der Sklaverei
Paperback, 13,5 x 21,5 cm, 176 Seiten
Nr. 395.867, ISBN 978-3-7751-5867-1
Auch als E-Book **e**

Deutschland ist Umschlagplatz Nummer 1 für die Ware Mensch in Europa. Mitten in unseren Städten existiert eine dunkle Parallelgesellschaft: Zwangsprostitution, Kindersex, illegale Arbeiter, Organhandel oder Kinderbanden. Thomas Schirrmacher klärt auf und zeigt, wie jeder Einzelne helfen kann.

Bitte fragen Sie in Ihrer Buchhandlung nach diesen Titeln!
Oder schreiben Sie an: SCM Hänssler in der SCM Verlagsgruppe GmbH,
D-71087 Holzgerlingen; E-Mail: info@scm-haenssler.de; Internet: www.scm-haenssler.de

Margarete Schneider, Paul Dietrich (Hrsg.),
Elsa-Ulrike Ross (Hrsg.)

Paul Schneider – Der Prediger von Buchenwald
*Neu herausgegeben von Elsa-Ulrike Ross und
Paul Dieterich*

Gebunden, 14 x 22 cm, 544 Seiten
Nr. 395.550, ISBN 978-3-7751-5550-2
Auch als E-Book e

Der Prediger Paul Schneider war der erste Märtyrer, der im KZ Buchenwald zu Tode gekommen ist. Die Lebensgeschichte Schneiders zeigt, wie er Zuflucht bei Gott fand und auch anderen dadurch Kraft zum Überleben gab. 2014 war sein 75. Todestag.

Volker Kauder (Hrsg.)

Verfolgte Christen
Einsatz für die Religionsfreiheit

Gebunden, 13,5 x 20,5 cm, 256 Seiten
Nr. 395.418, ISBN 978-3-7751-5418-5
Auch als E-Book e

Der Politiker Volker Kauder beschreibt, warum Religionsfreiheit und Christenverfolgung alle angeht. Er lässt Betroffene, Kirchenvertreter und Experten zu Wort kommen, vermittelt lebhafte Eindrücke und einen umfassenden Überblick über ein hochaktuelles Thema.

*Bitte fragen Sie in Ihrer Buchhandlung nach diesen Titeln!
Oder schreiben Sie an: SCM Hänssler in der SCM Verlagsgruppe GmbH,
D-71087 Holzgerlingen; E-Mail: info@scm-haenssler.de; Internet: www.scm-haenssler.de*